KINDER

IN DEUTSCHLAND 2013

3. World Vision Kinderstudie

World Vision Deutschland e. V. (Hrsg.)

KINDER
IN DEUTSCHLAND 2013
3. World Vision Kinderstudie

Konzeption & Koordination:
Sabine Andresen,
Klaus Hurrelmann &
TNS Infratest Sozialforschung

BELTZ

Autorinnen und Autoren:
Sabine Andresen, Universität Frankfurt
Susann Fegter, Universität Frankfurt
Katharina Gerarts, Universität Frankfurt
Klaus Hurrelmann, Hertie School of Governance
Agnes Jänsch, TNS Infratest Sozialforschung
Monika Pupeter, TNS Infratest Sozialforschung
Ulrich Schneekloth, TNS Infratest Sozialforschung
Daniel Schroeder, TNS Infratest Sozialforschung

Dieses Buch ist auch als E-Book erhältlich:
ISBN: 978-3-407-22341-8

www.beltz.de

Umschlaggestaltung: www.anjagrimmgestaltung.de, Stefan Engelke (Beratung)
Umschlagabbildung: Kindergruppe, links: © Pressmaster/Shutterstock;
Kind, rechts: © Diego Cervo/Shutterstock
Layout und Satz: Lelia Rehm
Druck und Bindung: Beltz Bad Langensalza GmbH, Bad Langensalza
Printed in Germany

ISBN 978-3-407-85950-1
1 2 3 4 5 17 16 15 14 13

Inhalt

Geleitwort von World Vision Deutschland e. V. 11

Zusammenfassung 14

Sabine Andresen, Susann Fegter, Klaus Hurrelmann

1 Wohlbefinden, Armut und Gerechtigkeit aus Sicht der Kinder. Die Ausrichtung der 3. World Vision Kinderstudie 26

1.1 Die World Vision Kinderstudien und die internationale Kindheitsforschung 26

1.2 Wohlbefinden als Konzept der Kindheitsforschung und seine Verwendung in der 3. World Vision Kinderstudie 28

1.3 Kinderarmut als Herausforderung. Die internationalen Diskussionen und die Umsetzung in der World Vision Kinderstudie 32

1.4 Migration als soziales Phänomen in der Kindheitsforschung 38

1.5 Gerechtigkeit: Ein bislang vernachlässigtes Thema der internationalen Kindheitsforschung 40

1.6 Die Anlage der 3. World Vision Kinderstudie 46

Ulrich Schneekloth und Sabine Andresen

2 Was fair und was unfair ist: die verschiedenen Gesichter von Gerechtigkeit 48

2.1 Wohlbefinden und Lebenszufriedenheit 50

2.2 Ängste 54

2.3 Was Kinder unter Gerechtigkeit verstehen 56

2.4 Kategorien und Aspekte von Gerechtigkeit 61

2.5 Bewertung der Gerechtigkeit im eigenen Umfeld 68

2.6 Wie gerecht wird Deutschland eingeschätzt? 70

2.7 Erlebte Ungerechtigkeiten im Alltag 75

Ulrich Schneekloth und Monika Pupeter

3 Familiäre Hintergründe: bunte Vielfalt, aber auch deutliche Unterschiede in den Lebenslagen 79

3.1 Vielfalt prägt: Familie kann heute ganz verschieden aussehen 80

3.2 Erwerbsbeteiligung der Eltern: verteilte Rollen und nicht mehr nur »alleinige Vätersache« 82

3.3 Die eigenen Wurzeln: »deutsche« Kinder, zugewanderte Eltern, religiöse Traditionen 89

3.4 Armutserleben: für einen Teil der Kinder harte Wirklichkeit 95

3.5 Der soziale Hintergrund: Die Herkunft macht noch immer den Unterschied 100

3.6 Zuwendung und Betreuung: Vereinbarkeit von Familie und Beruf 105

Monika Pupeter und Klaus Hurrelmann

4 Die Schule: Als Erfahrungsraum immer wichtiger 111

4.1 Die soziale Herkunft prägt die Bildungserwartungen 112

4.2 Die Kinder haben hohe Erwartungen an die Ganztagsschule 118

4.3 Bei der Mitbestimmung bleiben noch viele Wünsche offen 125

4.4 Das Schulleben wird überwiegend als gerecht empfunden 129

Agnes Jänsch und Ulrich Schneekloth

5 Die Freizeit: vielfältig und bunt, aber nicht für alle Kinder 135

5.1 Freizeitaktivitäten der Kinder 136

5.2 Freizeittypologie: Wie Lesen und Medienkonsum die Gruppen voneinander abgrenzen 142

5.3 Institutionelle Freizeitgestaltung – eine Kompensationsmöglichkeit für fehlende Anregungen in der Familie? 150

5.4 Wie Kinder das Internet nutzen 156

5.5 Das Handy – für viele Kinder eine Selbstverständlichkeit 161

5.6 Zufriedenheit mit der Freizeitgestaltung – auch eine Frage der sozialen Schicht 164

Agnes Jänsch und Monika Pupeter

6 Freundschaften unter Gleichaltrigen 168

6.1 Quantität und Qualität des Freundeskreises 169

6.2 Wo Kinder ihre Freunde treffen 176

6.3 Gerechtigkeit, Wertschätzung und Zufriedenheit im Freundeskreis 179

Monika Pupeter und Ulrich Schneekloth

7 Mitbestimmung und die eigene Meinung 182

7.1 Wo Kinder im Alltag selber bestimmen können 183

7.2 Die eigene Meinung 195

7.3 Gesamtbewertung der Freiheiten im Alltag 203

Daniel Schroeder, Susann Fegter, Sabine Andresen, Katharina Gerarts

8 Die qualitative Studie: Soziale Netzwerke und Gerechtigkeit – 12 Porträts von Kinderpersönlichkeiten 204

8.1 Methodisches Vorgehen und inhaltliche Ausrichtung der Studie 204

8.2 Die sozial-räumlichen Netzwerke der Kinder 209

8.3 Fairness und Gerechtigkeit 220

8.4 Porträts 227

Nathan (6 Jahre): »Ja, also den Fußballplatz, den mag ich ganz doll! Da kann man immer richtig gut Fußball spielen.« (Amelie Jung) 228

Ceylan (8 Jahre): »Dann wollen wir vielleicht auch nach Türkei.« (Franziska Eisenhuth) 237

Theresa (7 Jahre): »Das ist das Blödeste, was ich an der Schule nicht mag! Aufstehen. Das frühe Aufstehen.« (Amelie Jung) 238

Nevio (7 Jahre): »Wir sind sportlich.« (Franziska Eisenhuth) 248

Liona (8 Jahre): »Ich kann bestimmen, weil ich hab' so viele Spiele.« (Franziska Eisenhuth) 249

Fabian (7 Jahre): »Weil ich das kann!« (Amelie Jung) 259

Samira (11 Jahre): »Meine Freunde haben nie Zeit.« (Franziska Eisenhuth) 260

Elias (10 Jahre): »Ich bin eher der Unterwegs-Typ.« (Monika Pupeter) 270

Adriana (11 Jahre): »Kinder müssen ja auch die eigene Meinung sagen.« (Amelie Jung) 271

Milad (11 Jahre): »Und Samstag treffen wir uns auch manchmal zum Fliegen.« (Amelie Jung) 283

Malena (10 Jahre): »Ich bin eigentlich nur draußen.« (Amelie Jung) 284

Ole (11 Jahre): »Warum sind die Guten gut? Warum sind die Bösen böse?« (Amelie Jung) 285

Sabine Andresen, Klaus Hurrelmann, Ulrich Schneekloth

9 Herausforderungen an eine »Politik für Kinder« 294

9.1 Kindern mehr Rechte einräumen 294

9.2 Kinderarmut bekämpfen 299

9.3 Die Familienpolitik mit der Kinderpolitik verzahnen 303

10 Anhang 310

A1: Die Methodik der 3. World Vision Kinderstudie 311

A2: Dokumentation des Herkunftsschicht-Index 317

A3: Pretest – Offene Nennungen 319

A4: Erhebungsinstrument: Kinderfragebogen 324

A5: Erhebungsinstrument: Elternfragebogen 344

A6: Fallvignetten 352

A7: Literatur 354

Geleitwort von World Vision Deutschland e.V.

Mit der 3. World Vision Kinderstudie haben die beteiligten Forscherinnen und Forscher einmal mehr Neuland betreten und der Kindheitsforschung bisher unerschlossene Felder eröffnet. Insbesondere ist das Schwerpunktthema »Gerechtigkeit« zu nennen, dem sich die Forschung erst in jüngerer Zeit zugewendet hat. Dabei hatte sich schon in den ersten beiden World Vision Kinderstudien (2007 und 2010) abgezeichnet, dass Kinder Wohlbefinden eng mit Gerechtigkeit verbinden. Schon junge Kinder lassen ein ausgeprägtes Sensorium für Gerechtigkeit erkennen, verknüpfen sie Gerechtigkeit doch auch eng mit Chancengleichheit und Gleichbehandlung, wie auch in dieser Studie gezeigt werden kann (vgl. Kapitel 2).

Die 3. World Vision Kinderstudie stellt erneut das *subjektive Wohlbefinden* von Kindern und damit die Erlebniswelt der Kinder in den Mittelpunkt. Wohlbefinden ist mehr als Wahrung der *Kinderrechte* und Beachtung des (rechtlich verstandenen) *Kindeswohls*. Wohlbefinden ist ein mehrdimensionales Konzept, das *objektive* und *subjektive* Kriterien beinhaltet. Indem die Kinderstudie Kinder im Alter von 6 bis 11 Jahren nach der eigenen *subjektiven* Einschätzung ihres Wohlbefindens befragt, dokumentiert sie erneut, dass Kinder kompetent und authentisch über ihre eigene Lebenssituation Auskunft geben können; sie sind Spezialisten ihrer eigenen Erlebniswelt. Zudem verleiht die Studie den Kindern in Deutschland eine Stimme, die gehört zu werden verdient, nicht nur von Eltern und Pädagogen, sondern auch von Wissenschaftlern und Politikern. Kinder brauchen ein kindgerechtes Umfeld und eine kinderfreundliche Gesellschaft.

Kindliches Wohlbefinden, das ergeben die *quantitativen* und *qualitativen* Erhebungen dieser Studie, hat viel mit Teilhabe an der Gesellschaft sowie mit Partizipation und Handlungsfähigkeit von Kindern zu tun. Schon die 2. World Vision Kinderstudie (2010) hatte großen Wert auf das Konzept der *Selbstwirksamkeit* gelegt, die umso größer ist, je mehr Kinder ihr eigenes Lebensumfeld mitbestimmen können. Mitbestimmung aber setzt voraus, dass Eltern (und andere an Erziehung und Bildung beteiligte Personen) die Kinder ernst nehmen, ihnen aufmerksam und ehrlich zuhören und genügend Zeit für sie haben. Dabei zeigt die Studie einmal mehr, dass Erwerbstätigkeit der Eltern kein Hinderungsgrund für qualitative Zeit und Zuwendung sein muss.

Beim Wohlbefinden geht es auch um eine ausgewogene Balance zwischen Fürsorge und Freiheit. Zu viele Vorschriften und Verbote können das Wohlbefinden nach Auskunft der

Kinder einschränken. Doch gewährte Freiheit kann nur dann ihr volles Potenzial entfalten, wenn Kinder auch die Chance bekommen, vorhandene Möglichkeiten der Lebensgestaltung zu nutzen. Hier zeigt sich am deutlichsten, dass wir in Deutschland in einer Vier-Fünftel-Gesellschaft leben, in der es den meisten Kindern vergleichsweise gut geht, während ein Fünftel der Kinder in prekären Verhältnissen lebt und nur sehr eingeschränkte Beteiligungsmöglichkeiten hat.

Armut und Armutsgefährdungen, das lässt auch die 3. World Vision Kinderstudie erneut erkennen, bleiben ein dringendes gesellschaftliches Problem in Deutschland. Dabei hat Kinderarmut unterschiedliche Gesichter. Sie ist gekennzeichnet von den eingeschränkten finanziellen Möglichkeiten der Eltern, von deren Fähigkeit oder Unfähigkeit, mit dem zur Verfügung stehenden Geld auszukommen, aber vor allem von der begrenzten Teilhabe an sozialen und kulturellen Aktivitäten.

Zu den Risiken, die zu Kinderarmut führen können, gehören Arbeitslosigkeit, Alleinerziehung, Migrationshintergrund, Angst vor Versagen sowie fehlender Bildungshintergrund und -anspruch der Eltern – oder eine Kombination dieser Faktoren. Doch wie erleben Kinder ihre eigene Armut? Wie gehen sie damit um? Wie bewältigen sie Armut und andere Einschränkungen ihres Wohlbefindens? Die meisten Kinder verorten sich im Mittelfeld zwischen arm und reich und sind sich der eigenen Verantwortung für ihr Leben durchaus bewusst. Doch während es Kinder gibt, die sich scheinbar fatalistisch in das Schicksal ihrer begrenzten Möglichkeiten fügen, gibt es auch immer wieder solche, die eine erstaunliche Widerstandsfähigkeit gegenüber alltäglichen Belastungen und Widerständen an den Tag legen. Das Geheimnis dieser *Resilienz* ist immer noch nicht ganz entschlüsselt.

Die World Vision Kinderstudie stellt zunächst eine analytische Bestandsaufnahme der Situation der Kinder in Deutschland dar; aber sie soll darüber hinaus den Kindern eine Stimme verleihen, Eltern und Pädagogen neue Erkenntnisse an die Hand geben und der Politik Handlungsfelder zur Schaffung einer kinderfreundlicheren Gesellschaft aufzeigen. Um deutlich zu machen, worin dieser politische Handlungsbedarf bestehen kann, haben die Autoren der Studie dem Thema einer »Politik für Kinder« auch diesmal wieder ein eigenes Kapitel gewidmet (vgl. Kapitel 9). Weil sich Armut und Benachteiligungen auf alle Lebensbereiche auswirken, ist die Politik herausgefordert, die soziale Spaltung der Gesellschaft aufzuhalten. Armut ist immer relativ, weil Ausgrenzung und eingeschränkte Teilhabe im Allgemeinen schmerzlicher empfunden werden als bloße finanzielle Beschränkungen.

Wenn ein Kinderhilfswerk wie World Vision, das in erster Linie angetreten ist, die globale Armut zu bekämpfen, sich mit dieser Studie erneut dem subjektiven Wohlbefinden von Kindern in Deutschland zuwendet, so ist das nicht inkonsequent. Denn erstens hat sich auch bei unserer weltweiten Entwicklungszusammenarbeit das Prinzip des Wohlbefindens von Kindern als das entscheidende Kriterium für die Messung der Wirksamkeit unserer Entwicklungsprogramme durchgesetzt; und zweitens macht die Armut, zu deren Bekämpfung wir uns verpflichtet haben, nicht an den Landesgrenzen halt. Die Schere zwischen Arm und Reich verläuft nicht mehr entlang der Nord-Süd-Grenze, sondern quer durch alle Gesellschaften, auch die deutsche.

Wir möchten an dieser Stelle dem Forscherteam um Sabine Andresen, Klaus Hurrelmann und Ulrich Schneekloth für seine umfassende und akribische Arbeit sowie eine kompetente und sorgfältige Auswertung danken. Unser besonderer Dank gilt auch den Kindern und ihren Eltern, die diese Erhebung überhaupt erst möglich gemacht haben. Wir wünschen uns von Politik und Gesellschaft, dass die Stimmen der Kinder sich in kindgerechteren Verhältnissen niederschlagen, denn nur wenn wir Kindern eine verheißungsvolle Zukunft in Aussicht stellen können, haben wir sie auch.

Dr. Hartmut Kopf
Leiter World Vision Institut für Forschung und Innovation

Kurt Bangert
Research Advisor World Vision Institut für Forschung und Innovation

Zusammenfassung

Kinder in Deutschland berichten in der großen Mehrheit positiv oder sehr positiv über ihr eigenes Wohlbefinden. Das Fundament hierfür bilden die in der eigenen Familie erlebte Geborgenheit und Fürsorge, gepaart mit einer aktiven Zuwendung durch ihre Eltern. Zentral aus der Sicht der von uns befragten 6- bis 11-jährigen Kinder ist, dass ihre eigene Meinung wertgeschätzt und nicht übergangen wird. Eine weitere wesentliche Rolle für das Wohlbefinden spielen der Freundeskreis sowie die Möglichkeit einer eigenständigen und möglichst vielfältigen Freizeitgestaltung. Kinder nehmen auch an dieser Stelle wichtige (informelle) Bildungsimpulse auf, welche die formellen Bildungsprozesse in der Schule erweitern und substanziell ergänzen.

Auch in der neuen World Vision Kinderstudie 2013 bleibt auffällig, dass sich bei den Kindern die Herkunftsschicht nach wie vor wie ein roter Faden durch deren Lebenssituationen und die damit verbundenen Teilhabechancen zieht. Nach den Ergebnissen der aktuellen Kinderstudie 2013 ist vor allem der Teil der Kinder, der der untersten Herkunftsschicht entstammt, weitgehend abgehängt. Diese Kinder können nicht an den vielfältigen Angeboten und Möglichkeiten in Deutschland angemessen partizipieren. Vielmehr kumulieren in ihrem Alltag die sozialen Risiken mit der Konsequenz, dass ihnen Entwicklungschancen, Befähigungen und damit Lebensperspektiven vorenthalten bleiben.

Schwerpunktthema Gerechtigkeit

Gleichheit und Gegenseitigkeit als Bezugspunkte im Gerechtigkeitsempfinden

Diesmal liegt ein Schwerpunkt der World Vision Kinderstudie 2013 auf dem Thema Gerechtigkeit. Kinder orientieren sich bei dem, was sie selber als gerecht empfinden, stark an ihrem Bedürfnis nach Gleichheit und Gleichbehandlung. Dies schließt sowohl Fairness im persönlichen Umgang als auch gleiche Chancen mit ein, damit alle mit dabei sein können. Deshalb sollten Güter und Zugangschancen miteinander geteilt werden. Kinder favorisieren dabei im Alltag je nach Situation zuerst einmal das Prinzip der Gleichverteilung (Egalität), allerdings in der Regel nur dann, wenn gleichzeitig das Prinzip der Gegenseitigkeit (Reziprozität) gewahrt bleibt. Ist dies nicht gegeben, etwa dann, wenn einige sich nicht an die Regeln halten oder aber keine eigene Leistung einbringen, dann wird dies ebenfalls als ungerecht und nicht tolerabel bewertet. Das sich bei Kindern dieser Altersgruppe entwickelnde Gerechtigkeitsempfinden hat eine klar erkennbare altruistische Dimension und zielt nicht nur auf Eigennutz, sondern ebenfalls auf die Sicherung des Wohlbefindens anderer ab. Es ist bemerkenswert, wie anschlussfähig die Sicht der Kinder und ihr Wunsch nach Gleichheit in Bezug auf die Debatte um die soziale Gerechtigkeit sind. Letztendlich geht es auch im »Großen« darum, dass »man miteinander teilt und nicht jemanden einfach so stehen lässt« (Mädchen, 7 Jahre).

Hohe Lebenszufriedenheit, allerdings mit »feinen Unterschieden«

Mehr als 90 % der Kinder äußern sich positiv oder sehr positiv zur eigenen Lebenszufriedenheit. Im Trend ist die Zufriedenheit damit noch einmal leicht angestiegen. Kinder aus der untersten Herkunftsschicht fallen hingegen mit 28 % negativen bis neutralen Bewertungen nach wie vor deutlich hinter diese positive Bewertung zurück.

Die eigene Familie und das persönliche Umfeld werden von den Kindern als gerecht bewertet, Deutschland ebenfalls, wenn auch mit Einschränkungen

Den Umgang in der eigenen Familie und im Freundeskreis bewerten Kinder zu etwa 90 % und auch den Umgang in der Schule zu knapp 80 % als gerecht. Deutschland insgesamt wird von knapp 50 % als gerecht gesehen, die Welt hingegen nur von 16 %. Etwas mehr als ein Viertel der Kinder hat auf die letzten beiden Fragen keine Antwort geben können.

Kinder aus der Unterschicht, aber auch Kinder mit Migrationshintergrund, Kinder von Alleinerziehenden und Kinder aus kinderreichen Familien fühlen sich benachteiligt

Auf Benachteiligungen im Alltag verweisen insgesamt 44 % der Kinder – 10 % häufig und 34 % ab und an. Kinder aus der untersten Herkunftsschicht tun dies mit 68 % mit Abstand am häufigsten. Überproportional häufig benennen 51 % der Kinder mit Migrationshintergrund selber erlebte Benachteiligungen im Alltag. Ähnliches gilt auch für 51 % der Kinder, die bei Alleinerziehenden aufwachsen, sowie für 50 % der Kinder aus kinderreichen Familien, die ebenfalls auf Benachteiligungen verweisen.

Letzteres deckt sich mit der Elternsicht: Auch hier sind es die alleinerziehenden Elternteile, die zu 51 % über eine problematische Vereinbarkeit von Familie und Beruf berichten (38 % mittelmäßig, 13 % eher schlecht). Ebenso geben Eltern aus Familien mit drei und mehr Kindern mit insgesamt 32 % (23 % mittelmäßig, 9 % eher schlecht) öfter als der Durchschnitt (26 % mittelmäßig, 6 % eher schlecht) an, hierbei mit Schwierigkeiten konfrontiert zu sein.

Familie und Hintergrund

Vielfalt der familiären Lebensformen und Wunsch nach eigener Erwerbsbeteiligung bei Müttern

Kinder wachsen heute in vielfältigen familiären Lebensformen auf. Im Trend weiter angestiegen ist in den letzten Jahren vor allem der Anteil der Kinder (in unserer Altersgruppe von 6 bis 11 Jahren), bei denen beide Elternteile einer Erwerbstätigkeit nachgehen: Bei 35 % der Kinder (2010: 30 %, 2007: 25 %) arbeitet ein Elternteil Vollzeit und der andere in Teilzeit, oder aber es sind beide teilzeiterwerbstätig. Rückläufig ist demgegenüber mit aktuell 32 % (2010: 40 %, 2007: 42 %) die »klassische« Einverdiener-Familie. Beide Elternteile in Vollzeit trifft bei 13 % der Kinder zu (2010 und 2007: 10 %), alleinerziehend und dabei in Vollzeit oder Teilzeit erwerbstätig auf 12 % (2010: 12 %, 2007: 10 %), arbeitslos auf 4 % der Kinder (2010: 5 %, 2007: 8 %) und Sonstiges, wie zum Beispiel im Studium, in Ausbildung oder aber Hausfrau oder Hausmann ohne Erwerbsbeteiligung in der Familie, auf nach wie vor 4 %.

Teilzeitbeschäftigte Mütter sind nach eigener Auskunft mit ihrer Arbeitszeit am zufriedensten (74 % positiv, 8 % würden gerne mehr und 18 % etwas weniger arbeiten), aber auch in Vollzeit beschäftigte Mütter sind mehrheitlich mit ihrer Arbeitszeit zufrieden (59 % positiv, 35 % würden gerne weniger und 6 % noch mehr arbeiten). Arbeitslose Mütter würden ebenfalls gerne mehrheitlich in Teilzeit arbeiten (55 % Teilzeit, 31 % Vollzeit, 14 % es ist gut so, wie es ist).

Die Sicht der Kinder und auch die der Eltern: Erwerbsbeteiligung der Eltern lässt sich mit verlässlicher Zuwendung vereinbaren

Im Trend betrachtet, beklagen nach wie vor Kinder dann am häufigsten Zuwendungsdefizite (»Beide Elternteile haben zu wenig Zeit oder ein Elternteil hat zu wenig Zeit, der andere mal so, mal so«), wenn die Eltern alleinerziehend und erwerbstätig (2013: 32 %, 2010: 31 %, 2007: 35 %) oder aber arbeitslos oder aus sonstigen Gründen nicht erwerbstätig sind (2013: 29 %, 2010: 30 %, 2007: 29 %,). Am geringsten ist der Anteil der Kinder mit Zuwendungsdefiziten dort, wo beide Elternteile erwerbsbeteiligt sind, entweder einer in Vollzeit und der andere in Teilzeit oder beide in Teilzeit (konstant 8 %).

Die Einschätzung der Kinder deckt sich mit der Bewertung der Eltern: Am schwierigsten ist die Vereinbarkeit von Familie und Beruf bei Alleinerziehenden im Falle einer Erwerbsbeteiligung (49 % mittelmäßig oder schlecht) und auch dann, wenn die Eltern arbeitslos oder aus sonstigen Gründen nicht erwerbstätig sind (46 % mittelmäßig oder schlecht). Relativ am besten wird die Vereinbarkeit hingegen von den Elternteilen bewertet, in deren Familien beide Elternteile erwerbsbeteiligt sind, entweder einer in Vollzeit und der andere oder beide in Teilzeit (27 % mittelmäßig oder schlecht).

Armutserfahrung und Teilhaberisiken auch weiterhin für einen relevanten Teil der Kinder alltägliche Realität

Auf eigene Armutserfahrungen verweisen 18 % der Kinder: Sie berichten in einem der von uns abgefragten neun Armutsindikatoren von eigenen Armutserfahrungen im Alltag. Auch in diesem Fall gilt: Je ausgeglichener die Erwerbsbeteiligung der Eltern, desto geringer das Armutsrisiko.

29 % der Kinder gehören nach dem von uns für unsere Kinderstudien

gebildeten (Herkunfts-)Schichtindex zur Mittelschicht, 30 % zur oberen Mittelschicht und 16 % zur Oberschicht. Zur Unteren Mittelschicht gehören 16 % und zur Unterschicht 9 %. Im Trend betrachtet, ist der Anteil in der Unteren Mittelschicht leicht rückläufig (2010: 18 %, 2007: 19 %), wohingegen der Anteil der Kinder aus den oberen Schichten leicht angestiegen ist. Ursächlich hierfür ist vor allem die im Zeitverlauf gestiegene Bildungsposition der Eltern. Konstant auf 9 % verharrt hingegen der Anteil der Kinder aus der untersten und damit bildungsfernsten Herkunftsschicht.

Hintergrund für die insgesamt etwas verbesserte Situation in Bezug auf Armuts- und Ausgrenzungsrisiken sind natürlich auch die vergleichsweise günstige wirtschaftliche Situation sowie die europaweit eher geringe Arbeitslosigkeit. Umso ernüchternder, dass sich an der Lebenssituation und an den schlechteren Teilhabechancen von Kindern aus der untersten Herkunftsschicht – im Trend seit unserer ersten Kinderstudie betrachtet – bisher kaum etwas verändert hat. Ebenfalls prekär wirken nach wie vor die Lebensumstände eines Teils der Kinder aus der unteren Mittelschicht. Im Ergebnis muss deshalb davon ausgegangen werden, dass auch weiterhin mehr oder weniger ein Fünftel der Kinder in ihren Entwicklungsmöglichkeiten maßgeblich aufgrund ihrer sozialen Herkunft eingeschränkt sind und gesellschaftliche Unterstützung benötigen.

Für 15 % der Kinder aus der Unterschicht sowie mit 22 % ebenfalls unterproportional häufig für Kinder aus der unteren Mittelschicht berichten deren Eltern, dass die Kinder früher einmal eine Krippe besucht haben (Mittelschicht: 25 %, obere Mittelschicht 31 %, Oberschicht: 27 %). Ein früherer Kindergartenbesuch wird ebenfalls nur für 78 % der Kinder aus der Unterschicht angegeben. Bei Kindern aus der unteren Mittelschicht trifft dies hingegen, ähnlich wie in den anderen Schichten, für mehr als 90 % der Kinder zu. Die Ergebnisse sind für die Kinder unserer Altersgruppe von 6 bis 11 Jahren retrospektiv im Elternfragebogen erhoben worden. Sie unterstreichen die Bedeutung eines quantitativ ausreichenden, verlässlichen und gleichzeitig qualitativ hochwertigen institutionellen Betreuungsangebotes.

Migrationshintergrund

34 % der Kinder (zwischen 6 und 11 Jahren) haben einen Migrationshintergrund. Die Mehrheit auch dieser Kinder hat die deutsche Staatsbürgerschaft und wurde ebenfalls in Deutschland geboren. Ein Migrationshintergrund trifft auf 59 % der Kinder aus der Unterschicht sowie ebenfalls leicht überproportional auf 41 % der Kinder aus der unteren Mittelschicht zu. Kinder mit Migrationshintergrund kommen demnach nach wie vor überproportional häufig aus bildungsfernen Herkunftsfamilien. Hierbei gilt: Je bildungsferner die Herkunftsschicht, desto eher wird bei Kindern aus Migrantenfamilien zu Hause kein Deutsch gesprochen. Vorrangig in der Muttersprache der Eltern sprechen zu Hause 33 % der Kinder mit Migrationshintergrund (2010: 33 %, 2007: 35 %) und hierbei 43 % der Kinder aus den unteren

Herkunftsschichten im Vergleich zu 26 % aus den oberen Herkunftsschichten.

Schule

Kaum Veränderungen beim Zusammenhang zwischen Herkunft und Bildungsposition der Kinder

In Deutschland sind die schulischen Leistungen der Kinder stärker als in den meisten anderen Ländern durch die soziale Herkunft der Kinder geprägt. So sind die besuchte Jahrgangsstufe wie auch die besuchte Schulart bei Kindern im Alter von 6 bis 11 Jahren nach sozialer Herkunftsschicht ungleich verteilt. Etwas mehr als jedes fünfte befragte Kind aus der Unterschicht ist in der 5. oder 6. Klassenstufe, bei Kindern aus der Oberschicht ist es bereits jedes dritte. Mit zwei Dritteln ist die große Mehrheit der befragten 6- bis 11-Jährigen noch in der Grundschule, aber das eine Drittel, das bereits die Grundschule verlassen hat, verteilt sich wiederum recht ungleich auf weiterführende Schulformen. Während die Kinder aus der Unterschicht überwiegend an der Hauptschule sind, finden sich die aus der Oberschicht besonders häufig in den Gymnasien. Verglichen mit den letzten beiden Erhebungen 2007 und 2010 gibt es diesbezüglich kaum Veränderungen.

Rückläufige Tendenz des Abschlusswunsches »Abitur«

Beim angestrebten Bildungsabschluss zeichnet sich über die Jahre eine rückläufige Tendenz hinsichtlich des Abschlusswunsches »Abitur« ab, und zwar bei allen sozialen Herkunftsschichten. Außerdem scheint im Zeitvergleich die Vorstellung darüber, welcher Schulabschluss erreicht werden kann, für die Kinder unklarer geworden zu sein, wie sich am gestiegenen Anteil der Antwortmöglichkeit »weiß nicht/egal« ablesen lässt.

Deutlich mehr Kinder besuchen ein Ganztagsangebot

Seit der ersten Erhebung 2007 ist der Anteil der Kinder, die eine Ganztagsschule oder -klasse besuchen, deutlich angewachsen. Er hat sich bei den 8- bis 11-Jährigen fast verdoppelt von 2007, 13 %, auf 23 % in 2013. Die Analysen zeigen, dass es zum gegenwärtigen Zeitpunkt immer noch zentral ist, wo eine Familie wohnt, ob sie eine realistische Möglichkeit hat, sich frei für einen Ganztagsschulplatz ihrer Kinder zu entscheiden. In Ostdeutschland berichten 2013 etwa doppelt so viele Kinder, eine Ganztagsschule zu besuchen als im Vergleich zu Westdeutschland (39 % vs. 21 %).

Vor allem Kinder aus der unteren Schicht fühlen sich unterdurchschnittlich wohl auf der Ganztagsschule

Kinder aus der Unterschicht nutzen nach ihren eigenen Angaben das schulische Ganztagsangebot mit 31 % überdurchschnittlich häufig, während nur jedes fünfte Kinder der Oberschicht den ganzen Tag in der Schule verbringt. Insgesamt können wir seit 2007 in den World Vision Kinderstudien einen wachsenden Anteil der Ganztagsschüler in allen sozialen Herkunftsgruppen feststellen. Ganztagschülerinnen und -schüler sind zu 61 % mit dieser Schulform zufrieden. Bei Kindern aus der Unterschicht trifft dies allerdings nur zu 41 % zu.

Mitwirkung der Kinder an der Schule ist weiterhin ausbaufähig

Die Mitwirkung von Kindern in der Schule findet in unterschiedlichem Ausmaß und verschieden häufig statt. So fühlen sich 40 % aller Kinder im Alter von 6 bis 11 Jahren in den sieben von uns angesprochenen Bereichen nicht gut eingebunden und haben das Gefühl, in keinem Bereich oft mitreden zu können. Diesen Eindruck haben die Jungen sehr viel häufiger als die Mädchen (44 % zu 35 %) und die 6- bis 7-Jährigen mit 57 % sehr viel stärker als die 10- bis 11-Jährigen. Einige Mitwirkungsbereiche hatten wir schon in der 1. Kinderstudie 2007 abgefragt, das Bild hat sich hierbei kaum verändert.

Gerechtigkeit, Zufriedenheit und Schule

Die überwältigende Mehrheit der befragten Kinder beurteilt die Schule als »sehr gerecht« (22 %) oder als »eher gerecht« (56 %). Mit »eher ungerecht« (16 %) und »sehr ungerecht« (3 %) fallen die negativen Äußerungen sehr schwach aus. Das Gerechtigkeitsempfinden hängt dabei eng mit dem Ausmaß der Mitbestimmungsmöglichkeiten in der Schule zusammen.

Das Gerechtigkeitsempfinden der Kinder weist auch einen großen Zusammenhang mit der allgemeinen Schulzufriedenheit auf. Schülerinnen und Schüler, die die Schule als eher oder sehr ungerecht empfinden, sind auch insgesamt mit der Schule unzufriedener und umgekehrt.

79 % der Kinder äußern sich positiv zur Schule. Im Vergleich zu 2010 ist dieser Zufriedenheitswert um neun Prozentpunkte und dabei vor allem bei Grundschulkindern gestiegen.

Freizeit

Nutzung von Computerspielen und Spielekonsolen bleibt konstant

Zwischen 40 % und 50 % der 6- bis 11-jährigen Computernutzer spielen mehrfach in der Woche am Rechner oder der Playstation, rund 15 % berichten eine tägliche Nutzung, und 30 % verbringen »so gut wie nie« ihre Freizeit am Computer und an der Spielekonsole. Im Trend der letzten sechs Jahre erweisen sich die Nutzungshäufigkeiten innerhalb der verschiedenen Altersgruppen als weitgehend stabil.

Mädchen als »Vielseitige Kids«, Jungen als Medienkonsumenten

Wie bereits in den Vorgänger-Studien berichtet, gehören Mädchen etwa dreimal so oft (38 %) der Gruppe der vielseitigen Kids an, als das für Jungen der Fall ist (12 %). Umgekehrt gestalten Jungen dreimal so häufig (39 %) ihre Freizeit als Medienkonsumenten als Mädchen (13 %). Denn während diese eher dem kreativ-musischen Bereich zuneigen und sich stärker für Theater, Ballett und Tanz oder Lesen begeistern, sind ihre männlichen Altersgenossen nach wie vor besonders oft bei medienbezogenen, passiven Aktivitäten, wie Fernsehen oder Computerspielen, vertreten.

Fernsehen, Computer, Lesen: abweichende Trends bei den verschiedenen Freizeittypen

Seit der ersten World Vision Kinderstudie hat die Häufigkeit des Fernsehkonsums über alle 8- bis 11-jährigen Kinder hinweg etwas abgenommen: Während 2007 56 % angaben, sehr oft fernzusehen, traf das 2010 und 2013 nur noch auf 48 % bzw. 49 % zu. Allerdings ist ein deutlicher Rückgang vor allem bei den vielseitigen Kids zu beobachten, von 24 % 2007 auf 12 % 2013. In der Gruppe der Medienkonsumenten gehört Fernsehen in allen Befragungen für 80 % bis 90 % der Kinder zu den häufigen Freizeitbeschäftigungen. Und während bei den vielseitigen Freizeitlern auch die berichtete Nutzungsdauer abgenommen hat, ist diese bei den Medienkonsumenten angestiegen.

Die Nutzung von Computer- und Videospielen zeigt sich über alle Kinderstudien hinweg als weitgehend konstant (25 % bis 30 %), unterscheidet sich jedoch ebenfalls in Bezug auf die verschiedenen Freizeittypen. Bei den vielseitigen Kids ist der Anteil der häufigen Spieler von einem bereits niedrigen Ausgangsniveau 2007 von 10 % auf 2 % 2013 weiter gesunken, wohingegen die medienorientierten Freizeitler jeweils zu rund 60 % angeben, sich sehr oft mit Computerspielen zu beschäftigen.

Der Anteil der häufig lesenden Kinder ist insgesamt inzwischen eher rückläufig. Dieser Befund gilt für alle drei Freizeittypen. Sehr oft lesen aktuell 31 % der Kinder (2010: 37 %, 2007: 34 %). In der Gruppe der Medienkonsumenten sind es 2013 nur 8 %, die sich sehr oft dem Lesen widmen, bei den vielseitigen Freizeitlern geben hingegen 61 % an, dieser Freizeitbeschäftigung sehr oft nachzugehen.

Mitgliedschaft in Vereinen: Kinder aus der Unterschicht nach wie vor zu wenig eingebunden

Der Anteil der Kinder, die nach Angaben ihrer Eltern Mitglied in mindestens einem Verein oder einer festen Gruppe sind oder die ein sonstiges (zum Beispiel musisch-kulturelles) Angebot nutzen, liegt für Kinder der Oberschicht und der oberen Mittelschicht auf einem sehr hohen Niveau von rund 80 % bis über 90 %. Auch die Mittelschicht ist konstant in Vereinen vertreten. Etwa drei Viertel der Kinder aus dieser sozialen Schicht und knapp zwei Drittel der Kinder aus der unteren Mittelschicht verfügen über mindestens eine Mitgliedschaft. Dagegen liegt der Anteil der Kinder aus der Unterschicht, die Mitglied in einem Verein oder einer festen Gruppe sind, in allen bisherigen drei Kinderstudien unter 50 % und ist besonders starken Schwankungen unterworfen.

Im Trend betrachtet, fällt auf, dass die Mitgliedschaften in Vereinen, Gruppen oder die Nutzung von musisch-kulturellen Angeboten vor allem bei den 6- bis 7-Jährigen rückläufig sind. Dies gilt insbesondere für Kinder aus den unteren Herkunftsschichten. Insgesamt bleibt es dabei, dass auch weiterhin Kinder aus der untersten sozialen Schicht zu einem deutlich geringeren Anteil an institutionell organisierten Freizeitaktivitäten partizipieren können. Eine Trendwende ist an dieser Stelle bisher nicht feststellbar.

Ältere Kinder sind im Internet, der Zugang ist aber immer noch sozial bedingt

Insgesamt geben 4 % der 6- bis 7-Jährigen, 11 % der 8- bis 9-Jährigen und dann bereits 36 % der 10- bis 11-Jährigen an, regelmäßig pro Woche online zu sein. Im Trend betrachtet, ist der Anteil sowohl bei den 6- bis 7-Jährigen als auch bei den 8- bis 9-Jährigen seit 2007 stabil geblieben und nicht gewachsen. Angestiegen ist die Internetnutzung hingegen bei den 10- bis 11-Jährigen: von 29 % in 2007, über 32 % in 2010 bis auf 36 % in 2013. In der Regel sind Kinder nur ab und an in der Woche online. Täglich oder über mehrere Stunden am Stück online ist nur eine kleine Minderheit.

Bereits in den vergangenen Kinderstudien zeigte sich, dass Kinder aus niedrigen sozialen Schichten etwas seltener über einen Zugang zum Internet verfügen konnten als Kinder aus den gehobenen Schichten. Auch die aktuelle Studie bestätigt diesen Befund. Dies hat zur Konsequenz, dass Kinder aus der Unterschicht zu einem geringeren Anteil angeben, regelmäßig pro Woche im Internet zu sein (Anteil der Internet-Nutzung bei Kindern im Alter von 10 bis 11 Jahren: Unterschicht: 23 %, untere Mittelschicht: 37 %, Mittelschicht: 39 %, obere Mittelschicht: 36 %, Oberschicht: 36 %). Bezieht man sich hingegen nur auf die Kinder, die einen Zugang zum Internet haben, dann verschwindet dieser Schichteffekt.

Handys: unter Kindern allgemein immer weiter verbreitet, aber Mädchen bleiben in Führung

Der bereits 2010 beobachtete Trend, dass immer mehr Kinder in der befragten Altersgruppe über ein Handy verfügen, setzt sich auch 2013 fort. 2007 verfügten 17 % der 8- und 9-Jährigen sowie 56 % der 10- und 11-Jährigen über ein Mobiltelefon, 2010 bereits 27 % bzw. 66 %, und in der aktuellen Studie geben 31 % der mittleren und 72 % der ältesten Gruppe an, ein eigenes Handy zu besitzen. Doch auch wenn der Anteil der Handybesitzer insgesamt ansteigt, können die Jungen nicht aufholen. Mit 56 % haben die 8- bis 11-jährigen Mädchen nach wie vor häufiger ein eigenes Handy als die Jungen mit 49 % (über alle Altersgruppen hinweg betrachtet, besitzen 42 % der Mädchen und 37 % der Jungen ein Handy). Ebenfalls als seit 2007 konstant erweist sich in dieser Altersgruppe die Beobachtung, dass Kinder aus Alleinerziehenden-Haushalten öfter über ein eigenes Mobiltelefon verfügen (62 %) als Kinder aus anderen Familien (50 %).

Die Zufriedenheit mit der eigenen Freizeit steigt weiter an

2013 gaben 8 % der Kinder eine negative bis neutrale Bewertung zur

Zufriedenheit mit ihrer Freizeitgestaltung ab, 33 % erlebten ihre Freizeit als positiv und 59 % schätzten sie sehr positiv ein. Damit wurde die bereits 2010 sehr hohe berichtete Zufriedenheit mit der Freizeitgestaltung in der aktuellen Studie noch leicht übertroffen. Nach wie vor zeigt sich bei den Zufriedenheitsurteilen ein deutlicher Einfluss der sozialen Herkunftsschicht dahingehend, dass Kinder aus der Unterschicht seltener eine sehr positive Einschätzung abgeben und häufiger zu negativen bis neutralen oder positiven Einschätzungen kommen als ihre Altersgenossen aus den höheren Schichten. Allerdings zeigt sich auch in dieser Gruppe zumindest ein leichter positiver Trend. Während 2010 noch 28 % der aus der Unterschicht stammenden Kinder ihre Freizeit negativ bis neutral beurteilten, sind es 2013 mit 17 % deutlich weniger.

Freundeskreis

Seltenere persönliche Kontakte in der Freizeit, aber konstant große Freundeskreise

Gegenüber den beiden vorangegangenen Kinderstudien zeigt sich ein deutlicher Rückgang in der Häufigkeit persönlicher Treffen mit den Freunden in der Freizeit. 2010 und 2007 gaben jeweils 68 % der befragten Kinder an, sich sehr oft mit ihren Freundinnen und Freunden zu treffen, 2013 gilt dies nur noch für 53 %. Allerdings wirkt sich dies nicht auf die Größe des Freundeskreises aus. In allen drei Kinderstudien berichten jeweils rund 40 % der 8- bis 11-Jährigen von einem großen Freundeskreis, der zehn Peers und mehr umfasst. Etwa die Hälfte der Kinder hat zwischen vier und neun Freunde, wohingegen etwas mehr als 10 % der Befragten entweder nur über einen kleinen oder gar keinen Freundeskreis verfügen.

Größe des Freundeskreises hängt vom Freizeittyp ab

Über alle drei Kinderstudien hinweg lässt sich beobachten, dass Medienkonsumenten über weniger Freunde verfügen als normale Freizeitler oder vielseitige Kids. Lediglich rund ein Drittel von ihnen berichtet von zehn Freunden und mehr, während dies auf etwa etwa 35 % bis 40 % der Angehörigen der beiden anderen Gruppen zutrifft. Dementsprechend ist in allen drei Kinderstudien unter den 8- bis 11-jährigen medienaffinen Kindern der Anteil derer, die lediglich über einen kleinen Freundeskreis von drei Kindern und weniger verfügen, höher (17 % bis 21 %) als bei den normalen (12 % bis 14 %) oder vielseitigen Freizeitlern (7 % bis 11 %).

Schule und »draußen« sind nach wie vor mit Abstand die Orte, an denen sich Kinder am häufigsten mit Freunden treffen

Am häufigsten treffen Kinder im Alter von 6 bis 11 Jahren ihre Freunde in der Schule (78 % unterhalb der Woche nahezu täglich) oder draußen (17 % nahezu täglich und 50 % mehrmals die Woche). Online treffen 3 % aller Kinder ihre Freunde täglich (bei den 10- bis 11-Jährigen: 6 %) und weitere 6 % ihre Freunde mehrmals pro Woche (bei den 10- bis 11-Jährigen: 14 %). Zum Vergleich: 2 % aller Kinder treffen ihre Freunde nahezu täglich und weitere 41 % mehrmals pro Woche in einem Verein.

Kontakt zu Freunden im Netz: Chats verlieren an Popularität – zugunsten sozialer Netzwerke?

Die Nutzung von Chats hat unter den seit 2007 befragten 8- bis 11-Jährigen an Popularität verloren. Verantwortlich für diesen Rückgang ist vermutlich nicht ein geringeres Interesse der Kinder daran, soziale Kontakte auch im Internet zu pflegen, sondern die Beliebtheit sozialer Netzwerke, wie Facebook, die bereits von insgesamt 15 % der ältesten Befragungsgruppe (10 bis 11 Jahre) genutzt werden.

Hohe Wertschätzung durch die Mitglieder des Freundeskreises

Die befragten Kinder sehen sich in ihrem Freundeskreis mehrheitlich wertgeschätzt, wobei eine Zunahme dieses positiven Eindrucks seit 2007 festzustellen ist. In der ersten Kinderstudie gaben 43 % der 8- bis 11-Jährigen an, dass auf ihre Meinung im Freundeskreis »eher viel Wert« gelegt würde, 2010 waren es 45 % der 8- bis 11-Jährigen und 2013 sind nun 53 % dieser Meinung.

Mitbestimmung und die eigene Meinung

Selbstbestimmungsmöglichkeiten im Alltag: für Kinder aus der untersten Herkunftsschicht nach wie vor begrenzt

Kinder haben in ihrem Alltag unterschiedliche Möglichkeiten der Selbstgestaltung. Die größten Mitbestimmungsmöglichkeiten werden ihnen in der Familie in Bezug auf Freizeit und Freundeskreis gewährt. Hier dürfen – in Abhängigkeit vom Alter – fast 90 % der Kinder selbst entscheiden, mit welchen Freunden sie sich treffen und was sie in ihrer Freizeit machen. Auf der anderen Seite wird zwei von drei Kindern aber von den Eltern vorgegeben, wann sie ihre Hausaufgaben zu machen haben, und jedes zweite Kind kann auch nicht selbst entscheiden, wie viele andere Kinder es nach Hause mitbringen darf.

Kinder aus der Unterschicht haben die geringsten Selbstbestimmungsmöglichkeiten im Alltag. Drei von vier Kindern, und damit deutlich weniger als der Durchschnitt, dürfen hier selbst entscheiden, mit welchen Freunden sie sich treffen, und ebenfalls nur zwei von dreien berichten, selbst zu bestimmen, was sie in ihrer Freizeit tun dürfen. Einschränkend auf die Selbstbestimmungsmöglichkeiten wirkt ebenfalls ein Defizit an Zuwendung: Weniger Zeit der Eltern geht aus der Sicht der Kinder mit stärkeren Vorgaben und Reglementierungen im Alltag einher. Davon unabhängig berichten auch Kinder mit Migrationshintergrund – und dabei auch unabhängig vom Geschlecht – über im Vergleich stärkere Reglementierung. Ähnliches gilt, wenn auch deutlich schwächer ausgeprägt, für Kinder aus kinderreichen Familien.

Ein Teil der Einschränkungen hängt mit fehlenden häuslichen Ressourcen zusammen. Auf der anderen Seite manifestieren sich an dieser

Stelle aber auch die (schichtspezifischen) Unterschiede in den Erziehungsstilen.

Kinder mit geringeren Selbstbestimmungsmöglichkeiten im Alltag erleben auch weniger Mitbestimmung in der Schule

Selbstbestimmungsmöglichkeiten im Alltag und Mitbestimmung in der Schule gehen miteinander einher. Zum einen hängt dies natürlich mit dem Alter der Kinder zusammen. Unabhängig davon wirkt aber auch an dieser Stelle wieder die Herkunftsschicht als Selektionsmechanismus. Kindern, die als weiterführende Schule ein Gymnasium oder eine Realschule besuchen, bieten sich sowohl im familiären Alltag als auch in der Schule deutlich mehr Mitbestimmungsmöglichkeiten. Die Herkunftsschicht steuert auch an dieser Stelle den Lebensalltag und die Gestaltungsspielräume der Kinder.

Bemerkenswerterweise findet sich der Zusammenhang zwischen Herkunftsschicht und Mitbestimmungserfahrung in der Schule bereits, wenn auch weniger stark ausgeprägt, bei Grundschulkindern. Der Schichteffekt ergibt sich hier zum einen über eine soziale Homogenität im sog. Wohngebietssprengel, mit dem die Zuweisung der Kinder zur jeweiligen Grundschule vorgenommen wird. Zum anderen dürften aber auch personelle Merkmale eine Rolle spielen. Selbstbewusste und »selbstwirksame« Kinder werden Mitbestimmung eher einfordern als Kinder aus Milieus, in denen kaum Möglichkeiten zur Mitbestimmung gegeben werden.

Wertschätzung der eigenen Meinung in Familie und Freundeskreis leicht positiv, in Schule und in Einrichtungen leicht negativ

Im Trend betrachtet, hat die von den Kindern berichtete Wertschätzung der eigenen Meinung in der Familie und auch im Freundeskreis eher zugenommen. Eher viel Wert auf die Meinung der Kinder legen aus deren Sicht aktuell 60 % der Mütter (2010: 57 %; 2007: 56 %). Bei den Vätern legen 49 % eher viel Wert auf die Meinung der Kinder (2010: 48 %; 2007: 47 %). Etwa ein Viertel der Kinder antwortet hier mit »mal so, mal so«, um die 10 % (9 % für die Mutter und 13 % für den Vater) mit »eher wenig«, und der Rest macht hierzu keine Angaben. Im Bezug auf den Freundeskreis berichten inzwischen sogar 51 % der Kinder, dass hier viel Wert auf deren eigene Meinung gelegt wird (2010: 42 %, 2007: 43 %).

Von den eigenen Klassenlehrern berichten hingegen nur noch 29 % der Kinder, dass diese eher viel Wert auf die Meinung der Kinder legen würden. 2010 traf dies auf 32 % und 2007 auf 26 % zu. Ähnliches gilt für die Kinder, die eine Betreuungseinrichtung besuchen, wie zum Beispiel einen Hort oder eine Mittagsbetreuung. Hier legen nach Auskunft der Kinder 33 % eher viel Wert auf die Meinung der Kinder (2010: 36 %; 2007: 24 %).

Auch an dieser Stelle lässt sich wieder der Effekt der Herkunftsschicht nachweisen. 16 % der Kinder aus der Unterschicht bewerten die Wertschätzung durch die Mutter und sogar 31 % die Wertschätzung durch den Vater als explizit negativ. Bemerkenswert ist, dass ebenfalls 19 % der Kinder mit Migrationshintergrund im Vergleich zu 10 % der einheimisch deutschen Kinder die Wertschätzung durch den Vater negativ bewerten. Bezüglich der Wertschätzung durch die Mutter finden sich hier keine signifikanten Unterschiede. Insgesamt wird auch an dieser Stelle die Bedeutung der elterlichen Erziehungsstile unterstrichen.

World Vision Kinderstudie 2013

Befragt wurde bei der dritten World Vision Kinderstudie eine deutschlandweit repräsentativ zusammengestellte Stichprobe von 2.535 Kindern im Alter von 6 bis 11 Jahren. Die Kinder wurden persönlich-mündlich zu Hause befragt. Die Befragung der Kinder dauerte durchschnittlich etwa 35 Minuten. Zusätzlich wurde ein Elternteil um ergänzende Auskünfte zu Herkunft und sozialer Lage der Familie gebeten. Der qualitative Teil der Studie stützt sich auf 12 Interviews mit Kindern dieser Altersgruppe, die zwischen eineinhalb und drei Stunden dauerten. Die im qualitativen Teil befragten Kinder werden in Porträts ausführlich vorgestellt.

Sabine Andresen, Susann Fegter, Klaus Hurrelmann

1 Wohlbefinden, Armut und Gerechtigkeit aus Sicht der Kinder: Die Ausrichtung der 3. World Vision Kinderstudie

1.1 Die World Vision Kinderstudien und die internationale Kindheitsforschung

Die World Vision Kinderstudien haben eine Grundphilosophie: Kindern in Deutschland eine Stimme zu geben. Sie betrachten Kinder als Experten ihrer Lebenswelt, ihrer Gefühle, Meinungen und Erfahrungen. Keine Frage: Auch Mütter und Väter, Geschwister, Großeltern, Erzieherinnen, Trainer oder Lehrkräfte sind Experten und können ihr Wissen über Kinder und Kindheit zur Verfügung stellen. Doch mittlerweile ist die Einsicht weit verbreitet, dass es wichtig ist, die Erwachsenensicht und das Erwachsenenwissen nicht für allmächtig zu halten, sondern Kinder selbst als Informanten und Interpreten von Kindheit und Kindsein zu verstehen.

Die 1. World Vision Kinderstudie aus dem Jahre 2007 hat diese theoretische und methodische Ausrichtung ausführlich dargelegt und begründet (Andresen, Hurrelmann 2007). Dabei ist ein 2007 hervorgehobener Befund nach wie vor von Bedeutung: die auch im internationalen Vergleich auffällige Wissenslücke über die Altersgruppe der sogenannten mittleren Kindheit, der 6- bis 11-Jährigen. Sie wird nicht zuletzt mit den World Vision Kinderstudien geschlossen. Gemeinsam mit anderen Studien, vor allem dem LBS Kinderbarometer, dem Kinder-Panel und der AID:A Studie, beide vom Deutschen Jugendinstitut, sowie der Kindergesundheitsstudie KIGGS (Robert Koch Institut) und der Studie der Robert Bosch Stiftung (2012) zum kindlichen Wohlbefinden, konnte mittlerweile eine gut abgesicherte Surveyforschung über diese Altersgruppe etabliert werden.

Wo steht die internationale Kindheitsforschung 2013 und wie verhält sich die 3. World Vision Kinderstudie dazu? Dieser Frage wollen wir in unserem Einleitungskapitel nachgehen. Es geht uns dabei zunächst um eine Verortung unseres Zugangs in der nationalen und internationalen Forschung zum Wohlbefinden von Kindern. Kindliches Wohlbefinden haben wir von Beginn an in den Blick genommen. Seit der 2. Studie von 2010 hat sich die Diskussion dazu weiterentwickelt, und wir werden dies im Abschnitt 1.2 vorstellen. Hier schließen wir auch an unsere theoretischen

Ausführungen aus der 2. Studie an (Andresen et al. 2010).

Ein weiteres wichtiges Themenfeld bezieht sich auf die Situation von Kindern in Armutslagen. Die 1. World Vision Kinderstudie 2007 hat die Betroffenheit von Armut in der Kindheit in Deutschland deutlich herausgestellt. Dieses Ergebnis griff die Öffentlichkeit mit großem Interesse auf und stellte die Frage, wie denn Kinder Armut erleben würden. Solche Reaktionen haben das Studienteam dazu bewogen, in der 2. Studie den subjektiven Armutserfahrungen von Kindern in Deutschland einen größeren Raum zu geben. Auch in der neuen hier vorliegenden Studie befassen wir uns intensiv mit den sozialen Unterschieden, die Kinder in Deutschland erleben. Ebenso werden die Auswirkungen von Armut aus Sicht der Kinder thematisiert. Seit 2010 ist auch in diesem Bereich die Diskussion in Forschung, Politik und Pädagogik weitergegangen. In Abschnitt 1.3 wird die neuere Armutsforschung ausführlich diskutiert.

Von Armut sind besonders häufig Familien mit Migrationshintergrund und mit niedrig qualifizierten Eltern betroffen. Wir werden deshalb in Abschnitt 1.4 auf das inzwischen etablierte statistische Konzept des Migrationshintergrundes eingehen. Dieses Konzept, mit dem nun besser als vorher unterschieden werden kann, welche vielfältigen Erfahrungen mit Migration in der Bevölkerung der Bundesrepublik vorliegen, ist auch für die Surveyforschung über Kinder wichtig. Viele Kinder, denen ein Migrationshintergrund zugeschrieben wird, sind in Deutschland geboren und haben teilweise die deutsche Staatsangehörigkeit. Dennoch geht man davon aus, dass zum Beispiel die Erfahrung der Eltern oder Großeltern als Einwanderer spezifische Auswirkungen auf das in Deutschland geborene Kind haben kann. Diesen Zusammenhängen gehen wir nach und nehmen dabei die internationalen Diskussionen zu diesem Themenkomplex auf. Damit sollen die Themen Armut und Migration als mögliche Erfahrungen von Kindern und als Teil ihrer Familiengeschichte sichtbar gemacht werden.

Auch in der 3. World Vision Kinderstudie nehmen wir eine Erweiterung gegenüber den vorangehenden beiden Studien vor und untersuchen das Gerechtigkeitsempfinden der Kinder. Was sie für ein gutes und damit gerechtes Leben benötigen, ist eine Frage, die Kinder durchaus beschäftigt. In unseren Vorgängerstudien ist uns aufgefallen, dass Kinder bei Wertfragen oder bei ihren Überlegungen, was denn ein gutes Leben für Kinder bedeutet, egal wo sie aufwachsen, stets ins Herz gerechtigkeitstheoretischer Debatten treffen. Hier wollen Kinder mitreden, und sie haben auch etwas zu sagen. Wir greifen in der 3. Studie das Thema Gerechtigkeit explizit auf und rekonstruieren das Gerechtigkeitsempfinden der Kinder und ihre Urteile über Ungerechtigkeit und Ungleichheit. Damit betreten wir auch in der internationalen Kindheitsforschung Neuland. Wie wir unsere Untersuchung in der interdisziplinären Gerechtigkeitsforschung und der häufig philosophisch geführten Diskussion über Gerechtigkeit verorten, ist Gegenstand von Abschnitt 1.5. Abschließend machen wir im letzten Teilkapitel 1.6. einige Anmerkungen zum methodischen Vorgehen der Studie.

1.2 Wohlbefinden als Konzept der Kindheitsforschung und seine Verwendung in der 3. World Vision Kinderstudie

Auch die vorliegende Studie greift wie 2007 und 2010 das Konzept des Wohlbefindens auf und zieht dafür neue Diskussionen und Befunde mit heran. Unser Grundverständnis hat sich nicht verändert, denn es geht uns wieder sowohl um die subjektiven Einschätzungen der Befragten als auch um Erkenntnisse über die jeweiligen sozialen Rahmenbedingungen der Kinder. Nach drei Studien haben wir nun zudem die Chance zu einem Vergleich des Wohlbefindens und der Zufriedenheit von Kindern in Deutschland. Ein erstes Ergebnis sei hier vorangestellt: Auch 2013 ist wie in den Vorgängerstudien das allgemeine Wohlbefinden insgesamt recht hoch, doch Kinder, die Armutserfahrungen machen, gehören häufig zur Gruppe derjenigen, deren Wohlbefinden eingeschränkt ist. Auf der Basis solcher Ergebnisse leiten wir in Kapitel 9 schließlich politische Schlussfolgerungen ab.

Das Konzept des Wohlbefindens ist insgesamt anschlussfähig nicht nur an wissenschaftliche Fragen, sondern auch an politische und pädagogische Handlungsfelder. Übergreifend lässt sich sagen, dass Wohlbefinden für ein umfassendes Verständnis der Beschaffenheit der Lebenssituation, des Wohlstands und der Teilhabe eines Kindes an der Gesellschaft steht. Wohlbefinden geht folglich weit über das »Kindeswohl« hinaus. Beim Kindeswohl geht es vor allem um den Schutz des Kindes, Wohlbefinden hingegen schließt darüber hinaus an die Kinderrechte und damit auch an Partizipation und Handlungsfähigkeit an. Damit rückt das Kind als Subjekt mit eigenen Rechten in den Mittelpunkt. Als solches ist es zwar auf Fürsorge, Schutz und Bildung durch Erwachsene angewiesen, aber es hat auch einen eigenständigen Status. Dies zeigt sich an dem Trend, den wir in dieser Studie beschreiben können: Wie in den Vorgängerstudien trägt auch 2013 eine ausgewogene Balance zwischen Fürsorge und Freiheit im Alltag der Kinder zu ihrem Wohlbefinden bei (Andresen et al. 2012).

Insgesamt stehen Forschungen zum kindlichen Wohlbefinden in der Tradition, einen Beitrag zu kinderfreundlichen Gesellschaften leisten zu wollen. Unsere Studie schließt sich diesem Bestreben an, denn die Schlussfolgerungen in Kapitel 9 zielen auf die Verbesserung der Rahmenbedingungen für Kinder und ihre Familien.

Dimensionen und Indikatoren: zum konzeptionellen Aufbau

In der Regel wird Wohlbefinden als multidimensionales Konzept verstanden (Minkkinen 2013). Das heißt, mehrere Dimensionen bilden das Konzept ab, z. B. materielle Ressourcen, Bildung, Gesundheit und Beziehungen. Während die Dimensionen also das Konzept des Wohlbefindens insgesamt definieren und systematisch rahmen, dienen die einzelnen Indikatoren, die den Dimensionen zugeordnet werden, der Konkretisierung und der methodischen Messung von Wohlbefinden. So ist ein möglicher Indikator für Bildung zum Beispiel der Anteil der 15-Jährigen eines Landes an der höchsten

Schulform. Hier geht es folglich um die objektiven Rahmenbedingungen von Kindheit in einem Land und wer auf welche Art und Weise zum Beispiel von der angebotenen Bildung profitiert.

Erst kürzlich haben die US-amerikanischen Well-Being-Forscher O'Hare und Gutierrez (2012) sämtliche bisher vorliegenden Studien zusammengestellt und gesichtet, in denen mit einem Index des Wohlbefindens gearbeitet wird. Die Übersicht zeigt das wachsende Interesse an der Konstruktion von Dimensionen und Indikatoren des Wohlbefindens bei Kindern. Zugleich wiesen die Autoren aber auch die vielfältige Verwendung des Konzepts nach. Praktisch jedes Forschungsteam nahm eine andere Zusammenstellung der Dimensionen und Indikatoren vor.

Ein Grund für die Heterogenität liegt nicht zuletzt im politischen Interesse an praktischen Erkenntnissen und Aussagen. Hier sind die großen internationalen Organisationen wie die Vereinten Nationen und ihre Unterorganisation UNICEF ebenso wie die Weltgesundheitsorganisation WHO und die Organization for Economic Cooperation and Development OECD, aber auch nationale Stiftungen wichtige Akteure. Sie arbeiten häufig mit umfassenden Instrumenten der Wohlbefindensmessung. So untersucht UNICEF seit 2007 regelmäßig das Wohlbefinden von Kindern in 29 reichen Industrienationen, und auch der jährliche Bericht State of the World's Children von UNICEF geht auf Aspekte des Wohlbefindens in allen Regionen der Welt ein, 2013 beispielsweise auf Kinder mit Behinderungen (UNICEF 2013a). Erst jüngst wurden von UNICEF neue Daten zum Wohlbefinden in den reichen Gesellschaften in der sogenannten Report Card 11 vorgelegt. Basis war die Auswertung von Ergebnissen zur allgemeinen Zufriedenheit von 11, 13 und 15 Jahre alten Kindern aus den Studien des Teams »Health Behaviour in School-aged Children« (HBSC). An solchen Erhebungen haben auch die Medien ein großes Interesse, so auch in Deutschland, wo die Ergebnisse jedoch überzogen interpretiert wurden (UNICEF 2013b).

Das Vorgehen der UNICEF-Untersuchung zum Wohlbefinden von Kindern in reichen Ländern findet insgesamt viele Nachahmer: Es werden Dimensionen des Wohlbefindens formuliert und dazu messbare Indikatoren gebildet. Dabei widmen sich viele inzwischen auch der Dimension des subjektiven Wohlbefindens, denn Studien haben gezeigt, dass neben den objektiven sozialen Rahmenbedingungen deren subjektive Wahrnehmung gerade auch bei Kindern berücksichtigt werden muss.

Subjektives Wohlbefinden – Subjektive Einschätzung der Kinder

Eine wichtige Weiterentwicklung liegt in der intensiven Auseinandersetzung mit der Bedeutung und der Messung des subjektiven Wohlbefindens als einer wichtigen Dimension. Hier wird auch an etablierte psychologische Forschungen etwa zur sogenannten »Quality of Life«-Forschung angeschlossen. In vielen Studien geht es um die Erfassung der subjektiven Zufriedenheit. Auch die UNICEF-Studien arbeiten mit dieser Dimension und haben sie in der neuen Veröffentlichung der Report Card 11 vertieft analysiert. Gearbeitet wird mit einem Index, der subjektives Wohlbefinden möglichst breit erfasst. Zu diesem Index gehören allgemeine Zufriedenheit mit dem eigenen Leben, Beziehungen zu Familie und Freunden, allgemeines Wohlbefinden in der Schule und subjektiv empfundene Gesundheit. Hierzu wird es in naher Zukunft sicherlich weitere Studien, auch international vergleichend, geben müssen, um besser als bisher zu klären, wie es um das subjektive Wohlbefinden von Kindern bestellt ist (Bradshaw et al. 2013).

Was in diesem Kontext ebenfalls zu nennen ist, auch weil wir in unserer 2. World Vision Kinderstudie darauf zurückgegriffen haben, sind qualitative Forschungen zu den subjektiven Vorstellungen von Kindern. Ein Beispiel dafür sind die Forschungen der Australier Fattore, Mason und Watson (2012). Diese Forschergruppe hat Kinder danach gefragt, welche Bereiche sie als die für Wohlbefinden wichtigsten einschätzen, und sie haben drei identifiziert: self, agency und security. Mit self ist im Wesentlichen das Selbstwertgefühl der Kinder gemeint, also ihre Einschätzung von sich selbst als einer guten und wertvollen Persönlichkeit. Unter agency wird erfasst, in welchem Maß die Kinder ein Gefühl der Kontrolle über ihr eigenes Leben und der Selbstwirksamkeit ihrer Handlungen besitzen. Security schließlich bezeichnet das Gefühl, sich in den Beziehungen zu Eltern und anderen Erwachsenen aufgehoben zu fühlen und dennoch gleichzeitig genügend Spielraum für die Verwirklichung eigener Handlungswünsche zu haben.

Vertreter dieser Forschungsrichtung halten es für sehr wichtig, alle Indikatoren für die Messung des kindlichen Wohlbefindens daraufhin zu überprüfen, ob sie den kindlichen Perspektiven und Wahrnehmungen und auch ihren Begrifflichkeiten folgen. Geschieht das nicht, dann schiebt sich letztlich wieder trotz anderer Absichten eine erwachsenenzentrierte Perspektive in den Vordergrund. Auch Wissenschaftlerinnen und Wissenschaftler, die dieser Position nicht folgen, akzeptieren zunehmend, Kinder selbst als Quelle für die Informationen über ihre eigene Lebensqualität in die Untersuchungen einzubeziehen und sie zu den allerwichtigsten Zeugen ihrer eigenen Lebenslage zu machen (Ben-Arieh 2010).

Entwicklung und Prüfung umfassender Gesamtindices

Eine weitere hier zu nennende Diskussion zeigt sich bei der Frage, ob ein Gesamtindex entwickelt werden kann, der möglichst für alle Kinder unabhängig davon, wo sie aufwachsen, Gültigkeit hat. Ähnliche Bestrebungen gibt es bei der Erarbeitung eines Indexes, der die Benachteiligung erfasst, wie wir im nächsten Kapitel zeigen werden. In der internationalen Diskussion zeigen sich bislang noch zahlreiche Hürden bei der Erstellung und der methodischen Prüfung, gleichwohl plädieren viele für einen solchen »comprehensive composite domain driven index« (O'Hare, Gutierrez 2012). Möglicherweise werden wir in der 4. World Vision Kinderstudie dann darauf zurückgreifen können. Der Vorteil ist, dass er alle Indikatoren in eine Gesamtbewertung einbezieht, also eine Kombination der Informationen aus den verschiedenen Bereichen vornimmt. Auf diese Weise werden alle erwähnten Indikatoren zu allen Dimensionen des Wohlbefindens aufgenommen und gleichgewichtig einbezogen.

Eine solche umfassendere Konstruktion ermöglicht es, gewissermaßen in einer »Kennziffer« die Lebensqualität der Kinder in einer Gesellschaft zu messen. Sowohl für den internationalen Vergleich als auch für regionale Vergleiche innerhalb eines Landes ist ein solcher Gesamtindex von großer politischer Bedeutung. So hat jüngst Südkorea eine Untersuchung auf der Basis eines Indexes für alle Provinzen vorgelegt (Lee 2013). Die Politik hat nun genaue Aussagen darüber, in welchen Regionen welche Probleme vorliegen und welche Handlungsstrategien daraus möglicherweise erfolgen. Auch in der Sozialberichterstattung wird nach einem solchen Index gesucht. Der 14. Kinder- und Jugendbericht (Deutscher Bundestag 2013) hat für die Lebensphase Kindheit für einzelne Dimensionen nationale Unterschiede herausarbeiten können.

In den USA hat sich im Anschluss an den Human Development Index HDI der Vereinten Nationen ein darauf aufbauender Child Development Index CDI etabliert, der jährlich von einer Stiftung erstellt und mit großer Aufmerksamkeit veröffentlicht wird. Die Ergebnisse machen einen Vergleich zwischen den unterschiedlichen Graden des Wohlbefindens in den verschiedenen Bundesstaaten möglich. Auch können mithilfe dieses »comprehensive index« Langzeitbeobachtungen durchgeführt werden, zum Beispiel zu der Frage, wie sich das Wohlbefinden der Kinder aus Familien unterschiedlicher sozialer Herkunft in den letzten 20 Jahren verändert hat (Hernandez, Marotz 2012).

Das Konzept des Wohlbefindens in der World Vision Kinderstudie 2013

Während bereits in der ersten Studie 2007 Wohlbefinden anhand dreier Dimensionen, nämlich der Zufriedenheit mit der Freiheit, die Eltern gewähren, der Zufriedenheit mit der Anzahl der Freunde und der Qualität der Freundschaften sowie dem allgemeinen Wohlbefinden in der Schule, definiert wurde, haben wir 2010 mit einem komplexeren Rahmen gearbeitet. Ausgehend von der Idee des »guten Lebens« und was nötig ist, ein solches zu führen, wie sie die US-amerikanische Philosophin Martha Nussbaum als Vertreterin des Capability Approach entwickelt hat, ließ sich ein erweitertes Konzept erarbeiten (Andresen et al. 2010; Fegter, Richter 2013). Der Capability Approach zielt auf die Verwirklichungschancen und Handlungsmöglichkeiten von Menschen in ihren höchst unterschiedlichen sozialen Kontexten. Da es um die Frage der Fähigkeiten und Möglichkeiten zu einem selbstbestimmten Handeln geht und dies auch eine Frage von Kindern zwischen 6 und 11 Jahren ist, haben wir ihn für die World Vision Kinderstudien mit aufgegriffen. Dies hat sich im Fragebogen etwa darin niedergeschlagen, dass wir die Kinder nach ihrer Selbstwirksamkeit – als zentraler Grundlage für Handlungsfähigkeit – befragt haben. In den Einzelinterviews haben wir die Kinder am Ende gebeten, uns fünf Dinge zu nennen, die für jedes Kind, egal wo es aufwächst, zu einem guten Leben gehören. Dieser theoretische Rahmen zum Wohlbefinden war äußerst aufschlussreich, wie die Studie 2010 zeigte. So konnten wir einen engen Zusammenhang nachweisen zwischen einer hohen Selbstwirksamkeit und der Erfahrung in Elternhaus, Schule und Freundeskreis, dass die Meinung des Kindes bei Entscheidungen einbezogen wird.

Bei der Konzeption des kindlichen Wohlbefindens 2013 haben wir wieder an unsere beiden früheren Studien angeschlossen, aber auch die oben skizzierte nationale und internationale Diskussion aufgenommen. Um den Kindern keine zu komplexen Fragen zu stellen und eine Messbarkeit zu gewährleisten, werden sie nach ihrer Zufriedenheit gefragt, nachdem sie zu den verschiedenen Lebensbereichen differenzierte Fragen gestellt bekommen haben.

Folgende Dimensionen bilden das Konzept des Wohlbefindens in unserer Studie ab:

- Fürsorge durch die Elternteile/Eltern, gemessen an der Zeit, die sie für die Kinder da sind
- Freiheiten im Alltag, gemessen daran, wie zufrieden Kinder mit den durch Eltern gewährten Freiheiten sind
- Anerkennung und Mitbestimmung, gemessen daran, wer nach ihrer Erfahrung ihre Meinung respektiert und wie sie in Alltagsentscheidungen einbezogen werden
- Generelle Zufriedenheit mit den Institutionen, gemessen an der Zufriedenheit in der Schule und im Hort
- Freizeit, gemessen an der Zufriedenheit mit den Freizeitmöglichkeiten
- Freundschaften zu anderen Kindern, gemessen an der Zufriedenheit mit dem Freundeskreis
- Subjektives Wohlbefinden, gemessen an der generellen Lebenszufriedenheit

Wie schon die bisherigen World Vision Kinderstudien zeigten, geben die befragten Kinder mehrheitlich sehr positive Voten über ihre Zufriedenheit in den jeweiligen Lebensbereichen an. Das hat auch uns dafür sensibilisiert, sehr sorgfältig das Vorgehen zu prüfen und unsere Analysen der Befunde kritisch zu wenden.

1.3 Kinderarmut als Herausforderung. Die internationalen Diskussionen und die Umsetzung in der World Vision Kinderstudie

Wie sieht das Wohlbefinden von Kindern in Armut aus? Diese Frage bearbeitet die Forschung zum Wohlbefinden von Kindern immer intensiver. Zu klären ist, wie stark sich Armut und soziale Benachteiligung auf das Wohlbefinden auswirken, wie dem entgegengesteuert werden kann und wie Kinderarmut definiert und gemessen werden muss. Wie wir im Folgenden ausführen werden, gibt es seit 2010 neue wichtige internationale Studien über Kinderarmut und systematische Überlegungen, wie diese zu messen und damit einzuschätzen ist. Doch wir wissen bislang wenig darüber, wie Kinder selbst Armut erleben. Studien, die nach den Sinnwelten von Kindern in Armut fragen, gibt es bislang in der internationalen wie auch nationalen Kindheitsforschung selten. Solche Studien braucht es jedoch, um zu verstehen, mit welchen Strategien Kinder prekären Lebenslagen begegnen, wie sie selbst ihre Situation erleben und mit welchen Themen sie sich alltäglich auseinandersetzen.

In ihren Kinder-Porträts ist die vorherige World Vision Studie von 2010 den Wahrnehmungen und Einschätzungen von Armut nachgegangen. Keines unserer interviewten Kinder von 2010 lebte selbst in Armut, ähnlich verhält es sich mit den Kindern der 3. Studie. Wir haben ihnen 2010 im Interview Fotografien vorgelegt mit Szenen aus eher armen und eher wohlhabenden, ja reichen Lebensverhältnissen. Auf der Basis ihrer Überlegungen konnten wir 2010 zeigen, dass »Armsein« von den meisten Kindern durchaus eingeordnet werden kann. Manche Kinder verwiesen auf ihnen bekannte Familien oder Kinder aus ihrer Schule, die sie als benachteiligt wahrgenommen haben. Uns ist aufgefallen, dass die Kinder bei dieser Thematik sich selbst und ihre Familie gern zwischen arm und reich verorten und generell Reichtum mit der Aufforderung zur sozialen Verantwortung verbinden.

Verantwortung scheint für Kinder ein wichtiges Thema im Kontext von Armut zu sein. Auch in den wenigen Untersuchungen mit Kindern, die selbst von Armut betroffen sind, spielt sie eine große Rolle. So wissen von Armut betroffene Kinder genau, was die Dinge, die sie sich wünschen, um die sie aber ihre Eltern häufig nicht bitten, kosten. Sie kennen die Preise und wissen, wie viel Geld ihrer Familie monatlich zur Verfügung steht. Verantwortung übernehmen Kinder in Armut auch für ihre Eltern, wenn sie etwa für jüngere Geschwister sorgen und so die Mutter zu entlasten versuchen. Oder sie übernehmen Verantwortung für das emotionale Wohlbefinden ihrer Eltern und machen sich Sorgen um sie (Andresen et al. 2013, Meiland et al. 2013). Dem Alltag von Kindern in Armut auf die Spur zu kommen sollte ein größeres Anliegen sein, denn überall dort, wo Kinder sich aufhalten, müssen Erwachsene wie Erzieherinnen oder Lehrkräfte für die prekäre Lebenslage sensibilisiert werden.

Internationale Diskussionen und Vergleichsdaten

Zu einem besseren Verständnis von Kinderarmut tragen auch die großen internationalen Vergleichsstudien bei sowie die Untersuchungen über Kinderarmut in Deutschland, an die wir anschließen und auf die wir im Folgenden näher eingehen wollen. Eine intensive Diskussion beobachten wir rund um die grundsätzliche Frage, wie sich Armut bei Erwachsenen, Jugendlichen und Kindern messen lässt und wie statistische Daten zu interpretieren sind. Ein etablierter Armutsmaßstab – auch in der Kinderarmutsforschung – ist die Orientierung am mittleren Einkommen. Wer weniger als 60 % des Medianeinkommens hat, gilt in der Europäischen Union (EU) als armutsgefährdet. Über weniger als 50 % des Mediannettoeinkommens verfügen zu können gilt als strenge Armut, über weniger als 40 % als sehr strenge Armut.

Die Report Card 10 von UNICEF (2012), die unter dem Titel »Measuring child poverty« erschienen ist, setzt wichtige Impulse. Kinderarmut wird hier über einen sogenannten Deprivationsindex erfasst und Befunden zum relativen Armutskonzept gegenübergestellt. Das Vorgehen gleicht den oben beschriebenen Bestrebungen, einen allgemeinen Index des Wohlbefindens zu etablieren. Das heißt, einerseits wird davon ausgegangen, dass Kinderarmut bezogen auf die kindliche Entwicklung und die Bedürfnisse unabhängig vom Wohlstand einer Gesellschaft erfasst werden kann, aber andererseits wie gehabt in das Verhältnis zum mittleren Einkommen eines Landes gesetzt werden muss.

Was beinhaltet dieser Deprivations-Index? Er umfasst angemessene und wenigstens teilweise neue Kleidung, wetterfeste Schuhe, regelmäßige tägliche Mahlzeiten, darunter auch frische Früchte, frisches Gemüse und Fleisch, Zugang zu Büchern, regelmäßige Freizeitaktivitäten im Sinne nonformaler Bildung, die Möglichkeit, draußen etwa mit dem Fahrrad oder Rollschuhen aktiv zu sein und Zugang zu medizinischer Versorgung zu haben. Zu dem Index gehört aber auch die Gelegenheit, Feste zu feiern wie den eigenen Geburtstag, mindestens eine Woche Ferien zu machen, und die Gelegenheit, sich mit Freunden zu treffen. Dies sind Aspekte, die auch das Kinderleben in Deutschland charakterisieren und die wir in unsere Befragung teilweise mit aufnehmen (vgl. Kapitel 3).

Die Situation des Kindes gilt dann als depriviert, wenn zwei oder mehr der oben genannten Indikatoren nicht erfüllt sind, die als relevant für eine durchschnittliche Lebenslage von Kindern, wir könnten auch sagen für »normale Kindheit«, gelten. Ausgehend von den Befunden hat die internationale Forschergruppe vier Ländergruppen auf europäischer Ebene gebildet:

- die nordischen Länder und die Niederländer mit einer Kinder-Deprivationsrate niedriger als 10 %,
- Deutschland, Frankreich, Spanien und Großbritannien bilden zusammen mit acht kleineren Ländern eine Gruppe – hier liegt die Deprivationsrate zwischen 11 % und 20 % –,
- eine Gruppe neuerer Mitgliedsstaaten u.a. Estland – Litauen und Polen sowie Italien und Griechenland weisen eine Deprivationsrate um die 25 % auf – und
- drei Länder: Portugal, Rumänien und Bulgarien, haben die höchste Deprivationsrate.

Ein wichtiger Befund aus diesem internationalen Vergleich, der sich auch in den World Vision Kinderstudien bestätigt, ist die besondere Armutsgefährdung von Kindern Alleinerziehender, Kindern aus großen Familien mit mehr als zwei Kindern sowie von Kindern mit arbeitslosen und/oder beruflich niedrig qualifizierten Eltern. Dies deckt sich auch mit unseren Ergebnissen.

Kinderarmut in Deutschland – Zahlen und Trends

In Deutschland zeichnen sich gegenwärtig neue Trends in der Betroffenheit von einem Armutsrisiko ab. Zugrunde liegt dabei meist das Konzept der relativen Einkommensarmut. Wie dargestellt, gelten dann jene Kinder als armutsgefährdet, deren Familien weniger als 60 % des Medianeinkommens zur Verfügung haben. In genauen Zahlen ausgedrückt, liegt diese Schwelle im Jahr 2011 bei 848 Euro für einen Einpersonenhaushalt sowie bei 1.526 Euro für einen Paarhaushalt mit einem Kind unter 14 Jahren (Seils, Meyer 2012). Betrachtet man anhand dieser Berechnungsgrundlage, wie viele Kinder in entsprechenden Haushalten leben, wächst in Deutschland im Jahr 2011 fast jedes 5. Kind unter 18 Jahren armutsgefährdet auf. Vergleicht man die Situation mit jener in anderen Ländern (und legt einen 50-%-Einkommensmedian zugrunde), liegt Deutschland international auf Platz 13 (UNICEF 2012, S. 3, Bradshaw et al. 2012).

Fragt man wiederum nach der Entwicklung der vergangenen 20 Jahre, so weisen die Armutsrisikoquoten größere Schwankungen auf. Lange lag das Armutsrisiko bei Kindern und Jugendlichen in Deutschland über dem der Gesamtbevölkerung. In Bezug auf Kinder bis 10 Jahre hat sich dies angeglichen im deutlichen Unterschied zu der Gruppe der 11- bis 20-Jährigen, die weiterhin überproportional von Armut betroffen sind (Deutscher Bundestag 2013). Unsere neuen Zahlen in der 3. World Vision Kinderstudie bestätigen diesen Trend. Doch Kinder bis zu 10 Jahren mit einem Migrationshintergrund weisen mit 15,1 % weiterhin ein vergleichsweise hohes Armutsrisiko auf (Deutscher Bundestag 2013).

Kinderarmut im Längsschnitt: Die AWO-ISS Studien

Neben der Frage, wie sich Kinderarmutsquoten im Laufe der Jahre verändern, ist eine besonders wichtige Frage, wie sich die Betroffenheit von Kinderarmut im Verlauf des Lebens der Kinder auswirkt. Das nationale und internationale Monitoring ermöglicht eine solche Beobachtung der Armutsentwicklung über einen längeren Zeitraum, worauf beispielsweise auch der jüngste Kinder- und Jugendbericht der Bundesregierung (Deutscher Bundestag 2013) zurückgreift. Besonders wichtig sind dabei die Fragen, welche Gruppe früh von Armutserfahrungen für wie lange und wie nachhaltig betroffen ist. Eine besonders wichtige Studie ist hierfür die AWO-ISS Studie, deren neue Befunde der vierten Erhebung 2012 vorgestellt wurden. Die AWO-ISS-Langzeitstudie zu Kinder- und Jugendarmut verfolgt einen multidimensionalen, kindbezogenen und ressourcenorientierten Ansatz und hat 900 Kinder über einen Zeitraum von 15 Jahren begleitet. Sie vergleicht die Lebenslagen von Kindern aus einkommensarmen mit Kindern aus nicht einkommensarmen Familien und nimmt dabei vielfältige Lebensbereiche in den Blick. Hierbei wurden drei Gruppen von Kindern in Armut identifiziert:

- arme Kinder, die trotz familiärer Einkommensarmut keinerlei Beschränkungen in sozialer, kultureller, gesundheitlicher oder materieller Hinsicht aufweisen (»arm, im Wohlergehen«)
- arme Kinder, die in einigen wenigen Bereichen Beeinträchtigungen aufweisen und daher als benachteiligt betrachtet werden müssen (»arm, benachteiligt«)
- arme Kinder die massive Auffälligkeiten beziehungsweise Beeinträchtigungen in verschiedenen Bereichen aufweisen (»arm, multipel depriviert«)

Der Längsschnitt macht auch deutlich, wie hoch der Anteil der Kinder, die im Vorschulalter von Armut betroffen waren und die im weiteren Aufwachsen wiederholte Armutserfahrungen machen, ist (AWO-ISS 2012). Diese Kinder haben im Jugendalter ein erhöhtes Risiko multipler Deprivation, Benachteiligung in allen Lebensbereichen und ein geringes Wohlbefinden. Demgegenüber zeigt die Erfahrung von Armut im frühen Kindesalter, die nachhaltig überwunden wird, keine negativen Folgen.

Der Trend unserer drei Studien macht einerseits einen leichten Rückgang der Armutsquote sichtbar, andererseits aber ist die Beteiligung von Kindern in Armut am Vereinsleben 2013 im Vergleich zu 2010 zurückgegangen (vgl. Kapitel 6).

Armut und Bewältigung

Eine wichtige Frage, über die wir mit unserer Studie nur am Rande Aussagen treffen können, ist die der Bewältigung von Armutserfahrungen. Antje Richter (2000) arbeitete bereits um die Jahrtausendwende in einer Studie zur Kinderarmut mit Grundschulkindern unterschiedliche Kategorien von Bewältigungsformen, nämlich problemmeidende und problemlösende Bewältigungsmuster heraus. Dabei zeigten sich vor allem geschlechtsspezifische Unterschiede: Probleme mit sich selbst ausmachen zeigte sich bei Jungen und Mädchen gleichermaßen, wohingegen die Suche nach Problemlösung durch soziale Unterstützung häufiger eine Strategie von Mädchen sei. In internationalen Resilienzstudien wiederum zeigt sich, dass Jungen in der frühen Kindheit, dem Vorschulalter sowie den ersten Schuljahren stärker auf eine Armutslage der Familie reagieren und dies in externalisierenden Verhaltensauffälligkeiten sowie in einer Beeinträchtigung ihrer schulischen Leistungsfähigkeit zeigen (Luthar 1999, Ittel, Scheithauer 2007). Die neue AWO ISS Studie (2012) stellt bei den 10-Jährigen in Armut dagegen keine geschlechtsspezifischen Effekte fest: Nicht arme Mädchen haben zwar in der Kindheit weiterhin eher weniger Probleme als nicht arme Jungen, unter Armutsbedingungen hebt sich dieser Effekt jedoch auf. D. h. Mädchen in Armut sind gleichermaßen belastet wie Jungen in Armut. In der aktuellen Diskussion um Resilienz als Widerstandsfähigkeit gegenüber Belastungen und negativen äußeren Einflüssen zeigt sich in diesem Zusammenhang ein spannender Befund: Resiliente Kinder kennzeichnet, dass sie eher geringe geschlechtstypische Verhaltensweisen an den Tag legen und damit über ein breites Verhaltensrepertoire verfügen, alltäglichen Belastungen zu begegnen (vgl. Zander 2013).

Kinderarmut als erlebte Beschränkung: Zugang der World Vision Kinderstudie

In allen drei World Vision Kinderstudien ist Armut ein wichtiges Thema. Unser Armutskonzept ist multidimensional, das heißt, dass wir Armut nicht nur als eine Frage des finanziellen Mangels betrachten, sondern verschiedene Lebensbereiche der Kinder wie Familie oder Freizeit berücksichtigen. Damit ist in der Forschung die Frage verbunden, ob es eines spezifischen Kinderarmutskonzeptes bedarf und wie sich dieses gegebenenfalls von dem Konzept der Jugend- oder Erwachsenenarmut unterscheidet. Dahinter stehen Überlegungen, ob Kinder hinsichtlich der Ursachen von Armut besonders hilflos sind, ob die negativen Folgen von Armut bei Kindern stärker und nachhaltiger wirken als bei Erwachsenen, Kinder in Armut also eine besonders verletzliche Gruppe repräsentieren.

Unsere Studie nimmt die Perspektive der Akteure ernst, versucht die Alltagserfahrungen der Kinder in den Blick zu nehmen und zu den sozialen Verhältnissen in Beziehung zu setzen, außerdem verstehen wir Armut bei Kindern als einen Mangel an Teilhabe- und Verwirklichungschancen.

Folgende Dimensionen bilden das Konzept von Kinderarmut in der World Vision Kinderstudie ab:

- Eingeschränkte finanzielle Möglichkeiten in der Familie, gemessen an der subjektiven Einschätzung der Kinder, ob das Geld in der Familie eher knapp oder genügend vorhanden sei für alles, was sie brauchten, wie warme Kleidung oder Schulsachen.
- Eingeschränkte Teilhabe in sozialer und kultureller Hinsicht, gemessen an der subjektiven Einschätzung der Kinder in Bezug auf unterschiedliche Erfahrungen wie nicht in die Ferien fahren können, nicht ins Kino gehen, nicht im Verein sein oder kein Musikinstrument lernen können.
- Darüber hinaus fließen subjektive Einschätzungen der Eltern zur Frage, wie gut sie mit dem zur Verfügung stehenden Geld auskommen, in den sogenannten Schichtenindex ein, der alle Kinder in fünf verschiedene soziale Herkunftsschichten unterteilt. Für den Index spielen aber auch die Bildungsabschlüsse der Eltern sowie die Wohnform (Miete oder Eigentum) und Angaben zur Anzahl der Bücher im Haushalt eine wichtige Rolle.

Unsere eigenen Untersuchungen, aber auch andere Studien verdeutlichen, in welchem Ausmaß Armut mit Scham und Beschämung verbunden ist. Kinder fühlen sich zusammen mit ihren Eltern häufig stigmatisiert. Nicht alle Kommunen und Einrichtungen haben gute Wege etwa bei der Umsetzung des Bildungs- und Teilhabepakets entwickelt. Wenn Kinder bei der Essensausgabe in der Schule oder der Kindestagesstätte als »Hilfeempfänger« identifiziert werden, erfahren sie dies als Beschämung. Auch die Forschung selbst kann mit zur Erzeugung von Scham beitragen, die Macht der Sprache ist wirkungsvoll. In unseren World Vision Kinderstudien verwenden wir den Begriff der »Unterschicht«. Wir möchten an dieser Stelle deutlich machen, dass wir diesen Begriff ausschließlich als Bezeichnung für einen niedrigen sozio-ökonomischen Status verwenden. Von der stigmatisierenden Verwendung zum Beispiel als »Kultur der Unterschicht« grenzen wir uns entschieden ab. Diese Diskurse dienen primär dazu, das Verhalten von Menschen in prekären Lebenslagen zu stigmatisieren und die Verhältnisse, in denen sie leben, auszublenden. Diese öffentlichen Diskussionen und damit häufig verbundenen Schuldzuweisungen nehmen nicht zuletzt die Kinder sehr deutlich auf. Dies muss eine Kinderstudie zum Wohlbefinden von Kindern kritisch reflektieren und benennen.

1.4 Migration als soziales Phänomen in der Kindheitsforschung

Auch die Bezeichnung »mit Migrationshintergrund« kann unreflektiert stigmatisierend wirken. Dabei zeigen neuere Befunde wie jüngst der Kinder-Migrationsreport des Deutschen Jugendinstituts (2013), dass Migration für sich allein in nur wenigen Fällen eine Aussagekraft hinsichtlich etwa der Teilhabequote in Kindertagesstätten, der Schulabschlüsse oder der Lernpotenziale hat. Zu den Herausforderungen der Kindheitsforschung gehört dennoch die Frage, wie Kinder mit verschiedenen Erfahrungen der Migration angemessen einbezogen werden können (Hunner-Kreisel, Stephan 2013). Ausgangspunkt und Anliegen der World Vision Kinderstudie 2013 ist es, zu klären, in welchen Fällen der Faktor Migration etwas erklären kann und in welchen nicht.

Migration als Konzept

Migration ist ein internationales Phänomen und für Kinder und ihre Familien ebenso wie für die Gesellschaft, in die eingewandert wird, von großer Bedeutung. Schaut man auf Deutschland, hat mehr als jeder vierte junge Mensch hier eine Zuwanderungsgeschichte, etwa weil ein Elternteil nach Deutschland gezogen ist (Deutscher Bundestag 2013). 2005 wurde der Mikrozensus vom Ausländer- auf ein Migrationskonzept umgestellt, wodurch statistisch ersichtlich wurde, dass Migrationsgeschichten in Deutschland sehr vielfältig sind. Unter Menschen mit Migrationshintergrund werden seither in den amtlichen Statistiken »alle nach 1949 auf das heutige Gebiet der Bundesrepublik Deutschland Zugewanderten sowie alle in Deutschland geborenen Ausländer und alle in Deutschland als Deutsche Geborenen mit zumindest einem zugewanderten oder als Ausländer in Deutschland geborenen Elternteil« (Statistisches Bundesamt 2011a, S. 6) verstanden. Die detaillierte Erfassung von Nationalität, etwaiger Einbürgerung und Migrationserfahrung der befragten Personen und ihrer Eltern ermöglicht seit dieser konzeptionellen Umstellung eine differenziertere Sicht auf die Struktur der Bevölkerung in der Bundesrepublik (vgl. Statistisches Bundesamt 2009, S. 5 f.). Folgt man der Darstellung des Vorgehens im 14. Kinder- und Jugendbericht (Deutscher Bundestag 2013, S. 84), so wird unterschieden zwischen Deutschen ohne Migrationshintergrund und Personen mit Migrationshintergrund. Die zweite Gruppe wird differenziert erstens in Menschen, die selbst zugewandert sind (1. Generation) mit deutscher oder nicht deutscher Staatsangehörigkeit, und zweitens in Menschen, die in Deutschland geboren wurden (2. und 3. Generation).

Kinder in Deutschland mit Migrationshintergrund

An welche Befunde können wir mit unserer 3. World Vision Kinderstudie anschließen bzw. welche sind für die Kindheitsforschung relevant? Vielfach wird Migration im Zusammenhang mit Bildung und Ungleichheit diskutiert. Trotz einer insgesamt höheren Bildungsbeteiligung lassen sich einige markante Unterschiede aufzeigen: Nach wie vor liegt der Anteil der Hauptschulabschlüsse bei Migrantinnen und Migranten bei 37 % und bei Menschen ohne Migrationshintergrund bei 20 %.

Auch in Bezug auf die Wohnorte und die Betroffenheit von Armut zeigen sich Unterschiede, die für den Kinderalltag durchaus relevant sind: Erstens lebt ein Großteil aller Kinder, denen ein Migrationshintergrund zugeschrieben wird, in einer größeren Stadt (Statistisches Bundesamt 2011b, S. 14). Zweitens wachsen Kinder mit einem Migrationshintergrund häufiger als Kinder ohne Migrationshintergrund in sozial prekären Lebenslagen auf, auch weil sich hier sogenannte strukturelle Risikofaktoren wie Einkommensarmut, Erwerbslosigkeit und niedriges Bildungsniveau der Eltern bündeln (Autorengruppe Bildungsberichterstattung 2012). Hier sind Kinder aus türkischstämmigen Familien besonders gefährdet bzw. mehreren Risiken ausgesetzt.

Schließlich ist für die Kindheitsforschung relevant, dass in den jüngeren Altersgruppen der Anteil an Menschen mit Migrationshintergrund höher ist als bezogen auf die Gesamtbevölkerung. Dabei gilt, je jünger die Kinder, desto höher der Anteil an Kindern mit Migrationshintergrund. Allerdings haben die Kinder meistens keine eigene Wanderungsgeschichte, sondern sind in Deutschland geboren. Kinder in deutschen Städten treffen demnach in Kindergarten, Schule, im Verein oder auf dem Spielplatz auf eine vielfältige Mischung.

Verwendung des Konzeptes in der World Vision Kinderstudie

Die Daten des Statistischen Bundesamtes zeigen die Heterogenität von Migrationskontexten und -erfahrungen. Wie in den vorausgegangenen Studien haben wir uns auch für die 3. World Vision Kinderstudie mit dem Konzept des Migrationshintergrundes befasst. Im Sample des quantitativen Teils orientieren wir uns am Konzept des Migrationshintergrundes auf Basis des Mikrozensus. Für die qualitativen Interviews haben wir uns entschieden, den individuellen Geschichten nachzugehen und diesmal gezielt sieben von zwölf Kindern zu interviewen, die einen Migrationshintergrund haben. Wir wollen damit die Geschichten der Kinder, ihrer Familien und ihres Alltags sichtbar machen und die Ressourcen, aber auch mögliche Beschränkungen mithilfe der Erzählungen von Kindern herausarbeiten. Die Porträts ebenso wie die Analyse im qualitativen Teil vertiefen diesen Ansatz.

1.5 Gerechtigkeit: Ein bislang vernachlässigtes Thema der internationalen Kindheitsforschung

Das Konzept des Wohlbefindens und die Analyse von Armut gehen durchaus mit Vorstellungen vom »guten Leben«, von einer »guten Kindheit« und gerechten Verhältnissen einher. Kinder selbst bringen Wohlbefinden ebenso wie die Unterschiede zwischen arm und reich mit Gerechtigkeit in Verbindung. Diese Erfahrungen aus unseren Vorgängerstudien ebenso wie die kritischen Diskussionen zur Familienpolitik oder Beteiligungs- und Beschwerdemöglichkeiten von Kindern haben uns dazu bewogen, Gerechtigkeit in der dritten Studie besonders zu akzentuieren. Gerechtigkeit war bislang kein explizites Thema der neueren Kindheitsforschung, aus unserer Sicht sollte sich das ändern. Viele aktuelle Herausforderungen lassen sich auf Generationengerechtigkeit und soziale Gerechtigkeit beziehen, und es ist zu klären, wie das Konzept von Kindheit einerseits sowie die Erfahrungen, Empfindungen und Wahrnehmungen von Kindern andererseits mit den klassischen oder zeitgenössischen Gerechtigkeitsideen in Verbindung stehen.

In der World Vision Kinderstudie interessiert uns vor allem das Gerechtigkeitsempfinden der 6- bis 11-Jährigen. Davon ausgehend haben wir den Fragenbogen und den Interviewleitfaden entwickelt. Dem ging auch eine Alltagsbeobachtung voraus, denn Kinder dieser Altersgruppe thematisieren in ganz unterschiedlichen Kontexten Fairness oder aber Ungerechtigkeiten. In Interviews mit Kindern spielen beispielsweise Versprechen, die gegeben, gehalten oder gebrochen werden, eine wichtige Rolle oder Konflikte mit anderen Kindern, die auch auf Vorstellungen von Gerechtigkeit zurückgehen. Nicht zuletzt sind auch Sanktionen oder Strafen für Regelverletzungen eine Angelegenheit der Gerechtigkeit. Im Elternhaus und in der Schule lernen Kinder zudem unterschiedliche Systeme der Belohnung kennen, und es darf durchaus geprüft werden, ob diese als gerecht oder ungerecht erlebt werden.

Erarbeitung des Themas für die 3. World Vision Kinderstudie

Ausgehend von diesen Alltagsbeobachtungen und bezogen auf das grundlegende Erkenntnissinteresse der World Vision Kinderstudien scheint uns eine stärkere Auseinandersetzung mit Gerechtigkeit in der Kindheitsforschung dringend geboten. Bislang steht diese – abgesehen von entwicklungspsychologischen Untersuchungen und den klassischen Studien zur moralischen Urteilsfähigkeit, wie sie Jean Piaget durchgeführt hat – noch aus. Unsere Annäherung verlief erstens über gerechtigkeitstheoretische Auseinandersetzungen, verbunden mit der Prüfung ihres Ertrags für kindheitstheoretische Fragen. Zweitens haben wir relevante empirische Studien herangezogen und das dadurch aufbereitete Wissen für unser Vorgehen reflektiert. Insbesondere die empirischen Studien, angefangen bei der Entwicklungspsychologie bis hin zu den neueren experimentellen Studien der Ökonomie, haben uns zunächst dazu bewogen, nicht unterschiedliche Gerechtigkeitskonzepte zu rekonstruieren, sondern offen nach dem Empfinden von Gerechtigkeit zu fragen. Dies schließt auch an philosophische Diskussionen an, die sich mit der Bedeutung des Gefühls für Ungerechtigkeit befassen im Vergleich zu eher abstrakten, dem Einzelnen sehr viel Reflexionsvermögen und Distanz zu eigenen Wünschen abverlangenden Gerechtigkeitskonzepten.

Damit ist der Fokus unserer Studie grob umrissen: Es geht um ein Verständnis dessen, was Kinder zwischen 6 und 11 Jahren als gerecht oder aber ungerecht empfinden. Schon aus den früheren Interviews wurde sichtbar, dass Gerechtigkeit oder Fairness den Kindern am Herzen liegt und von ihnen ganz unterschiedlich – manchmal abstrakt philosophisch, manchmal sehr konkret und alltagsnah – besprochen wird. Wir haben versucht, »Gerechtigkeit« möglichst nah an der Erfahrungswelt der Altersgruppe zu operationalisieren. Dazu haben wir uns auch an ausgewählten gerechtigkeitstheoretischen Positionen orientiert. Was nehmen 6-Jährige, was 10-Jährige in der Familie, im Umgang mit Gleichaltrigen, in der Schule als gerecht und ungerecht wahr, wie empfinden sie bestimmte Situationen und Verhältnisse? Wie beurteilen sie gesellschaftlich gesetzte Maßstäbe und wie wirken sich diese auf ihre Lebenswelt aus? Schließlich interessiert uns ausgehend von den Ergebnissen, welche Hinweise sich daraus für die konkrete Umsetzung der Kinderrechte in allen Lebensbereichen der Kinder ergeben.

Philosophische Anleihen und ihre Bedeutung für die Kindheitsforschung

Die Frage nach gerechtem Handeln und einer gerechten gesellschaftlichen Ordnung ist so alt wie die Philosophie selbst. Insbesondere in der antiken Philosophie über Sokrates, Platon und Aristoteles hat das systematische Nachdenken über gerechtes Handeln und Verhältnisse Eingang in die abendländische Tradition gefunden. Ein wesentlicher Aspekt ist dabei das Verständnis von Gerechtigkeit als Tugend und damit als Charaktereigenschaft im Sinne persönlicher Rechtschaffenheit. In den platonischen Dialogen wird Gerechtigkeit nach Weisheit, Tapferkeit und Mäßigung als höchste Tugend herausgearbeitet. Wichtig ist hier das menschliche Streben nach einer gerechten Ordnung.

In der aristotelischen Lesart dient Gerechtigkeit als allgemeiner moralischer Begriff, aber ebenso für die Einschätzung spezifischer Situationen zwischenmenschlicher Beziehungen. Insofern machte Aristoteles, etwas vereinfacht gesprochen, deutlich, dass und wie Gerechtigkeit wesentliche Aspekte des Zusammenlebens regelt. Im Grunde sind diese Themen auch heute relevant, nicht zuletzt für Kinder, denn noch immer geht es um die Verteilung von Gütern oder Positionen, es geht um Fragen des Handelns und um angemessene Formen, Schuld und Vergehen zu ordnen. In Gerechtigkeitstheorien geht es folglich um Verteilung und um Ausgleich bzw. Tausch sowie um Verfahren, die ein gerechtes Zusammenleben herstellen und regeln.

Ein Weg zu solchen Verfahren sind beispielsweise Verträge, die die Beteiligten eingehen, die auf vernünftigen und transparenten Regeln basieren und möglichst eingehalten werden. Einen Vertrag überhaupt abschließen zu können ist aber bereits sehr voraussetzungshaft und im Falle von Kindern meist nicht möglich. Für sie wird stellvertretend gehandelt. Aber die Fragen, ob etwas gerecht oder ungerecht verteilt ist, ob ein Tauschgeschäft einen übervorteilt und ob Belohnung und Strafen einer gerechten Logik folgen, entspringen den Alltagserfahrungen von Kindern und entsprechen damit ihrem Gerechtigkeitsempfinden was unsere Ergebnisse in Kapitel 2 und 7 deutlich machen.

Fairness als Orientierungspunkt der Kindheitsforschung

Für die jüngere Philosophiegeschichte ist die Gerechtigkeitstheorie des US-Amerikaners John Rawls von großer Wirkung. In seiner »Theorie der Gerechtigkeit« (1971) macht er deutlich, dass Gerechtigkeit als Fairness grundlegend für soziale Institutionen sein müsse. Dabei dürfe nicht die Freiheit der Individuen eingeschränkt werden. In einem Nachruf auf den 2002 verstorbenen Rawls beschreibt der Kölner Philosoph Winfried Hinsch diesen Grundgedanken mit folgenden Worten: »Gerechtigkeit als Fairness ist die Leitidee der Rawls'schen Theorie. Gerecht ist eine Gesellschaft dann, wenn die sie tragenden Institutionen von Grundsätzen geleitet werden, die ihre Bürger selber für sie festlegen würden, faire Bedingungen der Freiheit und Gleichheit vorausgesetzt.« (Hinsch 2002a, 2002b) Rawls konkretisierte seine Vorstellungen durch die Ausformulierung eines Modells des »Urzustandes«. Damit entwirft er eine Art hypothetische oder gar experimentelle Situation, denn die Menschen einer Gesellschaft kommen hinter einem »Schleier der Unwissenheit« mit dem Ziel zusammen, gemeinsam die obersten Gerechtigkeitsgrundsätze für ihre Gesellschaft zu bestimmen. Niemand weiß, wer er im wirklichen Leben ist und was er künftig erreichen kann. So verhindert der Schleier, dass individuelle Interessenlagen und sozial vorgegebene Kräfteverhältnisse die Entscheidung der Bürger im Urzustand beeinflussen können. Rawls war davon überzeugt, so Fairness garantieren und sicherstellen zu können.

Um Gerechtigkeit verfolgen zu können, so Rawls, benötigen alle Menschen Grundgüter wie Grundrechte, soziale Privilegien, Ressourcen und soziale Voraussetzungen der Selbstachtung. Ein Blick in die Tageszeitung führt uns täglich vor Augen, wie zentral die Gewährleistung solcher Grundgüter ist und welche Bedeutung sie gerade auch für Kinder hat, angefangen etwa bei der Forderung nach einer von den Eltern unabhängigen Kindergrundsicherung oder der Umsetzung von Grundrechten, etwa Ungerechtigkeit zur Sprache zu bringen durch ein etabliertes Beschwerdesystem im Sportverein oder in der Schule.

Gerechtigkeit und Ungleichheit

Rawls befasste sich auch mit der Gerechtigkeitstheorien stets begleitenden sozialen Ungleichheit, einem Thema, von dem Kinder und damit die Kindheitsforschung ebenfalls in hohem Maße betroffen sind. Hier machte er einen aufschlussreichen Vorschlag: Soziale Ungleichheit, so Rawls, lasse sich nur über zwei Bedingungen rechtfertigen, erstens müsste sichergestellt sein, dass es einen fairen Zugang zu Positionen und Gütern, also Chancengleichheit, gebe, und zweitens müssten die Unbegünstigtsten in einer Gesellschaft die größten Vorteile haben. Hier geht es also um eine an starken Prinzipien orientierte universale Gerechtigkeit.

Der Ökonom Amartya Sen hat in seiner Schrift über »Die Idee der Gerechtigkeit« (2010) die Frage gestellt, ob eine weniger an universalistischen Prinzipien ausgerichtete und sich eher pragmatisch an situativen Ideen orientierende Theorie der Gerechtigkeit nicht angemessener insbesondere für Entscheidungen und das Handeln in sozialen Konflikten sei. In einem Gleichnis über »drei Kinder und eine Flöte« verdeutlicht Sen seinen Argumentationsgang: »Stellen Sie sich vor, Sie müssten entscheiden, welches der drei Kinder, Anne, Bob und Carla, die Flöte haben soll, um die sie sich streiten. Anne verlangt das Instrument für sich, da sie als Einzige von den dreien Flöte spielen könne (die anderen bestreiten dies nicht) und da es ungerecht wäre, die Flöte dem einzigen Kind zu verweigern, das tatsächlich auf ihr spielen kann. Wenn das alles ist, was Sie wissen, hätten Sie gute Gründe, dem ersten Kind die Flöte zu geben.« (Sen 2010, S. 41) Aber das ist nicht alles, was man in dem Gleichnis von Sen zu wissen bekommt. Denn Bob führt ins Feld, dass er die Flöte bekommen solle, weil er im Unterschied zu den beiden anderen nichts besitze, womit er spielen könne, keine hübschen Dinge zum Zeitvertreib, denn Bob ist arm, und die beiden Mädchen bestreiten dies nicht. Carla hingegen beansprucht die Flöte für sich, weil sie das Instrument in monatelanger Fleißarbeit hergestellt habe, und gerade als sie mit der Arbeit fertig gewesen sei, »genau in dem Moment«, klagt sie, »sind diese Ausbeuter gekommen und wollten mir die Flöte wegnehmen« (ebd., S. 41).

Wir haben dieses Gleichnis den Kindern in unseren qualitativen Interviews vorgelesen und sie gefragt, wie sie entscheiden würden. Wie Sen vermutet, kommen ganz unterschiedliche Kriterien und Überlegungen, die alle durchaus etwas für sich haben, zum Tragen. Sen arbeitet u.a. an diesem Gleichnis heraus, dass Theoretiker unterschiedlicher Denkrichtungen sozialer Gerechtigkeit gute Gründe für eine Entscheidung finden. Diejenigen, die materielle Ungleichheit ungerecht finden und beheben wollen, werden für Bob, der nichts hat, argumentieren, während diejenigen, denen es um den Nutzen geht, vermutlich der einzigen Musikerin unter den Kindern die Flöte zusprechen werden, und diejenigen, welche die Leistung zum Maßstab erheben, müssen sich für Clara aussprechen, denn sie hat die Flöte gebaut.

Die hier nur grob skizzierten gerechtigkeitstheoretischen Überlegungen sollten vor allem verdeutlichen, welche Anleihen die Kindheitsforschung machen kann. Vor dem Hintergrund unserer Umsetzungsversuche in eine empirische Sprache und die mit der dritten Studie vorliegenden Ergebnisse sehen wir viel Potenzial, Kindheits- und Gerechtigkeitstheorien aufeinander zu beziehen.

Gerechtigkeit in der Tradition Piagets

Was wissen wir aus der empirischen Forschung über Gerechtigkeit oder besser über die Entwicklung einer Orientierung an Gerechtigkeit bei Kindern? Wie wichtig ist es ihnen, gerecht behandelt zu werden, und haben sie einen Sinn für Ungerechtigkeit ausgebildet? Damit lässt sich an die Arbeiten und Einsichten der Moralpsychologie und hier insbesondere an die Studien von Jean Piaget und in Weiterführung an Lawrence Kohlberg anschließen. Piaget interessierte sich für das Rechtsbewusstsein des Kindes und für seinen Umgang mit Regeln in der Gruppe. Seine Beobachtungen beim Murmelspiel und die Ableitung zentraler Entwicklungsstufen sind hier wegweisend für die Diskussion um die kindliche Entwicklung moralischen Bewusstseins und damit einer an gerechten Ordnungen orientierten Entwicklung. Piaget interessierte u.a., wann und wie sich das Kind von dem Gehorsam gegenüber dem Erwachsenen abwendet hin zu einer Ausrichtung an den Regeln etwa der Gleichaltrigengruppe und dem Willen zur Kooperation. »Bezeichnend ist die Entwicklung des Gerechtigkeitsbegriffes. Während für die Kleineren das Gerechte nahezu mit dem Willen der Erwachsenen gleichbedeutend ist, setzen sich die Vorstellungen von Gleichheit und Gegenseitigkeit bereits gegen Ende der frühen Kindheit durch.« (Piaget 1999, S. 158). Piaget betonte, dass bei diesem Entwicklungsprozess die Gestaltung der Umwelt und das Verhalten der Erwachsenen eine wesentliche Rolle spielen, und forderte etwa Lehrerinnen und Lehrer auf, auch die jüngsten Schulkinder schon aktiv in der Klasse zu beteiligen.

Die neuere Kindheitsforschung hat sich von entwicklungspsychologischen Annahmen eher distanziert, um Kindern als Akteuren ihrer Herstellung von Wirklichkeit, ihren Kokonstruktionen auf die Spur zu kommen. Dennoch sollte ein neuer Blick auf die Arbeiten von Piaget gerichtet und das Potenzial etwa für Gerechtigkeit und Wohlbefinden ausgelotet werden. In diesem Sinne sei hier auf diese Arbeiten verwiesen. Unsere Erhebungen zeigen deutliche Altersunterschiede bei der Einschätzung von Gerechtigkeit sowohl im quantitativen als auch im qualitativen Teil der Studie.

Gerechtigkeit in der neueren empirischen Forschung mit Kindern

Anthropologen, Ethnologen und Evolutionsforscher verfolgen seit vielen Jahren die Frage, wie Menschen

Vertrauen aufbauen, warum sie Versprechen halten oder brechen, wie Kooperationen zwischen vertrauten Personengruppen, aber auch zwischen einander nicht nahestehenden Gruppierungen entstehen können. Damit verbunden werden auch grundlegende ökonomische oder gesellschaftstheoretische Fragen, etwa ob der Wettbewerb das Streben nach Gerechtigkeit verhindere und nicht eher den Egoismus befördere. Interessant ist, dass der Wille zu teilen eher dort beobachtet wird, wo Tausch und Handel etabliert sind. Diese Befunde weisen auf die Bedeutung der Ökonomie hin. Neuere empirische Studien geben hier wichtige Impulse für gerechtigkeits- und kindheitstheoretische Fragen, so die Arbeiten des Zürcher Ökonomen Ernst Fehr. Fehr und sein Team schließen u.a. an Erkenntnisse aus der Evolutionsforschung zum sozialen Verhalten von Primaten und die Fähigkeit zur Perspektivübernahme an, aber ebenso interessieren sie genetisch bedingte Eigenschaften, die mit zu einer Ausprägung von Gerechtigkeitspräferenzen beim Menschen beitragen. Dabei stellt Fehr die grundlegende Frage, ob Menschen eher egoistisch oder eher altruistisch orientiert sind und wie und unter welchen Bedingungen sich Altruismus ausbildet.

Auf der Basis experimenteller Studien mit allen Altersgruppen, auch mit sehr jungen Kindern, in verschiedenen Regionen der Welt, arbeitet Fehr heraus, dass Anerkennung ein wesentlicher Motor gerechten Urteilens und Handelns ist. Damit kommt ein für Kindheitsforschung wichtiges Element in die Diskussion: Anerkennung als Bedürfnis in Interaktionen zwischen Kindern und Erwachsenen, aber auch zwischen Gleichaltrigen und als Aspekt des Wohlbefindens.

Ein weiteres wesentliches Element der Arbeiten von Fehr ist aber die Erforschung des Ungerechtigkeitsempfindens bzw. der Ablehnung von Ungerechtigkeit bzw. Ungleichheit. Dabei gehe es nicht darum, Ungleichheit generell abzulehnen: Ob Ungleichheit, so Fehr, durch das Gerechtigkeitsempfinden abgelehnt werde, hänge ganz maßgeblich von den Umständen der Entstehung, also dem Kontext ab. Hier zeigen sich folglich Anschlüsse an die Rawls'sche Theorie der Gerechtigkeit. Doch was haben die Ökonomen über Kinder und ihre Ablehnung von Ungerechtigkeit herausgefunden?

Die »inequality aversion«, so Fehr und Kollegen auf der Basis verschiedener Spielexperimente mit Kindern, entwickle sich zwischen drei und acht Jahren und sei altersabhängig. Je jünger die Kinder sind, desto stärker orientieren sie sich an ihren eigenen Interessen (Fehr et al. 2008), aber sie entwickeln Präferenzen im Sinne eines sozialen Miteinanders. Fehr zeigt außerdem auf, dass Kinder ihre eigene Gruppe, sei es die des Kindergartens, der Schulklasse oder des Vereins, bevorzugen. Die World Vision Kinderstudien beobachten nicht Handlungen und Praktiken von Kindern und führen keine experimentelle Forschung durch. Dennoch liegt in dem Vorgehen der Ökonomen sehr viel Erkenntnispotenzial, an das anzuschließen wäre. Wir fragen die Kinder nach ihren Einschätzungen, ihrem Verständnis, ihren Begründungen für favorisierte Entscheidungen.

Gerechtigkeit als Thema in der 3. World Vision Kinderstudie

Bislang hat eine gerechtigkeitstheoretische Orientierung kaum Eingang in die neuere Kindheitsforschung gefunden. Auch die dritte World Vision Kinderstudie kann keine grundlegende gerechtigkeitstheoretische Fundierung vornehmen, weil wir Neuland betreten. Aber wir schließen in einem ersten Schritt an die früheren Befunde zum guten Leben aus Sicht der Kinder an. In der dritten Studie ist Gerechtigkeit auch ein starkes Bindeglied zwischen den qualitativen und quantitativen Erhebungen. Für die ausführlichen Interviews haben wir sogenannte Fallvignetten erarbeitet. Diese behandeln neben dem Gleichnis der drei Kinder und der Flöte konkrete und dem Alltag von heutigen Kindern entnommene Fälle wie gerechte Verteilung, Belohnung von Leistungen, Versprechenhalten oder -brechen, Bestrafen und schließlich die Themen Mitbestimmung und Gerechtigkeit.

Für den Fragebogen haben wir ebenfalls neue gerechtigkeitstheoretisch orientierte Fragen entwickelt. Die Ergebnisse sind auch altersabhängig aufschlussreich für das Gerechtigkeitsempfinden unserer befragten Kinder. Dabei geht es uns zunächst um die Einschätzungen der Kinder, wie gerecht es in ihrem nahen Umfeld wie Familie und Schule und dann im weiteren Umfeld in Deutschland und der Welt zugehe. Es ist aber mit Blick auf das Empfinden und Wahrnehmen von Ungerechtigkeit wichtig, zu erfahren, welche Menschen in den Augen der Kinder davon besonders betroffen sind. Schließlich werden die Kinder gebeten, bestimmte Fälle einzuschätzen bezogen auf Leistung und Verteilung von Gütern.

Die Ergebnisse werden im folgenden zweiten Kapitel ausführlich dargestellt, sie machen Mut, an dieser Thematik systematisch weiterzuarbeiten.

1.6 Die Anlage der 3. World Vision Kinderstudie

Wer die Fragebogeninstrumente der drei Studien miteinander vergleicht, wird einen konstanten Fragekorpus sehen und dann modifizierte oder neu hinzugefügte Fragen und Skalen entdecken. Beides, einen gleichbleibenden Teil von Fragen zu haben und neue Akzentuierungen zu setzen, ist uns wichtig. So können wir sowohl Veränderungen dokumentieren, für die wir vergleichbare Fragen benötigen, als auch Schwerpunkte setzen und unseren Fragebogen und die Interviewtechnik weiterentwickeln. Damit schließen wir auch an die internationale Entwicklung an.

Auch die dritte World Vision Kinderstudie setzt sich mit den neuen Entwicklungen und Herausforderungen der internationalen Kindheitsforschung auseinander. Wir untersuchen Wohlbefinden, Armutserleben und Gerechtigkeitsempfinden von Kindern in Deutschland und gewinnen neues Wissen über die zentralen Lebensbereiche der Kinder zwischen 6 und 11 Jahren. Mit der dritten Studie und einem festen Fragebogenkorpus können wir 2013 zahlreiche Vergleiche zu den beiden Vorgängerstudien anstellen. Durch unser repräsentatives Sample gelingt es uns, zwischen Jungen und Mädchen, zwischen Stadt und Land und bezogen auf unterschiedliche, auch durch Migration mitbestimmte Kontexte Unterschiede herauszuarbeiten (s. Methodendarstellung im Anhang).

Es war diesmal insgesamt ein Anliegen, die quantitativen Daten und qualitativen Geschichten und Erzählungen stärker als bisher aufeinander zu beziehen. Dies haben wir bei der Thematik Gerechtigkeit bei der Entwicklung der Erhebungsinstrumente realisiert und setzen dies auch in der Auswertung zum Gerechtigkeitsempfinden fort.

Ulrich Schneekloth und Sabine Andresen

2 Was fair und was unfair ist: die verschiedenen Gesichter von Gerechtigkeit

Fairness und Gerechtigkeitsfragen bewegen Kinder. Sie sind für sie wichtige und manchmal sogar als geradezu existenziell empfundene Herausforderungen. Dies gilt sowohl in ihrem konkreten Alltag in Familie, Freundeskreis, Schule und Freizeit als auch im Hinblick auf allgemeinere Problemlagen in unserer Gesellschaft, die sie als »Welt der Erwachsenen« wahrnehmen. Hierbei stellt sich ihnen auch die Frage, welche Rolle Kinder in dieser Welt einnehmen.

In der klassischen Entwicklungspsychologie bestand, orientiert an den Arbeiten von Jean Piaget sowie Lawrence Kohlberg, weitgehend Konsens darüber, dass Kinder im Übergang von der frühen zur mittleren Kindheit ihren frühkindlichen Egozentrismus überwunden haben und mehr und mehr die Fähigkeit entwickeln, soziale Regeln zu erkennen, nachzuahmen und dadurch einzuhalten (Piaget 1932/1983, 1937/1975, Kohlberg 1964, 1974: im Überblick: Oerter, Montada 2002). Damals, basierend auf Beobachtungen und Experimenten aus den 30er- bzw. späten 50er-Jahren, ging man davon aus, dass Kinder erst im Alter ab etwa 9 Jahren in der Lage sind, soziale Regeln als (ggf. veränderbare) gemeinsame Übereinkünfte zu verstehen und sich selber als Mitglieder einer Gemeinschaft zu betrachten, für die dann Verantwortung übernommen werden muss (sog. Konventionelles Stadium nach Kohlberg, Trautner 1991), während jüngere Kinder zwischen etwa 4 und 8 Jahren soziale Regeln als unumstößlich gegeben ansehen und diese aus Autoritätsfixierung oder aber Angst vor Strafe einhalten (sog. Präkonventionelles Stadium, Trautner 1991).

In aktuelleren Studien zur (früh) kindlichen Entwicklung konnte inzwischen gezeigt werden, dass Kinder bereits im Alter ab 3 Jahren im gemeinsamen Spiel ein am Prinzip der Reziprozität orientiertes Gerechtigkeitsempfinden haben und zum Beispiel als Gegenleistung für gemeinsam erbrachtes Handeln Belohnungen relativ fair, also eher gleich aufteilen (Hamann et al. 2011). In neueren experimentellen Studien konnte ebenfalls gezeigt werden, dass Kinder bereits im Alter zwischen 3 und 8 Jahren mehr und mehr die Bereitschaft erkennen lassen, das Wohlergehen anderer mit zu berücksichtigen, insbesondere dann, wenn es sich um Personen handelt, die zum eigenen Umfeld gehören (Nachbarschaft, Kindergarten, Schule). Bei Kindern ab etwa 7 Jahren findet sich ein klar erkennbarer Altruismus im Sinne einer deutlichen Orientierung am Wohlergehen anderer (Fehr et al. 2008). Diese Studien legen den Schluss nahe, dass Gerechtigkeit von Kindern dieser Altersgruppe nicht abstrakt oder prinzipiell, sondern stets bezogen auf konkrete Situationen und ihnen vertraute Menschen bzw. Personengruppen beurteilt wird. Kinder entwickeln in diesem Kontext ihr eigenes Gerechtigkeitsempfinden, das sie dann auf unterschiedliche Situationen im Alltag anwenden.

Die von uns innerhalb der 3. World Vision Kinderstudie 2013 befragten Kinder im Alter zwischen 6 und 11 Jahren befinden sich, folgt man den Befunden aus den experimentellen Studien, genau in der Altersspanne, innerhalb derer sie ein eigenes Verständnis von Gerechtigkeit in Bezug auf das Wohlergehen anderer herausbilden. Maßgeblich ist dabei die eigene Umwelt, also die Erfahrung, wie fair und gegebenenfalls kooperativ es in der eigenen Familie, im Freundeskreis oder in der Schule zugeht. Darüber hinaus interessieren wir uns in der Kinderstudie dafür, wie Kinder ihre gesellschaftliche Umwelt wahrnehmen, wie es um die Gerechtigkeit und den Umgang miteinander in Deutschland insgesamt bestellt ist. Bereits in unserer letzten Kinderstudie von 2010 konnten wir zeigen, dass Kinder zwischen 6 und 11 Jahren in der Lage sind, ihre Lebenssituation sehr klar und nachvollziehbar zu beschreiben und dabei ebenfalls ihre Sichtweise dazu kundzutun, wie sie bestimmte allgemeine Problemlagen in Deutschland bewerten. Je konkreter erfahrbar gesellschaftliche Probleme sind, etwa im Hinblick auf Armut oder erlebte Ausgrenzung, desto klarer und unmissverständlicher die Antworten. Dagegen spricht auch nicht, dass die Reichweite und das Verständnis etwa bei den 6- bis 7-Jährigen im Vergleich zu den etwas älteren Kindern anders ausgeprägt sind. Nicht alle Fragen, die wir bei der quantitativen Erhebung gestellt haben, konnten von allen Kindern gleich gut beantwortet werden. Wir haben deshalb dort, wo es um eher allgemeine Bewertungen von sozialen Problemlagen ging und wo vor allem jüngere Kinder zwischen 6 und 7 Jahren erkennbar keine eigene Antwort geben konnten, bei diesen darauf verzichtet, im Interviewverlauf weitere Fragen dieser Art zu stellen. Darüber hinaus bestand grundsätzlich für alle Kinder die Möglichkeit, derartige Bewertungsfragen unbeantwortet zu lassen.[1]

In diesem Kapitel möchten wir die Sicht der Kinder darstellen, wie fair es im Umgang mit Kindern und generell in unserer Gesellschaft zugeht. Unser Instrumentarium im quantitativen und qualitativen Teil wurde auf der Basis der in Kapitel 1 dargelegten

1 Typisch hierfür ist zum Beispiel, wenn Kinder trotz Hinweis darauf, dass es hier keine »richtigen« oder »falschen Antworten« gibt, etwa mit der Gegenfrage »Weiß ich nicht, weißt du es?« antworteten oder aber wenn die Kinder nicht antworten wollten, weil erkennbar war, dass sie die Frage mit ihrer eigenen Erlebniswelt einfach nicht zusammenbringen konnten. In diesem Fall war der eingesetzte Interviewer instruiert, die Antwortkategorie »Weiß nicht« zu nutzen. Eine ähnlich gelagerte Folgefrage wurde bei 6- bis 7-Jährigen danach übersprungen.

theoretischen Überlegungen und anknüpfend an offene Fragen, die wir in unserer vorbereitenden Pretest-Erhebung gestellt haben, entwickelt. Zwei Leitgedanken waren dabei federführend: erstens der Versuch, das Empfinden der Kinder von Situationen, Konflikten und sozial bedingten Ungleichheiten als gerecht oder eben ungerecht zu rekonstruieren, und zweitens, Bezüge zum Wohlbefinden und den sozialen Lebenslagen von Kindern herzustellen. Die dahinterliegende Annahme geht von einem Zusammenhang zwischen Wohlbefinden und Gerechtigkeitsempfinden aus sowie von der Bedeutung des sozialen Kontextes, in dem Kinder aufwachsen. Insofern prüfen wir mögliche Zusammenhänge zwischen Gerechtigkeitsempfinden und sozialer Herkunft. Wir beziehen uns im Folgenden primär auf die Ergebnisse der quantitativen Erhebung. Dies geschieht an dieser Stelle integriert mit den Befunden aus dem qualitativen Porträtteil unserer Studie, da auf diese Weise wesentliche Aspekte zum Gerechtigkeitsempfinden der 6- bis 11-Jährigen vertiefend dargestellt und interpretiert werden können (zum qualitativen Teil insgesamt vgl. Kapitel 8). Bei den offenen Fragen zu Gerechtigkeit im Pretest sind wir bereits auf sehr aufschlussreiche Vorstellungen gestoßen. Mit dem Verständnis eines 6-jährigen Mädchens möchten wir auf die Bandbreite der Vorstellungen von Kindern verweisen. Dem Kind kommen auf die offene Frage, was es selber unter Gerechtigkeit versteht, die Kategorien Freiheit (alles sagen zu dürfen), ein gerechter Umgang mit Fehlern (nicht gleich Ärger bekommen) und eine offene einladende Gemeinschaft aller Kinder in den Sinn:

»Dass die Menschen sagen dürfen, was sie wollen, dass die Leute nicht gleich Ärger bekommen, wenn sie mal etwas falsch machen, dass Kinder alle zusammen spielen dürfen, egal ob sie woanders herkommen oder arm sind.«

Mädchen, 6 Jahre

2.1 Wohlbefinden und Lebenszufriedenheit

Mit dem Fokus auf dem Gerechtigkeitsempfinden und dem Gefühl der Ungerechtigkeit schließen wir systematisch an unser Erkenntnisinteresse am kindlichen Wohlbefinden an, das in allen drei Studien einen zentralen Stellenwert hat.

In der empirischen Gerechtigkeitsforschung besteht eine der zentralen Fragen darin, zu untersuchen, was in einer Gesellschaft als gerecht und was als ungerecht empfunden wird und auf welchen Gerechtigkeitsvorstellungen diese Bewertungen beruhen. Unstrittig ist dabei, dass die jeweiligen Vorstellungen und Bewertungen eng mit dem subjektiven Wohlbefinden und den gesellschaftlichen Rahmenbedingungen verknüpft sind, die zum Wohlbefinden beitragen (vgl. dazu im Überblick Liebig, Lengfeld 2002). Von daher liegt es nahe, das persönliche Wohlbefinden der Kinder in Deutschland auch für die

Abb. 2.1 **Das eigene Wohlbefinden**

Basis: Kinder im Alter von 6 bis 11 Jahren in Deutschland (Angaben in %)

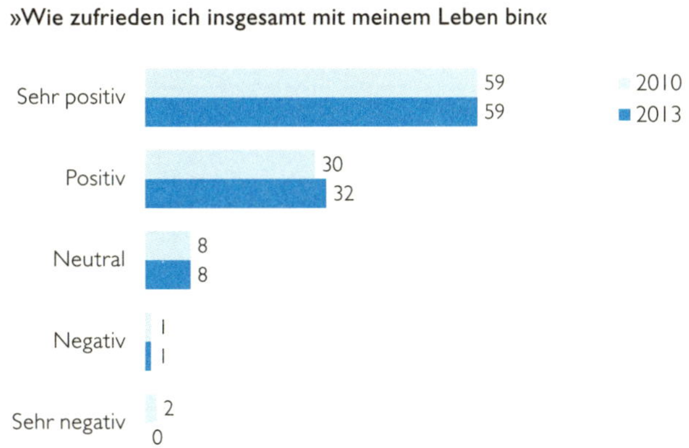

Fragestellung nach den Einstellungen zur Gerechtigkeit in Deutschland als Ausgangspunkt zu nehmen. Gefragt haben wir (zum Abschluss der Repräsentativbefragung): »*Und wie zufrieden bist du insgesamt mit deinem Leben*«? Antworten konnten die Kinder mithilfe einer 5-stufigen Smiley-Skala.[2]

Insgesamt hat die von den befragten Kindern im Alter von 6 bis 11 Jahren berichtete Zufriedenheit mit dem eigenen Leben seit der letzten World Vision Kinderstudie 2010 sogar noch einmal leicht zugenommen (Abb. 2.1). In unserer aktuellen Kinderstudie 2013 äußern sich 59 % der Kinder sehr positiv und weitere 32 % im Vergleich zu 30 % im Jahr 2010 positiv. Nicht mehr als 8 % bewerten ihre Lebenszufriedenheit neutral und sogar nur noch 1 % explizit als negativ.

Man muss an dieser Stelle natürlich immer mit berücksichtigen, dass insbesondere Kinder die Frage nach ihrer allgemeinen Lebenszufriedenheit in der Regel positiv beantworten, während neutrale/negative Antworten im Durchschnitt eher die Ausnahme bleiben.[3] Umso bemer-

2 Die Frageformulierung entspricht der gängigen »Lebenszufriedenheitsabfrage« in der empirischen Sozialforschung. Als Antwortmöglichkeit wird bei allgemeinen Bevölkerungsbefragungen allerdings in der Regel eine 11er-Skala (von 0 bis 10) vorgelegt.

3 Dies gilt zum Beispiel auch für die aktuelle UNICEF-Studie »Child well-being in rich countries« (UNICEF 2013b). Bei den dort zitierten Ergebnissen der Studie Health Behaviour in School-aged Children 2009/10 (HBSC-Studie 2011) zur Lebenszufriedenheit von Kindern und Jugendlichen im Alter von 11, 13 und 15 Jahren äußern sich ebenfalls 84 % der Befragten positiv. Bei den 11-Jährigen entspricht der Anteil von 86 % damit sogar fast genau dem von uns ebenfalls in der World Vision Kinderstudie 2010 gemessenen Anteil von 89 % mit positiver Lebenszufriedenheit.

Tab. 2.1 **Lebenszufriedenheit von Kindern in den unterschiedlichen sozialen Herkunftsschichten**

Basis: Kinder im Alter von 6 bis 11 Jahren in Deutschland

Anteil der Kinder (sehr positiv oder positiv)[1], pro Spalte in %	**2010**	**2013**
Oberschicht	92	95
Obere Mittelschicht	90	95
Mittelschicht	91	93
Untere Mittelschicht	90	91
Unterschicht	70[2]	72

1 In der Tabelle ausgewiesen ist der Anteil der Kinder, die je nach Herkunftsschicht in 2010 oder in 2013 ihre eigene Lebenszufriedenheit sehr positiv oder positiv bewerten

2 Kinder aus der Unterschicht zzgl. 4 % ohne Angaben in 2010

kenswerter, dass sich auf der anderen Seite nur 72 % der Kinder aus der untersten Herkunftsschicht, der sog. Unterschicht, positiv, hingegen 28 % im Vergleich zu 26 % im Jahr 2010 hierzu neutral oder explizit negativ äußern (zur Abgrenzung der Herkunftsschichten in der Kinderstudie vgl. Kapitel 3 sowie Anhang 2). Eine so auffallend andere und dabei negative Bewertung der persönlichen Situation wird aus keiner der anderen sozialen Herkunftsschichten artikuliert (Tab. 2.1).

Wie bereits von uns in der letzten World Vision Kinderstudie 2010 analysiert, ist es bei Kindern das Zusammentreffen von häuslichen Risikofaktoren (Armut und/oder Arbeitslosigkeit der Eltern, Aufwachsen in einer Alleinerziehenden-Familie) mit einem in der Folge damit häufig verbundenen Defizit an Zuwendung durch die Eltern, gepaart mit dem eigenen Empfinden, keine Chance zu haben oder die vorhandenen Anforderungen nicht bewältigen zu können (geringe Selbstwirksamkeitserwartung), das für die fehlende Lebenszufriedenheit ursächlich ist. All diese Faktoren kumulieren vor allem bei Kindern aus der untersten Herkunftsschicht (Schneekloth, Pupeter 2010, S. 210 ff.).

Ein Blick auf die Bewertungen der Kinder für wichtige Bereiche ihres alltäglichen Lebens ergibt auch bei unserer aktuellen Kinderstudie wieder »kleine, aber feine« Unterschiede. Am höchsten ist die Zufriedenheit mit dem Freundeskreis (94 % positive Angaben) und der Freizeit (91 % positive Angaben) und auch die elterliche Fürsorge wird von den Kindern insgesamt sehr positiv bewertet (88 % positive Angaben). Mit 84 % äußern sich in unserer aktuellen Kinderstudie sogar noch etwas mehr Kinder ebenfalls sehr positiv oder positiv zu den von den Eltern gewährten Freiheiten, immerhin 16 % bewerten dies aber negativ bis neutral. Eine positive Be-

Abb. 2.2 **Wohlbefinden nach Bereichen**

Basis: Kinder im Alter von 6 bis 11 Jahren in Deutschland (Angaben in %)

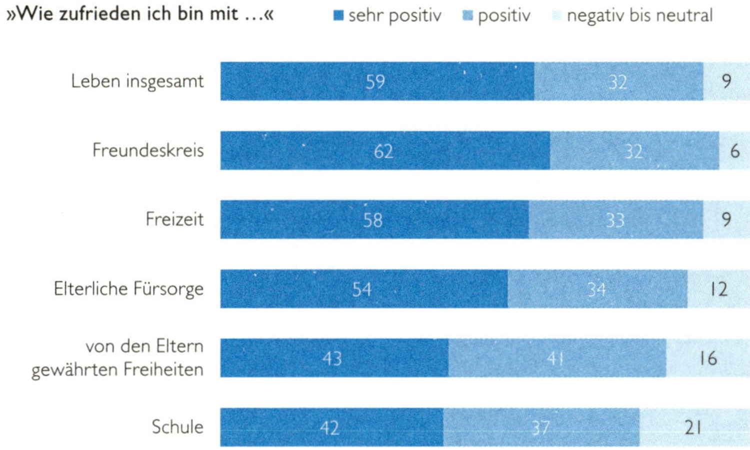

wertung der Schule liegt bei 79 % der Kinder vor, 21 %, und damit relativ am meisten, äußern sich hier negativ bis neutral (Abb. 2.2).

Offensichtlich ist es das Verhältnis von individuellen Freiheiten einerseits und Reglementierungen und Verpflichtungen andererseits, das die Kinder unserer Altersgruppe wie bereits 2010 und auch in der aktuellen Kinderstudie bewegt. Trotz der hohen Gesamtzufriedenheit finden sich durchaus Unterschiede: sowohl bei der Bewertung in den jeweiligen Alltagsbereichen als auch vor dem Hintergrund von Herkunft und sozialer Lage. Alters- oder Geschlechtseffekte spielen bezüglich einzelner Bereiche eine Rolle: Die jüngeren Kinder bewerten die Schule im Vergleich etwas positiver als ältere Kinder, Ähnliches gilt für Mädchen, die sich ebenfalls noch etwas häufiger als Jungen positiv auf die Schule beziehen. Umgekehrt sind es die jüngeren Kinder, die etwas weniger häufig die von den Eltern gewährten Freiheiten positiv bewerten. Mädchen sind hingegen auch an dieser Stelle in ihrer Bewertung noch positiver als Jungen. Bei der allgemeinen Lebenszufriedenheit finden wir hingegen auch diesmal weder nach Alter noch nach Geschlecht signifikante Unterschiede. Wir werden diese Punkte in den folgenden Kapiteln aufgreifen und dann im Einzelnen darstellen. Für den Einstieg in das Thema Gerechtigkeit ist uns an dieser Stelle wichtig, die sehr positive Sichtweise der Kinder auf ihr eigenes Leben als Hintergrund für ihre Einstellungen zur »Gerechtigkeit« im Blick zu haben.

2.2 Ängste

Ängste sind ein normaler Begleiter von Kindern im Rahmen ihrer Entwicklung. Im Verlauf der mittleren Kindheit werden die frühen Verlustängste oder auch die Fantasieängste der sog. »magischen Phase« dabei mehr und mehr durch Realängste abgelöst. Kritisch wird es erst, wenn sich Ängste nicht nur häufen, sondern wenn diese Einfluss auf das Alltagshandeln erlangen und wenn sich dies als dauerhafter Zustand erweist. Dies ist aber bei Kindern dieser Altersgruppe eher die Ausnahme.[4]

In der Kinderstudie fragen wir Ängste ebenfalls anhand einer Liste ab. Hierbei werden von uns alltagsbezogene Probleme (zum Beispiel Schulnoten oder Angst, geschlagen zu werden) sowie gesellschaftsbezogene Risiken (zum Beispiel Armut oder Umweltverschmutzung) genannt und dann nachgefragt, ob dies den Kindern manchmal oder sehr oft Angst macht. Vergleicht man die Antworten mit den Ergebnissen der letzten Kinderstudie von 2010, so fällt auf, dass der Anteil der Kinder, die »manchmal« oder »sehr oft« vor einem oder mehreren der abgefragten Dinge Angst haben, rückläufig ist. Dies deckt sich mit dem im vorherigen Abschnitt dargestellten Befund der im Trend noch einmal leicht angestiegenen allgemeinen Lebenszufriedenheit. Insgesamt betrachtet, gibt mit 81 % aber nach wie vor die große Mehrheit zumindest in einem der von uns abgefragten Bereiche an, manchmal Angst zu empfinden.

Am häufigsten wird von 46 % der Kinder die Angst vor Armut (»dass es bei uns immer mehr arme Menschen gibt«) genannt, gefolgt von der Angst vor schlechten Schulnoten bei 42 %. 2010 waren es noch 51 % sowie 48 %, die darauf verwiesen haben. 40 % im Vergleich zu 44 % in 2010 benennen die Umweltverschmutzung, 39 % im Vergleich zu 43 % Angst vor dem Ausbruch eines Krieges, 34 % im Vergleich zu 39 % Angst davor, bedroht oder geschlagen zu werden, 26 % im Vergleich zu 31 % Angst vor einer möglichen Arbeitslosigkeit der Eltern sowie auch diesmal nur 19 % im Vergleich zu 17 % Angst davor, dass »immer mehr Ausländer« nach Deutschland kommen. In der Regel berichten die Kinder, dass ihnen diese Dinge »manchmal« Angst machen. Der Anteil der Kinder, die »sehr oft« als Antwort geben, liegt mehr oder weniger deutlich unter 10 %. Einzige Ausnahme ist die Angst vor einem Krieg. Hier sind es 13 % im Vergleich zu 17 % in 2010, denen dies »sehr oft« Angst macht (Abb. 2.3).

Die älteren Kinder zwischen 11 und 12 Jahre berichten am häufigsten über vorhandene Ängste. Auffällig hoch sind hier bei 52 % die Ängste vor schlechten Schulnoten, bei 55 % die Angst vor wachsender Armut sowie bei 50 % die Angst vor zunehmender Umweltverschmutzung. Die Realängste spiegeln an dieser Stelle ein anwachsendes Problembewusstsein wider und belegen die zunehmende

4 Nur etwa 10 % der Ängste bei Kindern und Jugendlichen, welche die Charakteristika für eine Angststörung erfüllen, chronifizieren (Woodward, Fergusson 2001).

Abb. 2.3 **Wovor Kinder manchmal Angst haben**

Basis: Kinder im Alter von 6 bis 11 Jahren in Deutschland (Angaben in %)

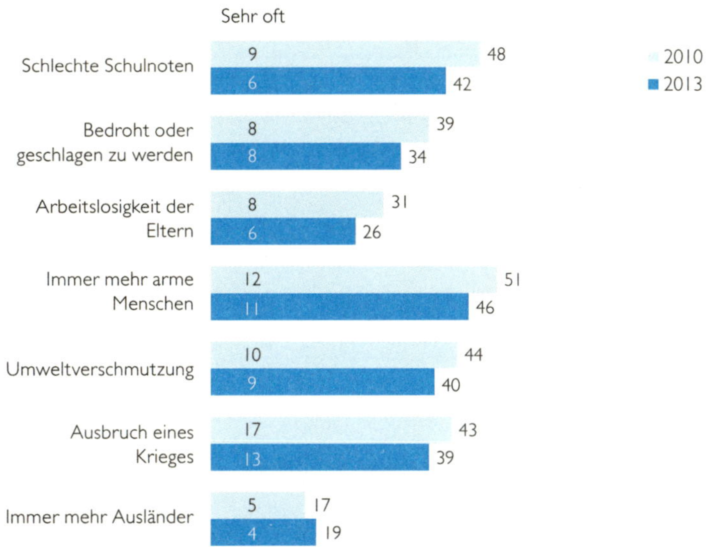

Bedeutung dieser Fragen für Kinder im Laufe ihrer Entwicklung (Tab. 2.2).

Mädchen verweisen in der Tendenz etwas häufiger auf Ängste als Jungen. Angst davor, bedroht oder geschlagen zu werden, nennen zum Beispiel 36 % der Mädchen im Vergleich zu 32 % der Jungen. Angst vor einer wachsenden Umweltverschmutzung nennen 42 % der Mädchen im Vergleich zu 38 % der Jungen. Umgekehrt ist es hingegen bei der Frage nach dem weiteren Zuzug von Ausländern. Auf Ängste verweisen hier 17 % der Mädchen und 21 % der Jungen (Tab. 2.2).

Dass Mädchen etwas häufiger als Jungen von Ängsten berichten, ist kein neuer Trend, sondern auch in unseren bisherigen Kinderstudien bereits feststellbar gewesen. Eine gängige Erklärung hierfür ist, dass Jungen häufiger als »Beschützer und Helden«, Mädchen hingegen eher als »auf Schutz Angewiesene« erzogen werden und von daher entsprechende Rollenstereotype reproduzieren. Eine andere mögliche Erklärung besteht allerdings auch darin, dass es für Jungen noch immer »uncool« und nicht angemessen ist, Ängste zuzugeben, während es Mädchen eher erlaubt ist, Gefühle zu kommunizieren. Letzteres eröffnet bedeutend leichter die Möglichkeit, Ängste gemeinsam zu bewältigen, statt diese zu verleugnen und/oder mit Aggressivität scheinbar zuzudecken (Essau 2003, Morschitzky 2009).

Tab. 2.2 **Wovor Kinder manchmal Angst haben**

Basis: Kinder im Alter von 6 bis 11 Jahren in Deutschland

Manchmal oder sehr oft, pro Zelle in %	Gesamt	Mädchen	Jungen	6–7 Jahre	8–9 Jahre	10–11 Jahre
Schlechte Schulnoten	42	43	40	27	42	52
Bedroht oder geschlagen zu werden	34	36	32	31	39	32
Arbeitslosigkeit der Eltern	26	26	27	21	27	30
Immer mehr arme Menschen	46	48	45	34	47	55
Umweltverschmutzung	40	42	38	27	41	50
Ausbruch eines Krieges	39	40	38	30	42	43
Immer mehr Ausländer	19	17	21	15	18	23

2.3 Was Kinder unter Gerechtigkeit verstehen

In der moderneren entwicklungspsychologischen sowie verhaltensökonomischen Forschung sind die Kategorien *Eigennutz und (interpersonales) Wohlergehen* zentrale Bezugspunkte bei der Beurteilung der moralisch-emotionalen Entwicklung in der (frühen bis mittleren) Kindheit. Hierbei wird davon ausgegangen, dass den Gerechtigkeitsvorstellungen von Kindern ein Gleichheitskonzept zugrunde liegt, das im Hinblick auf Bedarfsgleichheit und Reziprozität jeweils unterschiedlich ausgeformt sein kann.[5] Gleichheit kann in den Augen der Kinder sowohl egalitäre Gleichverteilung dessen, was da ist, bedeuten (»teilen«) als auch Umverteilung meinen (»abgeben«). Auch auf diesen Befund sind wir bereits in der zweiten World Vision Kinderstudie gestoßen. Dort thematisieren die Kinder ebenfalls die Verantwortung der Reichen, etwas abgeben zu müssen.

Diese Überlegungen sind nach unserem Verständnis an die grundlegenden gerechtigkeitstheoretischen Annahmen, die wir in Kapitel 1 dargestellt haben, anschlussfähig, und sie tangieren zugleich die Diskussionen über die »soziale Gerechtigkeit« in der Sozial- und Wohlfahrtsstaatstheorie. Auch in dieser Betrachtungsweise ergeben sich, je nachdem in welcher sozialen Beziehung Individuen oder soziale Gruppen zueinander stehen, unterschiedliche Vorstellungen und Konsequenzen, wie der Umgang mit- und untereinander sowie die Verteilung der verfügbaren Mittel zu gestalten sind. Liebig und May unterscheiden, auf Grundlage eines Vorschlages von Fiske, die vier im Folgenden referierten allgemeinen Modelle von sozialen

5 Fehr spricht an dieser Stelle von »Ungleichheitsaversion« als dem charakteristischen (moralischen) Entwicklungsmerkmal für Kinder dieser Altersgruppe (Fehr et al. 2008).

Beziehungen. Je nach Modell sind hierbei unterschiedliche Gerechtigkeitsprinzipien maßgeblich (Fiske 1992, nach Liebig, May 2009, S. 6 f.).

Modell 1 basiert auf engen und dauerhaften sozialen Beziehungen, etwa in einer Familie oder in einer sonstigen Form von Bedarfsgemeinschaft. Charakteristisch ist in diesem Fall das *Bedarfsprinzip:* Eine gerechte Verteilung orientiert sich im Grundsatz zuerst einmal an dem, was die einzelnen Individuen meinen, für sich zu brauchen, wobei gleichzeitig alle füreinander einstehen und gegebenenfalls teilen. Modell 2 ist durch hierarchische Beziehungen untereinander geprägt. Höhergestellte haben hier wichtigere Rollen inne oder übernehmen mehr Verantwortung. Charakteristisch ist hierbei das *Anrechtsprinzip:* Höhergestellte können das für sich beanspruchen, was ihnen qua Status und Funktion zugeschrieben ist und ihnen zusteht. Modell 3 basiert auf sozialen Beziehungen in Netzwerkstrukturen, gemeinschaftlichen Verbünden oder Genossenschaften. Die Beteiligten haben hier im Grundsatz zuerst einmal gleiche Rechte und gleiche Pflichten. Die Beziehungen sind durch Austausch bestimmt und es gilt das *Äquivalenzprinzip:* Jeder gibt ähnlich viel zurück, wie er erhalten hat. Modell 4 ist kennzeichnend für Beziehungen unter Fremden, die in Form von ökonomischen Austauschbeziehungen nach marktwirtschaftlichen Prinzipien miteinander interagieren und bei denen jeder versucht, möglichst viel Vorteil für sich selber zu realisieren: Charakteristisch ist in diesem Fall das *Leistungsprinzip* als Maßstab für Gerechtigkeit im Umgang.

Nach diesem Verständnis, so Liebig und May, basieren Konflikte darüber, welche der verschiedenen Gerechtigkeitsprinzipen mit welchem Gewicht und zu welchem Zeitpunkt Anwendung finden sollen, auf unterschiedlichen Interpretationen, wie die Beziehungen und das soziale Miteinander der Individuen in den jeweiligen gesellschaftlichen Teilbereichen zu gestalten sind.

Versteht man die Gesellschaft als eher lose Ansammlung von Individuen oder auch von Gruppen von Individuen, die untereinander im Wettbewerb stehen, so werden das Leistungsprinzip und die Orientierung an einem leistungsgerechten individuellen Ertrag der primäre Maßstab sein. Begreift man Gesellschaft hingegen (auch) als engere Verantwortungsgemeinschaft, so erhält das Bedarfsprinzip im Hinblick auf einen gerechten Umgang eine zentrale Bedeutung, entweder als Korrektiv und Ausgleichsprinzip oder auch als normatives Prinzip zur Schaffung von Chancengleichheit.

Während in den 60er- und 70er-Jahren die Debatte um die soziale Gerechtigkeit primär als Frage der (Um-)Verteilung von Einkommen und/oder Vermögen geführt wurde, hat sich aktuell der Blickwinkel hin zur Realisierung von Chancengleichheit sowie zu angemessener Teilhabe und gesellschaftlicher Partizipation gewandelt (Leisering 2004, nach Liebig und May, ebd.). Genau hierauf zielt auch der unserer Kinderstudie Pate stehende Capability Approach ab, als Ansatz für eine Befähigung zur Verwirklichung und Gestaltung der eigenen Lebensziele (Sen 2010).

Bezugsrahmen und Sichtweisen von Kindern

Die Frage der Gestaltung von sozialer Gerechtigkeit ist insbesondere für moderne demokratisch verfasste Gesellschaften mit ihrem Anspruch auf bürgerliche Freiheiten, soziale Grundrechte und Teilhabechancen zentral. Entsprechend bedeutsam ist, wie Kinder in diese Problemstellungen hineinsozialisiert werden beziehungsweise wie diese sich selber im Verlaufe ihrer Entwicklung hineinsozialisieren.

Eine der methodischen Herausforderungen in der Kindheitsforschung besteht darin, angemessen zu berücksichtigen, wie sich Kinder auf diese zum Teil komplexen Begrifflichkeiten beziehen und was sie selber damit verbinden. Diese Frage stellt sich natürlich ebenfalls in Bezug auf das Konzept Soziale Gerechtigkeit aus der Sicht von Kindern. Hierzu liegen in der aktuellen empirischen Umfrageforschung bisher noch kaum systematische Annäherungen vor, an die wir unmittelbar anschließen konnten.[6] Die typischen Instrumente, die in der Umfrageforschung als Indikatoren zur Messung von Gerechtigkeit herangezogen werden, etwa zur »subjektiven Wohlfahrt/persönlichen Verteilungsgerechtigkeit« als Frage danach, ob man selber meint, im Vergleich zu anderen »eher mehr oder eher weniger als seinen gerechten Anteil zu erhalten« (Allbus: Datenreport 2011), oder auch die nach der wirtschaftlichen Gerechtigkeit in Deutschland (*»Sind die wirtschaftlichen Verhältnisse bei uns in Deutschland – ich meine, was die Menschen besitzen und was sie verdienen – im Großen und Ganzen gerecht oder nicht gerecht«*, Allensbach 2013), können Kinder im Alter von 6 bis 11 Jahren in dieser Form nicht vergleichbar beantworten. Auch die in der (psychologischen) Jugendforschung eingesetzten Instrumente, wie etwa die »Allgemeine Gerechte Welt Skala« (Dalbert 1983, Dalbert et al. 1987), schienen uns für Kinder dieser Altersgruppe nur bedingt geeignet.

Wir haben deshalb als ersten Schritt die im Rahmen unserer vorgelagerten Pretest-Erhebung ausgewählten Kinder direkt danach gefragt, was sie persönlich mit Gerechtigkeit verbinden. Darüber hinaus haben wir den qualitativen Teil unserer Studie, mit dem wir diesmal bereits im Vorfeld der Repräsentativbefragung begonnen haben, ebenfalls dafür genutzt, die Vorstellungswelt der Kinder zum Thema Gerechtigkeit genauer zu erfassen, um auf dieser Grundlage die vollstandardisierten Fragen der Repräsentativerhebung angemessen gestalten und auswerten zu können.[7]

Ausgehend von den teils ausführlichen Antworten haben wir eine Kategorisierung vorgenommen und daraufhin unseren Fragebogen noch

6 Wir beziehen uns hierbei auf die empirische Umfrageforschung. Nicht berücksichtigt sind hier experimentelle Studien, bei denen Kinder zum Beispiel in einem Spiel-Experiment in ihrem Verhalten beobachtet werden.

7 In der sozialwissenschaftlichen Forschung wird diese Vorgehensweise als »Methodentriangulation« bezeichnet. Qualitative und quantitative Methoden werden hierbei systematisch kombiniert, um die jeweiligen unterschiedlichen Stärken im Sinne von Synergien nutzbar zu machen.

Tab. 2.3 **Kategorienrahmen und Zuordnung der offenen Nennungen**

Basis: Pretestbefragung, n = 95 Kinder im Alter zwischen 6 und 11 Jahren

Deutungsrahmen (»Frame«)	Anzahl[1]	Beispiele für offene Nennungen[2]
»Interaktionsgerechtigkeit« Gleichbehandlung im persönlichen Umgang	40	»Gerechtigkeit ist, wenn jeder gleich behandelt wird« »Jeder Mensch soll zu jedem nett sein und die Erwachsenen so gerecht sein wie zu sich selber«
»Verfahrensgerechtigkeit« Gleiches Recht und Zugang für alle	28	»Dass man miteinander teilt und nicht jemanden einfach so stehen lässt« »Dass jeder gleich behandelt wird und jeder die gleichen Möglichkeiten hat«
»Bedarfsgerechtigkeit« Gleichstellung, Wohlergehen, Umverteilung	21	»Jeder hat Arbeit, eine Wohnung, genügend zu essen und noch Geld übrig, um sich etwas Schönes leisten zu können« »Dass alle Menschen, ob arm oder reich, die gleichen Sachen bekommen, reisen können, Spielzeug bekommen und genug Essen haben«
»Egalitäre Gerechtigkeit« Gleichverteilung	16	»Wenn alle gleich viel haben« »Wenn wir Süßigkeiten essen und meine Freundin bekommt mehr, ist das ungerecht. Besser wäre, genau aufzuteilen«

1 Ggf. Mehrfachzuordnungen

2 Vgl. dazu auch die Gesamtübersicht der offenen Nennungen im Anhang.

einmal kritisch geprüft. Diese Ordnung der Gerechtigkeitsvorstellungen der Kinder sehen wir als ein heuristisches Gerüst und nicht als strenge gerechtigkeitstheoretische Klassifizierung. Doch mithilfe dieser »Kategorien von Gerechtigkeitsvorstellungen« lassen sich erstens unsere Ergebnisse im quantitativen und qualitativen Teil im Hinblick auf die jeweiligen Bezugsrahmen der Kinder im Zusammenhang analysieren und zweitens bieten diese interessante Anschlussmöglichkeiten für weitere Forschungen. Die im Pretest generierten Angaben zum Thema Gerechtigkeit haben wir anhand des folgenden Kategoriensystems systematisiert und zugeordnet (siehe dazu auch Tab. 2.3):

- Interaktionsgerechtigkeit (*Gleichbehandlung* im persönlichen Umgang)
- Verfahrensgerechtigkeit (*gleiches Recht* und *gleicher Zugang* für alle)
- Bedarfsgerechtigkeit (*Ausgleich* und Wohlergehen)
- Egalitäre Gerechtigkeit (*Gleichverteilung*)

Gerechtigkeit wird von den befragten Kindern im Kontext ihrer situativen Vorstellung von Gleichheit gedeutet und bewertet. Dabei lassen sich die offenen Nennungen nicht immer

Tab. 2.4 **Das finde ich sehr oder eher gerecht**

Basis: Kinder im Alter von 6 bis 11 Jahren in Deutschland

Sehr oder eher gerecht, pro Zeile in %	**Gesamt**	**Mädchen**	**Jungen**	**6–7 Jahre**	**8–9 Jahre**	**10–11 Jahre**
Manche Familien haben wenig Geld, manche sehr viel Geld	23	21	26	20	24	25
Reiche Eltern sollten z. B. beim Verreisen einer Hortgruppe mehr bezahlen	61	57	65	56	62	64
Meistens entscheiden nur Erwachsene z. B. über den Bau von Spielplätzen	31	33	29	31	30	31
Ausländische Kinder dürfen in der Schule auch in den Pausen nur noch Deutsch sprechen	41	39	42	43	36	43

trennscharf einer Kategorie zuordnen. Gerechtigkeit als Fairness – im (egalitären) Sinn, dass »alle gleich behandelt werden« – hat bei den Nennungen der Kinder häufig sowohl einen eigennützigen Aspekt (Was alle dürfen, will ich auch dürfen), kann aber gleichzeitig auch den Wunsch und das Bedürfnis zum Ausdruck bringen, dass alle gleiche Chancen haben sollen und teilhaben dürfen (Alle sollen dabei sein).

Auffällig ist, dass in den offenen Antworten der Kinder der ebenfalls zentrale Aspekt der Leistungsgerechtigkeit scheinbar keine Rolle spielt. Dies ist an dieser Stelle auch darauf zurückzuführen, dass die offene Abfrage, was Kinder unter Gerechtigkeit verstehen, im Pretest-Interview durch die zwei vollstandardisierten Fragen vorbereitet und gerahmt wurde, wie gerecht es aus der Sicht der Kinder in ihrem Umfeld zugeht und wie in Deutschland der Umgang mit bestimmten Gruppen zu bewerten ist (Kinder und Jugendliche, Ältere, Behinderte, Ausländer, arme Menschen). Der Bezugsrahmen, den die Kinder anwenden, wenn sie die offen gestellten Fragen, was sie unter Gerechtigkeit verstehen, beantworten, wird dadurch offenbar im Sinne der Sicherung des Wohlergehens anderer vorgeprägt. Wie die Ergebnisse des qualitativen Teils zeigen, kommt der Aspekt der Leistung aber ebenfalls zum Tragen, etwa dann, wenn Gerechtigkeit mit der von den Kindern geforderten Reziprozität verbunden wird (Gegen- und Wechselseitigkeit).

2.4 Kategorien und Aspekte von Gerechtigkeit

Um den Kindern möglichst alltags- und erfahrungsnahe Einschätzungen zu Gerechtigkeit zu ermöglichen, haben wir sowohl im Fragebogen als auch in den qualitativen Interviews mit konkreten Beispielfragen oder kleinen Fallgeschichten gearbeitet. Die Kinder sollten die einzelnen Fallbeispiele im Hinblick auf die Frage der Gerechtigkeit beurteilen. Im repräsentativen Teil der Kinderstudie schließen wir an die Kategorisierung der offenen Antworten aus dem Pretest an. Hierbei zielen wir auf egalitäre sowie Bedarfsgerechtigkeit, auf Verfahrensgerechtigkeit und auf Interaktionsgerechtigkeit ab. Tabelle 2.4 gibt einen Gesamtüberblick zu den Ergebnissen. Dargestellt sind die Anteile der Kinder pro Altersgruppen und Geschlecht, die jeweils mit »sehr gerecht« oder »eher gerecht« geantwortet haben.

»Manche Familien haben wenig Geld, manche haben sehr viel Geld. Findest du das sehr gerecht, eher gerecht, eher ungerecht oder sehr ungerecht?«

Die erste Frage bezieht sich auf die *egalitären Gerechtigkeitsvorstellungen*, am Beispiel der unterschiedlichen Verteilung von Einkommen (und Vermögen). Die Ungleichverteilung wird von zwei von drei Kindern als ungerecht (23 % sehr ungerecht, 43 % eher ungerecht) und demnach nur von einer Minderheit als gerecht bewertet. Die Unterschiede zwischen den Altersgruppen sind, wenn man berücksichtigt, dass jüngere Kinder mit 14 % etwas häufiger hierzu keine Angabe gemacht haben, eher gering.

Differenziert nach dem Geschlecht finden dies Mädchen mit 67 % im Vergleich zu Jungen mit 65 % geringfügig häufiger ungerecht. Ein größerer Unterschied bei der Bewertung ergibt sich dann, wenn man die Antworten nach der Herkunftsschicht der Kinder differenziert. Kinder aus der Unterschicht finden die finanzielle Ungleichheit zwischen den Familien zu 81 % noch deutlich ungerechter, als dies Kinder aus den anderen Schichten tun. Leicht über dem Durchschnitt liegt mit 69 % die Ungerechtigkeitsbewertung von Kindern aus der Oberschicht (Abb. 2.4).

Die Befunde schließen an die experimentellen Studien von Fehr u.a. an. Auch hier zeichnet sich die dort beschriebene Ungleichheitsaversion ab. Das Bedürfnis nach Egalität bedeutet in den Augen dieser Kinder »Ungleich ist ungerecht« (egalitäre Gerechtigkeit). Das Gefühl der Ungerechtigkeit ist häufig dann besonders ausgeprägt, wenn die Ursachen für diese Ungleichheit negativ eingeschätzt werden oder wenn die Gründe dafür, dass manche mehr und andere weniger haben, nicht bekannt sind. Beides kann an dieser Stelle zutreffen. Die Differenzierung nach der Herkunftsschicht der Kinder macht dabei aber einen wichtigen Aspekt deutlich: Die Bewertung der Kinder wird nicht unabhängig von deren Situation und sozialer Lage vorgenommen. Ungleich ist eben nicht nur ganz allgemein ungerecht, sondern für Kinder aus der untersten Herkunftsschicht auch ganz praktisch bedrückend und ausgrenzend.

Abb. 2.4 **Ungleich ist ungerecht**
»Manche Familien haben wenig Geld, manche haben sehr viel Geld«
Basis: Kinder im Alter von 6 bis 11 Jahren in Deutschland (Angaben in %)

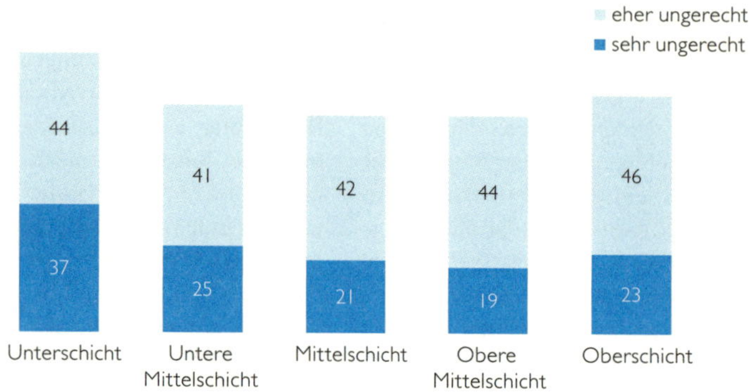

»Eine Hortgruppe möchte verreisen. Hierfür sollen reiche Eltern mehr Geld zahlen als die Eltern ärmerer Kinder. Findest du das sehr gerecht, eher gerecht, eher ungerecht oder sehr ungerecht?«

Die zweite Frage nach der *Bedarfsgerechtigkeit* am Beispiel der stärkeren Belastung von reicheren Familien wird umgekehrt von 61 % der Kinder als gerecht bewertet (25 % sehr gerecht, 36 % eher gerecht). Als ungerecht bezeichnet dies mit 27 % nur eine Minderheit. Interessanterweise nimmt die Einschätzung, dass die stärkere und damit ungleiche Heranziehung von reicheren Eltern gerecht sei, mit dem Alter zu (21 % der 6- bis 7-Jährigen geben erwartungsgemäß an dieser Stelle überproportional häufig keine Antwort). Jungen stimmen dem mit 65 % deutlich häufiger zu als Mädchen mit 57 %. Es fällt auf, dass Kinder aus der untersten Herkunftsschicht mit 69 % am häufigsten der Meinung sind, dass die ungleiche Heranziehung von armen und von reichen Eltern gerecht sei. Am geringsten ist die Zustimmung mit 56 % in der Mittelschicht, während Kinder aus den oberen Herkunftsschichten zu jeweils 64 % dies als gerecht empfinden (Abb. 2.5).

Die ungleiche Heranziehung der Eltern in Abhängigkeit von deren finanziellen Möglichkeiten kann ebenfalls als Wunsch nach Gleichheit interpretiert werden, da in der Erfahrungswelt der Kinder durchaus verankert ist, dass Kinder aus ärmeren Familien, wenn etwa ein Schulausflug zu teuer wird, nicht mitkommen können. Wenn »die, die mehr haben, auch mehr einbringen«, dann führt dies zu mehr Gleichbehandlung, da unter diesen Umständen dann ja alle mitkommen können (Teilhabegerechtigkeit). Hinzu kommt der Gedanke des Teilens, wer mehr hat, steht in der Verantwortung, abzugeben und seinen Reichtum zu teilen, ein Gedanke, den die Kinder auch schon 2010 geäußert haben.

Abb. 2.5 **Gerecht ist, wenn die, die mehr haben, auch mehr einbringen sollen**
»Eine Hortgruppe möchte verreisen. Hierfür sollen reiche Eltern mehr Geld zahlen als die Eltern ärmerer Kinder«
Basis: Kinder im Alter von 6 bis 11 Jahren in Deutschland (Angaben in %)

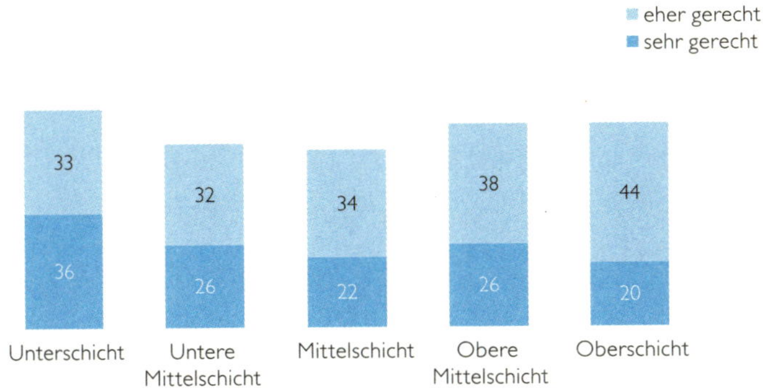

»Meistens entscheiden Erwachsene – und nicht die Kinder – über den Bau von Kinderspielplätzen, weil sie sagen, sie kennen sich am besten mit solchen Dingen aus. Findest du das sehr gerecht, eher gerecht, eher ungerecht oder sehr ungerecht?«

Die dritte Frage nach der *Verfahrensgerechtigkeit* am Beispiel der für Kinder häufig fehlenden Möglichkeit zur Mitbestimmung, wird ebenfalls eindeutig beantwortet. 62 % finden hier fehlende Mitbestimmung ungerecht (21 % sehr ungerecht, 41 % eher ungerecht). Jüngere Kinder haben an dieser Stelle mit 12 % etwas häufiger keine Antwort gegeben, sodass der Anteil derjenigen, die dies ungerecht finden, mit 57 % etwas geringer ausgeprägt ist. Jungen finden die fehlende Mitsprache zu 64 % sogar noch etwas häufiger ungerecht als Mädchen mit 59 %. Die Unterschiede nach der Herkunftsschicht sind an dieser Stelle weniger eindeutig. Kinder aus der Oberschicht sind hier selbstbewusster, während die Einschätzungen bei den übrigen Kindern nur leicht schwanken (Abb. 2.6).

Gleichheit bedeutet auch, dass man gleichberechtigt ist. Wenn in Deutschland über Dinge, die für Kinder wichtig sind, entschieden wird, dann bedeutet »gerecht«, dass hier die Kinder einbezogen werden. Fairness und Gleichbehandlung heißt eben auch, dass man als Kind mitbekommen muss, was passieren soll, und mitwirken kann. Es geht an dieser Stelle aus der Sicht der Kinder um das prinzipielle Verfahren und weniger darum, dass Kinder sich dann jeweils berufen fühlen oder sich trauen, aktiv in Debatten einzugreifen. Nicht mehr zutreffend ist die Anschauung, dass Kinder in diesem Alter noch mehrheitlich autoritätsfixiert seien und die Regeln der Erwachsenenwelt nicht in Frage stellen könnten. Natürlich spiegelt sich der Prozess der individuellen Reifung wider und nach wie vor ist es nicht falsch, davon auszugehen, dass

Abb. 2.6 **Nicht mitbestimmen dürfen ist ungerecht**
»Meistens entscheiden Erwachsene und nicht die Kinder über den Bau von Spielplätzen«
Basis: Kinder im Alter von 6 bis 11 Jahren in Deutschland (Angaben in %)

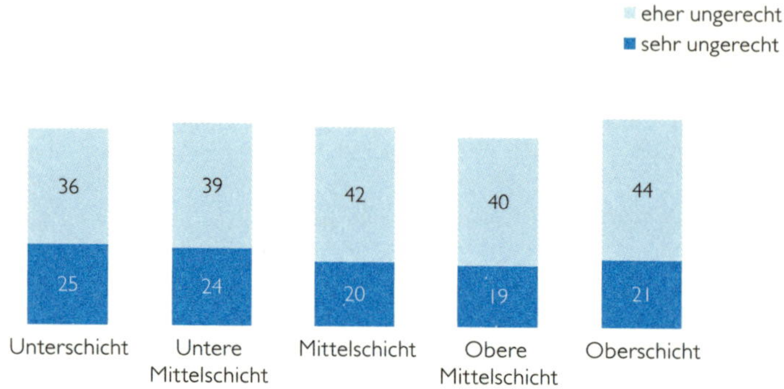

Kinder in diesem Alter danach trachten, die Denkweise der Erwachsenen zu adaptieren. Dies heißt aber nicht, dass Kinder es fair finden, von Entscheidungen, die sie betreffen, ausgeschlossen zu bleiben.

»Wie fändest du es, wenn in der Schule ausländische Kinder auch in den Pausen nur noch Deutsch miteinander sprechen dürften. Sehr gerecht, eher gerecht, eher ungerecht oder sehr ungerecht?«

Die vierte Frage zielt auf die *Fairness* sowie auf die *Gleichbehandlung im persönlichen Umgang (Interkationsgerechtigkeit)*. Hier greifen wir einen öffentlichen Diskurs zum Thema Sprache auf. Eine mögliche Vorgabe, in welcher Sprache Kinder mit Migrationshintergrund (»ausländische Kinder«) im Alltag zu sprechen haben, hat ebenfalls eine Gerechtigkeitsdimension: Gerecht heißt auch, dass etwas auch persönlich zumutbar und akzeptabel sein muss, damit es »in Ordnung geht«.

Wir sind uns hier darüber im Klaren, dass die Fragestellung insbesondere bei Kindern stigmatisierend wirken kann. Auf der anderen Seite sind die Fragen der Integration und des Umgangs mit Migranten in Deutschland öffentliche Themen, die auch in den Medien häufig große Resonanz finden. Es ist davon auszugehen, dass Kinder dies in ihrer Alltagswelt ebenfalls mitbekommen.

Die Meinungen sind an dieser Stelle stärker geteilt, auch hier gilt aber, dass mit 49 % im Vergleich zu 41 % eine Mehrheit es als ungerecht empfinden würde, wenn ausländische Kinder in der Schule auch untereinander in den Pausen nur Deutsch sprechen dürften (19 % sehr ungerecht, 30 % eher ungerecht). Jüngere Kinder im Alter von 6 bis 7 Jahren finden dies zu 41 % ungerecht und zu 43 % als gerecht. 16 % – und damit ebenfalls mehr als bei den anderen

Abb. 2.7 **Fair heißt auch, nicht immer alles vorschreiben oder verbieten zu wollen**
»Wie fändest du es, wenn in der Schule ausländische Kinder auch in den Pausen miteinander nur noch Deutsch sprechen dürften?«
Basis: Kinder im Alter von 6 bis 11 Jahren in Deutschland (Angaben in %)

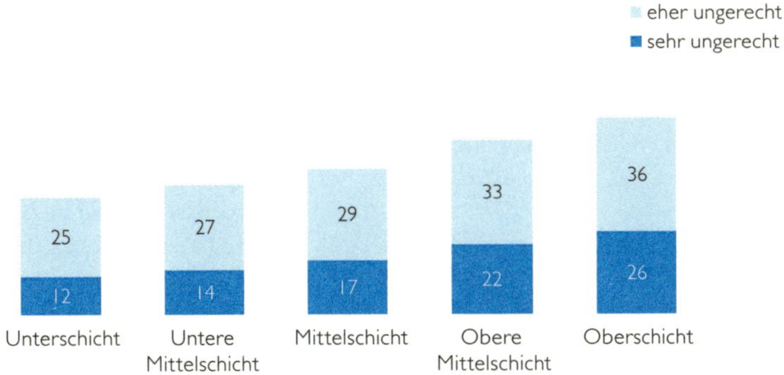

beiden Altersgruppen – können oder wollen hierzu keine Angabe machen. Bei älteren Kindern bewertet dies hingegen eine klare Mehrheit von über 50 % als ungerecht. Die leichten Abweichungen im Antwortverhalten bei Mädchen und Jungen sind auf den bei Mädchen etwas höheren Anteil von fehlenden Angaben (12 % im Vergleich zu 9 %) zurückzuführen. Die Differenzierung nach der Herkunftsschicht ergibt hingegen einen eindeutigen Trend: Je gehobener die Herkunftsschicht, desto größer die Ablehnung (Abb. 2.7).

Gerechtigkeit erscheint an dieser Stelle eng damit verknüpft zu sein, dass in der Lebenswelt der Kinder nicht immer alles vorgeschrieben oder verboten sein sollte. Fair heißt in diesem Fall, dass man das machen kann, was man selber will. Die eindeutige Schichtabhängigkeit im Antwortverhalten spricht darüber hinaus dafür, dass eine Vorgabe, welche Sprache man untereinander zu sprechen hat, insbesondere von Kindern aus den gehobeneren Schichten als ungerechtfertigte Disziplinierung und damit als Ungleichbehandlung begriffen wird. Bei Kindern aus den unteren Herkunftsschichten, insbesondere dann, wenn es sich um einheimisch deutsche Kinder handelt, überwiegt an dieser Stelle eine deutlich distanziertere Haltung. Hier stellt sich die Frage, welche Kinder von Mehrsprachigkeit in der Schule profitieren. Kinder, die selbst einen niedrigen sozio-ökonomischen Status haben, fühlen sich möglicherweise auf dem Schulhof durch andere Sprachen, die sie nicht verstehen und durch die sie sich in der Pause eventuell auch ausgeschlossen fühlen, eher bedroht. Kinder aus den oberen Herkunftsschichten machen etwa durch Reisen in ferne Länder eher positive Erfahrungen und besuchen häufig Schulen, in denen soziale Konflikte seltener den Alltag bestimmen.

Qualitative Befunde

Der Gerechtigkeitsbegriff ist bei Kindern, wie dargestellt, stark von dem in diesem Lebensalter charakteristischen Bedürfnis nach Gleichheit geprägt. Diesen Gedanken haben wir auch für die qualitativen Interviews aufgegriffen. Gleichbehandlung, gleiche Ansprüche, gleiche Rechte und Pflichten.

Auch an dieser Stelle wird nochmals sichtbar, dass Gleichheit sich sowohl auf Teilhabe (gleiche Chancen) als auch auf Reziprozität (Gegenseitigkeit) bezieht und von daher von den Kindern durchaus mehrdimensional gedeutet wird. Je nach Situation und Hintergrund kann das Gleichheitspostulat zu verschiedenen Gerechtigkeitskonzepten führen. Die unterschiedlichen Deutungsmuster, die für Kinder bei der Beurteilung von Gerechtigkeit eine Rolle spielen, lassen sich an zwei Beispielen aus den qualitativen Interviews veranschaulichen. Ausgewählt haben wir hier die Überlegungen einer 11-Jährigen und die einer 7-Jährigen. Beiden Kindern wurde folgende Fallgeschichte geschildert:

Um den Eintritt zu einer Zirkusvorstellung bezahlen zu können, organisieren die Kinder einer Klasse einen Flohmarkt, für den jedes Kind etwas von zu Hause mitbringen soll. Manche Kinder bringen ganz viel mit, einige bringen jedoch auch gar nichts mit. Sollten trotzdem alle Kinder zum Zirkus mitkommen?

Beispiel 1: Adriana, 11 Jahre
»Jeder soll dabei sein können ...«

I: *Sollen alle Kinder zum Zirkus mitkommen?*

A: Ja, auf jeden Fall.

I: *Anton und Luise haben ganz viel mitgebracht.*

A: Ja genau, die sollten dann mit den anderen teilen. Etwas abgeben und so, dass die (die nichts mitgebracht haben – Red.) dann auch etwas verkaufen können, und das Geld einsammeln für den Zirkus.

I: *Und wenn es jetzt so wäre, dass die Klasse im Zirkus einen Bereich für sich reserviert hat, und nur die Hälfte der Kinder kann in der ersten Reihe sitzen und die Hälfte weiter hinten, wie sollen dann die Kinder entscheiden, wer wo sitzen darf?*

A: Pff, vielleicht auslosen? Auslosen wäre eine gerechte Entscheidung.

I: *Also du würdest nicht sagen die, die nichts mitgebracht haben sollen ...*

A: Nee, auf keinen Fall. Wär voll unfair eigentlich, wenn man nichts zu verkaufen hat, wenn man trotzdem mit will.

I: *Mmhh. Mmh ... und nehmen wir mal an, die haben das einfach vergessen? Also die hätten etwas zu Hause gehabt, aber haben das einfach vergessen mitzubringen?*

A: Ja, dann machen, dann sollen sie erst mal von den anderen, die viele Sachen dabei haben, die Sachen holen und mit verkaufen. Und dann können sie später denen das dann geben.

Für Adriana steht außer Frage, dass alle Kinder mitkommen sollen. Für sie ist klar, dass die, die viel mitgebracht haben, mit denen, die weniger haben, teilen müssen. Nur so ist gewährleistet, dass alle die gleiche Chance haben, mit in den Zirkus zu kommen. Spontan setzt Adriana voraus, dass die, die nichts mitgebracht haben, nichts Verzichtbares zu Hause hatten. Auf der anderen Seite wird aus der Sicht von Adriana aber auch Reziprozität gewahrt, indem die Kinder, die selber nichts mitgebracht haben, als Gegenleistung dann ja die Sachen der anderen abholen und für diese mit verkaufen können.

Beispiel 2: Theresa, 7 Jahre
»Man muss dafür dann auch was tun …«

I: *Sollen alle Kinder zum Zirkus mitkommen?*
T: Nö, die beiden Kinder, die nichts mitgebracht haben, nicht.
I: *Warum nicht?*
T: Weil das dann unfair ist. Weil die kommen dann mit … und dann … haben sie … ja, dann haben sie nicht mal mitgeholfen. […]
I: *Und sag mal, Theresa, was wäre, wenn … also könntest du dir denn vorstellen, warum die beiden nichts mitgebracht haben?*
T: Weil sie nichts hatten. Oder vergessen haben.
I: *Und was wäre, wenn sie einfach nichts hatten? (Pause) Sollen sie dann trotzdem nicht mit zum Zirkus kommen?*
T: Doch, die können ja mithelfen. Die verteilen sich zum Beispiel: Jana geht zu ihm und er geht zu ihr.
I: *Das ist auch eine gute Idee. Also wenn sie z. B. keine Sachen zu Hause hatten, … dann können sie den anderen mithelfen.*
T: Genau, der eine kriegt die Hälfte und der andere die andere Hälfte.
I: *Okay. Aber wenn sie zu Hause etwas hatten und es vergessen haben?*
T: Na dann ist es ungerecht!

Auch Theresa findet es gerecht, wenn alle die gleiche Chance haben, mitkommen zu können. Anders als Adriana ist es ihr aber spontan sehr wichtig, dass die Regel, dass alle etwas mitbringen sollen, eingehalten wird. Sollten die Kinder zu Hause nicht genug Sachen haben, dann können sie ja die anderen beim Verkaufen unterstützen. Sollten sie sich hingegen nicht an die Vorgabe gehalten haben, so haben sie keinen Anspruch.

Beide Kinder, Adriana und Theresa, orientieren sich an ganz ähnlichen Prinzipien und wollen, dass alle gleich behandelt werden. Trotzdem beantworten sie die Fragen nach der Fairness im Umgang unterschiedlich. Sie bewerten die Motive der Kinder, die nichts mitgebracht haben, spontan anders, um dann im weiteren Gesprächsverlauf aber für die Kinder, die deshalb nichts beigetragen haben, weil sie wenig oder nichts zu Hause hatten, einen analogen und aus ihrer Sicht dann ebenfalls auf Reziprozität beruhenden Lösungsweg zur Sicherung der Teilhabechancen vorzuschlagen.

2.5 Bewertung der Gerechtigkeit im eigenen Umfeld

Im Anschluss an die Beispielfragen zu den Gerechtigkeitsvorstellungen haben wir innerhalb der vollstandardisierten Erhebung abgefragt, wie es aus der Sicht der Kinder ganz generell um die Gerechtigkeit in der Familie, im Freundeskreis, in der Schule sowie in Deutschland und in der ganzen Welt bestellt ist. Als Antwort- und Bewertungsmöglichkeit haben wir hierzu eine 4er-Smiley-Skala vorgelegt (»sehr gerecht«, »gerecht«, »eher ungerecht«, »ungerecht«). Sofern Kinder dazu keine Antwort geben konnten oder wollten, wurde vom Interviewer die Kategorie »Weiß nicht« eingegeben.

Insgesamt betrachtet, hat so gut wie jedes der befragten Kinder eine Einschätzung zur Gerechtigkeit im eigenen Lebensumfeld, also zu Familie, Freundeskreis und zur Schule abgegeben. Die Frage danach, ob es in Deutschland gerecht zugeht, konnten oder wollten hingegen 29 %, und hierbei 39 % der 6- bis 7-Jährigen, 29 % der 8- bis 9-Jährigen sowie 21 % der 10- bis 11-Jährigen, nicht beantworten. Ähnliches gilt für die Frage nach der Gerechtigkeit in der ganzen Welt. Insgesamt 26 %, und dabei 45 % der 6- bis 7-Jährigen sowie 25 % der 8- bis 9-Jährigen und an dieser Stelle nur 13 % der 10- bis 11-Jährigen, wollten oder konnten hierzu keine Antwort geben.[8] In Anbetracht der Entwicklungsintensität, die gerade auch in der mittleren Kindheit von 6 bis 11 Jahren stattfindet, sind diese Befunde für uns nicht überraschend. Im Gegenteil: Aus unserer Sicht zeigt sich auch an dieser Stelle die eingangs angesprochene Fähigkeit von Kindern dieser Altersgruppe, Bewertungen dazu abzugeben, wie »gerecht« es ganz generell nach deren Selbstverständnis im persönlichen Umfeld und darüber hinaus auch in Deutschland und in der Welt zugeht.

Wirft man einen Blick auf die Antworten (Abb. 2.8), so zeigt sich, dass mit 92 % so gut wie alle 6- bis 11-Jährigen analog zum eigenen Wohlbefinden auch den Umgang in der eigenen Familie als sehr gerecht oder gerecht bezeichnen. Ähnliches gilt für den Umgang im eigenen Freundeskreis, den 90 % als sehr gerecht oder als gerecht beschreiben. Hier liegt der Schluss nahe, dass die Kinder an dieser Stelle vor allem aufgrund der persönlichen Nähe und der besonders bedeutsamen Beziehungen, ein sehr positiv ausgeprägtes Gerechtigkeitsempfinden haben. Möglicherweise sind Interaktions- und Verfahrensgerechtigkeit, die für Kinder eng mit dem persönlichen Umgang verknüpft und nicht mit abstrakten Verfahren verbunden sind, primär in persönlichen Beziehungen erfahrbar. Auch an dieser Stelle zeigt sich: Offenbar ist es in Familien ein hohes Gut, das kindliche Wohlbefinden zu fördern und den Kindern auch vonseiten der Eltern »Gerechtigkeit« angedeihen zu lassen.

Bei der Beurteilung der Schule werden hingegen Unterschiede sicht-

8 Diejenigen 6- bis 7-Jährigen, welche die Frage nach der Gerechtigkeit in Deutschland nicht beantworten konnten und danach nicht mehr nach der Gerechtigkeit in der Welt gefragt wurden, sind an dieser Stelle ebenfalls der Gruppe mit »Weiß nicht/keine Antwort« zugerechnet.

Abb. 2.8 **Wie es generell um die Gerechtigkeit bestellt ist**
Basis: Kinder im Alter von 6 bis 11 Jahren in Deutschland (Angaben in %)

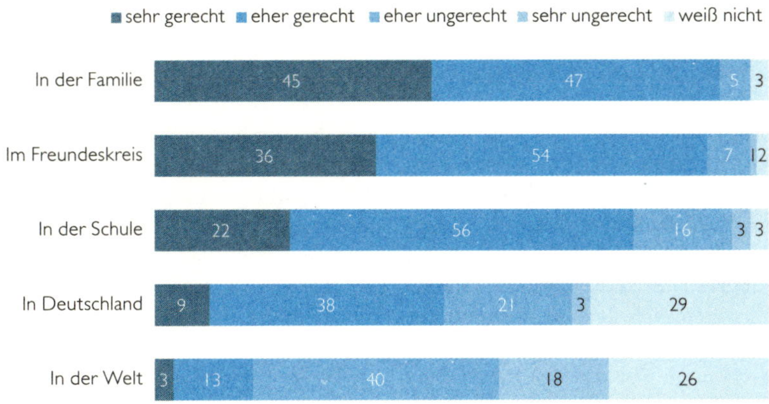

bar. Hier sind es 78 %, die den Umgang dort als sehr gerecht oder als gerecht einstufen. Mit zusammengenommen 19 % ist es hier jedoch bereits fast jeder Fünfte, der angibt, dass es in der Schule eher oder sogar sehr ungerecht zugehen würde (vgl. dazu im Folgenden Kapitel 4: Schule).

Deutschland bezeichnen 47 % als gerecht, 24 % sind der Meinung, dass es bei uns ungerecht zugehen würde. Im deutlichen Kontrast dazu sind nur 16 % der Kinder der Meinung, dass es in der Welt gerecht zugehen würde. 57 % halten den Umgang und die Situation dort für ungerecht. Maßgeblich für diese Einschätzung dürfte die offenbar an dieser Stelle bei den Kindern vorhandene assoziative Verknüpfung mit der »3. Welt« und den dort vorhandenen Problemen und Ungerechtigkeiten sein (Hunger, Krieg und generelle Schutzlosigkeit von Kindern), die zum Beispiel über die Medien transportiert werden und aufgrund ihrer Eindrücklichkeit dann offenbar den Bezugsrahmen prägen.

Familie bietet aus der Sicht der großen Mehrheit der Kinder ein Zuhause, das verlässlich ist und wo es ebenfalls gerecht zugeht. Der Freundeskreis bildet ein davon unabhängiges soziales Umfeld, in dem man sich selber erproben und sich zusammen mit anderen betätigen kann. Auch dort prägt das, was Kinder als gerecht empfinden, das Miteinander. Deutschland insgesamt ist aus der Sicht der Kinder aber gleichzeitig, trotz der hohen Lebenszufriedenheit, keine reine »Insel der Seligen«. Im Vergleich zur sonstigen Welt fühlt man sich als Kind in Deutschland allerdings auch »privilegiert« und vor allem gegenüber Kindern aus der Dritten Welt erheblich bessergestellt.

2.6 Wie gerecht wird Deutschland eingeschätzt?

Wir haben die Einstellungen der Kinder zur »Gesellschaftlichen Gerechtigkeit« in Deutschland zusätzlich danach operationalisiert, wie gerecht die Kinder den Umgang mit bestimmten Gruppen bewerten. Die Frage nach dem Umgang – Gleich- oder (ungerechte) Ungleichbehandlung – lässt sich für Kinder leichter mit ihrem Gerechtigkeitskonzept in Einklang bringen. Dies entspricht nicht unmittelbar dem üblicherweise distributiven und an der (Wohlfahrts-)Verteilung orientierten Konzept der empirischen Gerechtigkeitsforschung, wird dadurch aber für Kinder nachvollziehbarer.[9] Die Herausforderung besteht allerdings auch in diesem Fall für die Kinder darin, allgemeine Einschätzungen zur Situation bestimmter sozialer Gruppen in Deutschland vorzunehmen. Anders als bei der (vorab dargestellten) Frage nach der generellen Gerechtigkeit in Deutschland liegt der Stimulus in diesem Fall aber eher auf den einzelnen Gruppen (Kinder und Jugendliche, alte Menschen, Behinderte, Ausländer[10], arme Menschen) und ist von daher für die Kinder konkreter fassbar.

Der Anteil der Kinder, die diese Fragen nicht beantworten konnten, liegt bei etwa 10 % bis 15 %. Bei den jüngsten Kindern (Altersgruppe 6 bis 7 Jahre) hatten wir bei denjenigen, die die vorab gestellte Frage zur generellen Gerechtigkeit in Deutschland nicht beantworten konnten, von vornherein auf diese Abfrage verzichtet.[11] Rechnet man diese Fälle hinzu, so erhöht sich der Anteil der Kinder ohne gültige Angabe je nach Fragestellung auf 21 % bis 25 %.

Im Folgenden beziehen wir uns nur auf die Kinder, denen die Fragen zur »Gesellschaftlichen Gerechtigkeit« in Deutschland gestellt wurden (Abb. 2.9). Als gerecht werden von den befragten Kindern mehrheitlich der Umgang mit Kindern und Jugendlichen (11 % sehr gerecht, 55 % gerecht) sowie der Umgang mit alten Menschen (19 % sehr gerecht, 45 % gerecht) bewertet. Vergleichbares, wenn auch in einer etwas geringeren Ausprägung, gilt für die Bewertung des Umgangs mit Behinderten (13 % finden diesen in Deutschland sehr gerecht und 38 % gerecht) und ebenso für den Umgang mit Ausländern (10 % sehr gerecht, 38 % gerecht).

9 Die übliche Frage im Sozialstaatssurvey lautet: »Was meinen Sie? In welchem Maß ist gerechte Verteilung des Wohlstandes in Deutschland realisiert?« Die persönliche Verteilungsgerechtigkeit wird demgegenüber zum Beispiel im ALLBUS mit der Frage gemessen: »Im Vergleich dazu, wie andere hier in Deutschland leben, glauben Sie, dass Sie Ihren gerechten Anteil erhalten, mehr als Ihren gerechten Anteil, etwas weniger oder viel weniger?«

10 In der sozialwissenschaftlichen Forschung wird anstelle des Begriffs Ausländer, der auf der formalen Staatsangehörigkeit beruht, die Kategorie Migrationshintergrund benutzt. Der Fokus liegt damit auf der eigenen oder aber der Herkunft der Eltern sowie auf der damit verbundenen kulturellen Verwurzelung und Eingebundenheit. Umgangssprachlich ist hierfür allerdings nach wie vor der Begriff »Ausländer« üblich.

11 Für ältere Kinder, die mit der Frage ebenfalls nichts anfangen konnten, war auch hier wieder die Möglichkeit vorgesehen, als Antwort »weiß nicht« einzugeben.

Abb. 2.9 **Wie der Umgang mit bestimmten Gruppen in Deutschland bewertet wird**

Basis: Kinder im Alter von 6 bis 11 Jahren in Deutschland (Angaben in %)[1]

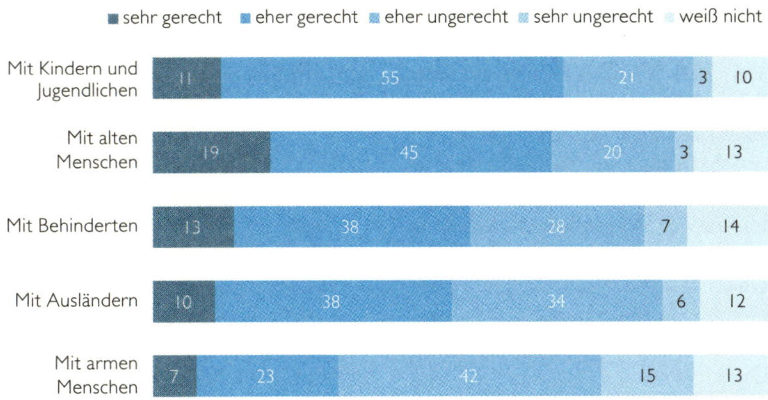

1 Bei 6- bis 7-Jährigen nur Kinder, die auf die Frage nach der Gerechtigkeit in Deutschland eine Antwort geben konnten

Mehrheitlich negativ wird hingegen der Umgang mit armen Menschen in Deutschland beurteilt: 30 % finden diesen gerecht und 57 % ungerecht.[12]

Die Einschätzungen zur »Gesellschaftlichen Gerechtigkeit in Deutschland« schwanken je nach Altersgruppe, was allerdings hauptsächlich mit den unterschiedlichen Anteilen an Kindern, die diese Fragen nicht beantworten konnten, zusammenhängt. In der zentralen Tendenz finden sich aber keine relevanten Unterschiede. Differenziert nach dem Geschlecht ergibt sich, dass Mädchen den Umgang mit den genannten Gruppen etwas weniger häufig als gerecht einschätzen. Ähnlich wie bei den anderen Fragen zur Gerechtigkeit hat es den Anschein, dass Mädchen anders als Jungen im Allgemeinen etwas häufiger Ungerechtigkeiten gegenüber anderen betonen. So wird etwa der Umgang mit Behinderten in Deutschland von immerhin 37 % der Mädchen im Vergleich zu 32 % der Jungen als ungerecht eingeschätzt. Mit 48 % stuft auch in diesem Fall die Mehrheit der Mädchen im Vergleich zu 53 % der Jungen

12 Lt. Sozialstaatssurvey gaben zuletzt im Jahr 2008 etwa 80 % der erwachsenen Bevölkerung an, dass eine gerechte Verteilung des Wohlstandes in Deutschland eher nicht oder überhaupt nicht realisiert sei (Glatzer 2009). Die Frage »*Sind die wirtschaftlichen Verhältnisse bei uns in Deutschland – ich meine, was die Menschen besitzen und was sie verdienen – im Großen und Ganzen gerecht oder nicht gerecht?*« beantworteten lt. Allensbach 69 % der Bevölkerung ab 16 Jahre mit »Ungerecht« (Allensbach 2013). Lt. ALLBUS 2010 sind etwa 45 % der erwachsenen Bevölkerung der Meinung, dass sie weniger als ihren gerechten Anteil erhalten (Allbus: Datenreport 2011).

den Umgang in Deutschland als gerecht ein.

Interessant ist im Detail, dass sich die Einschätzung des Umgangs mit Ausländern zwischen einheimisch deutschen Kindern (49 % mit Einschätzung gerecht) und Kindern mit Migrationshintergrund (46 % mit Einschätzung gerecht) nicht wesentlich unterscheidet. Anders verhält es sich bei der Bewertung des Umgangs mit armen Menschen. Mit 65 % sind Kinder aus der untersten Herkunftsschicht hier mit Abstand am häufigsten der Meinung, dass der Umgang ungerecht sei.

Gruppierung: Einstellungen von Kindern zur gesellschaftlichen Gerechtigkeit in Deutschland

Die Bewertung des Umgangs mit den verschiedenen Gruppen korrelieren miteinander, wie von uns nicht anders erwartet. Wer den Umgang bei einer der abgefragten Gruppen eher negativ bewertet, tut dies auch mit größerer Wahrscheinlichkeit bei den anderen Gruppen.[13] Wir haben von daher die Antworten der (hierzu befragbaren) Kinder auf die fünf Fragen einheitlich zu einer Gesamtbewertung der »Gesellschaftlichen Gerechtigkeit in Deutschland« zusammengefasst. Auf diese Weise lassen sich vier Gruppen von Kindern ermitteln (Abb. 2.10):[14]

Kinder mit einer sehr positiven Sicht auf die »Gesellschaftliche Gerechtigkeit« in Deutschland: 22 % aller Kinder.

Diese Kinder beurteilen so gut wie alle den Umgang bei allen abgefragten Gruppen als gerecht (sehr oder eher gerecht). Dies gilt ebenfalls für den Umgang mit armen Menschen, der von 88 % dieser Kinder als gerecht beurteilt wird.

Kinder mit einer überwiegend positiven Sicht auf die »Gesellschaftliche Gerechtigkeit« in Deutschland: 35 %.

Auch in dieser Gruppe beurteilt die große Mehrheit der Kinder den Umgang mit den genannten Gruppen in Deutschland als gerecht (gerechter Umgang mit Kindern und Jugendlichen: 78 %, gerechter Umgang mit Ausländern: 62 %). In diesem Fall ist es mit 27 % aber nur noch eine Minderheit, die den Umgang mit armen Menschen als gerecht beurteilt.

Kinder mit einer teilweise negativen Sicht auf die »Gesellschaftliche Gerechtigkeit« in Deutschland: 30 %.

Etwa die Hälfte der Kinder dieser Gruppe sieht den Umgang mit Kin-

13 Dies bestätigen auch die Ergebnisse der von uns hierzu durchgeführten Reliabilitäts- und Faktorenanalyse. Alle fünf Abfragen bilden die gleiche Dimension ab und können von daher zusammengefasst betrachtet und ausgewertet werden.

14 Hierzu haben wir die Antworten aufaddiert: sehr gerecht = 1, gerecht = 2, weiß nicht = 3, ungerecht = 4, sehr ungerecht = 5, und danach anhand der zentralen Tendenz gruppiert. Alle Ausprägungen oberhalb des Medianwertes verweisen auf eine negative Beurteilung der gesellschaftlichen Gerechtigkeit, bei einer Abweichung nach unten oberhalb der (statistischen) Standardabweichung sprechen wir von einer durchgängig negativen Bewertung. Ausprägungen ab dem Medianwert stehen hingegen für eine positive Beurteilung der gesellschaftlichen Gerechtigkeit in Deutschland, oberhalb der Standardabweichung entsprechend für sehr positiv.

Abb. 2.10 **»Gesellschaftliche Gerechtigkeit«**

Bewertung des Umgangs mit sozialen Gruppen in Deutschland insgesamt

Basis: Kinder im Alter von 6 bis 11 Jahren in Deutschland (Angaben in %)[1]

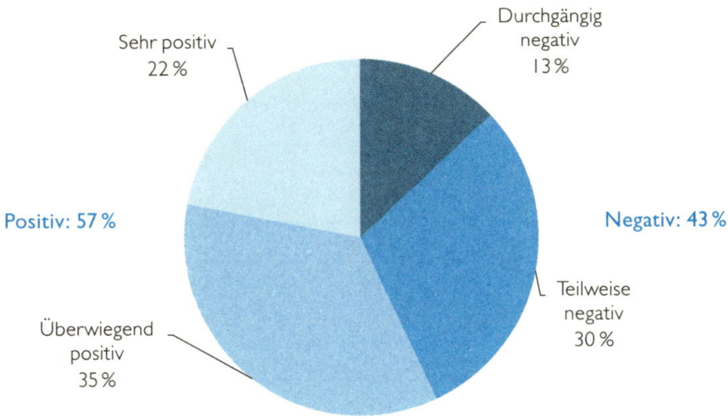

1 Nur Kinder, die auf die Fragen nach der Gerechtigkeit in Deutschland eine Antwort geben konnten

dern und Jugendlichen und auch mit alten Menschen als gerecht an. Nur jedes fünfte Kind in dieser Gruppe hält hingegen den Umgang mit Behinderten oder mit Ausländern in Deutschland für gerecht und nur eine Minderheit von 9 % den Umgang mit Armen.

Kinder mit einer durchgängig negativen Sicht auf die »Gesellschaftliche Gerechtigkeit« in Deutschland: 13 %.

Die überwiegende Mehrheit hält hier den Umgang mit so gut wie allen Gruppen in Deutschland für ungerecht.

Insgesamt gehen die Meinungen der Kinder zur »Gesellschaftlichen Gerechtigkeit« in Deutschland also auseinander. Mit 57 % positioniert sich die Mehrheit positiv. Dem gegenüber stehen dann allerdings auch 43 % mit einer eher negativen Sicht auf die »Gesellschaftliche Gerechtigkeit« in Deutschland. Im Zusammenhang betrachtet, sind es mit 64 % signifikant häufiger Kinder aus der Unterschicht, die eine negative Wahrnehmung der »Gesellschaftlichen Gerechtigkeit« in Deutschland haben. Signifikant negativer ist ebenfalls die Bewertung bei 49 % der Kinder, die bei alleinerziehenden Elternteilen aufwachsen. Mädchen haben, unabhängig von der sozialen Lage, mit 46 % ebenfalls signifikant häufiger eine etwas negativere Bewertung als Jungen. Jüngere Kinder sehen die Dinge hingegen häufiger positiv. Im Zusammenhang betrachtet nicht signifikant ist hingegen der Lebensort (Ost oder West, Stadt oder Land). Ein Migrationshintergrund ist für sich genommen ebenfalls ohne

Tab. 2.5 **Zusammenhangsanalyse**[1]

Bewertung der »Gesellschaftlichen Gerechtigkeit« nach signifikanten sozialen Merkmalen

Basis: Kinder im Alter von 6 bis 11 Jahren in Deutschland

Pro Zeile in %	**Positiv**	**Negativ**
Kinder Gesamt	57	43
Altersgruppen		
6–7 Jahre	64	**36**[2]
8–9 Jahre	57	43
10–11 Jahre	54	46
Geschlecht		
Mädchen	54	**46**[2]
Jungen	59	41
Herkunftsschicht		
Unterschicht	36	**64**[2]
Untere Mittelschicht	56	44
Mittelschicht	58	42
Obere Mittelschicht	61	39
Oberschicht	58	42
Familienform		
Elternteil alleinerziehend	51	**49**[2]

1 Nur 6- bis 7-Jährige, die auf die Frage nach der Gerechtigkeit in Deutschland eine Antwort geben konnten
Der Zusammenhang wurde multivariat anhand einer logistischen Regression auf die Kriteriumsvariable »Bewertung der sozialen Gerechtigkeit ggü. verschiedenen Gruppen: (sehr/überwiegend) positiv oder (teilweise/durchgängig) negativ« untersucht.
Einbezogene Merkmale: Altersgruppen, Geschlecht, Ost/West, Stadt/Land, Herkunftsschicht, Migrationshintergrund, Familienform.

2 Aus Gründen der Übersichtlichkeit werden in der Tabelle bivariate Merkmalsausprägungen in % ausgewiesen. Fettgedruckt sind dabei die Ausprägungen, die sich auch innerhalb der multivariaten statistischen Analyse als signifikant erwiesen haben ($p < 0{,}05$).

Effekt. Die vorhandenen (bivariaten) Unterschiede sind innerhalb der von uns hierzu durchgeführten multivariaten statistischen Analyse vielmehr auf die soziale Herkunft zurückzuführen (Tab. 2.5).

Neben dem Alter und dem Geschlecht, sprich einer bei Mädchen offenbar etwas größeren Sensibilität gegenüber Ungerechtigkeiten im Umgang mit benachteiligten Menschen, ist auch an dieser Stelle die soziale Lage der Kinder prägend für deren Sicht auf die gesellschaftliche Gerechtigkeit.

Wenig überraschend ist dann auch, dass Kinder mit einer sehr positiven oder positiven eigenen Lebenszufriedenheit mehrheitlich ebenfalls die »Gesellschaftliche Gerechtigkeit« in Deutschland positiv bewerten, während Kinder mit einer negativen bis neutralen Bewertung der eigenen Lebenszufriedenheit auch die »Gesellschaftliche Gerechtigkeit« mehrheitlich negativ bewerten. Es sind auch an dieser Stelle die Herkunftsschicht und das tägliche soziale Erleben, das die eigene Lebenszufriedenheit und die Bewertung der »Gesellschaftlichen Gerechtigkeit« maßgeblich beeinflusst.

2.7 Erlebte Ungerechtigkeiten im Alltag

Ein wichtiger Hintergrund bei der Beurteilung von Gerechtigkeit ist ebenfalls, ob sich die Kinder auch selber im Alltag benachteiligt fühlen oder ob dies bei ihnen eher nicht der Fall ist. Wir haben hierzu in der aktuellen World Vision Kinderstudie 2013 nach empfundenen Benachteiligungen in Bezug auf verschiedene Bereiche gefragt (Abb. 2.11).

Etwa ein Drittel der Kinder berichtete hierzu, dass sie sich (ab und zu oder oft) wegen ihres Alters benachteiligt fühlen. Mit 34 % sowie 36 % sprachen dies 6- bis 7-Jährige und 8- bis 9-Jährige noch leicht häufiger an als 10- bis 11-Jährige mit 29 %. Wegen ihres Geschlechts fühlen sich 20 % der Mädchen, hingegen nur 8 % der Jungen im Alltag benachteiligt. Etwas häufiger wird dies von jüngeren Mädchen berichtet. Die unterschiedliche Bewertung zwischen Mädchen und Jungen findet sich aber in allen Altersgruppen wieder. Wegen ihres Äußeren fühlen sich 14 % der Kinder, 15 % der Mädchen und 12 % der Jungen benachteiligt und 12 % der Kinder verweisen darauf, sich deshalb benachteiligt zu fühlen, weil die Eltern nicht so viel Geld haben. Die Frage nach der Benachteiligung aufgrund der Herkunft haben wir nur an Kinder mit Migrationshintergrund gestellt. Von diesen Kindern gaben 21 % an, dass sie sich im Alltag benachteiligt fühlen, weil ihre Eltern nicht aus Deutschland sind.

Auch in diesem Fall bietet es sich an, die nicht trennscharf unterscheidbaren Benachteiligungserfahrungen zusammenzufassen, um auf diese Weise ein Gesamtbild zu bekommen. Hierfür haben wir wieder einen zusammenfassenden Indikator gebildet und danach gruppiert, ob *so gut wie nie*, *manchmal* oder *häufig* Benachteiligungen berichtet werden.[15]

Mit 56 % berichtet die Mehrheit der Kinder, dass sie *so gut wie nie* benachteiligt würden. 34 % geben an, dass sie sich *manchmal* benachteiligt fühlen. Meistens berichten diese Kinder über Benachteiligungen wegen ihres Alters (zwei Drittel in dieser Gruppe), ab

15 Hierbei wurden die Nennungen ebenfalls aufsummiert: oft = 3, ab und zu = 2, So gut wie nie/trifft nicht zu = 1, Weiß nicht/keine Angabe = 0, und danach anhand ihrer zentralen Tendenz gruppiert. Bis einschließlich des Medianwertes liegen so gut wie keine Benachteiligungserfahrungen vor, bei Abweichungen oberhalb bis zur statistischen Standardabweichung manchmal und oberhalb dessen häufig.

Abb. 2.11 **Wo Kinder sich im Alltag benachteiligt fühlen**
Basis: Kinder im Alter von 6 bis 11 Jahren in Deutschland (Angaben in %)

und an wegen ihres Geschlechts oder ihres Äußeren. 10 % geben schließlich an, im Alltag *häufig* benachteiligt zu werden. In der Regel wegen ihres Alters (vier von fünf in dieser Gruppe), ebenso wegen ihres Geschlechts oder wegen ihres Äußeren (mehr als zwei Drittel) oder auch, weil die Eltern nicht genügend Geld haben (mehr als die Hälfte in dieser Gruppe).

Maßgeblich an dieser Stelle sind ebenfalls der soziale Hintergrund und die familiäre Situation, die signifikant häufiger bei Kindern dazu führen, sich im Alltag benachteiligt zu fühlen (Abb. 2.12). Mit 68 % verweisen zwei von drei Kindern aus der Unterschicht (zusammengenommen: manchmal oder häufig) auf Benachteiligungen. Vergleichbares gilt für Kinder, bei denen ein Elternteil arbeitslos ist (68 %). Bemerkenswerterweise fühlen sich mit 51 % Kinder von Alleinerziehenden sowie mit 50 % Kinder, die in Familien mit drei oder mehr Kindern leben, im Alltag ebenfalls eher benachteiligt als Kinder aus anderen Familienformen. Dieser Befund erweist sich auch in einer multivariaten statistischen Analyse als signifikant.[16] Dies gilt ebenfalls für Kinder mit Migrationshintergrund. Bei der Frage der empfundenen Benachteiligung verweisen Kinder mit ausländischen Wurzeln mit 51 % auch unabhängig von ihrer sozialen Herkunft und Lage signifikant auf mehr Benachteiligungen im Alltag. Das Geschlecht und der Wohnort (Ost-West oder Stadt-Land) sind im Zusammen-

16 Durchgeführt wurde dazu eine ordinale Regression auf die von uns neu gebildete und gruppierte Variable »Empfundene Benachteiligung im Alltag: häufig, manchmal oder nie«. Einbezogene abhängige Variablen: Geschlecht, Herkunftsschicht, Familienform, Eltern(teil) arbeitslos, Migrationshintergrund, Ost/West, Stadt/Land; Alter als Kovariate.

Abb. 2.12 **Welche Kinder vor allem auf empfundene Benachteiligungen verweisen**
Basis: Kinder im Alter von 6 bis 11 Jahren in Deutschland (Angaben in %)[1]

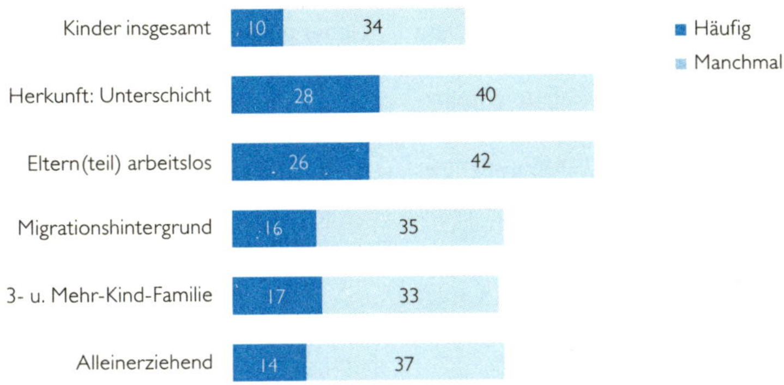

1 Statistisch signifikante Merkmale einer alterskontrollierten multivariaten Regressionsanalyse

hang betrachtet hingegen nicht signifikant.

Kinder, welche die »Gesellschaftliche Gerechtigkeit« in Deutschland eher negativ bewerten, verweisen ebenfalls häufiger auf Ängste. Dazu gehören Mädchen eher als Jungen sowie ebenfalls häufiger Kinder aus den unteren Herkunftsschichten. Besonders ausgeprägt ist dies, wie kaum anders zu erwarten, bei der Angst vor wachsender Armut. Kinder mit einer eher positiven Bewertung der »Gesellschaftlichen Gerechtigkeit« benennen Armutsängste zu 45 %, Kinder mit einer negativen Bewertung hingegen zu 59 %. Angst vor einem weiteren Zuzug von Ausländern haben 16 % der Kinder mit einer positiven Bewertung im Vergleich zu 27 % der Kinder mit einer negativen Bewertung. Beim Thema Arbeitslosigkeit der Eltern ist der Unterschied hingegen deutlich geringer ausgeprägt. Hiervor haben 26 % der Kinder mit positiver Bewertung im Vergleich zu 31 % bei den Kindern mit negativer Bewertung der »Gesellschaftlichen Gerechtigkeit« manchmal Angst.

Auch an dieser Stelle zeigt sich wieder, dass Kinder, die in sozial benachteiligten Familien aufwachsen, sich auch selber im Alltag signifikant häufiger benachteiligt sehen. Die Sensibilität der Kinder für aus ihrer Sicht fehlende Chancen und Benachteiligungen hatten wir bereits in unseren letzten beiden Kinderstudien zeigen können. Darüber hinaus und auch unabhängig von Armut oder Arbeitslosigkeit in der Familie berichten Kinder mit Migrationshintergrund von Benachteiligungen im Alltag. Ein Teil der Kinder mit Migrationshintergrund erlebt die eigenen Wurzeln demnach als Stigmatisierung im Sinne einer Ausgrenzung. Kinder aus »untypisch« großen Familien mit drei und mehr Kindern fühlen sich genauso wie Kinder, die bei einem alleinerziehenden Elternteil aufwachsen, ebenfalls benachteiligt. Sie sind mit der Gerechtigkeit in ihrer Familie oder im Freundeskreis nicht weniger zufrieden. Gleichzeitig erleben sie im Alltag aber offenbar an vielen Stellen eine fehlende Kompatibilität, also eine in diesem Fall noch immer mangelnde Familienfreundlichkeit in unserer Gesellschaft. Vieles spricht dafür, auch diese gesellschaftspolitische Frage noch stärker als bisher aus der Perspektive der Kinder zu bewerten (vgl. dazu im Folgenden auch Kapitel 3).

Betrachtet man die Sicht der Kinder auf die »Gesellschaftliche Gerechtigkeit« in Deutschland sowie ihre eigene Erfahrung von Benachteiligungen, so relativiert sich die eingangs erwähnte überaus hohe Zufriedenheit der Kinder mit ihrem Leben ein wenig. Gesellschaftliche Risiken werden von den Kindern dieser Altersgruppen wahrgenommen und bewertet. Eine negative Beurteilung der »Gesellschaftlichen Gerechtigkeit« in Deutschland geht bei Kindern mit stärkeren Ängsten und Verunsicherung einher. Gespeist wird dies aus den Alltagserfahrungen sowie dem Wissen um die hier häufig ebenfalls prekäre familiäre soziale Lage. Prägend und maßgeblich bei der großen Mehrheit der Kinder sind jedoch die positive Grundstimmung und das Vertrauen in Familie, Freundeskreis und auch ganz generell in die Erwachsenenwelt. Die gesellschaftlichen Aspekte, die Kinder dieser Altersgruppe mit Gerechtigkeit verbinden, bringt die folgende offene Nennung eines der von uns befragten Kinder geradezu auf den Punkt.

»Dass alle genug zu essen haben, alle in Freiheit leben, alle in die Schule gehen können, keine Armut herrscht, dass es nicht so viele Reiche gibt, die nichts abgeben.«

Junge, 11 Jahre

Kinder fordern, wie im Kapitel dargestellt, Fairness im persönlichen Umgang sowie gleiche Chancen, damit alle mit dabei sein können. In der modernen sozialpolitischen Diskussion wird diese Einstellung mit dem Begriff der »Teilhabegerechtigkeit« beschrieben. Im Zentrum stehen dabei die Sicherung und der systematische Ausbau der gesellschaftlich allen Individuen zu gewährenden Chancen im Sinne einer Befähigung zum selbstbestimmten und vernünftigen eigenen Handeln. Es ist bemerkenswert, wie anschlussfähig die Sicht der Kinder und ihr Wunsch nach Gleichheit in Bezug auf die Debatte um die soziale Gerechtigkeit sind. Letztendlich geht es auch im »Großen« darum, dass …

»man miteinander teilt und nicht jemanden einfach so stehen lässt«.

Mädchen, 7 Jahre

Ulrich Schneekloth und Monika Pupeter

3 Familiäre Hintergründe: bunte Vielfalt, aber auch deutliche Unterschiede in den Lebenslagen

Die eigene Familie ist für die Kinder in ihrer alltäglichen Lebensführung eine Art »sicherer eigener Hafen«. Die Familie bietet normalerweise sowohl die notwendige alltägliche Versorgungsgrundlage als auch Beziehungsqualität, emotionale Sicherheit und Rückzugsmöglichkeiten (Schneewind 2008). Familien sind über ihr besonderes soziales Kapital gekennzeichnet, die sogenannten strong ties, also die starken, engen und emotional gesteuerten Beziehungen zwischen den Angehörigen (Coleman 1988). Familie ist demnach dort, wo Kinder und Erwachsene mit einer starken emotionalen Bindung miteinander interagieren. Die Formen können dabei, wie bereits auch in den beiden vorherigen Kinderstudien dargestellt, sehr unterschiedlich sein. Eine Familie kann sowohl ein Kind als auch mehrere Kinder umfassen. Die Eltern können miteinander verheiratet sein oder aber in einer nicht ehelichen Lebensgemeinschaft zusammen sein; sie können getrennt leben und die Kinder gemeinsam erziehen oder auch alleinerziehend sein, und schließlich kann es sich sowohl um leibliche Eltern als auch um Stiefeltern oder Stiefelternteile handeln.

Im folgenden Kapitel möchten wir den familiären und sozialen Hintergrund beschreiben, in dem die Kinder leben. Wir haben dies bereits bei den letzten beiden Kinderstudien ausführlich dargelegt. Deshalb beziehen wir uns diesmal verstärkt auf relevante Trends, die seit unserer ersten Kinderstudie 2007 inzwischen erkennbar sind. Neben der familiären Situation gehen wir auch wieder auf einen möglichen (elterlichen) Migrationshintergrund sowie auf die soziale Herkunft der Kinder ein. Ein wichtiger Punkt ist dabei natürlich die Frage nach einer gegebenenfalls vorhandenen Armutsgefährdung. Wir haben bei unserer neuen Kinderstudie die Indikatoren, mit denen Armutserfahrungen aus der Sicht der Kinder beschrieben werden, noch etwas breiter gefasst. Die dadurch gewonnenen neuen Ergebnisse werden ebenfalls in diesem Kapitel dargestellt. Den Abschluss bildet die Bewertung der familiären Betreuungssituation aus der Sicht der Kinder.

3.1 Vielfalt prägt: Familie kann heute ganz verschieden aussehen

Wie bereits in unseren vorherigen Studien ausgeführt, hat sich die charakteristische Form des familiären Zusammenlebens in den letzten Jahrzehnten deutlich gewandelt. Typisch für das Nachkriegsdeutschland seit den 50er-Jahren war die Kernfamilie, bestehend aus Vater, Mutter und (damals noch) zwei Kindern, die – solange die Kinder noch nicht erwachsen waren – zusammen im Haushalt lebten. Die Arbeitsteilung war so geregelt, dass meistens der Mann als Alleinverdiener, zumindest solange die Kinder klein oder noch im schulpflichtigen Alter waren, den Lebensunterhalt sicherte, während die Frau die häuslichen Versorgungs- und Betreuungsaufgaben übernahm.

Gesichter von Familien heute

Nicht erst seit heute hat dieses Idealbild der »konventionellen Kleinfamilie« seine prägende Rolle als Lebensmodell verloren. Erkennbar wird dies bereits dann, wenn man einen Blick auf die Familienformen wirft, in denen 6- bis 11-Jährige heute aufwachsen.

Typisiert haben wir die Familienform anhand der folgenden Merkmale:

- »Familienstand der Eltern«,
- »Vollständigkeit«, sprich Ein- oder Zwei-Eltern-Familie mit leiblichen oder mit Stiefelelternteilen sowie
- »Größe«, also nach Anzahl der im Haushalt lebenden Kinder sowie Anzahl der Generationen.

Geändert hat sich nichts daran, dass Kinder (zwischen 6 und 11 Jahren) auch heute vorrangig in Kernfamilien leben (Abb. 3.1).[17] Drei-Generationen-Familien, also Enkel, Eltern und Großeltern, bilden die absolute Ausnahme (der Anteil liegt bei unter einem Prozent). Ausdifferenziert hat sich hingegen die Struktur der Familie: 39 % der Kinder dieser Altersgruppe leben in einer »Zwei-Kind-Familie« zusammen mit einem Geschwisterkind sowie weitere 20 % in einer Familie mit zwei oder mehr Geschwistern. Als Einzelkind im Haushalt wachsen 14 % der Kinder zwischen 6 und 11 Jahren auf. Stabil bei etwa 17 % bleibt in den letzten 6 Jahren seit unserer ersten Kinderstudie der Anteil der Kinder, die bei einem alleinerziehenden Elternteil aufwachsen.[18] Vergleichbares gilt für nicht eheliche Lebensgemeinschaften und auch für Stieffamilien (verheiratet, jedoch mindestens ein nicht leiblicher Elternteil), in denen 5 % sowie 4 % der Kinder aufwachsen.

Betrachtet man ausschließlich die Zahl der Geschwister, unabhängig davon, um welche Familienform es sich

17 Kernfamilie bedeutet in diesem Fall »Zwei-Generationen-Familie« als gemeinsames Zusammenleben im Haushalt mit den (eigenen) Eltern. Generell unberücksichtigt sind die Kinder, die in Heimen untergebracht sind. Der Anteil an allen Kindern dieser Altersgruppe liegt hierbei aber, trotz leichter absoluter Zunahme in den letzten Jahren, noch immer unter 0,5 %.

18 Wir greifen an dieser Stelle auf die Ergebnisse der Elternbefragung zurück, bei denen wir einige wichtige soziodemografische Hintergrundinformationen zur familiären Situation der Kinder erhoben haben.

Abb. 3.1 **In welchen Familienformen Kinder aufwachsen**

Basis: Kinder im Alter von 6 bis 11 Jahren (2007: 8 bis 11 Jahre) in Deutschland (Angaben in %)

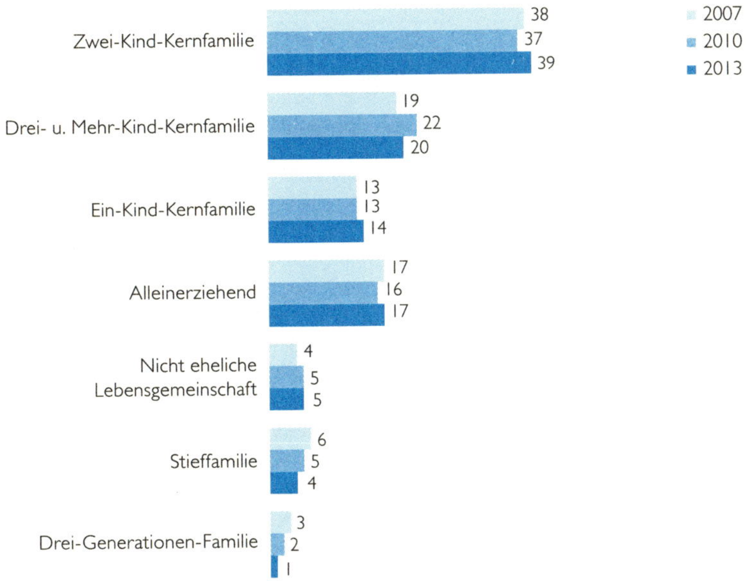

handelt, so ergibt sich als Trend, dass der Anteil der Kinder, die im Haushalt ohne Geschwister aufwachsen, in den letzten 6 Jahren langsam, dafür aber offenbar stetig weiter angestiegen ist (Tab. 3.1).[19] Wir hatten diese Entwicklung bereits in der letzten Kinderstudie beobachtet. Auch vor diesem Hintergrund halten wir an unserer Einschätzung fest, dass sich der Anteil der Kinder, die ohne eigene Geschwister aufwachsen, in Zukunft aller Wahrscheinlichkeit nach sogar noch weiter erhöhen wird. Ein nicht unerheblicher Anteil Kinder erlebt demnach in der eigenen Familie weder jüngere noch ältere Kinder, sodass entsprechende Erfahrungen mit »Gleichaltrigen« in anderer Form organisiert werden müssen. Hierfür bieten sich in der frühen Kindheit sowohl informelle Bezüge, wie etwa gegebenenfalls selbst organisierte Krabbelgruppen, sowie natürlich auch institutionelle Betreuungsangebote, wie zum Beispiel Kinderkrippen oder Kindergärten, an.

Zusammengenommen wachsen 73 % der Kinder in einer »Normalfamilie« bei ihren verheirateten leib-

19 Wir beziehen uns an dieser Stelle bewusst nur auf solche Geschwister (aller Altersgruppen), die im gleichen Haushalt leben. Nimmt man auch solche Geschwister hinzu, die (bereits) in einem eigenen Haushalt leben, so ändert dies nichts am beschriebenen Trend.

Tab. 3.1 **Geschwister im Haushalt**

Basis: Kinder im Alter von 6 bis 11 Jahren (2007: 8 bis 11 Jahre) in Deutschland

Spalten in %	2007	2010	2013
Geschwister im Haushalt			
Ohne Geschwister	24	25	27
Ein Geschwister	50	48	49
Zwei Geschwister	18	21	17
Drei u. mehr Geschwister	8	6	7

lichen Eltern auf. 21 % leben in einer rekombinierten Familie, entweder bei einem alleinerziehenden Elternteil oder aber mit einem Stiefelternteil. 5 % wachsen mit unverheirateten (leiblichen oder ggf. auch nicht leiblichen) Elternteilen auf. Auch wenn diese Anteile in den letzten 6 Jahren vergleichsweise stabil geblieben sind, ändert dies nichts daran, dass, wie schon in unserer letzten Kinderstudie festgestellt, die Herausforderung für eine kindgerechte Sozialpolitik darin besteht, auch den Kindern, die in Patchwork-Familien oder bei Eltern ohne Trauschein aufwachsen, Versorgungssicherheit sowie gleiche Teilhabechancen zu gewährleisten.

3.2 Erwerbsbeteiligung der Eltern: verteilte Rollen und nicht mehr nur »alleinige Vätersache«

Wir hatten bereits in der letzten Kinderstudie den Trend einer sich wandelnden Rollenverteilung innerhalb der Familien beschrieben. Erwerbstätigkeit und damit Sicherung des Unterhalts ist nicht mehr primäre Väterangelegenheit. Auch in der aktuellen Kinderstudie haben wir parallel zur Befragung der Kinder deren Eltern befragt. Diese Ergebnisse bestätigen den weiteren Abschied von der traditionellen »Ein-Mann-Verdiener«-Familie (Abb. 3.2).

Nur noch 32 % der Kinder wachsen in Kernfamilien (hier: Familien mit zwei Elternteilen unabhängig vom Familienstand) auf, in denen nur ein Elternteil – und hierbei in der Regel der Vater – erwerbstätig ist. Bei unserer letzten Kinderstudie 2010 waren dies noch 40 % und 2007 bei unserer ersten Kinderstudie sogar noch 42 %. Hinzu kommen auch diesmal wieder 12 % der Kinder, die bei einem alleinerziehenden und gleichzeitig erwerbstätigen Elternteil aufwachsen. Am häufigsten anzutreffen ist bei 35 % der 6- bis 11-jährigen Kinder inzwischen die Konstellation, dass beide Elternteile – und hierbei meistens der Vater in Vollzeit und die Mutter in Teilzeit oder ggf. auch geringfügig beschäftigt – erwerbstätig sind. »Beide Elternteile in Vollzeit«

Abb. 3.2 **Erwerbsbeteiligung der Eltern**

Basis: Kinder im Alter von 6 bis 11 Jahren (2007: 8 bis 11 Jahre) in Deutschland (Angaben in %)

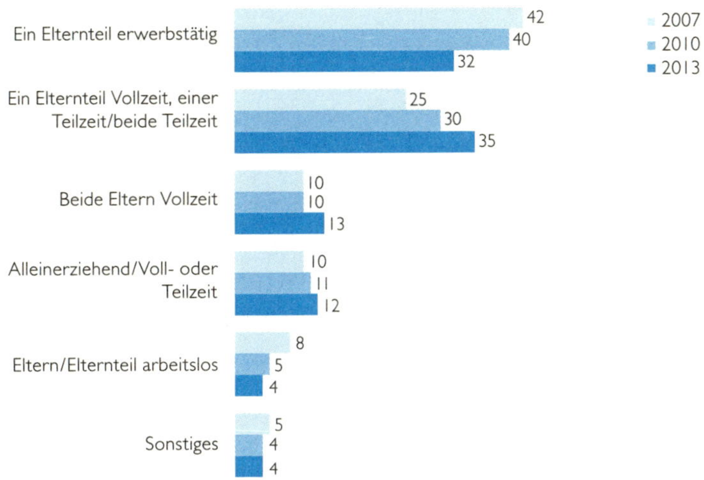

trifft auf nunmehr 13 % der Kinder in unserer Altersgruppe zu und ist damit leicht angestiegen. 4 % der Kinder wachsen in Familien mit (mindestens einem) arbeitslosen Elternteil auf und weitere 4 % in sonstigen Konstellationen (Eltern oder alleinerziehender Elternteil in Ausbildung oder im Studium, Eltern oder alleinerziehender Elternteil aus sonstigen Gründen nicht erwerbstätig).

Tendenziell sind bei etwas älteren Kindern etwas häufiger beide Elternteile erwerbstätig. Der eigentliche Zusammenhang ergibt sich dabei aber im Hinblick auf die Zahl der Kinder im Haushalt. Je mehr Kinder im Haushalt, desto größer die Wahrscheinlichkeit, dass nur ein Elternteil – in der Regel der Vater – einer Erwerbstätigkeit nachgeht. Bei (im Haushalt) geschwisterlosen Kindern trifft dies auf 17 %, bei Kindern mit einem Geschwister im Haushalt auf 31 % und bei Kindern mit zwei oder mehr Geschwistern auf 56 % zu. Umgekehrt sind bei geschwisterlosen Kindern beide Eltern zu 19 % in Vollzeit erwerbstätig, bei Kindern mit einem Geschwister 12 % und bei Kindern mit zwei und mehr Geschwistern im Haushalt nicht mehr als 8 %.

Der Anstieg in der Erwerbsbeteiligung beider Elternteile hat maßgeblich damit zu tun, dass sich der Arbeitsmarkt in Deutschland in den letzten 6 Jahren – und hierbei vor allem auch aktuell seit unserer letzten Kinderstudie 2010 – deutlich erholt hat und damit auch insgesamt mehr Menschen einer Erwerbstätigkeit nachgehen können. Die Bedeutung der sog. Erwerbsneigung und in diesem Fall der damit einhergehende Unterschied in

Tab. 3.2 **Erwerbsbeteiligung der Eltern nach Alter der Kinder und Region**

Basis: Kinder im Alter von 6 bis 11 Jahren in Deutschland

Spalten in %	Gesamt	6–7 Jahre	8–9 Jahre	10–11 Jahre	West[1]	Ost[2]
Erwerbstyp						
Ein Elternteil erwerbstätig	32	33	34	29	34	19
Ein Elternteil Vollzeit, einer Teilzeit/beide Teilzeit	35	33	35	36	36	25
Beide Eltern Vollzeit	13	13	12	14	11	30
Alleinerziehend Vollzeit oder Teilzeit	12	13	11	13	12	14
Eltern/Elternteil arbeitslos	4	5	4	3	3	7
Sonstiges	4	3	4	5	4	5

1 West (inkl. Berlin)
2 Ost (ohne Berlin)

der Rollenverteilung innerhalb der Familie wird dann sichtbar, wenn man an dieser Stelle den Wohnort der Kinder, in diesem Fall differenziert nach alten und neuen Bundesländern (West/Ost), mit berücksichtigt. Typisch für den ehemaligen Westen (inklusive Berlin) ist inzwischen auch für 47 % der Kinder eine Erwerbsbeteiligung beider Elternteile, allerdings in der Regel mit dem Vater in Vollzeit und der Mutter in Teilzeit oder als geringfügig Beschäftigte (36 %). Nur 11 % der Kinder leben in Familien, in denen beide Elternteile vollzeit erwerbstätig sind. 34% der Kinder wachsen hier in Familien mit einem erwerbstätigen Elternteil auf. Im ehemaligen Osten (ohne Berlin) sind hingegen mit 30 % bei einem Großteil der Kinder unserer Altersgruppe beide Elternteile in Vollzeit erwerbstätig. Bei 25 % ist in der Regel der Vater in Vollzeit und in der Regel die Mutter in Teilzeit oder geringfügig beschäftigt. Nur 19 % der Kinder wachsen hier in Kernfamilien mit nur einem erwerbstätigen Elternteil auf (Tab. 3.2).

Mütter wünschen sich häufiger eine eigene (Teilzeit-)Erwerbsbeteiligung

Diesmal haben wir die zu den Kindern Auskunft gebenden Mütter in der Kinderstudie 2013 ebenfalls gefragt, wie sie ihre Erwerbssituation bewerten.[20] Die Ergebnisse sind hier

20 Streng genommen bilden die von uns befragten Mütter der Kinder keine repräsentative Zufallsauswahl. Wir haben eine repräsentative Kinderstichprobe gebildet und dann einige Hintergrundangaben bei einem Elternteil erhoben. In 83 % der Fälle handelte es sich dabei um die Mutter. Bei den restlichen 17 % hat hingegen der Vater die Auskünfte gegeben. Für diese Fälle liegt

Tab. 3.3 **Arbeitszeitwünsche von erwerbstätigen Müttern**

Basis: Mütter von Kindern im Alter von 6 bis 11 Jahren[1]

Spalten in %	Gesamt	Vollzeit	Teilzeit	Geringfügig beschäftigt
Erwerbswunsch				
Ich würde gerne mehr arbeiten	18	6	18	35
Ich würde gerne weniger arbeiten	14	35	8	2
Es ist gut so, wie es ist	68	59	74	63

1 Nur die Kinder, bei denen die Mutter die Auskunftgeberin war

eindeutig. Während Mütter, die selber bereits erwerbstätig sind, damit in der Regel zufrieden sind, wünschen sich Mütter, die nicht erwerbstätig sind, mehrheitlich eine eigene Erwerbsbeteiligung.

Von den erwerbstätigen Müttern der Kinder unserer Altersgruppe sind diejenigen mit ihrer Arbeitszeit am zufriedensten, die in Teilzeit arbeiten (Tab. 3.3): 74 % geben an: »Es ist gut so, wie es ist.« Ähnliches gilt für geringfügig beschäftigte Mütter, die dies zu 63 % angeben. Immerhin 35 % dieser Gruppe würden aber gerne mehr arbeiten. In Vollzeit erwerbstätige Mütter sind mit 59 % ebenfalls in der Mehrheit zufrieden mit ihrer Arbeitszeit. 35 % würden hier gerne weniger arbeiten.[21]

Bei den nicht erwerbstätigen Müttern stellt sich die Situation spiegelbildlich dar (Tab. 3.4). Von denen, die sich selbst als arbeitslos bezeichnen, würden gerne 31 % in Vollzeit und 55 % in Teilzeit arbeiten. Von den sonstigen nicht erwerbstätigen Müttern, also solchen, die studieren, in Ausbildung sind oder aber sich selbst als Hausfrau bezeichnen, würden gerne ebenfalls 42 % in Teilzeit arbeiten. 54 % sagen hier, es ist gut so, wie es ist. Interessante Angaben macht schließlich auch die Gruppe der Mütter, die

keine Selbstauskunft der Mutter zu den eigenen Präferenzen vor. Vieles spricht dafür, dass Väter häufiger dann Auskunft gegeben haben, wenn die Mütter zum Beispiel aufgrund einer eigenen Erwerbstätigkeit keine Zeit hatten. Da die Arbeitszeitwünsche aber getrennt nach erwerbstätigen und nicht erwerbstätigen Müttern ausgewertet werden, dürften die ansonsten möglichen Verzerrungen jedoch eher zu vernachlässigen sein.

21 Eine aktuelle Studie auf Basis des Sozio-ökonomischen Panels (SOEP) kommt zu dem Ergebnis, dass vollzeitbeschäftigte Frauen häufiger eine geringere Arbeitszeit, teilzeitbeschäftigte Frauen hingegen eher eine höhere Wochenarbeitszeit wünschen (Holst, Seifert 2012). Die Ergebnisse beziehen sich dabei aber auf erwerbstätige Frauen insgesamt und nicht nur auf diejenigen mit Kindern (im Alter zwischen 6 und 11 Jahren).

Tab. 3.4 **Wunsch nach Erwerbsbeteiligung bei nicht erwerbstätigen Müttern**

Basis: Mütter von Kindern im Alter von 6 bis 11 Jahren[1]

Spalten in %	Gesamt	In Elternzeit	Arbeitslos	Hausfrau/ Sonstiges
Arbeitszeitwünsche				
Ja, Vollzeit	8	2	31	3
Ja, Teilzeit	45	43	55	43
Es ist gut so, wie es ist	47	54	14	54
Keine Angabe	0	1	0	0

1 Nur die Kinder, bei denen die Mutter die Auskunftgeberin war

aktuell in Elternzeit sind (in der Regel, da noch ein jüngeres Geschwisterkind im Haushalt lebt). Die Mütter in Elternzeit wünschen sich zu 43 % ebenfalls eine Teilzeiterwerbstätigkeit. 54 % geben hier an, es ist gut so, wie es ist. Wir können für diese zahlenmäßig ausgesprochen kleine Gruppe nicht weiter unterscheiden, welche Mütter nur in Elternzeit sind und welche ggf. geringfügig oder in Teilzeit beschäftigt sind. Trotzdem ist das Votum interessant und unterstreicht den Wunsch der Mütter nach einer eigenen und hierbei in der Regel Teilzeiterwerbstätigkeit.

Zum Vergleich sind hier die Ergebnisse zur tatsächlichen Erwerbsbeteiligung der Auskunft gebenden Mütter aufgeführt: Vollzeiterwerbstätig sind 20 % (West: 17 %, Ost: 40 %), teilzeiterwerbstätig sind 43 % (West: 44 %, Ost: 35 %), geringfügig beschäftigt sind 11 % (West: 12 %, Ost: 6 %), arbeitslos sind 4 % (West: 3 %, Ost: 9 %) und aus sonstigen Gründen nicht erwerbstätig sind 22 % (West: 23 %, Ost: 10 %).

Betrachtet man die Befunde zur gewünschten und zur tatsächlichen Erwerbsbeteiligung zusammen, so bevorzugen Mütter aus den alten Bundesländern (inklusive Berlin) alles in allem am häufigsten eine Teilzeiterwerbstätigkeit. 43 % geben hier an, entweder am liebsten in Teilzeit arbeiten zu wollen oder mit der eigenen Teilzeiterwerbstätigkeit zufrieden zu sein oder im Falle einer Vollzeiterwerbstätigkeit lieber weniger arbeiten zu wollen. Eine Vollzeiterwerbstätigkeit präferieren 19 %, während 24 % nach dieser Abgrenzung am ehesten eine geringfügige Beschäftigung für sich befürworten. Mütter aus den neuen Bundesländern präferieren nach dieser Abgrenzung zu 39 % eine Teilzeitbeschäftigung. 45 % wünschen hingegen eine Vollzeitbeschäftigung und 10 % bevorzugen am ehesten eine geringfügige Beschäftigung.[22] Sowohl

22 Die abgegrenzten Präferenzen sind aufgrund der unterschiedlichen Abfrage bei den erwerbstätigen und den nicht erwerbstätigen Personen nicht ganz trennscharf. Sofern zum Beispiel eine Mutter angegeben hat, dass sie teilzeitbeschäftigt ist, jedoch weniger arbeiten möchte, haben wir hier angenommen, dass eine geringfügige

Tab. 3.5 **Biografie: Früherer Besuch einer Krippe sowie eines Kindergartens**
Basis: Kinder im Alter von 6 bis 11 Jahren in Deutschland

Ja, Kind hat eine Krippe oder einen Kindergarten besucht, Spalten in %	Gesamt	West[1]	Ost[2]
Kinderbetreuung			
Krippe (KITA für Kinder unter 3 Jahren)	26	20	67
Kindergarten (KITA für Kinder ab 3 Jahren)	93	93	97

1 West (inkl. Berlin)
2 Ost (ohne Berlin)

der Wunsch nach einer grundsätzlichen Erwerbsbeteiligung als auch der Wunsch nach einer Erwerbstätigkeit in Vollzeit sind im Osten deutlich höher ausgeprägt als im Westen.

Frühkindliche Betreuung hilft, eine eigene Erwerbsbeteiligung zu sichern

Diese unterschiedlichen Traditionen in der Erwerbsbeteiligung und damit in der familiären Rollenverteilung haben dabei auch ganz handfeste Hintergründe. Fragt man die Eltern danach, ob die Kinder früher irgendwann einmal eine Kinderbetreuungseinrichtung besucht haben, so ergeben sich vor allem für Kinder unter 3 Jahren deutliche Ost-West-Unterschiede. Für den ehemaligen Westen berichten 19 % der Eltern, dass das von uns befragte Kind früher eine Krippe besucht habe. Im ehemaligen Osten trifft dies auf 61 % der Kinder zu. Über einen Kindergartenbesuch berichten hingegen über 90 % der Eltern im Osten wie auch im Westen (Tab. 3.5).[23]

Die unterschiedlichen Traditionen in der familiären Erwerbsbeteiligung im ehemaligen Osten und Westen gingen und gehen Hand in

Beschäftigung gewünscht wird. Ähnliches gilt umgekehrt sowie analog bei Vollzeit und auch bei geringfügig beschäftigten Personen.

23 Diese Retrospektivangaben sind nicht unmittelbar mit den Angaben der amtlichen Statistik vergleichbar. Abgefragt haben wir, ob die Kinder irgendwann einmal eine Krippe oder einen Kindergarten besucht haben. Hätte man stattdessen, analog zur amtlichen Statistik, erhoben, wie viel Kinder pro Jahrgang zum entsprechenden Zeitpunkt einen Kindergarten besuchen, so ergäben sich vor allem im Westen geringere Anteile. Ein Teil der Detailunterschiede zwischen Ost und West ist auch auf terminologische Unterschiede sowie auf die unterschiedlichen Versorgungsformen zurückzuführen. Wir haben bei der Retrospektivabfrage aus Gründen der Vereinfachung auf institutionelle Betreuungsformen (Kinderkrippe, Kindergarten, Kindertagesstätte) abgestellt, ohne hierbei eine Tagesmutterbetreuung oder eine sonstige Form von selbst organisierter Betreuung explizit zu erwähnen. Die verfügbaren amtlichen Daten zur institutionellen Kinderbetreuung bestätigen aber die zentrale Tendenz und insbesondere die Ost-West-Unterschiede bei der Tagesbetreuung von Kindern unter drei Jahren (Bertelsmann Ländermonitor Frühkindliche Bildungssysteme, Kinderbetreuung).

Hand mit einer unterschiedlichen Angebotsdichte bei den Kinderbetreuungseinrichtungen. Dies betrifft insbesondere die Betreuungsangebote für Kinder unter drei Jahren. Von daher war und ist es im Osten nicht nur nach wie vor üblich, dass Frauen bereits vergleichsweise früh nach der Geburt eines Kindes und auch insgesamt häufiger wieder eine Beschäftigung aufnehmen. Hierfür waren und sind aber auch bessere Rahmenbedingungen in Gestalt einer größeren Zahl von Kinderbetreuungsplätzen gegeben.

Die Retrospektivbefunde unterstreichen, dass Frauen, deren Kinder bereits im Alter von unter drei Jahren eine Kindertagesbetreuung besucht haben, im weiteren Verlauf deutlich häufiger wieder einer Erwerbstätigkeit nachgehen, als dies bei den Frauen der Fall ist, die ihre Kinder unter drei Jahren zu Hause betreut haben. Im Westen sind 25 % der Mütter der Kinder, die laut Elternauskunft eine Krippe besucht haben, heute im Vergleich zu 15 % derjenigen, die keine Krippe besucht haben, in Vollzeit erwerbstätig und jeweils 44 % sind in Teilzeit erwerbstätig. Im Osten trifft dies sogar auf 45 % der Mütter mit Krippenbesuch des Kindes im Vergleich zu 29 % der Mütter ohne Krippenbesuch des Kindes zu, die aktuell vollzeiterwerbstätig sind, sowie 36 % im Vergleich zu 33 % mit Teilzeiterwerbstätigkeit. Es hat demnach den Anschein, dass die Frauen, deren Kinder bereits im frühen Lebensalter ein Kinderbetreuungsangebot nutzen, mit größerer Wahrscheinlichkeit im weiteren Verlauf dann auch selber (wieder) einer Erwerbstätigkeit nachgehen.

Mit dem 2008 in Kraft getretenen Gesetz zur Förderung von Kindern unter drei Jahren in Tageseinrichtungen und in Kindertagespflege (KiFöG) und dem damit verbundenen Rechtsanspruch auf einen Betreuungsplatz ab dem vollendeten ersten Lebensjahr, der zum 1. August 2013 in Kraft getreten ist, sind inzwischen Rahmenbedingungen geschaffen worden, die darauf abzielen, die regionalen Disparitäten im Bereich der Angebote der Kindertagesbetreuung auszugleichen. In der praktischen Umsetzung ergeben sich allerdings nach wie vor eine Reihe von Schwierigkeiten, insbesondere was den hierfür erforderlichen Ausbau der Betreuungsangebote angeht. Momentan hat es noch nicht den Anschein, dass der Rechtsanspruch auf einen Betreuungsplatz für Kinder unter 3 Jahren in absehbarer Zeit in Deutschland flächendeckend auch tatsächlich umgesetzt werden kann.[24]

24 Zum Stand der Umsetzung vgl. die Zwischenberichte zur Evaluation des Kinderförderungsgesetzes, zuletzt Vierter Zwischenbericht für das Berichtsjahr 2012 (BMFSFJ 2013a)

34 %, also jedes dritte Kind in unserer World Vision Kinderstudie 2013, haben einen Migrationshintergrund. Mehrheitlich handelt es sich hierbei um in Deutschland geborene Kinder mit deutscher Staatsangehörigkeit, deren Eltern zugewandert sind. Formalrechtlich gelten nach Auskunft der Eltern 94 % der Kinder im Sinne des Staatsangehörigkeitsgesetzes (StAG) als deutsch: 89 % haben ausschließlich die deutsche Staatsbürgerschaft und etwas über 5 % haben eine doppelte Staatsangehörigkeit, in der Regel die deutsche sowie zusätzlich die Staatsangehörigkeit eines ausländischen Elternteils.[25] Der Migrationshintergrund der Kinder bezieht sich demnach vorrangig auf ihren Herkunftshintergrund, genauer gesagt auf die Herkunft ihrer Eltern. Wir sprechen von daher im Folgenden von einheimisch deutschen Kindern (66 %) sowie von Kindern mit Migrationshintergrund (34 %) oder gegebenenfalls von deutschen Kindern mit Migrationshintergrund (28 %) und von ausländischen Kindern, die ausschließlich eine nicht-deutsche Staatsangehörigkeit besitzen (6 %).[26]

Bei 21 % der Kinder mit Migrationshintergrund sind ein Elternteil oder beide nach eigener Auskunft aus der Türkei zugewandert. Weitere knapp 7 % haben einen arabischen Hintergrund und knapp 4 % kommen aus Afrika. Jeweils knapp 16 % sind entweder aus der ehemaligen Sowjetunion oder aus sonstigen osteuropäischen Staaten (Ukraine, Polen, Rumänien) zugewandert, häufig als Spätaussiedler mit deutscher Staatsangehörigkeit. Weitere knapp 8 % der Eltern kommen aus den Ländern des ehemaligen Jugoslawien. Aus Westeuropa stammen knapp 15 % der Eltern der Kinder mit Migrationshintergrund während sich die restlichen

25 In der Regel handelt es sich hierbei um in Deutschland geborene Kinder nicht deutscher Staatsbürger, die nach §29 StAG spätestens bis zur Vollendung des 23. Lebensjahres erklären müssten, für welche Staatsangehörigkeit sie sich entscheiden (sog. Optionspflicht).

26 Methodisch möchten wir an dieser Stelle anmerken, dass auch wir in unserer eigentlichen Stichprobe nur 2,4 % Kinder mit nicht deutscher Staatsangehörigkeit sowie zusammengenommen 25,4 % Kinder mit Migrationshintergrund repräsentiert haben. Die Stichprobe ist damit an dieser Stelle »besser«, als in früheren Jahren. Gemäß amtlichem Mikrozensus wird für das aktuell vorliegende Referenzjahr 2011 ein Anteil von 32,7 % an Kindern mit Migrationshintergrund, davon 5,5 % Ausländer ohne deutsche Staatsangehörigkeit ausgewiesen. Aufgrund der Bedeutung, die dem Migrationshintergrund inzwischen zukommt, haben wir uns entschlossen, die Stichprobe an dieser Stelle per Gewichtung entsprechend anzupassen, um auf diese Weise die Repräsentativität noch etwas zu verbessern. Hierbei sind wir genauso vorgegangen wie in den letzten beiden Studien und haben den Anteil der ausländischen Kinder angepasst; den Anteil der Kinder mit Migrationshintergrund haben wir hingegen nicht explizit angepasst.

Tab. 3.6 **Konfession der Eltern**

Basis: Kinder im Alter von 6 bis 11 Jahren in Deutschland[1]

Spalten in %	Mutter	Vater
Konfession		
Katholisch	32	30
Evangelisch	32	29
Andere christliche Religion	4	3
Islam	10	13
Andere nicht christliche Religion	2	2
Konfessionslos	20	23

1 Angaben sofern Vater oder Mutter vorhanden

knapp 14 % auf andere Länder verteilen.[27]

Sichtbar wird, dass Kinder in Deutschland heute der Herkunft nach vielfältige Wurzeln haben. Bei jedem dritten Kind dieser Altersgruppe ist der Hintergrund international und damit auch multikulturell. Die überwiegende Mehrheit der Kinder ist nicht zugewandert, sondern in Deutschland geboren. Im Trend betrachtet, nimmt der Anteil der Bevölkerung mit Migrationshintergrund von daher weiter zu, auch unabhängig davon, ob mehr oder weniger Menschen unmittelbar nach Deutschland zuwandern. Zum gegenwärtigen Zeitpunkt ist der Anteil der Migrantinnen und Migranten in Deutschland allerdings regional nach wie vor sehr unterschiedlich verteilt. In unserer Kinderstudie haben 38 % der Kinder aus den alten Bundesländern (inkl. Berlin), hingegen nur 9 % der Kinder aus den neuen Bundesländern einen Migrationshintergrund. Ähnliches gilt für die Stadt-Land-Verteilung: In städtischen Kerngebieten und Ballungsräumen hat fast die Hälfte der Kinder einen Migrationshintergrund, in den Randlagen, Peripherien oder im ländlichen Raum sind es hingegen nicht mehr als 25 %.

27 Auch diese Ergebnisse decken sich gut mit den im Mikrozensus ausgewiesenen Herkunftsländern. Aufgrund der geringen Fallzahlen müssen wir an dieser Stelle allerdings auf eine weitere Differenzierung verzichten.

Unterschiedliche religiöse Kulturen

Der für Deutschland bei einem Drittel der Kinder festzustellende Migrationshintergrund ist ebenfalls mit einer konfessionellen Pluralität verbunden. Mehrheitlich kommen etwas mehr als zwei von drei Kindern unserer Altersgruppe aus Elternhäusern mit einer christlichen Konfessionszugehörigkeit (hauptsächlich und dabei je nach Region katholisch oder evangelisch). Bei immerhin 10 % der Kinder ist die Mutter sowie bei 13 % der

Tab. 3.7 **Religiosität im Elternhaus**

Basis: Kinder im Alter von 6 bis 11 Jahren in Deutschland

Spalten in %	Gesamt	West[1]	Ost[2]	Einheimisch deutsch	Migrations-hintergrund
Besuchst du regelmäßig eine Kirche oder Moschee (oder ein anderes Gotteshaus)?					
Ja, jede Woche	10	10	7	8	13
Ja, ab und an im Monat	18	20	4	17	20
Seltener	28	31	12	28	27
Nie	44	39	77	47	40
Betet ihr zu Hause?					
Sehr oft	13	14	4	10	18
Manchmal	20	22	9	17	26
Fast nie	11	12	3	11	11
Nein	56	52	82	62	45
Keine Angabe	–	–	2	0	–

1 West (inkl. Berlin)
2 Ost (ohne Berlin)

Vater islamischen Glaubens.[28] 20 % der Mütter sowie 23 % der Väter sind konfessionslos, andere konfessionelle Zugehörigkeiten spielen hingegen so gut wie keine Rolle (Tab. 3.6).

In unserer letzten Kinderstudie hatten wir von den »drei religiösen Kulturen« gesprochen: von dem religionsfernen Osten, dem eher pluralen Westen sowie in einer zweiten Betrachtungsweise von den stärker religiös geprägten Migranten. An dieser Zustandsbeschreibung hat sich auch heute nichts geändert. »Manchmal« oder »sehr oft« wird in 33 % der Familien der von uns befragten Kinder gebetet, davon bei 36 % der Kinder aus den alten und bei 13 % der Kinder aus den neuen Bundesländern. Kinder mit Migrationshintergrund berichten zu 44 %, dass bei ihnen zu Hause gebetet wird (Tab. 3.7). In unserer letzten Kinderstudie 2010 hatten 39 % der Kinder angegeben, dass bei ihnen zu Hause gebetet wird, 43 % aus den alten Bundesländern, 15 % aus den neuen Bundesländern und 51 % der Kinder mit Migrationshintergrund.

Berücksichtigt man die Konfessionszugehörigkeit, so geben 37 % der

28 Berücksichtigt werden in diesem Fall immer nur die Kinder, für die die Auskunft gebenden Elternteile Angaben zu ihrem jeweiligen Partner gemacht haben. Bei Alleinerziehenden fehlen diese Angaben. Da der Anteil der Alleinerziehenden in Deutschland bei Migranten aus dem islamischen Kulturkreis deutlich geringer ausgeprägt ist (kleiner 10 %), führt auch dies dazu, dass im Vergleich etwas mehr Väter als Mütter islamischen Glaubens sind.

Kinder aus einem christlichen Elternhaus an, dass sie zu Hause beten (23 % »manchmal« und 14 % »sehr oft«). Kinder aus einem konfessionslosen Elternhaus (beide Elternteile konfessionslos) geben hingegen erwartungsgemäß nur zu 9 % an, dass bei ihnen gebetet wird. Kinder, von denen ein oder beide Elternteile der islamischen Konfession angehören, beten hingegen zu Hause zu 64 % (37 % »manchmal« und 27 % »sehr oft«).

Der Gottesdienstbesuch gehört bei einheimisch deutschen Kindern mehrheitlich nicht zum Alltag dazu

Eine Kirche, eine Moschee oder ein anderes Gotteshaus besuchen 28 % der Kinder »jede Woche« oder »ab und an im Monat«, davon 30 % der Kinder aus den alten Bundesländern und 11 % der Kinder aus den neuen Bundesländern sowie 33 % der Kinder mit Migrationshintergrund (Tab. 3.7). In unserer Kinderstudie 2010 waren es insgesamt 27 %, dabei 30 % der Kinder aus den alten und 10 % aus den neuen Bundesländern sowie 28 % der Kinder mit Migrationshintergrund. Berücksichtigt man auch hier die konfessionelle Bindung des Elternhauses, dann besuchen 34 % der Kinder aus einem christlichen Elternhaus den Gottesdienst (22 % »ab und an im Monat« und 12 % »jede Woche«). Kinder konfessionsloser Eltern verweisen zu 10 % auf einen Gottesdienstbesuch, während Kinder mit islamischem Elternteil zu 42 % den Gottesdienst in einer Moschee besuchen (25 % »ab und an im Monat«, 17 % »jede Woche«).

Die Ergebnisse sind im Trend leicht schwankend. Beten erscheint leicht rückläufig (von 39 % auf 33 %), während der Besuch von Gottesdiensten nach wie vor für um die 28 % der Kinder üblich ist. Alles in allem bleibt es dabei, dass Religiosität eher nur für einen geringeren Teil der Kinder den Alltag mit beeinflusst, und dies in Abhängigkeit davon, ob sie in den alten oder neuen Bundesländern aufwachsen. Kinder mit Migrationshintergrund sind hier stärker eingebunden. Dies dürfte vor allem auch darauf zurückzuführen sein, dass mit der religiösen Tradition auch die kulturellen Werte des Herkunftslandes der Eltern wachgehalten und vermittelt werden können. Religiosität ist für Migranten, insbesondere für solche mit Wurzeln im islamischen Kulturkreis, identitätsstiftend und demnach auch für die alltägliche Lebensführung bedeutsamer, als dies bei einheimisch deutschen Familien gemeinhin der Fall ist.

Tradition und Muttersprache

Wir haben die Kinder mit Migrationshintergrund ebenfalls danach gefragt, welche Sprache bei ihnen zu Hause in der Familie in der Regel gesprochen wird. Im Trend betrachtet, geben 67 % der Kinder mit Migrationshintergrund und damit geringfügig mehr als in unseren letzten beiden Kinderstudien an, dass bei ihnen zu Hause eher Deutsch gesprochen wird. Bei etwa einem Drittel der Kinder wird zu Hause eher in der Muttersprache der Eltern gesprochen (Abb. 3.3).

Die Frage nach der Sprache zu Hause sollte nicht ohne Weiteres als Indikator für die häufig beklagte fehlende deutsche Sprachkompetenz herangezogen werden. Mehrsprachig-

Abb. 3.3 **Migrationshintergrund: In welcher Sprache zu Hause gesprochen wird**

Basis: Kinder mit Migrationshintergrund im Alter von 6 bis 11 Jahren (2007: 8 bis 11 Jahre) in Deutschland (Angaben in %)[1]

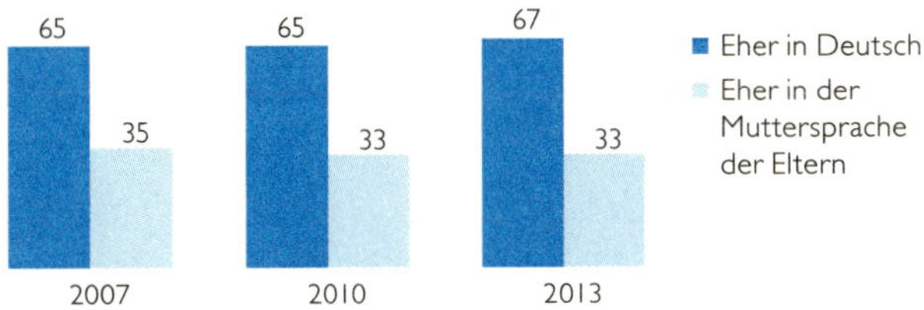

1 Fehlend zu 100 = »keine Angabe«

keit ist kein Defizit. Vielmehr sind Kinder im Hinblick auf ihre Fähigkeit zum Spracherwerb robust und können sich auch ohne Weiteres mehr als eine Sprache aneignen. Voraussetzung hierfür ist allerdings, dass beide Sprachen im Alltag präsent sind und im Bedarfsfall auch gefördert werden (mehrsprachiges Aufwachsen, Tracy 2007, Jampert et al. 2009). Sprache transportiert und vermittelt zum einen Kultur und Tradition. Je kulturell verbundener die Familie dem eigenen Herkunftsland ist, desto bedeutsamer ist es für die Eltern, dass zu Hause und insbesondere auch mit den eigenen Kindern in der Muttersprache gesprochen wird. Zum anderen sind es häufig auch ganz praktische Erwägungen oder Gewohnheiten, die dazu führen, dass die Eltern zu Hause in ihrer Muttersprache sprechen.

Je bildungsferner die Herkunftsschicht, desto eher wird zu Hause kein Deutsch gesprochen

Das Thema Umgangssprache ist für Kinder mit Migrationshintergrund auch risikobehaftet. Spracherwerb und Sprachkompetenz sind generelle Förderschwerpunkte für Kinder aus bildungsfernen Elternhäusern. Dies gilt auch unabhängig davon, ob deren Eltern in Deutschland geboren und aufgewachsen sind oder ob es sich um Zuwanderer mit einer anderen Muttersprache handelt. Ein Migrationshintergrund und ein muttersprachlicher Umgang in der Familie können in einem entsprechenden Kontext dann natürlich auch ein Hemmnis beim Erwerb der deutschen Sprache darstellen.

Wichtige Erkenntnisse liefert auch an dieser Stelle unser in der World Vision Kinderstudie zur Unterscheidung der sozialen Hintergründe der Kinder genutzter 5-stufiger Schichtindex, der sich in seiner Konstruktion maßgeblich mit auf den Bildungshintergrund der Eltern stützt (vgl. im Folgenden auch Kapitel 3.5 sowie Anhang 2).

Auffällig ist, dass bei Kindern aus den beiden unteren Herkunftsschichten zu 43 % deutlich häufiger zu Hause in der Muttersprache der Eltern gesprochen wird. Für Kinder aus der Mittelschicht trifft dies bei 31 % und in

Abb. 3.4 **Migrationshintergrund: Häusliche Umgangssprache nach der Herkunftsschicht**[1]
»Zu Hause sprechen wir eher in der Muttersprache der Eltern«
Basis: Kinder mit Migrationshintergrund im Alter von 6 bis 11 Jahren in Deutschland (Angaben in %)

1 Die Kategorien sind aus Fallzahlgründen zusammengefasst

den beiden oberen Schichten nur auf 26 % zu (Abb. 3.4). Überproportional häufig wird bei Kindern mit türkischem (56 %) und arabischem Hintergrund (45 %), aber auch bei Kindern mit Eltern aus Russland und der ehemaligen Sowjetunion (40 %) eher in der Muttersprache der Eltern gesprochen. Entsprechendes gilt für Kinder aus islamischen Elternhäusern. Hier wird bei 52 % der Kinder eher in der Muttersprache der Eltern gesprochen. Die Ergebnisse korrelieren an dieser Stelle mit der Schichtzugehörigkeit. Kinder mit entsprechenden Migrationshintergründen gehören deutlich häufiger zu den bildungsferneren unteren Schichten, als dies für Kinder mit zugewanderten Eltern aus anderen europäischen Ländern oder aus Übersee gilt (sog. OECD-Migranten).

Bedenklich stimmt allerdings ein anderer Befund. Für Kinder mit Migrationshintergrund, die zu Hause eher Deutsch sprechen, berichten die Eltern, dass von diesen früher einmal 28 % eine Kinderkrippe und 93 % einen Kindergarten besucht haben. Kinder mit Migrationshintergrund, bei denen zu Hause eher in der Muttersprache der Eltern gesprochen wird, haben hingegen nur zu 15 % früher einmal eine Kinderkrippe und zu 77 % einen Kindergarten besucht. Mit 23 % ist der Anteil der Kinder, die in keiner vorschulischen Betreuungseinrichtung gewesen sind, an dieser Stelle mit Abstand am größten. (Kinder mit Migrationshintergrund insgesamt: 23 % mit Krippenbetreuung sowie 88 % mit Besuch eines Kindergartens). Für einheimisch deutsche Kinder wird hingegen von den Eltern berichtet, dass hier 27 % früher einmal eine Krippe und 96 % irgendwann einmal einen Kindergarten besucht haben.

Die Ergebnisse unterstreichen die Bedeutung, die eine gezielte Sprachförderung für bestimmte Gruppen von Kindern mit Migrationshintergrund hat. Eine wichtige Rolle können an dieser Stelle die institutionellen Betreuungsangebote spielen. Die klassische »Kindertagespflege« hat insbesondere im letzten Jahrzehnt im Kontext der sog. nachhaltigen Familienpolitik einen Funktionswandel weg von der primär familienentlastenden Betreuung und Versorgung hin zur frühkindlichen Bildungsinstanz vollzogen. Die familienübergreifende Betreuung von Kindern im Vorschulalter wird in diesem Kontext als aktiver Bildungsprozess begriffen, mit dem eine zusätzliche Fördermöglichkeit geschaffen werden kann. So heißt es etwa im 12. Kinder- und Jugendbericht:

»*Familie kann nur das weitergeben und beim Kind initiieren, was innerhalb des Rahmens ihrer sozialen und kulturellen Ressourcen liegt. Der Bildungshintergrund der Eltern, die reale Lebenslage und die konkreten Lebensbedingungen haben einen stark modifizierenden Einfluss darauf, welche Chancen der Entwicklung und Bildung Kindern in ihrer familialen Umwelt zur Verfügung stehen*« (12. Kinder- und Jugendbericht, BMFSFJ 2005, S. 33). Als große gesellschaftliche Aufgabe wird deshalb im Bericht sicherlich nicht zu Unrecht auf die Bedeutung der Qualität einer dem kindlichen Entwicklungsstand angemessen Förderung innerhalb der Kindertagesbetreuung hingewiesen.

Die Ergebnisse unserer Kinderstudie machen aber ebenfalls deutlich, dass dies, auch in Bezug auf die frühkindliche Sprachförderung, mit Erfolg nur »kultursensibel« und in Anknüpfung an die Traditionen und Wertvorstellungen der Herkunftsfamilien umgesetzt werden kann.

3.4 Armutserleben: für einen Teil der Kinder harte Wirklichkeit

Die Armutsrisikoquote für Kinder (unter 18 Jahren) liegt in Deutschland aktuell je nach Datenquelle bei rund 16 % bis 20 % (Datenquelle SOEP 2010: 16,5 %, Datenquelle Mikrozensus 2011: 18,9 %, Datenquelle EU-SILK 2010: 17,5 %, 2011 15,7 %) und damit drei bis vier Prozentpunkte oberhalb der Quote der Gesamtbevölkerung (BMAS 2013a, S. 110). Gemessen wird dabei die relative Armutsrisikoquote, also der Anteil der Kinder und Jugendlichen, die in Haushalten leben, die über weniger als 60 % des durchschnittlichen Nettoeinkommens aller Haushalte in Deutschland verfügen.[29] Das Maß zur Berechnung von »Einkommensarmut« ist relativ und wird im Vergleich zum jährlich verfügbaren Einkommen aller privaten Haushalte bestimmt: in diesem Fall über die Setzung 60 % des verfügbaren Nettomedianeinkommens.

29 Hierbei wird eine Bedarfsgewichtung vorgenommen, die auf der Annahme beruht, dass größere Haushalte gemeinsam besser wirtschaften können, sodass der Bedarf pro Haushaltsmitglied sinkt. Nach der neuen OECD-Skala geht der Haupteinkommensbezieher im Haushalt mit dem Faktor 1,0 in die Gewichtung ein. Alle anderen Mitglieder über 14 Jahren werden mit 0,5 und Kinder unter 14 Jahren mit 0,3 gewichtet. Bei einem vierköpfigen Haushalt mit 2 erwachsenen Elternteilen und mit 2 Kindern unter 14 Jahren wird demnach das häusliche Nettoeinkommen durch den Bedarfsfaktor 2,4 (1 + 0,5 + 0,3 + 0,3) geteilt und auf diese Weise auf die Personen umgelegt.

Der Trend ist, je nach Datenquelle, nicht ganz eindeutig. Es zeichnet sich jedoch ab, dass die Kinderarmut, die im Lichte der vorliegenden Daten zwischen 2005 und 2010 relativ stetig angestiegen ist, aktuell offenbar leicht rückläufig ist. Man sollte sich hierbei allerdings klarmachen, dass rückläufig in diesem Fall meistens bedeutet, dass der Anteil der Familien mit »bekämpfter Armut« angestiegen ist. Als bekämpft gilt Armut dort, wo es gelungen ist, das anrechnungsfähige Einkommen über den Mindestbedarfssatz, der zum Bezug von ALG II berechtigt, anzuheben. Dies konnte zum Beispiel in den letzten Jahren mit dem sog. »Kinderzuschlag« erreicht werden, der sich speziell an Familien richtet, die knapp unterhalb der ALG-II-Schwelle liegen. Diese Familien und deren Kinder entkommen damit dem häufig stigmatisierend wirkenden Bezug von Hartz-IV-Leistungen. Gesichert ist ihre soziale Lage allerdings erst dann, wenn sie »aus eigener Kraft« und dabei auf Dauer, etwa auf Basis einer hinreichend sicheren eigenen Erwerbsbeteiligung, ihr hierfür erforderliches Einkommen realisieren können.

In der Kinderstudie fragen wir die Kinder nach ihren eigenen Armutserfahrungen. Armut orientiert sich in diesem Fall am Konzept der materiellen Deprivation. Erhoben wird hierbei, ob der Haushalt nach Einschätzung der Kinder aufgrund der eigenen finanziellen Lage bestimmte typische Güter nicht verfügbar hat, die einen Mindestlebensstandard definieren (sog. »materielle Entbehrung«). Hierfür haben wir die den Kindern vorgelegten Deprivationsindikatoren für die aktuelle Kinderstudie 2013 noch einmal grundlegend überarbeitet und erweitert. Wichtig war auch diesmal wieder, auf die Erfahrungswelt der Kinder und deren eigenen Bedarf abzuheben. Orientiert haben wir uns dabei an typischen Mindestbedarfsindikatoren, die gemeinhin für alle Kinder verfügbar sein sollten, ohne jedoch hiermit den Anspruch zu verbinden, damit einen »Warenkorb zur Sicherung eines vollständigen Mindestbedarfs« abbilden zu wollen.

Um das Thema einzuführen und um hierbei die Gruppe zu identifizieren, der die Deprivationsindikatoren vorgelegt werden[30], haben wir analog zur Kinderstudie 2010 auch diesmal wieder allen Kindern vorab die zwei gleichen Auswahlmöglichkeiten gegeben:

- Wir haben genügend Geld für alles, was wir brauchen
- In unserer Familie ist das Geld öfter knapp

Nur den Kindern, die entweder bei Statement 1 mit »nein« oder bei Statement 2 mit »ja« geantwortet haben, wurden dann im Anschluss die folgenden Statements zum Armutserle-

30 Sowohl in der letzten Kinderstudie als auch im diesjährigen Pretest hat sich erwiesen, dass es nicht zielführend ist, allen Kindern die von uns vorgegebenen Armutsindikatoren vorzulegen. Die beiden Einstiegsfragen grenzen die Gruppe der Kinder ein, bei denen davon auszugehen ist, dass mit einer gewissen Wahrscheinlichkeit im Alltag konkrete Deprivationserfahrungen gemacht werden.

ben, die wir im Folgenden als Armutsindikatoren bezeichnen, vorgelegt:

- Weil in meiner Familie das Geld nicht reicht, kann ich so gut wie nie ins Kino oder ins Freibad gehen. (eher ja oder eher nein?)
- Manchmal können wir es uns nicht leisten, Sachen für die Schule zu kaufen, zum Beispiel Hefte oder Stifte.
- Mitmachen in einem Verein oder ein Instrument lernen geht nicht, weil meine Familie das nicht bezahlen kann.
- Kindergeburtstag feiern geht aus Geldgründen nur selten.
- Ab und zu bekommen wir Lebensmittel für umsonst, zum Beispiel von der »Tafel« (einem Stand, an dem man für umsonst Lebensmittel holen kann).
- Im Winter friere ich manchmal, weil ich keine warme Kleidung habe.
- Im letzten Jahr haben meine Eltern Geld aus meiner Spardose gebraucht.
- Wir machen pro Jahr mindestens eine Woche Urlaub woanders als zu Hause.
- Bei uns zu Hause gibt es normalerweise Frühstück, bevor ich in die Schule gehe
- In der Regel esse ich mindestens eine warme Mahlzeit pro Tag.[31]

Armut ist in diesem Fall nicht mehr ausschließlich relativ im Vergleich zum durchschnittlichen gesellschaftlichen Einkommen definiert, sondern materiell anhand der von den Kindern im Alltag erlebten Einschränkungen im Zugang und bei der Teilhabe (im Folgenden als »Erlebte Armut« bezeichnet).

77 % der Kinder haben dem Statement »Wir haben genügend Geld für alles, was wir brauchen« zugestimmt. 13 % haben dies verneint und 10 % haben hier keine Antwort gegeben (2010: 70 % ja, 16 % nein und 14 % keine Antwort).

Dem Statement »In unserer Familie ist das Geld öfter knapp« haben hingegen analog zu 2010 in unserer aktuellen Kinderstudie 21 % der Kinder zugestimmt, 60 % haben dies verneint und 19 % haben keine Antwort gegeben (2010: 21 % ja, 61 % nein, 18 % keine Antwort).

Ergänzend haben wir an dieser Stelle auch danach gefragt, ob die Kinder mit Frühstück zur Schule gehen und ob sie in der Regel pro Tag ein warmes Mittagessen zu sich nehmen. Die Frage nach dem Frühstück haben 88 % der Kinder mit Ja beantwortet. 12 % haben dies verneint. Ein warmes Mittagessen nehmen hingegen laut eigener Auskunft 98 % der Kinder in der Regel pro Tag zu sich, 2 % haben dies verneint.

Kombiniert man, wie in Abbildung 3.5 dargestellt, die beiden Einstiegsstatements zur finanziellen Lage (»In unserer Familie ist das Geld öfter knapp: trifft zu« oder »Wir haben genügend Geld für alles was wir brauchen: trifft nicht zu«), so verweist, ähnlich wie bereits in 2010, auch diesmal wieder rund ein Viertel der Kinder auf erlebte finanzielle Ein-

31 Dieses Statement ging an alle Kinder, wird hier aber nur bei denjenigen einbezogen, die bei den Einstiegsfragen auf finanzielle Einschränkungen verwiesen haben.

Abb. 3.5 **Materielle Deprivation und Armutserfahrung aus der Sicht der Kinder**
Basis: Kinder im Alter von 6 bis 11 Jahren in Deutschland (Angaben in %)

schränkungen im Alltag (2013: 24 %, 2010: 25 %).[32]

Bezieht man darüber hinaus, um die Armutspopulation zu ermitteln, die einzeln abgefragten »Armutsindikatoren« ein und prozentuiert diese ebenfalls auf alle Kinder (und nicht nur auf diejenigen mit erlebten finanziellen Einschränkungen, denen die Fragen gestellt wurden), so verweisen 11 % der Kinder darauf, dass sie in der Regel aus finanziellen Gründen keine Urlaubsreisen unternehmen können. 8 % geben an, dass sie aus finanziellen Gründen so gut wie nie ins Kino oder ins Freibad gehen können. Bei 6 % können sich die Familien keine Vereinsmitgliedschaft oder sonstige Aktivitäten leisten, wie etwa ein Musikinstrument zu lernen. Ebenfalls 6 % berichten, dass sie nur selten Kindergeburtstag feiern können. 5 % berichten, dass die Eltern im letzten Jahr Geld aus der Spardose gebraucht hätten. 4 % verweisen darauf, dass sie sich aus finanziellen Gründen manchmal nicht sofort die benötigten Schulsachen (Hefte, Stifte etc.) leisten können. Lebensmittel von der »Tafel« benötigen 2 % der Kinder, ebenfalls 2 % berichten, dass es ihnen manchmal im Winter an warmer Kleidung fehlt, und ebenfalls 2 %, dass sie nicht täglich ein warmes Essen erhalten.

Wie bereits dargestellt, haben wir die Armutsindikatoren 2013 überarbeitet. Bei den vergleichbaren Indikatoren scheinen die Anteilswerte im Vergleich zu 2010 sogar leicht angestiegen zu sein. Statistisch betrachtet

32 Über keine finanziellen Einschränkungen berichten aktuell 69 % im Vergleich zu 65 % in der Kinderstudie 2010. Keine Angabe in beiden Statements haben aktuell 7 % im Vergleich zu 9 % gemacht.

sind die Abweichungen bei Berücksichtigung der Fallzahl jedoch meistens nicht signifikant.[33]

Armut vermeiden heißt, die Erwerbsbeteiligung der Eltern zu stärken

Nimmt man die Armutsindikatoren zusammen, so benennen 18 % aller Kinder, dass sie im Alltag mindestens bei einem der von uns abgefragten Indikatoren im Sinne einer erlebten Armut in ihrer Familie entsprechende Erfahrungen machen. Über zwei oder mehr Indikatoren berichten 12 % aller Kinder, über 3 oder mehr Armutserfahrungen 8 % aller Kinder unserer Altersgruppe.[34]

Zentrale Armutsprophylaxe ist eine geregelte Erwerbstätigkeit der Eltern. Differenziert nach der Erwerbsbeteiligung, weisen die Kinder die geringsten Quoten erlebter Armut auf, bei denen beide Elternteile in eine Erwerbsarbeit eingebunden sind. Sind beide Elternteile in Vollzeit erwerbstätig, so beträgt die von den Kindern berichtete Quote 12 %, ist ein Elternteil in Vollzeit erwerbstätig und der andere oder sogar beide in Teilzeit, so beträgt die Quote erlebter Armut sogar nur 9 %. Letzteres deutet darauf hin, dass Modelle, bei denen beide Elternteile gegebenenfalls in Teilzeit beteiligt sind, offenbar eher bei Familien anzutreffen sind, die über höhere Einkommen verfügen. Deutlich höher mit 18 % liegt die Quote in den Familien, bei denen nur ein Elternteil einer Erwerbstätigkeit nachgeht. Eine völlig andere Dimension der Betroffenheit von Armut ist hingegen mit 30 % bei Alleinerziehenden gegeben, auch wenn diese selber einer Erwerbstätigkeit nachgehen. Sind

33 Hinzu kommen weitere methodische Einschränkungen, etwa die 2010 etwas größeren Anteile von Kindern, die zu den beiden Einstiegsfragen keine Angaben gemacht haben. Wir haben deshalb auf einen Abgleich der Ergebnisse bei den einzelnen Armutsindikatoren, die wir bereits in der letzten Kinderstudie abgefragt haben, verzichtet.

34 In der europäischen Sozialberichterstattung wird derzeit für die Messung von materieller Deprivation ein Indikator auf Basis von EU-SILC-Daten verwendet. Danach wird eine Person dann als materiell depriviert angesehen, wenn in ihrem Haushalt mindestens drei der hier aufgeführten neun Merkmale fehlen beziehungsweise aus finanziellen Gründen nicht vorhanden sind (EU-Deprivationsindikator): 1. Finanzielles Problem, die Miete oder Rechnungen für Versorgungsleistungen rechtzeitig zu bezahlen. 2. Finanzielles Problem, die Wohnung angemessen heizen zu können. 3. Problem, unerwartete Ausgaben in einer bestimmten Höhe aus eigenen finanziellen Mitteln bestreiten zu können. 4. Finanzielles Problem, jeden zweiten Tag Fleisch, Fisch oder eine gleichwertige vegetarische Mahlzeit essen zu können. 5. Finanzielles Problem, jährlich eine Woche Urlaub außerhalb der eigenen Wohnung zu verbringen. 6. Fehlen eines Autos im Haushalt. 7. Fehlen einer Waschmaschine im Haushalt. 8. Fehlen eines Farbfernsehgeräts im Haushalt. 9. Fehlen eines Telefons im Haushalt. Nach dem EU-Konzept ist bei Haushalten umso eher von einer deprivierten Lebensführung auszugehen, je mehr Benachteiligungen zutreffen. Fehlen vier der neun Indikatoren so wird von »erheblicher materieller Deprivation« gesprochen. (Sikorski, Kuchla 2011, S. 485) Nach den aktuell in der EU-SILC-Statistik vorliegenden Ergebnissen (Stand von 2011) beträgt der Anteil der Kinder mit erheblicher materieller Deprivation bei Kindern im Alter von 6 bis 11 Jahren in Deutschland 5,9 %.

Abb. 3.6 **Deprivationserfahrung: Erlebte Armut nach Erwerbsbeteiligung der Eltern**
Basis: Eltern von Kindern im Alter von 6 bis 11 Jahren in Deutschland (Angaben in %)

alle im Haushalt lebenden Elternteile hingegen nicht erwerbstätig, so beträgt die von den Kindern berichtete Quote sogar 55 % (Abb. 3.6).

Die Befundlage ist auch an dieser Stelle eindeutig. Armut vermeiden heißt, die Erwerbsbeteiligung der Eltern zu stärken. Hierbei erweist sich unter den gegebenen gesellschaftlichen Bedingungen, dass auch in diesem Fall ein partnerschaftliches Modell einer gemeinsamen Erwerbstätigkeit beider Elternteile am ehesten geeignet ist, die materiellen Rahmenbedingungen zu sichern, sodass Kinder nicht von wesentlichen Feldern aus finanziellen Gründen ausgeschlossen bleiben. Dies entspricht, wie in Kapitel 3.2 erläutert, im Übrigen auch den Wünschen der Eltern. Dort, wo dies nicht gelingt, wird man hingegen durch geeignete Sozialleistungen Vorsorge zu tragen haben, dass den von Armut betroffenen Kindern ohne größere Zugangsbarrieren, also niederschwellig, entsprechende Hilfen gewährt werden. In unserer Kinderstudie haben wir den Kindern keine Fragen zu dem von der Bundesregierung neu eingeführten Bildungspaket gestellt. Die Ergebnisse zur erlebten Armut aus der Sicht der Kinder zeigen aber die Bedeutung, die der Sicherstellung von Teilhabeangeboten bei Tagesausflügen und dem Mittagessen in Kita, Hort und Schule, bei Musik, Sport und Spiel in Vereinen und Gruppen etc. zukommt.

3.5 Der soziale Hintergrund: Die Herkunft macht noch immer den Unterschied

In der Kinderstudie nutzen wir zur Analyse der sozialen Herkunft auch diesmal wieder den von uns bereits in der ersten World Vision Kinderstudie 2007 eingeführten 5-stufigen Schichtindex. Die Zuordnung zur sozialen Herkunftsschicht der Kinder erfolgt zweidimensional: zum einen

Abb. 3.7 **Die Herkunftsschicht: Bildungshintergrund und finanzielle Lage des Elternhauses**
Basis: Kinder von 6 bis 11 Jahren (2007: 8 bis 11 Jahre) in Deutschland (Angaben in %)

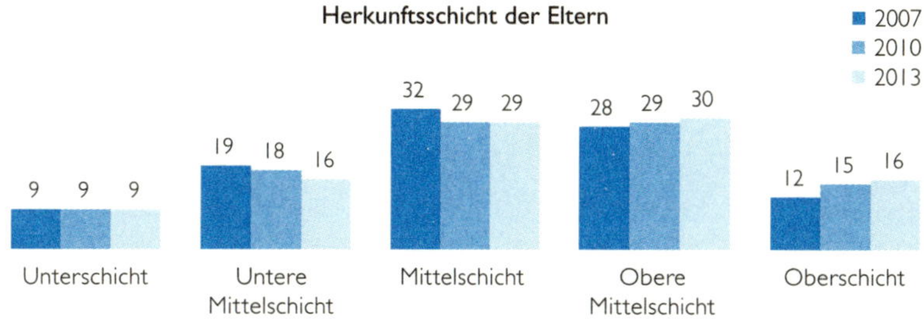

anhand des elterlichen Bildungshintergrundes (Bildungsposition) und zum anderen anhand der materiellen Lage des Haushaltes (materielle Teilhabeposition). Abgebildet werden damit die für die Kinder zentralen häuslich-materiellen Start- und Rahmenbedingungen. Der Fokus liegt auf der Bildungsausstattung der Familie im Kontext einer hinreichenden Verfügbarkeit der benötigten finanziellen Ressourcen.

Empirisch stützen wir uns auf die Elternangaben zu deren Schulabschlüssen, ergänzt um die im Rahmen der Kinderbefragung erhobene Einstufung zur Zahl der Bücher im Haushalt, auf die elterliche Bewertung der finanziellen Lage und auf den Wohnstatus (Eigentum oder Miete). Die Informationen sind vergleichsweise einfach abzufragen und von daher ohne übermäßigen Aufwand innerhalb einer Kinderstudie so gut wie vollständig zu erheben (zur Indexbildung vgl. Anhang 2).

Kinder aus der Unterschicht sowie aus der Unteren Mittelschicht kommen demnach eher aus bildungsfernen Elternhäusern, die ebenfalls eher geringere Einkommen haben, während Kinder aus der Oberen Mittelschicht sowie aus der Oberschicht auf höhere familiäre Bildungshintergründe und auch höhere Einkommen zurückgreifen können (Schneekloth, Pupeter 2010b, S. 76 ff.).

Im zeitlichen Verlauf betrachtet, zeigt unsere Indexbildung seit unserer ersten Kinderstudie 2007 einen leichten Trend hin zu einem gesellschaftlichen Aufstieg (Abb. 3.7). Zum Ausdruck kommt an dieser Stelle vor allem der Bildungszuwachs, den die jetzigen Elternkohorten in Deutschland zum Zeitpunkt ihrer schulischen Ausbildungsphase vollziehen konnten. Hatten im Jahr 2007 noch 27 % der Mütter und 31 % der Väter als höchsten allgemeinbildenden Schulabschluss den Hauptschulabschluss, 45 % der Mütter und 34 % der Väter die Mittlere Reife, 26 % der Mütter und 32 % der Väter das Abitur oder Fachabitur, so beträgt der Anteil der Hauptschulabsolventen bei unserer aktuellen Kinderstudie 2013 bei den Müttern 22 % und bei den Vätern

Tab. 3.8 **Soziale Risikolagen und Herkunftsschicht**

Basis: Kinder im Alter von 6 bis 11 Jahren in Deutschland

Trifft zu, Spalten in %	Gesamt	Unter-schicht	Untere Mittel-schicht	Mittel-schicht	Obere Mittel-schicht	Ober-schicht
Soziale (Risiko)lage						
Deprivationserfahrung/ Erlebte Armut	18	57	32	16	10	4
Arbeitslosigkeitserfahrung Vater oder Mutter (letzte drei Monate)	17	43	29	16	11	4
Angst vor aggressiven Jugendlichen/Erwachsenen in der Nachbarschaft	18	37	23	17	15	10

24 %, der Anteil mit Mittlerer Reife bei den Müttern 40 % und bei den Vätern 34 % und der Anteil der Abiturienten oder Fachabiturienten bei den Müttern 35 % und bei den Vätern 39 %.[35] Leicht rückläufig ist ebenfalls der Anteil derjenigen, die im Elternfragebogen angeben, mit dem Geld, das ihnen monatlich zur Verfügung steht, nicht auszukommen.

In der Konsequenz ist der Anteil der Kinder aus der unteren Mittelschicht von 19 % im Jahr 2007 auf aktuell 16 % und auch der Anteil der Kinder aus der Mittelschicht von 32 % auf 29 % gesunken. Angestiegen sind hingegen der Anteil aus der oberen Mittelschicht von 28 % auf 30 % und der Anteil aus der Oberschicht von 12 % auf 16 %. Der Schichtindex selber wurde von uns für alle drei Befragungen gleich berechnet, sodass an dieser Stelle der sich vollziehende soziale Wandel gut sichtbar wird. Die »Bildungsausstattung« der Familien ist demnach leicht angewachsen, genauso allerdings auch die Anforderungen, die unsere ständig komplexer werdende Arbeitswelt und auch der Alltag in unserer Gesellschaft mit sich bringen. Umso besorgniserregender, dass der Anteil der Kinder aus der untersten Herkunftsschicht konstant bei 9 % verharrt. In dieser bildungsfernsten und auch sozial depriviertesten Schicht sammeln sich nach wie vor die »Bildungsverlierer«, die den Aufstieg nicht geschafft haben und abgekoppelt geblieben sind. Unser Schichtindex misst an dieser Stelle auch eine »negative Bildungshomogenität«: Während bei den einen Familien der Aufstieg auch dadurch gelingt, dass gegebenenfalls ein Elternteil, zum Beispiel die Mut-

35 Auch diese Angaben beziehen sich auf die Eltern, die Kinder im Alter von 6 bis 11 Jahren (2007: 8 bis 11 Jahre) betreuen. Bei Alleinerziehenden liegen hingegen keine Angaben zum anderen Elternteil vor. Das bedeutet, dass die Angaben zu Vätern auch an dieser Stelle nicht vollständig sind, sondern nur auf (Stief-)Väter im gemeinsamen Haushalt Bezug nehmen.

Tab. 3.9 **Weitere soziale Merkmale und Herkunftsschicht**

Basis: Kinder im Alter von 6 bis 11 Jahren in Deutschland

Trifft zu, Spalten in %	Gesamt	Unterschicht	Untere Mittelschicht	Mittelschicht	Obere Mittelschicht	Oberschicht
Soziale Merkmale						
Migrationshintergrund	35	59	41	34	36	16
Kind hat Kindergarten besucht	93	78	92	96	95	97
Kind hat Krippe besucht	26	15	22	25	31	28

ter, eine bessere Bildung einbringt, bleibt die unterste Schicht auch hier »unter sich«, (ggf. auch als Alleinerziehende ohne hinreichende Bildung) und aufgrund der familiären Situation fast ohne Chancen auf Aufstieg.

Wir haben an dieser Stelle die Indikatoren, die über mögliche Risikolagen Auskunft geben, noch einmal zusammengestellt (Tab. 3.8 und 3.9). Wie kaum anders zu erwarten, sind Kinder aus den beiden unteren Schichten überproportional von Armut betroffen. 57 % der Kinder aus der Unterschicht und 32 % der Kinder aus der unteren Mittelschicht erleben Armut im Alltag und berichten über mindestens eine der von uns abgefragten Armutserfahrungen. Deutlich geringer ausgeprägt sind die Anteile bei den Kindern aus den gehobenen Schichten (Mittelschichtskinder: 16 %, Obere Mittelschicht: 10 %, Oberschicht: 4 %). In der Regel handelt es sich hierbei um spezielle Gruppen, zum Beispiel um Familien mit gehobenem Bildungshintergrund, die aktuell von Arbeitslosigkeit betroffen sind oder um besondere Statuspassagen im Lebensverlauf, etwa Studierende mit Kindern, höher gebildete Alleinerziehende oder um sonstige spezielle Konstellationen in Familien mit höher gebildeten Eltern. Die Befunde unterstreichen noch einmal, dass unser Schichtindex nicht primär auf die aktuelle Einkommenssituation im Haushalt abhebt, sondern Bildungshintergrund und Bildungsmilieu der Eltern zum Ausgang nimmt und dies mit der Bewertung der eigenen finanziellen Lage verknüpft.

Das generelle Arbeitslosigkeitsrisiko ist aber auch in den beiden unteren Herkunftsschichten deutlich höher ausgeprägt. Bei 43 % der Kinder aus der Unterschicht und 29 % der Kinder aus der unteren Mittelschicht ist mindestens ein Elternteil in den letzten drei Monaten von Arbeitslosigkeit betroffen gewesen (Mittelschichtskinder: 16 %, obere Mittelschicht: 11 %, Oberschicht: 4 %).

Ein weiterer interessanter Befund an dieser Stelle ist, dass Kinder aus den unteren sozialen Schichten deutlich häufiger ihr Wohnumfeld als bedrohlich empfinden und über Angst vor aggressiven Jugendbanden oder vor Erwachsenen berichten. Bei den Kindern aus der Unterschicht handelt es sich um 37 % und auch bei Kindern aus der unteren Mittelschicht um immerhin 23 %. Mittelschichtskinder berichten dies zu 17 %, Kinder aus der oberen Mittelschicht zu 15 % und Kinder aus der Oberschicht zu 10 %.

Wenig verwunderlich ist, dass Kinder aus der Unterschicht mit 59 % und auch Kinder aus der unteren Mittelschicht mit 41 % deutlich häufiger einen Migrationshintergrund haben (Mittelschicht: 34 %, obere Mittelschicht 36 %, Oberschicht: 16 %). Bei einem Teil der Migranten handelt es sich um hoch qualifizierte Zuwanderer, häufig aus den westlichen OECD-Ländern. Der größere Teil der Zuwanderer, etwa aus der Türkei oder der islamischen Welt, aus dem ehemaligen Jugoslawien oder aus Osteuropa und auch die Spätaussiedler aus der ehemaligen Sowjetunion, hat allerdings häufig ein eher geringeres Bildungsniveau mitgebracht, sodass deren in Deutschland geborene Kinder entsprechend häufiger aus unteren und bildungsferneren Schichten kommen.

Bemerkenswert ist auch an dieser Stelle der bereits erwähnte Befund, dass Kinder insbesondere aus der Unterschicht auffällig seltener institutionelle Betreuungseinrichtungen genutzt haben. Nicht mehr als 16 % der Kinder aus der untersten Herkunftsschicht haben laut Auskunft der Eltern irgendwann einmal eine Krippe und nur 78 % einen Kindergarten besucht. Bei allen anderen Herkunftsschichten liegt der Anteil der Kinder, die einen Kindergarten besucht haben, bei über 90 %. Der Besuch einer Kinderkrippe wird hingegen für 22 % der Kinder aus der unteren Mittelschicht, für 25 % aus der Mittelschicht sowie für 31 % aus der oberen Mittelschicht und ebenfalls für 28 % aus der Oberschicht berichtet. Dies zeigt, dass der Besuch eines Kindergartens inzwischen Standard ist. Allerdings gilt dies bislang nicht für die Kinder aus der Unterschicht. Eine Krippe wird bisher etwas häufiger von Kindern aus den gehobenen Herkunftsschichten besucht, auch an dieser Stelle bilden Kinder aus der Unterschicht die Minderheit. Wie bereits angesprochen, hat diese Verteilung vor allem damit zu tun, dass Kinder mit Migrationshintergrund deutlich weniger häufig institutionelle Betreuungseinrichtungen nutzen. Betrachtet man die frühkindliche Bildung als besonderes Angebot zur Förderung von Kindern aus bildungsfernen Schichten, so kommt man auch an dieser Stelle nicht umhin, festzustellen, dass zwischen Anspruch und Wirklichkeit nach wie vor eine deutliche Lücke klafft.

Die sozialen Risiken sind, wie die Befunde auch unserer aktuellen Kinderstudie 2013 ein weiteres Mal zeigen, ungleich und dabei eindeutig zulasten der Kinder aus den unteren Herkunftsschichten verteilt. Der von uns gebildete Schichtindex verweist an dieser Stelle auf den engen Zusammenhang zwischen der Bildungsherkunft und den sozialen Teilhabechancen der Kinder. Dies gilt, wie die nächsten Kapitel zeigen werden, nicht nur für elterliche Erwerbsbeteiligung und institutionelle Betreuung, sondern auch für viele andere Lebensbereiche der Kinder. Kinder aus der Unterschicht als der sozial depriviertesten Schicht (insgesamt 9 % aller Kinder) wirken nach wie vor

Tab. 3.10 **Ob meine Eltern genügend Zeit für mich haben: Die Sicht der Kinder im Trend**
Basis: Kinder im Alter von 6 bis 11 Jahren (2007: 8 bis 11 Jahre) in Deutschland

Spalten in %	2007	2010	2013
Meine Mutter hat genügend Zeit			
Ja	67	64	64
Mal so, mal so	27	29	29
Nein	5	6	6
Mutter nicht vorhanden	1	1	1
Mein Vater hat genügend Zeit			
Ja	34	32	34
Mal so, mal so	43	44	42
Nein	16	16	16
Vater nicht vorhanden	7	8	8

abgehängt, aber auch Kinder aus der unteren Mittelschicht (insgesamt 16 % aller Kinder) weisen deutlich ungünstigere Startbedingungen und von daher gesellschaftlichen und sozialen Unterstützungsbedarf auf.

3.6 Zuwendung und Betreuung: Vereinbarkeit von Familie und Beruf

Wie beurteilen die von uns befragten Kinder die häusliche Betreuung? Wir hatten bereits in der letzten Kinderstudie gezeigt, dass Kinder mit der Fürsorge der Eltern, also so, wie diese sich um sie kümmern, generell sehr zufrieden sind. Daran hat sich auch jetzt nichts geändert. Nicht mehr als 11 % haben hierzu eine »negative bis neutrale« Bewertung (Kinderstudie 2010: 18 %). 34 % äußern sich positiv und 54 % sogar sehr positiv (2010: 38 % positiv und 44 % sehr positiv). Gefragt hatten wir: *»Wie zufrieden bist du insgesamt damit, wie deine Eltern für dich da sind?«*. Antworten konnten die Kinder auch diesmal wieder anhand unserer 5-stufigen Smiley-Skala.

Differenzierter wird das Bild, sobald man etwas konkreter danach fragt, ob die Kinder der Meinung sind, dass die Eltern genügend Zeit für sie haben (Tab. 3.10). Wir haben diese Frage bereits seit unserer ersten Kinderstudie 2007 gestellt. Zwei von drei Kindern (64 %) sind der Meinung, dass die Mutter genügend Zeit aufbringt, 29 % antworten mit »Mal so, mal so« und 6 % verweisen auf zu wenig Zeit der Mutter. Im Trend sind die Ergebnisse sehr konstant. Die leichte Abweichung 2007 ist einzig darauf zurückzuführen, dass wir da-

Tab. 3.11 **Ob meine Eltern genügend Zeit für mich haben: nach Alter und Geschlecht**

Basis: Kinder im Alter von 6 bis 11 Jahren in Deutschland

Spalten in %	Gesamt	Mädchen	Jungen	6–7 Jahre	8–9 Jahre	10–11 Jahre
Meine Mutter hat genügend Zeit						
Ja	64	64	65	61	63	70
Mal so, mal so	29	29	28	29	31	25
Nein	6	7	6	9	5	4
Mutter nicht vorhanden	1	0	1	1	1	1
Mein Vater hat genügend Zeit						
Ja	34	34	34	35	33	35
Mal so, mal so	42	43	40	37	45	41
Nein	16	14	18	20	15	14
Vater nicht vorhanden	8	9	8	8	7	10

mals nur Kinder im Alter von 8 bis 11 Jahren befragt haben. Mit zunehmendem Alter der Kinder steigt der Anteil derjenigen, die mit der Zeit, die die Mutter aufbringt, zufrieden sind (6 bis 7 Jahre: 61 %. 8 bis 9 Jahre 63 %, 10 bis 11 Jahre: 70 %). Jungen im Alter von 6 bis 7 Jahren sind mit 63 % im Vergleich zu 57 % der Mädchen zufriedener. Vergleichbares gilt für Jungen im Alter von 8 bis 9 Jahren mit 64 % im Vergleich zu 61 % der gleichaltrigen Mädchen. Bei den 10- bis 11-Jährigen ist der Anteil der Jungen, die mit der Zeit der Mutter zufrieden sind, mit 67 % im Vergleich zu 73 % bei den Mädchen etwas niedriger ausgeprägt. In der zentralen Tendenz liegen die Einschätzungen von Mädchen und Jungen aber trotzdem auf einem vergleichbaren Niveau (Tab. 3.11).

Ähnliches gilt auch für die Bewertung der Zeit der Väter. Hier ist allerdings nur jedes dritte Kind der Meinung (34 %), dass der Vater genügend Zeit für es aufbringt. 42 % antworten mit »Mal so, mal so« und 16 % verweisen auf zu wenig Zeit bei den Vätern. Ein klarer Trend ist an dieser Stelle noch nicht erkennbar, da die Angaben der Kinder in den bisherigen Studien zwar leicht schwanken, die statistischen Unterschiede jedoch gering sind. Differenziert nach dem Alter findet sich ein ähnliches Bild. Mit der Zeit, die der Vater für sie aufbringt, ist in jeder Altersgruppe etwa ein Drittel der Kinder zufrieden. Jüngere Kinder im Alter von 6 bis 7 Jahren antworten allerdings in 20 % der Fälle auf die Frage, ob der Vater genügend Zeit für sie aufbringt, mit »Nein«. Differenziert nach dem Geschlecht ergeben sich ebenfalls leichte Unterschiede, wobei Jungen etwas häufiger als Mädchen die Frage mit »Nein« beantworten.

Abb. 3.8 **Elterliche Zuwendung: Von den Kindern benannte Defizite**

Basis: Kinder im Alter von 6 bis 11 Jahren (2007: 8 bis 11 Jahre) in Deutschland (Angaben in %)

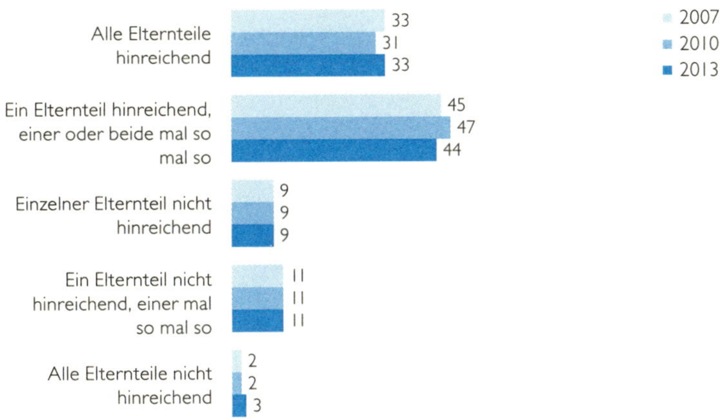

14 % der Kinder klagen über explizite Zuwendungsdefizite der Eltern

Fasst man die Bewertungen der Kinder dazu, wie viel Zeit die Eltern für sie haben, zusammen, so ergibt sich Folgendes (Abb. 3.8): Etwa ein Drittel der Kinder gibt mit 33 % (2010: 31 %) an, dass alle Elternteile genügend Zeit für sie hätten. Alle bedeutet in diesem Fall alle vorhandenen Elternteile: Bei Alleinerziehenden ist dies nur ein Elternteil, bei Patchwork-Familien können dies aber ggf. auch mehr als zwei Elternteile sein.

Typisch für einen Großteil der Kinder ist die Konstellation: ein Elternteil hinreichend oder mal so, mal so. Dies wird von 44 % der Kinder angegeben (2010: 47 %). Ein einzelner Elternteil nicht hinreichend (Antwort »Nein«: hier ohne Alleinerziehende) wird hingegen konstant von 9 % der Kinder benannt.

Auf eine als unzureichend empfundene Zuwendung verweisen 11 % mit »Ein Elternteil nicht hinreichend, einer mal so mal so« (2010: 11 %) sowie 3 % (2010: 2 %) mit »Alle Elternteile nicht hinreichend« (hier inklusive Alleinerziehenden). Diese beiden Konstellationen bezeichnen wir hier als Zuwendungsdefizit: Dies trifft damit nach der eigenen Bewertung auf 14 % der Kinder zu.

Erwerbsbeteiligung der Eltern muss nicht mit Defiziten bei der Zuwendung einhergehen

Auch bei unserer aktuellen Kinderstudie bestätigt sich der Befund, dass eine verstärkte Erwerbsbeteiligung der Eltern und ausreichend Zeit für Kinder kein Widerspruch sein muss (Abb. 3.9). Die geringsten Zuwendungsdefizite werden von den Kin-

Abb. 3.9 **Defizite bei der Zuwendung und Erwerbsbeteiligung der Eltern – die Sicht der Kinder**

Basis: Kinder im Alter von 6 bis 11 Jahren (2007: 8 bis 11 Jahre) in Deutschland (Angaben in %)

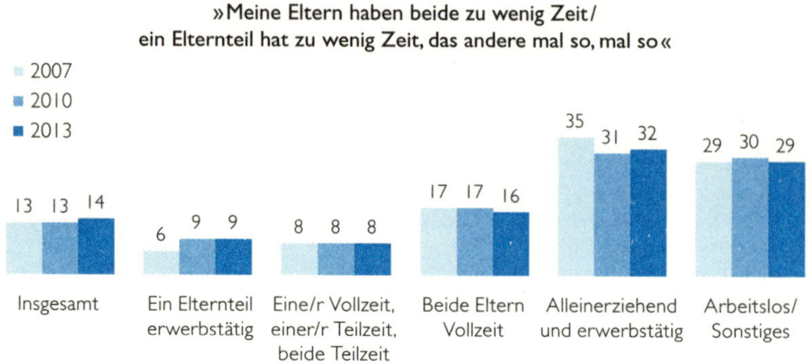

dern benannt, deren Eltern einer Erwerbstätigkeit nachgehen. Ist nur ein Elternteil erwerbstätig, so verweisen 9 % der Kinder auf ein Zuwendungsdefizit. Sind beide Elternteile erwerbstätig, entweder einer in Vollzeit oder einer oder beide in Teilzeit, so sind es ebenfalls nicht mehr als 8 %, die auf ein Zuwendungsdefizit verweisen. Sind beide Eltern in Vollzeit, so steigt der Anteil auf 16 %.

Eine deutlich andere Situation findet sich aber bei Alleinerziehenden, die gleichzeitig erwerbstätig sind: Hier beklagen 32 % ein Zuwendungsdefizit. Ein ähnliches Ausmaß wird mit 29 % von den Kindern berichtet, deren Eltern arbeitslos sind oder aus sonstigen Gründen keiner Erwerbstätigkeit nachgehen.[36]

Vereinbarkeit von Familie und Beruf: die Sicht der Eltern

Wir haben die Frage der Vereinbarkeit von Familie und Beruf in unserer aktuellen Kinderstudie diesmal auch spiegelbildlich bei den Eltern erhoben.[37] Insgesamt haben 14 % der Eltern geantwortet, dass ihnen die Vereinbarkeit »sehr gut«, und weitere 52 %, dass ihnen dies »gut« gelingt. »Mittelmäßig« haben 26 %, »eher schlecht« 5 % und »sehr schlecht« 1 % benannt (2 % haben hier keine Antwort gegeben (Abb. 3.10).

Das Alter und das Geschlecht des Kindes machen an dieser Stelle keinen Unterschied. Wie kaum anders zu erwarten, fällt bei der Bewertung der Vereinbarkeit dann aber die

36 Nimmt man zusätzlich zu den Kindern mit Zuwendungsdefizit auch diejenigen hinzu, die über fehlende Zeit nur bei einem einzelnen Elternteil berichten, so ergibt sich in der Tendenz ein vergleichbares Ergebnis.

37 Die Fragen zur Familie und zum elterlichen Hintergrund wurden stellvertretend von einem Auskunftgeber, zu 83 % von der Mutter und zu 17 % vom Vater, gegeben.

Abb. 3.10 **Erwerbsbeteiligung und Vereinbarkeit von Familie und Beruf – die Sicht der Eltern**

Basis: Eltern von Kindern im Alter von 6 bis 11 Jahren in Deutschland (Angaben in %)

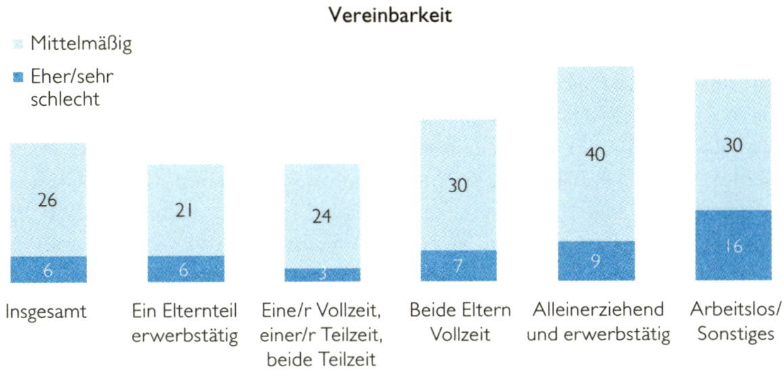

wirtschaftliche Situation der Familie stark ins Gewicht. In jeder zweiten Familie, für die eines der befragten Kinder über (mindestens) einen der von uns erhobenen Armutsindikatoren berichtet (siehe Abschnitt 3.4), wird die Vereinbarkeit von Familie und Beruf als mittelmäßig (33 %) oder (eher) schlecht (17 %) bezeichnet.

Unterscheidet man die Antworten des Auskunft gebenden Elternteils nach der Familienform, dann berichtet jede zweite/jeder zweite Alleinerziehende über eine mittelmäßige (38 %) oder (eher) schlechte Vereinbarkeit (13 %). Für Drei- und Mehr-Kind-Familien wird zu 23 % eine mittelmäßige und bei 9 % ebenfalls eine (eher) schlechte Vereinbarkeit benannt. Bei Zwei-Kind-Familien schätzen 23 % die Vereinbarkeit nur mittelmäßig und 4 % (eher) schlecht und bei Ein-Kind-Familien 27 % mittelmäßig und 2 % (eher) schlecht ein.

Differenziert nach der Erwerbsbeteiligung, ergibt sich schließlich das folgende Bild: Am häufigsten beklagen auch in diesem Fall 49 % der Alleinerziehenden, die gleichzeitig erwerbstätig sind, eine mittelmäßige (40 %) oder eine schlechte Vereinbarkeit (9 %), gefolgt von 46 % derjenigen, bei denen beide Eltern arbeitslos oder aus sonstigen Gründen nicht erwerbstätig sind. Hier sind es 30 % mit einer mittelmäßigen Vereinbarkeit und sogar 16 %, die die Vereinbarkeit von Familie und Beruf als für sich (eher) schlecht bewerten.

Sind beide Eltern in Vollzeit erwerbstätig, so trifft dies auf 37 %, davon 30 % mittelmäßig und 7 % (eher) schlecht und demnach aber auch an dieser Stelle deutlich weniger zu. Ist ein Elternteil in Vollzeit, der andere oder beide in Teilzeit erwerbstätig, so sind es nur noch 27 %, dabei 24 % mittelmäßig und 3 % (eher) schlecht, die über Vereinbarkeitsprobleme berichten. Vergleichbares gilt auch für die Konstellation »Ein Elternteil erwerbstätig« mit 27 % und davon 21 % mittelmäßiger und 6 % (eher) schlechter Vereinbarkeit.

Im Zusammenhang betrachtet, führt die Konstellation mehrerer Faktoren – niedriger Bildungsabschluss, Arbeitslosigkeit und Armutsrisiko und/oder Familienform (alleinerziehend) – häufiger zu einer mittelmäßigen bis schlechten Vereinbarkeit von Familie und Beruf. Bei einer Konstellation mit zwei in Vollzeit Erwerbstätigen Eltern wird ebenfalls häufiger über Probleme bei der Vereinbarkeit berichtet, jedoch weniger häufig als bei Eltern in prekären Beschäftigungslagen. Familien, die sich arbeitsteilig organisiert haben mit einer Kombination aus Vollzeit- und Teilzeiterwerbsbeteiligung, berichten hingegen nicht häufiger über Probleme bei der Vereinbarkeit als Familien mit einem erwerbstätigen Elternteil.

Zuwendung und Zeit für Kinder funktionieren sowohl aus Sicht der Kinder als auch aus Sicht der Eltern offenbar dann am besten, wenn die familiären Verhältnisse stabil und berechenbar sind. Dies ist ganz offensichtlich dort am besten gelöst, wo die Eltern eine tragfähige Beteiligung am Erwerbsleben gesichert haben. Deutlich problematisch und defizitär ist die familiäre Betreuungssituation hingegen dort, wo die Verhältnisse instabil sind, sei es, weil ein alleinerziehendesr Elternteil aufgrund der eigenen Erwerbstätigkeit nicht genügend Zeit hat, oder aber, weil aufgrund von Arbeitslosigkeit oder sonstigen prekären Lagen beide Elternteile keine hinreichende Betreuungsintensität realisieren können. Zeit ist demnach eine wichtige Voraussetzung für eine gute und verlässliche Betreuung der Kinder. Auch hier muss ein potenzielles »mehr« aber trotzdem nicht immer gleich »besser« sein. Neben der Zeit geht es vor allem um die Qualität der Beziehung, zusammengenommen also um die »Qualitätszeit«. In einer stabilen familiären Konstellation mit einer sicheren ökonomischen Basis aufgrund einer gemeinsamen und gut abgestimmten Erwerbsbeteiligung beider Elternteile ist dies aus der Sicht von Kindern und Eltern besser möglich als in einer wirtschaftlich und/oder emotional unsicheren Lage, die von Kindern und auch Eltern als unbefriedigend oder belastend empfunden wird.

Für Alleinerziehende ist an dieser Stelle die Verfügbarkeit einer geeigneten institutionellen Kinderbetreuung alternativlos, da ansonsten eine Abhängigkeit von Transferleistungen zur Armutsvermeidung (etwa Hartz IV oder Sozialgeld) kaum vermeidbar sein wird. Auffällig ist aber auch, dass Familien mit mehreren Kindern im Alltag ebenfalls häufiger, und hierbei sicherlich auch aufgrund fehlender Familienfreundlichkeit, Probleme mit der Vereinbarkeit von Familie und Beruf haben. Dies nehmen sowohl die Kinder wahr (vgl. dazu Kapitel 2.7) als auch deren Eltern. Die Forderung nach Zeit, Geld und Infrastruktur als den im 7. Familienbericht (BMFSFJ 2006) benannten wichtigsten Strategien für eine nachhaltige Familienpolitik leistet von daher auch an dieser Stelle einen wichtigen Beitrag zur Sicherung des Wohlbefindens sowohl bei Kindern als auch bei deren Eltern.

Monika Pupeter und Klaus Hurrelmann

4 Die Schule: als Erfahrungsraum immer wichtiger

Im Alltag der 6- bis 11-Jährigen nimmt Schule einen großen Raum ein. Dies betrifft nicht nur die zeitliche Dimension und die Strukturierung des Tages, die mit dem Schuleintritt vorgegeben werden. Auf die Kinder kommen auch ganz neue soziale und intellektuelle Anforderungen zu, denn es geht jetzt um die Auseinandersetzung mit verschiedensten Lerninhalten und den Erwerb von Wissen und Basiskompetenzen wie Lesen, Schreiben und Rechnen. Mit Eintritt in die Schule beginnt für die Kinder außerdem eine Zeit in einer neuen Gemeinschaft, in der man seinen eigenen Platz erst einmal finden und behaupten muss. Schule ist ein sozialer Ort, an dem Kinder neue Freundschaften knüpfen und Freunde treffen können. Die Kinder werden neben den eigentlichen Lerninhalten also auch mit einer höheren Anforderung an ihre soziale Kontakt- und Anpassungsfähigkeit konfrontiert, und zugleich müssen sie sich auf neue räumliche Bedingungen einstellen. Kurz: Schule hat für Kinder sehr viele Facetten, und für jedes einzelne Kind sind mit dem Eintritt in die Schule Möglichkeiten, Entdeckungsräume und neue Chancen, aber auch Eingrenzungen, Enttäuschungen und Anstrengungen verbunden, die es zu meistern gilt. Die Schule wird ein immer wichtigerer Erfahrungsraum im Leben der Kinder.

In den meisten Bundesländern dauert die Grundschule nur vier Jahre. Schon im dritten Schuljahr schiebt sich eine der dringendsten Fragen der weiteren Schullaufbahn in den Vordergrund: Welche Übergangsmöglichkeit wird es im Anschluss an die Grundschulzeit geben? Wird der Wunsch der Eltern in Erfüllung gehen, wenn irgend möglich auf ein Gymnasium oder eine andere Schule mit einer gymnasialen Oberstufe zu kommen? Dieser Elternwunsch ist in den letzten Jahren, zuletzt im Zusammenhang mit der lang anhaltenden Arbeitsmarkt- und Finanzkrise, noch einmal kräftig gestärkt worden. Das lässt sich besonders deutlich an den Übergangsquoten an Gymnasien und Schulen mit gymnasialer Oberstufe ablesen, die bundesweit inzwischen bei weit über 50 % liegen (Autorengruppe Bildungsberichterstattung 2012, S. 253). Hierdurch entsteht in der Grundschule schon von Anfang an ein großer Bewährungs- und Leistungsdruck.

Das Thema »Schule« spielt aus diesen Gründen in den World Vision Kinderstudien eine große Rolle. Wie die aktuelle Studie erneut zeigt, haben die Kinder zum Thema »Schule« auch tatsächlich viel zu sagen. Sie sind sich der Bedeutung dieses Lebensbereichs sehr bewusst und haben klare Meinungen und Einstellungen zu schulischen Fragen. Auf diese gehen wir in diesem Kapitel ein: Zuerst wird aufgezeigt, wie die Perspektiven und Wünsche der Kinder für die weitere Schullaufbahn aussehen und wie sie nach der sozialen Herkunft der Kinder, also dem sozialen und ökonomischen Status des Elternhauses, verteilt sind. Danach gehen wir auf die Erwartungen und Wünsche ein, die Kinder an die Ganztagsschule haben. Anschließend folgt eine Übersicht zu den Einschätzungen, wie und wo sie im Alltag von Schulleben und Unterricht und bei der Ausgestaltung der Schule mitbestimmen können. Zum Schluss des Kapitels stellen wir die Frage, wie gerecht die Kinder die Schule wahrnehmen und wie zufrieden sie mit ihrem Schulalltag sind.

4.1 Die soziale Herkunft prägt die Bildungserwartungen

Die Ergebnisse international vergleichender Studien (vor allem IGLU, PISA und TIMSS) haben deutlich gemacht, dass in Deutschland die schulischen Leistungen stärker als in den meisten anderen Ländern durch die Herkunft der Kinder geprägt sind (Baumert et al. 2006; Bos et al. 2010). Sind die Eltern wirtschaftlich wohlhabend, haben einen hohen sozialen Status inne und sind selbst gut gebildet, dann überträgt sich das auf die Erwartungen und meist auch die tatsächlichen schulischen Leistungen ihrer Kinder. Haben die Eltern einen niedrigen oder gar keinen Schulabschluss und/oder stehen sie wirtschaftlich schlecht da, dann schneiden ihre Kinder in der Schule meist vergleichsweise schlecht ab (Hadjar, Becker 2006; Quenzel, Hurrelmann 2010).

Dieser enge Zusammenhang ist darauf zurückzuführen, dass den Eltern in Deutschland traditionell eine besonders große Gestaltungs- und Einflussmöglichkeit auf die Erziehung und Bildung der Kinder eingeräumt wird. Entsprechend zurückhaltend im Vergleich zu anderen Ländern erfolgte in der Nachkriegszeit der Ausbau des Angebotes von Krippen- und Kindergartenplätzen und der von Ganztagsprogrammen an Schulen. Erst durch die Auswirkungen des »Kinderförderungsgesetzes« aus den späten 1990er-Jahren gibt es ab 1. August 2013 einen Rechtsanspruch auf frühkindliche Förderung in einer Tageseinrichtung vom ersten Lebensjahr an. Schon im Vorfeld hat dieses Gesetz dafür gesorgt, den Anteil der Kinder über drei Jahren, der Kindergärten besucht, nachdrücklich zu steigern. Der Ganztagsbetrieb an Schulen wurde mit dem Inkrafttreten des »Investitionsprogramms Zukunft Bildung und Betreuung« der Bundesregierung vom Jahr 2003 an unterstützt. Bis heute ist allerdings fraglich, ob die hierdurch eingeleiteten Reformschritte so stark sind, dass sie das hohe Ausmaß von familiär ungleichen Ausgangschancen abfangen können.

Tab. 4.1 **Kinder nach Klassenstufe und sozialer Herkunftsschicht**

Basis: Kinder im Alter von 6 bis 11 Jahren in Deutschland

Spalten in %	Gesamt	Unter-schicht	Untere Mittel-schicht	Mittel-schicht	Obere Mittel-schicht	Ober-schicht
1. Klasse	19	26	19	19	19	17
2. Klasse	18	15	18	20	19	15
3. Klasse	19	19	18	18	19	20
4. Klasse	17	19	21	19	15	15
5. Klasse	19	17	18	18	19	21
6. Klasse[1]	8	4	6	6	9	12

1 Inklusive 7. Klasse (Anteil unter 1 %)

Die Bildungswege der Kinder

Die World Vision Kinderstudie ermöglicht eine Analyse des Zusammenhangs von sozialer Herkunft und eingeschlagenem Bildungsweg der Kinder im Jahre 2013. Schauen wir zunächst darauf, welche Klassenstufe die befragten Kinder im Alter von 6 bis 11 Jahren zu Jahresbeginn 2013, dem Zeitpunkt der Befragung, besuchten (Tab. 4.1). Dabei wird in der Spalte »Gesamt« sichtbar, dass sich die Kinder relativ gleichmäßig über die Klassenstufen 1 bis 5 verteilen (zwischen 17 % und 19 % pro Klassenstufe). Etwa 8 % der Kinder besuchen bereits die 6. Klasse. Hinsichtlich der sozialen Herkunft der Kinder zeigen sich allerdings erhebliche Unterschiede. Während über ein Viertel der Kinder aus der Unterschicht (26 %) die 1. Klasse besucht, sind es aus der Oberschicht nur 17 %. In der 5. und 6. Klassenstufe ist das Bild umgekehrt, hier stammen 21 % der 6- bis 11-Jährigen aus der Unterschicht und 33 % aus der Oberschicht.

Diese ungleiche Aufteilung der Kinder auf die Klassenstufen ist auf den schon gleich zu Beginn der Schulzeit eintretenden Startvorteil der Kinder aus den höheren sozialen Schichten zurückzuführen. Da ihre Eltern sie besser auf den Schulanfang vorbereitet haben, werden diese Kinder seltener von der Einschulung zurückgestellt oder können zu einem höheren Anteil von der »Kann-Regelung« Gebrauch machen, die unter bestimmten Umständen ein frühzeitiges Einschulen ermöglicht. Zusammen mit der gezielten Unterstützung, die diese Kinder zu Hause von ihren Eltern erhalten, finden sie hierdurch schneller als die Kinder aus den niedrigeren sozialen Schichten in den Arbeitsrhythmus und die sozialen Umgangsformen des Schullebens hinein. Sie starten auf diese Weise mit einem zeitlichen Vorsprung, den sie im Laufe der Grundschulzeit immer weiter ausbauen und der schließlich auch dazu führt, dass sie sich leistungsmäßig besser entfalten und weit höhere Chancen auf einen Übergang in das

Tab. 4.2 **Besuchte Schulform der Kinder (Angabe der Eltern) nach sozialer Herkunftsschicht**
Basis: Kinder im Alter von 6 bis 11 Jahren in Deutschland

Spalten in %	Gesamt	Unter-schicht	Untere Mittel-schicht	Mittel-schicht	Obere Mittel-schicht	Ober-schicht
Grundschule	68	68	67	70	70	64
Hauptschule	5	12	10	6	1	1
Realschule	8	4	9	8	7	7
Gymnasium	11	1	4	7	15	21
Schule m. mehr. Bildungsg.	4	2	3	5	5	6
Förderschule/Sonderschule	4	13	7	4	2	1

Gymnasium erarbeiten können (Hadjar, Becker 2006; Maaz et al. 2010; Stubbe 2009).

Tabelle 4.2 zeigt, wie sich die Schullaufbahn während der Grundschulzeit auf die Übergänge auf weiterführende Schulformen auswirkt. Die große Mehrzahl der befragten 6- bis 11-Jährigen befindet sich noch in der Grundschule, aber das eine Drittel, das bereits die Grundschule verlassen hat und übergegangen ist, verteilt sich recht ungleich auf weiterführende Schulformen. Während die Kinder aus der Unterschicht überwiegend an der Hauptschule sind (12 %), finden sich die aus der Oberschicht in den Gymnasien (21 %) oder den Schulen mit mehreren Bildungsgängen (6 %) (Gesamtschulen, integrierte Sekundarschulen, Stadtteilschulen und dergleichen), die einen direkten Zugang zur gymnasialen Oberstufe anbieten.

Vergleichen wir diese Ergebnisse mit denen aus den Studien der Jahre 2007 und 2010, so zeigen sich kaum Veränderungen. Auch in beiden zurückliegenden World Vision Kinderstudien lag der Anteil der Kinder aus der Unterschicht, die nach den Angaben der Eltern ein Gymnasium besuchen, bei etwa 1 %, während dies bei Kindern aus der Oberschicht auf ein gutes Fünftel zutrifft. Auch die Beteiligung an den anderen Schulformen hat sich im Zeitvergleich nicht verschoben.

Wie sind diese Befunde zu interpretieren? Nach unserem Eindruck hat sich der Zusammenhang von sozialer Herkunft und Bildungslaufbahn in dem von uns erfassten Zeitraum von sechs Jahren verfestigt. Die oben erwähnten bildungspolitischen Reformen (Ausbau des Vorschul- und Ganztagsangebotes) und die intensive öffentliche Diskussion zum Thema »ungleiche Bildungschancen« haben ganz offensichtlich noch zu keinen messbaren Auswirkungen geführt. Nach wie vor werden die aus dem Elternhaus von den Kindern »mitgebrachten« sozialen Ungleichheiten durch die pädagogischen Impulse der Schule nicht so stark ausgeglichen oder aufgebrochen, wie es politisch eigentlich erwünscht ist (Hurrelmann et al. 2011).

Tab. 4.3 **Angestrebter Schulabschluss nach Alter der Kinder**

Basis: Kinder im Alter von 6 bis 11 Jahren in Deutschland

Spalten in %	Gesamt	Mädchen	Jungen	6–7 J.	8–9 J.	10–11 J.
Hauptschulabschluss	5	4	6	5	4	5
Realschulabschluss	27	25	28	13	31	33
Abitur	45	49	42	37	44	52
Weiß nicht	23	22	24	45	21	10

Die Bildungswünsche der Kinder

Wie in den vorangehenden beiden World Vision Kinderstudien wurden die 6- bis 11-Jährigen auch in der aktuellen Untersuchung wieder gefragt, welchen Bildungsabschluss sie anstreben. Die entsprechende Frage für Grundschüler lautete: »Auf welche weiterführende Schule möchtest du später gerne gehen? Hauptschule (Hauptschulabschluss), Realschule (Realschulabschluss) Gymnasium (Abitur), weiß nicht/egal«. Kinder, die schon eine weiterführende Schule besuchten, wurden gefragt: »Welchen Schulabschluss möchtest du gerne später erreichen? Den Hauptschulabschluss, den Realschulabschluss oder das Abitur, oder weiß nicht/egal«.

In Tabelle 4.3 sind die Antworten der Kinder auf diese Frage abzulesen. Es überrascht nicht, dass bei den Jüngeren der Anteil derer, die noch unentschieden sind, relativ hoch ist. 45 % der 6- bis 7-Jährigen wissen noch nicht oder es ist ihnen egal, auf welche weiterführende Schule sie einmal gehen wollen. Bei den 10- bis 11-Jährigen ist dieser Wert dann schon auf 10 % gesunken. Die Tendenz der Bildungswünsche ist eindeutig: Sind es bei den Jüngeren noch 37 %, die das Abitur anstreben, steigt dieser Wert bei den Älteren auf 52 %. Auch das Votum für einen Realschulabschluss wird mit steigendem Alter der Kinder immer größer. Einzig der Hauptschulabschluss bleibt unattraktiv und rangiert sowohl bei den Jüngeren als auch den Älteren bei nur rund 5 %.

Wie diese Daten zeigen, sind sich die Kinder der Wertigkeit der Schulabschlüsse schon früh bewusst. Ein Drittel möchte den mittleren Abschluss, über die Hälfte das Abitur erreichen. Zusammengenommen ist es also eine erdrückende Mehrheit von 85 % der 10- und 11-Jährigen, die sich anspruchsvolle Ziele für ihre Schullaufbahn setzen. Es kann kein Zweifel daran bestehen, dass sich hierin die Wünsche der Eltern und ihre Mahnungen widerspiegeln, ohne einen solchen anspruchsvollen Schulabschluss sei ein späterer beruflicher Erfolg schwer zu erreichen. Interessant ist, wie viel ehrgeiziger die Bildungswünsche der Mädchen gegenüber denen der Jungen sind. Hierin drückt sich die auch in anderen Untersuchungen erkennbare stark gestiegene Bildungsmotivation der Mädchen aus, die sich in den weiterführenden Schulen fortsetzt und zu einer immer größeren relativen Be-

Abb. 4.1 **Angestrebter Schulabschluss nach sozialer Herkunftsschicht**

Basis: Kinder im Alter von 6 bis 11 Jahren in Deutschland (Angaben in %)

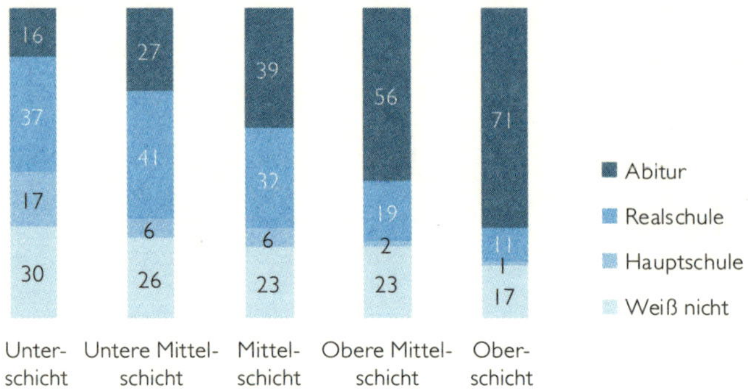

nachteiligung der Jungen führt (Hurrelmann, Schultz 2012). Unterschiede zwischen Ost- und Westdeutschland sind hingegen minimal.

In Abbildung 4.1 stellen wir den Zusammenhang von sozialer Herkunft und angestrebtem Schulabschluss der Kinder dar.[38] Die Abbildung zeigt erhebliche Ungleichverteilungen: Die Kinder aus der Oberschicht möchten nach der Grundschule zu 71 % auf das Gymnasium gehen, 11 % geben die Realschule und nur 1 % die Hauptschule an. Im Kontrast dazu liegt für nur 16 % der Kinder aus der Unterschicht das Abitur im Erwartungshorizont, 37 % wollen die Schule mit einem Realschulabschluss und 17 % mit einem Hauptschulabschluss abschließen. Mehr als viermal so viele Kinder aus der Oberschicht als aus

38 In einer vertiefenden multivariaten Zusammenhangsanalyse haben wir alle Faktoren geprüft, die Einfluss darauf haben, ob Kinder im Alter von 6 bis 11 Jahren meinen, ihre Schulzeit mit dem Abitur zu beenden. Die größte Erklärungskraft besitzt die soziale Herkunft der Kinder. Auch der Einfluss des Alters der Kinder bleibt in der Zusammenhangsanalyse bestehen. Als weiterer Einflussfaktor lässt sich das Freizeitverhalten der Kinder benennen. Betrachtet man die Freizeittypen, so haben im Vergleich zu den »Vielseitigen Kids« mit 58 % die »Medienkonsumenten« mit 29 % einen deutlich geringer ausgeprägten Wunsch nach dem Schulabschluss Abitur. Einen zusätzlich erklärenden Effekt bringt die Siedlungsstruktur, in der sich im Wesentlichen die Angebotsstruktur der Schulen widerspiegelt. Im ländlichen Raum gibt es weniger Schulen zur Erreichung eines höheren Bildungsabschusses. Kinder, die ein Gymnasium besuchen wollen, müssen auf dem Land meist längere Schulwege in Kauf nehmen. Auch dieser Aspekt spielt bei der Überlegung, welchen Abschluss man anstrebt, eine wesentliche Rolle. Im großstädtischen Raum hingegen gibt es mehrere verschiedene Schultypen zur Auswahl, die von den Schülern meist mit vertretbarem zeitlichem Aufwand erreicht werden können. Dies schlägt sich auch in der jeweiligen Erwartung der Erreichbarkeit des Abiturs nieder (49 % versus 39 %).

der Unterschicht streben also den begehrten höchsten Abschluss »Abitur« an. Während die Kinder aus der Oberschicht zu 17 % unschlüssig sind, welchen Schulabschluss sie anstreben wollen, liegt dieser Wert bei den Kindern aus der Unterschicht fast doppelt so hoch bei 30 %. Die Kinder aus den mittleren drei sozialen Schichten liegen mit ihren Angaben zwischen diesen Extremen.

Schon früh im Leben, so lassen sich diese Ergebnisse interpretieren, spüren die Kinder in Deutschland die Auswirkung ihrer sozialen Herkunft auf die spätere Bildungslaufbahn. Sie sind sich zumindest intuitiv bewusst, welche soziale Position ihr Elternhaus einnimmt, wie sich das auf ihre aktuelle Leistungsposition auswirkt und welche Zukunfts- und Entwicklungschancen sich daraus ergeben. Offensichtlich erhalten sie aus Familie, Schule, Nachbarschaft und Umwelt so viele Hinweise und Signale über ihr Leistungs- und Entwicklungspotenzial, dass sie daraus eine Abschätzung ihrer eigenen Chancen im weiteren Bildungsverlauf ableiten können. Mit dem Älterwerden wird diese Abschätzung immer genauer, die »Weiß nicht«-Angaben werden seltener, und so kommt es dann dazu, dass die Unterschiede in den Zukunftsperspektiven sich weiter vergrößern.

Aus wissenschaftlichen Studien wissen wir, wie bedeutsam Bildungsaspirationen für Motivation und Arbeitsstil von Schülerinnen und Schülern sind. Wer sich hohe Ziele setzt, bringt in der Mehrzahl der Fälle auch die Energie und Ausdauer auf, um sie zumindest zu einem großen Teil zu erreichen (Hopf 2010). Die zum Ausdruck gebrachten Schulabschlusswünsche sind aus diesem Grund von großer prognostischer Kraft für die später tatsächlich erreichten Bildungsziele.

Im Vergleich zu den World Vision Kinderstudien 2007 und 2010 hat sich an der Tendenz dieser Zusammenhänge übrigens kaum etwas verändert. Wir werten das als ein Indiz für zwei Tendenzen: Zum Ersten ist es, wie schon erwähnt, in den letzten Jahren trotz aller Reformdebatten noch nicht zu einer faktischen Verbesserung der Bildungschancen nach sozialer Herkunft gekommen. Zum Zweiten kann bei aller bildungspolitischen Problematik, die mit der großen Ungleichheit verbunden ist, immerhin geschlussfolgert werden, dass sich der Druck auf die Kinder, den hochwertigen Schulabschluss Abitur zu erwerben, seit 2007 nicht weiter erhöht hat.

Die Bildungswünsche im Zeitvergleich

Ein genauer Blick auf die Werte zum angestrebten Schulabschluss »Abitur« im Zeitvergleich bestätigt diese zweite Schlussfolgerung. Wie aus Tabelle 4.4 abzulesen ist, hat sich der Wunsch der Kinder, das Abitur zu erreichen, im Verlauf unserer Studien nicht verstärkt, sondern leicht abgeschwächt. Da 2007 die 6- bis 7-Jährigen noch nicht in die Erhebung einbezogen waren, sind im oberen Teil der Tabelle nur die Ergebnisse für 2010 und 2013 aufgeführt. Der Trend ist eindeutig: In allen sozialen Schichten wird 2013 das Abitur zu einem geringeren Prozentsatz angestrebt als 2010. Nicht ganz so eindeutig ist der Befund, wenn aus allen drei World Vision Kinderstudien im unteren Teil der Tabelle die Ergebnisse für die 8- bis 11-Jährigen verglichen

Tab. 4.4 **Angestrebter gymnasialer Abschluss im Zeitvergleich**

Basis: Kinder im Alter von 6 bis 11 Jahren in Deutschland

Spalten in %	Gesamt	Unterschicht	Untere Mittelschicht	Mittelschicht	Obere Mittelschicht	Oberschicht
6- bis 11-Jährige						
2010	50	19	30	45	64	76
2013	45	16	27	39	56	70
8- bis 11-Jährige						
2007	49	21	32	36	68	82
2010	53	16	28	50	70	82
2013	48	19	27	42	61	73

werden. Trotz der starken Schwankungen in den Prozentwerten überwiegt insgesamt der Rückgang des Abschlusswunsches »Abitur«. Außerdem scheint im Zeitvergleich die Vorstellung darüber, welche weiterführende Schule und welcher Abschluss erreicht werden kann, unklarer geworden zu sein, wie sich am gestiegenen Anteil der Antwortmöglichkeit »weiß nicht/ egal« ablesen lässt (ohne Tabelle).

Sollte dieser Trend in der nächsten World Vision Studie anhalten, dann könnte er als ein Zeichen der Verunsicherung gewertet werden, ob und welcher Schulabschluss im Grundschulalter angestrebt werden soll und kann. Da sich in den Äußerungen der Kinder auch die Perspektiven ihrer Eltern widerspiegeln, macht der Befund möglicherweise auch auf eine Trendwende aufmerksam und ist ein erster Hinweis auf eine Entkrampfung der prestige- und statusgeladenen Entscheidungen über die künftigen Bildungswege der Kinder. Viele Eltern fühlen sich mit dem Druck unwohl, schon vom dritten Schuljahr ihrer Kinder an auf das »Grundschulabitur« achten zu müssen, und bevorzugen Schulen mit mehreren Bildungswegen, die auch einen Abiturabschluss anbieten, aber die Möglichkeit einräumen, die Entscheidung dafür erst im Verlauf der Schulzeit an der weiterführenden Schule zu treffen.

4.2 Die Kinder haben hohe Erwartungen an die Ganztagsschule

Der seit 2003 begonnene Ausbau der Ganztagsschulen in Deutschland ist eine Reaktion auf die immer häufigere Berufstätigkeit beider Eltern, hat aber gleichzeitig die Zielsetzung, die erwähnten Unterschiede der Bildungschancen auszugleichen und Kindern aus bildungsfernen Elternhäusern eine zusätzliche Förderung zukommen zu lassen. Schulische Angebote am Nachmittag, ergänzt durch sportliche, musische und kulturelle »Freizeit«-Aktivitäten, sollen vor allem die bildungsfernen Kinder unterstützen und ihnen Möglichkeiten zur Entfaltung bieten, die über den traditionellen Rahmen der Halbtagsschule mit ihrem auf Unterricht und Wissensvermittlung ausgerichteten Profil hinausgehen (Bremm 2013; Fischer et al. 2011).

Immer mehr Ganztagsschulen

Nach der Definition der Kultusministerkonferenz (KMK) zählt eine Schule schon dann als Ganztagsschule, wenn die Kinder an mindestens drei Tagen in der Woche sieben Zeitstunden in der Schule verbringen. Ganztagsangebote an Schulen mit »offenem« Konzept bieten Kindern und ihren Familien die Möglichkeit, sich für oder gegen eine nachmittägliche Betreuung an der Schule zu entscheiden. Bei dieser offenen Form sind die Unterrichts- und Freizeiteinheiten am Nachmittag also reine Wahlangebote, die nicht von allen Schülerinnen und Schülern einer Klasse besucht werden müssen. Von einer »teilweise gebundenen« oder »voll gebundenen« Ganztagsschule spricht die KMK, wenn die Beteiligung an den Nachmittagsangeboten zumindest in einigen Bereichen und bestimmten Zeitbändern verbindlich für die Kinder ist, die dafür angemeldet wurden (KMK Sekretariat 2012). Nach offiziellen Angaben sind nach dieser umfassenden Definition inzwischen mehr als die Hälfte aller Schulen Ganztagsschulen, an der Spitze Schulen mit mehreren Bildungsgängen/integrierte Gesamtschulen, Förderschulen und Hauptschulen. Grundschulen wurden im Jahr 2010 zu 44 % als Gesamtschulen eingestuft, allerdings nur zu etwa 6 % als gebundene und zu 38 % als offene Formen (Autorengruppe Bildungsberichterstattung 2012, S. 78).

Anhand der Angaben der Kinder lässt sich die tatsächliche Entwicklung des Ganztagsschulbetriebs in den letzten Jahren nachzeichnen. Die Kinder können treffender und authentischer als die offiziellen Statistiken darüber informieren, wie viele von ihnen unabhängig von der offenen oder der gebundenen Form tatsächlich an Ganztagsangeboten der jeweiligen Schulen teilnehmen. Ihre Aussagen sind eindeutig: Seit 2007 ist der Anteil der Besucher von Ganztagsangeboten deutlich angewachsen. Er hat sich fast verdoppelt: 2007 gaben 13 % der 8- bis 11-Jährigen an, dass sie eine Ganztagsschule besuchen, sechs Jahre später sind es bereits 23 % (Abb. 4.2).

Bezieht man für die aktuelle Studie 2013 die 6- bis 7-jährigen Kinder mit ein, liegt die Quote für den Ganztagsschulbesuch bei insgesamt 24 %. In der ersten Klasse, so die aktuellen Befragungsergebnisse, ist inzwischen mehr als jedes vierte Kind (26 %) ganztags in der Schule. Aus diesen Zahlen lässt sich schließen, dass die Teilnahme an den Ganztagsangeboten weiter im Steigen begriffen ist. Nach den Angaben der Kinder besuchen insgesamt 20 % der Grundschüler, 27 % der Hauptschüler, 19 % der Realschüler, 60 % der Förderschüler und 55 % der Schüler an Schulen mit mehreren Bildungsgängen (einschließlich Gesamtschulen) eine Ganztagsschule (ohne Tabelle).

Abb. 4.2 **Kinder in schulischer Ganztagsbetreuung im Trend**
Basis: Kinder im Alter von 8 bis 11 Jahren in Deutschland (Angaben in %)

Unsere Untersuchung bestätigt die Statistiken der KMK, wonach in den verschiedenen Bundesländern und Regionen in Deutschland noch sehr unterschiedliche Ausbaustufen dieser Schulart anzutreffen sind. Der Besuch von Ganztagsschulen kann von Kindern und ihren Eltern nur dann in Erwägung gezogen werden, wenn in der Region entsprechende Schulangebote vorhanden sind. Nach den Angaben der Kinder ist das in Ostdeutschland mit 39 % erheblich häufiger als in Westdeutschland mit 21 % der Fall. Auch ist der Anteil der Ganztagsschüler in (Groß-)Städten (30 %) und Verdichtungsräumen (23 %) höher als in anderen Regionen (Tab. 4.5). Besonders groß ist der Unterschied zwischen den alten und neuen Bundesländern im Primarbereich: So ist der Anteil der Grundschüler, die eine Ganztagsschule besuchen, im Osten mit 41 % besonders hoch, im Westen sind es im Vergleich dazu 16 % (ohne Tabelle).

Eine statistische Zusammenhangsanalyse, in der wir bei Konstanz der regionalen Angebotsfaktoren (alte/neue Bundesländer und Siedlungsstruktur) persönliche und soziale Einflussfaktoren auf die besuchte Schulform betrachten, bringt keine weiteren signifikanten Erklärungen (ohne Tabelle). Individuelle Merkmale wie Alter und Geschlecht scheinen für den Besuch einer Ganztagsschule eine untergeordnete Rolle zu spielen. Auch der Zuwanderungshintergrund der Familien der Kinder fällt nicht besonders ins Gewicht. Die Haupterklärungskraft für den Besuch einer Ganztagsschule liegt in der Angebotsstruktur begründet. Entscheidend ist demnach, wo eine Familie wohnt und ob sie eine realistische Möglichkeit hat, sich frei für einen Ganztagsschulplatz ihrer Kinder zu entscheiden.

Die soziale Herkunft der Kinder an Ganztagsschulen

Der von der Politik geförderte Ausbau der Ganztagsschule ist, wie schon erwähnt wurde, auch als Antwort auf das unbefriedigende Abschneiden der Kinder aus den unteren sozialen Schichten bei den international vergleichenden Leistungsbewertungen zu sehen. Mit der Vertiefung und Ergänzung von schulischen Lernangeboten in Ganztagsschulen soll eine Ergänzung der familiären Impulse für

Tab. 4.5 **Besuchte Schulform nach regionalen Merkmalen**
Basis: Kinder im Alter von 6 bis 11 Jahren in Deutschland

Spalten in %	Gesamt	West	Ost	(Groß-) Stadt	Randlagen von (Groß-) Städten	Verdichtungsräume	Ländliche Räume
Halbtags-schule	76	79	61	70	81	77	81
Ganztags-schule	24	21	39	30	19	23	19

die Bildungslaufbahn der Kinder erfolgen, um ihre relativ ungünstigen Bildungschancen zu verbessern.

Was zeigen uns die Ergebnisse der aktuellen Kinderstudie in dieser Hinsicht? Im Jahr 2013 besucht fast jedes dritte Kind aus der Unterschicht nach eigenen Angaben eine Ganztagsschule, bei Kindern aus der Oberschicht ist es nur jedes fünfte, bei Kindern aus den mittleren Schichten etwas mehr als jedes fünfte Kind (Abb. 4.3). Das ist ein Ergebnis, das auf den ersten Blick den politischen Absichten bei der Etablierung dieser neuen schulischen Angebotsform grundsätzlich entgegenkommt: Die Kinder aus der Unterschicht, die aus den besonders bildungsfernen Elternhäusern kommen, nutzen nach ihren eigenen Angaben das schulische Ganztagsangebot überdurchschnittlich häufig.

Vergleichen wir diese Ergebnisse mit denen aus den World Vision Kinderstudien 2007 und 2010, so zeigen sich interessante Entwicklungsverläufe. Im Jahr 2007 war der Unterschied im Besuch von Ganztagsschulen zwischen Kindern der Unterschicht und denen aus den übrigen Schichten viel weniger ausgeprägt als 2013 (Abb. 4.4). Kinder aus allen Schichten haben seit 2007 ihre Beteiligung an dieser Schulart weiter gesteigert, besonders auch die aus der Oberschicht. Gleichzeitig kam es zu einer erneuten Steigerung der Quote der Kinder aus der Unterschicht, die 2013 damit um gut zehn Prozentpunkte vor der aller übrigen sozialen Schichten liegt.

Ob sich durch den besonders häufigen Besuch der Ganztagsschule durch die Kinder aus der Unterschicht auch ihre Leistungen verbessern, kann aus unserer Studie nicht geschlossen werden. Aus den Statistiken der KMK lässt sich ablesen, dass die hohen Besuchsquoten von Ganztagsschulen vor allem auf die Nutzung der teilweise gebundenen und der voll gebundenen Formen von Angeboten zurückzuführen sind. Diese Angebote wiederum finden sich besonders häufig an den Schulformen, die überdurchschnittlich stark von Kindern aus der Unterschicht besucht werden, nämlich Schulen mit mehreren Bildungsgängen, Förderschulen und Hauptschulen (Autorengruppe Bildungsberichterstattung 2012, S. 81). Durch ein (meist verbindliches) Ganztagsangebot sollen an diesen Schulformen besonders intensive und nachhaltige Lerneffekte erzielt und der Einfluss der Eltern-

Abb. 4.3 **Kinder in schulischer Ganztagsbetreuung nach sozialer Herkunftsschicht 2013**
Basis: Kinder im Alter von 6 bis 11 Jahren in Deutschland (Angaben in %)

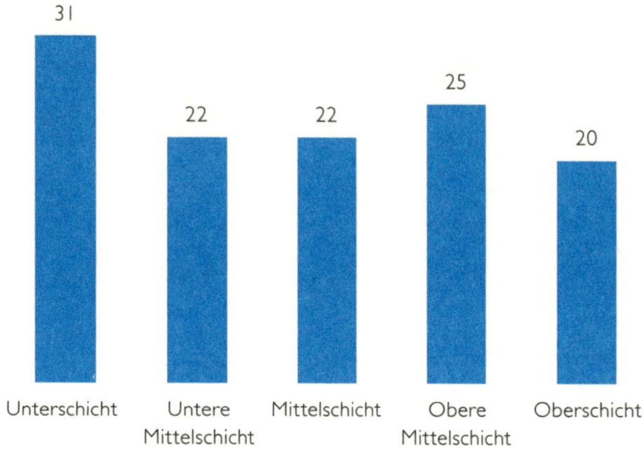

häuser kompensiert werden. Der Besuch dieser Schulformen erfolgt aus verschiedenen Gründen nicht immer freiwillig. Ob unter diesen Umständen die bildungspolitische Rechnung wirklich aufgeht und ein Ausgleich der Benachteiligung der Bildungslaufbahn durch die Herkunft aus bildungsfernen Elternhäusern erzielt werden kann, wird sich erst in künftigen Untersuchungen zeigen. Unsere Ergebnisse lassen einige Zweifel aufkommen.

Die Akzeptanz der Ganztagsschule bei den Kindern

Die Zweifel nähren sich aus den Angaben der Kinder zur Akzeptanz der Ganztagsschule. Wir haben die Kinder danach gefragt und wollten zunächst wissen, ob sie lieber auf einer Schule wären, die mittags zu Ende ist. 61 % der Ganztagsschüler lehnen dies ab, 30 % würden eine Halbtagsschule bevorzugen, 10 % sind unentschieden. Insgesamt ist also die Zustimmung zu dieser Schulart bei ihren Schülerinnen und Schülern gut, aber sie ist nicht gerade überwältigend groß.

Betrachtet man die Antworten auf diese Frage differenziert nach der sozialen Herkunft der Kinder, finden sich einige Hinweise auf die Ursachen. So fällt auf, dass die Akzeptanz dieser Schulart bei den Kindern aus der Unterschicht weit unter dem Durchschnitt der 61 % bei nur 41 % liegt. Im Vergleich dazu finden drei Viertel der Kinder aus der Oberschicht die Ganztagsschule gut. Das bedeutet: Die Gruppe der Kinder, die zu einem besonders hohen Anteil diese Schulart besucht, ist zugleich diejenige, die am wenigsten Gefallen am Ganztagsbetrieb findet. Woran das liegt, lässt sich aus unserer Studie nicht schließen. Möglicherweise hängt diese Einschätzung mit der bereits er-

Abb. 4.4 **Kinder in schulischer Ganztagsbetreuung nach sozialer Herkunftsschicht**
Basis: Kinder im Alter von 8 bis 11 Jahren in Deutschland (Angaben in %)

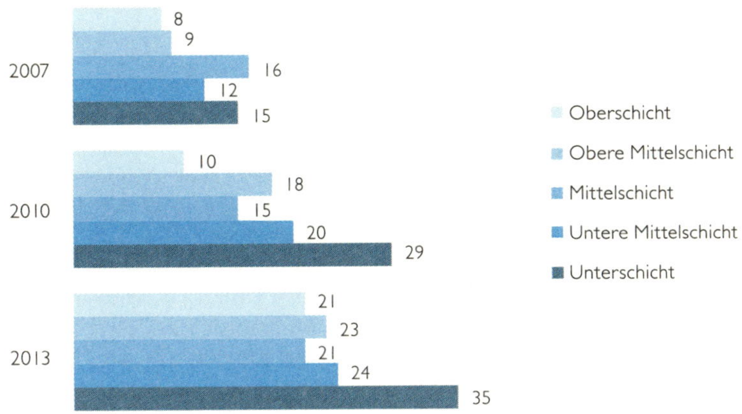

wähnten Tatsache zusammen, dass der Besuch der Ganztagsschule durch Kinder aus der Unterschicht nicht immer freiwillig erfolgt und sich an diesen Schulen eine schwierige Schülerklientel bündelt. Die überdurchschnittlich hohe Akzeptanz der Ganztagsschule bei den Kindern aus der Oberschicht könnte entsprechend auf den von der KMK berichteten besonders hohen Anteil von Schülerinnen und Schülern zurückzuführen sein, die freiwillig an Ganztagsschulen teilnehmen (Autorengruppe Bildungsberichterstattung 2012, S. 80).

Die Erwartungen der Kinder an die Ganztagsschule

Die große Sensibilität der Kinder bei der Einschätzung ihrer eigenen Lebenssituation, die wir durchgehend in der World Vision Kinderstudie vorfinden, lässt nicht daran zweifeln, dass sie auch ihre schulische Lage treffend einschätzen können. Der relativ hohen Unzufriedenheit und dem bedenklich großen Nichtgefallen der Ganztagsschule bei den Kindern aus der Unterschicht liegen nach unserer Einschätzung berechtigte Gründe zugrunde. Die jüngste Studie des LBS-Kinderbarometers bestätigt das. Eine Fragebogenerhebung bei Viert- bis Siebtklässlern ergab: Je weniger wohl sich die Kinder in der Schule fühlen, desto häufiger lehnen sie Nachmittagsangebote ab (LBS-Kinderbarometer 2011, S. 153).

Für die weitere Diskussion über den Ausbau der Ganztagsschulen ergeben sich hieraus wichtige Hinweise. Aus den Aussagen der Kinder wird deutlich, wie unzureichend allein eine quantitative Ausweitung der Zahl der Plätze an Ganztagsschulen ohne angemessene Qualität und ausreichende Ressourcen ist und wie problematisch ein nicht auf Freiwilligkeit beruhender Besuch der Ganztagsangebote eingeschätzt werden muss. Durch eine solche Strategie können, wie unsere Studie zeigt, zwar Kinder aus den sozialen Unterschichten zum verstärkten Besuch dieser Schulart gewonnen werden. Ob sie angesichts ihrer inneren Distanz diesen Schulen gegenüber aber tatsächlich vom Besuch profitieren, ist fraglich. In Zukunft kann es nicht nur um den quantitativen Ausbau des Ganztagsbetriebs gehen. Vielmehr muss die Qualität der Betreuung und der Angebote viel stärker als bisher gewährleistet und von den Kindern wertgeschätzt werden. Kinder, die an einer solchen Schule fast ihren gesamten Tag verbringen, können letztlich hiervon nur einen Gewinn haben, wenn sie sich wohlfühlen und die ihnen angebotenen Möglichkeiten als für ihre Entfaltung bereichernd aufnehmen können (siehe hierzu auch die Untersuchungsergebnisse bei Stecher et al. 2011).

Wie in den beiden letzten World Vision Kinderstudien dokumentiert wurde, haben die Kinder sehr genaue Vorstellungen davon, wie eine »gute« Ganztagsschule aussehen sollte. Wie Untersuchungen zur Gestaltung von städtischen Einrichtungen für Kinder, darunter Spielplätzen, immer wieder zeigen, finden diejenigen Einrichtungen die größte Akzeptanz und erreichen ihre Ziele am besten, an denen die Nutzer selbst aktiv mitplanen und mitgestalten konnten (Stange et al. 2009). Diese Erfahrungen sollten auf die (Ganztags-)Schule übertragen werden. Es geht darum, ein von den künftigen Nutzern, also den Kindern, mitentwickeltes und akzeptiertes Programm für die Schule am Nachmittag zu entwerfen.

Nach unseren Erhebungen können sich auch Kinder auf Halbtagsschulen durchaus vorstellen, am Nachmittag in schulische Aktivitäten eingebunden zu sein. 2010 waren die meisten Halbtagsschüler am Nachmittag für Sportangebote zu begeistern (76 %) (Leven, Schneekloth 2010, S. 171). Kunst- und Theater-AGs (65 %), Projektunterricht (56 %) sowie Hausaufgabenbetreuung (38 %) konnten sich die Kinder ebenfalls vorstellen. Für normalen Unterricht am Nachmittag entschieden sich nur 17 % der Kinder, während für nur 8 % der Halbtagsschüler keine der vorgeschlagenen Nachmittagsaktivitäten infrage kam. Diese Befunde werden auch durch die jüngste Erhebung des LBS-Kinderbarometers unterstützt. Danach finden es die Kinder wenig attraktiv, am Nachmittag Fächer aus dem Vormittagsunterricht zu vertiefen oder Nachhilfeunterricht zu erhalten. Sie wünschen sich neue und anregende Fächer und Unterrichtsstoffe, themenbezogene Projektarbeit, Sport- und Spielmöglichkeiten und auch einfach schöpferische Ruhephasen (LBS-Kinderbarometer 2011, S. 154).

Zusammengefasst lässt sich sagen: Die Ganztagsschule findet bei der Mehrheit der Kinder Zustimmung, aber die Kinder haben sehr genaue Erwartungen an diese für deutsche Verhältnisse noch neue Schulart. Uneingeschränkt befürworten sie die Ganztagsschule nur dann, wenn diese fachliche und soziale Anreicherungen mit sich bringt. Es wird deutlich, wie wertvoll es ist, das subjektive Wohlbefinden der Kinder als einen Indikator für die Qualität eines sozialökologischen Lebensraums heranzuziehen. Wenn die Ganztagsschule ein Mehr an Anregungen und Angeboten mit sich bringt, wird sie von den Kindern begrüßt. Wenn sie nur eine zeitliche Verlängerung der traditionellen Halbtagsschule darstellt, findet sie nur mäßige Akzeptanz.

4.3 Bei der Mitbestimmung bleiben noch viele Wünsche offen

Art und Ausmaß der Partizipation von Kindern am Unterrichts- und Schulleben fallen von Schule zu Schule sehr unterschiedlich aus. Einheitlich durch Gesetze und Verordnungen geregelt ist üblicherweise die Beteiligung von Kindern in der Schule durch die Wahl eines Klassensprechers. Fast alles, was über diese etablierten Beteiligungsstrukturen hinausgeht, liegt in der Hand der Lehrerkollegien: die Einbeziehung der Kinder beim Aufstellen von Regeln im Klassenverband, bei der Gestaltung des gemeinsamen Schulalltags von der Ausstattung des Klassenzimmers bis zur Mitbestimmung bei Ausflügen und Projekten und bei der Organisation von Festen oder klassenübergreifenden Aktionen. Für die Kinder macht es einen großen Unterschied, ob sie an solchen Aufgaben und Abläufen beteiligt werden oder nicht. Viele Untersuchungen belegen einen engen Zusammenhang von stärkeren Partizipationsmöglichkeiten von Kindern in der Schule und ihrem subjektiven Wohlbefinden sowie ihrem Vertrauen in die Lehrkräfte (Bacher et al. 2007).

Themenfelder der Mitbestimmung in der Schule

In der World Vision Kinderstudie 2013 wollten wir ermitteln, wie Kinder ihre Mitbestimmungsmöglichkeiten in der Schule einschätzen. Dazu wurden die Kinder gebeten, konkret für sieben Bereiche anzugeben, wie häufig sie in der Schule mitbestimmen können. Die Fragen beziehen sich auf verschiedene Felder der Aushandlung von Regeln und Bedingungen des Schulalltags zwischen den Schülerinnen und Schülern auf der einen und den Lehrerinnen und Lehrern auf der anderen Seite. Die Kinder wurden gefragt:

Dürft ihr in eurer Schule …

- mitbestimmen, wie euer Klassenzimmer gestaltet ist?
- mitreden, neben wem ihr sitzen dürft?
- mitbestimmen, wie die Tische aufgestellt werden?
- mitreden, wie die Klassenregeln gestaltet werden, also wie ihr in der Klasse miteinander umgeht?

Für Kinder ab der 2. Klasse kamen noch drei weitere Fragen hinzu:

- mitreden, wohin die Schulausflüge gehen sollen?
- Vorschläge machen, was für Themen bei Projekten im Unterricht besprochen werden sollen?
- Vorschläge machen, wie die Schulfeste gestaltet werden?[39]

39 Als Antwortmöglichkeiten standen den Kindern die Kategorien »oft«, »manchmal« und »nie« zur Verfügung. Jüngere

Abb. 4.5 **Mitbestimmung in der Schule nach Themenfeldern**

Basis: Kinder im Alter von 6 bis 11 Jahren in Deutschland (Angaben in %)[1]

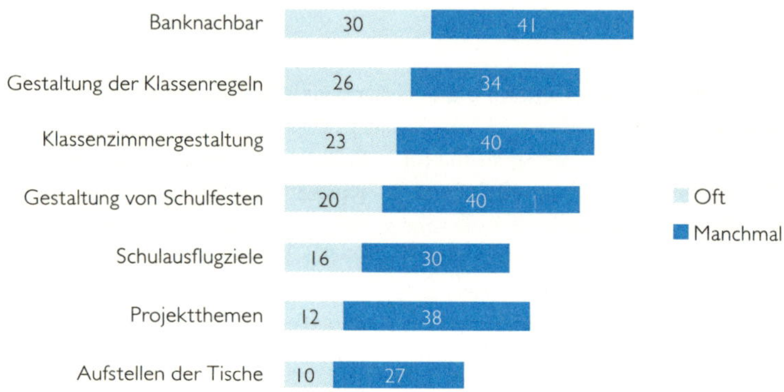

1 Basis für Mitbestimmung bei Schulausflugsziel, Projektthemen, Gestaltung von Schulfesten sind Kinder ab der 2. Klasse

Die Ergebnisse sind aus Abbildung 4.5 ablesbar. Als häufigster Bereich der Mitsprache wurde »Mitreden, neben wem man sitzen darf« genannt. Insgesamt geben 30 % der Kinder an, dass sie »oft«, weitere 41 %, dass sie zumindest »manchmal« mitreden können, neben welcher Mitschülerin oder welchem Mitschüler sie sitzen wollen; 28 % dürfen dies nach eigener Auskunft »nie«. Das Aushandeln der Klassenregeln geben 26 % der Kinder mit »oft« als von ihnen mitgestaltbar an, 34 % erleben das »manchmal« und 37 % »nie«. Bei der Gestaltung des Klassenzimmers dürfen 23 % der Kinder »oft« und 40 % »manchmal« und 34 % »nie« mitbestimmen.

Kinder gaben vermehrt keine Antwort, was sich in einem leicht erhöhten Anteil von »Keine Angabe« und »Weiß nicht« abzeichnete; insbesondere bei den Fragen, die erst Kindern ab der 2. Klasse gestellt wurden.

Kinder ab der 2. Klasse wurden zu ihrer Mitbestimmung bei der Gestaltung von Schulfesten, Ausflugszielen und Projektthemen befragt. Hier zeigen sich folgende Ergebnisse: 20 % dürfen bei der Gestaltung von Schulfesten »oft« und weitere 40 % »manchmal« mitbestimmen. 35 % dürfen dies »nie«. 16 % dürfen »oft« und weitere 30 % »manchmal« über die Ziele von Schulausflügen mitbestimmen, die Hälfte darf dies »nie« (50 %). Bei der Wahl eines Projektthemas geben 12 % der Kinder an, »oft« mit zu entscheiden, weitere 38 % »manchmal«. Hingegen sagen 45 %, dass sie »nie« über das Thema eines Projektes mitbestimmen dürfen. Bei der Sitzordnung mit der Aufstellung der Tische werden die Kinder am seltensten von den sieben in der Kinderstudie abgefragten Bereichen einbezogen. Nur 10 % der Kinder geben an, »oft« über das Aufstellen der Tische mitbestimmen zu

Abb. 4.6 **Mitbestimmung in der Schule nach Alter**
Basis: Kinder im Alter von 6 bis 11 Jahren in Deutschland (Angaben in %)[1]

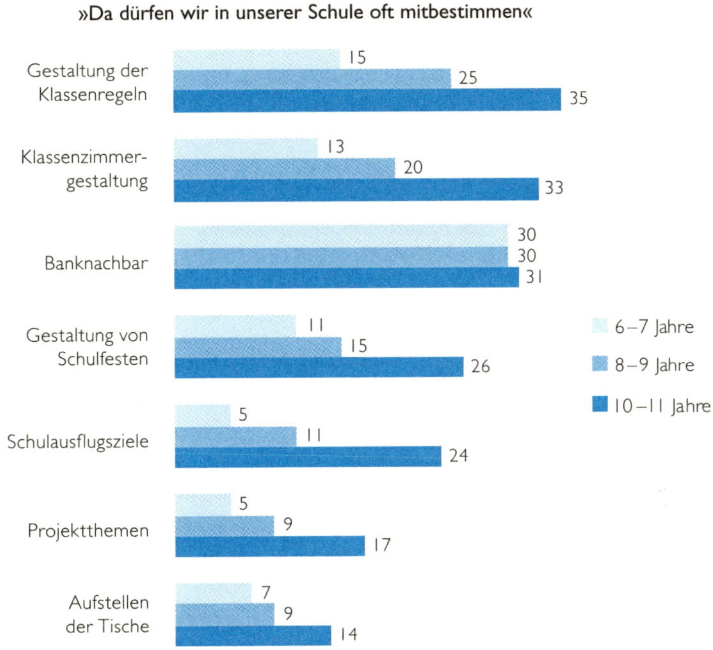

1 Basis für Mitbestimmung bei Schulausflugsziel, Projektthemen, Gestaltung von Schulfesten sind Kinder ab der 2. Klasse

können, weitere 27 % sagen »manchmal«, jedoch 61 % »nie«.

Mitbestimmung nach Alter, Häufigkeit und Geschlecht

Zwischen den Altersgruppen ergeben sich deutliche Unterschiede. Tendenziell dürfen ältere Schülerinnen und Schüler mehr mitbestimmen als jüngere. Mit 30 % gibt fast jeder dritte 10- bis 11-Jährige an, mindestens in drei der aufgeführten Bereiche in der Schule »oft« beteiligt zu sein. Immerhin 26 % der Kinder dieser Altersgruppe geben aber an, gar nicht in das Schulleben eingebunden zu werden. Bei den 6- bis 7-Jährigen dürfen nur 5 %, bei den 8- bis 9-Jährigen 17 % bei mindestens drei Bereichen »oft« mitbestimmen, jedoch 57 % bzw. 40 % »nie«. Auch wenn man die einzelnen Bereiche betrachtet, geben ältere Kinder häufiger an, »oft« mitbestimmen zu dürfen, mit Ausnahme des Sitznachbarn, wo alle drei Altersgruppen gleichauf bei etwa 30 % liegen (Abb. 4.6).

In der Verteilung der schulischen Mitbestimmung nach Alter spiegelt

Abb. 4.7 **Häufigkeit der Mitbestimmung in der Schule nach Geschlecht und Alter**

Basis: Kinder im Alter von 6 bis 11 Jahren in Deutschland (Angaben in %)

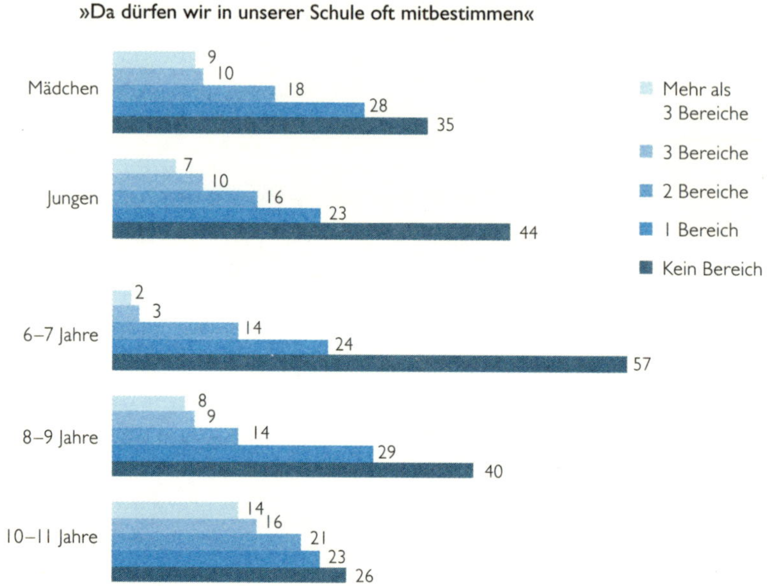

sich auch die besuchte Schulart wider. Kinder an weiterführenden Schulen sagen im Vergleich zu Grundschülern deutlich häufiger, dass sie mitbestimmen können. Auch innerhalb der Grundschulen sind Alterseffekte erkennbar: Kinder aus höheren Klassen können sich häufiger »oft« beteiligen als Kinder aus unteren Klassenstufen (ohne Tabelle).

Die Mitwirkung von Kindern findet in der Schule in unterschiedlichem Ausmaß und mit unterschiedlicher Häufigkeit statt. So fühlen sich 40 % aller Kinder im Alter von 6 bis 11 Jahren in den sieben angesprochenen Bereichen nicht gut eingebunden und haben das Gefühl, in keinem Bereich oft mitreden zu können. Diesen Eindruck haben die Jungen sehr viel häufiger als die Mädchen (44 % zu 35 %) und die 6- bis 7-Jährigen mit 57 % sehr viel stärker als die 10- bis 11-Jährigen (26 %) (Abb. 4.7).

Aus diesen Angaben lässt sich ableiten, wie groß die Spielräume sind, um das Ausmaß der Partizipation im »Lebensraum« Schule zu erweitern. Bei den jüngsten Kindern, die im Wesentlichen Erst- und Zweitklässler in den Grundschulen sind, besteht eine besonders große Möglichkeit der Erweiterung von Beteiligungsmöglichkeiten. Bei den Schulanfängern sollten die Lehrerkollegien darauf achten, über neue und verstärkte Formen der Partizipation nachzudenken und den Kindern damit früh im Schulleben den Eindruck zu vermitteln, dass ihre Wünsche und Meinungen ernst genommen und wertgeschätzt werden. Bislang werden in sehr vielen Schulen diese Spielräume ganz offensichtlich nicht ausgeschöpft. Das ist pädagogisch nicht sinnvoll, weil gerade zu Beginn der Schullaufbahn prägende Eindrücke entstehen. Wird den Kindern gleich zu Beginn ihres Schullebens deutlich, dass sie sich an Gestaltungs- und Abstimmungsprozessen beteiligen können, steigt auch ihr Engagement im Leistungsbereich (Olk, Roth 2007). Die ersten Schuljahre sind in jeder Hinsicht besonders prägend und maßstabbildend, und deshalb legen sie auch das Fundament für die gesamte weitere Erfahrung im Lebensraum Schule.

Großer Nachholbedarf besteht in dieser Hinsicht auch bei den Jungen. Wie schon erwähnt, liegen ihre Bildungsaspirationen unter denen der Mädchen (Tab. 4.3). Hiermit einher geht die spürbar geringere Häufigkeit ihrer Mitbestimmung im schulischen Raum. In allen sieben Themenbereichen nehmen Mädchen die Möglichkeiten der Mitbestimmung in der Schule stärker wahr als Jungen. Recht ausgeprägt ist ihr Vorsprung bei allen Aktivitäten, die mit der kommunikativen Situation in Unterricht und Klassenzimmer zusammenhängen: »Oft mitbestimmen« geben Mädchen bei »Gestaltung der Klassenregeln« (29 % zu 23 % bei den Jungen), »Banknachbar« (33 % zu 28 %) und »Gestaltung des Klassenzimmers« (25 % zu 21 %) an (Abb. 4.8).

Wenn man sich den engen Zusammenhang zwischen Beteiligung, Engagement und Leistungsbereitschaft veranschaulicht, ergeben sich aus diesen Befunden wichtige Hinweise für die dringend notwendige verstärkte Förderung der Leistungsfähigkeit der Jungen. Eine intensivere Einbindung der Jungen in das Unterrichts- und Schulleben könnte eine Strategie sein, um sie über dieses verstärkte Engagement bei den sozialen Regeln und Umgangsformen auch zu einem größeren Engagement im Leistungsbereich anzuhalten. Aus der bisherigen Forschung zu diesem Themenkomplex geht jedenfalls hervor, wie wichtig es ist, bei den Jungen das gleiche Vertrauen in und die gleiche Bereitschaft zum Mitmachen bei schulischen Sozialaktivitäten aufzubauen wie bei Mädchen, um so ihre heutige Zurückhaltung gegenüber den sozialen Anforderungen der Schule abzubauen, den oft leistungsabträglichen Einflüssen der männlichen Gleichaltrigengruppe zu trotzen und auf diesem Wege ihre fachlichen Interessen und Leistungen anzuspornen (Hurrelmann, Schultz 2012).

4.4 Das Schulleben wird überwiegend als gerecht empfunden

In Kapitel 2 wurde bereits herausgearbeitet, wie grundlegend wichtig es für das Empfinden von Gerechtigkeit ist, ob ein Kind sich selbst als an zentralen Entscheidungen in seiner Lebenswelt beteiligt erlebt oder nicht. Je mehr es

Abb. 4.8 **Mitbestimmung in der Schule nach Geschlecht**
Basis: Kinder im Alter von 6 bis 11 Jahren in Deutschland (Angaben in %)[1]

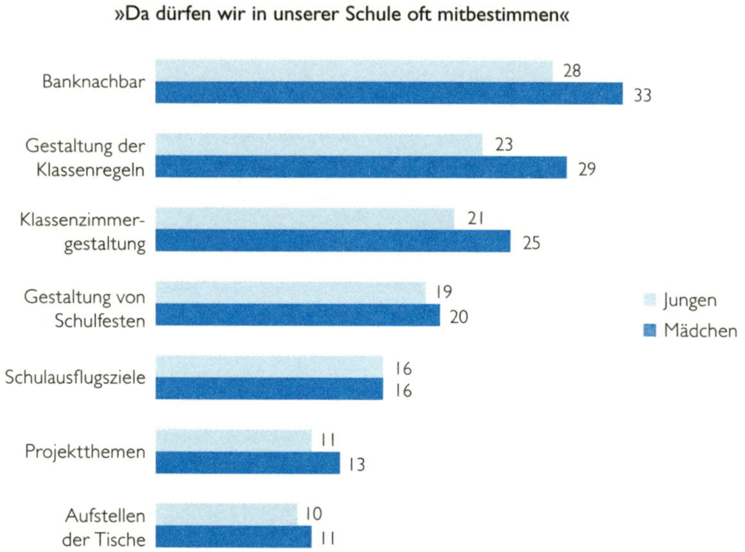

1 Basis für Mitbestimmung bei Schulausflugsziel, Projektthemen, Gestaltung von Schulfesten sind Kinder ab der 2. Klasse

sich in den Prozess der Entstehung und Weiterentwicklung von Regeln eingebunden sieht, desto größer ist das subjektive Empfinden, Gerechtigkeit zu erfahren.

Im folgenden Abschnitt wollen wir diesen Befund auf den für die Kinder heute so bedeutend gewordenen Lebensraum »Schule« übertragen. Wir wollen insbesondere einen Blick darauf werfen, wie die für die Kinder erfahrbare Mitbestimmung und das Empfinden von Gerechtigkeit in der Schule zusammenhängen. Daran anschließend wenden wir uns auch der Frage zu, wie es um die Zufriedenheit der Kinder mit der Schule steht.

Der Zusammenhang von Gerechtigkeitsempfinden und Mitbestimmung

Im Fragebogen für die Kinderstudie 2013 steht die Frage: »Und wie siehst du es insgesamt mit der Gerechtigkeit?« Diese Frage wird auf die Familie, den Freundeskreis und die Schule bezogen. In Bezug auf die Schule lautet sie: »Und in deiner Schule? Geht es da sehr gerecht, eher gerecht, eher ungerecht oder sehr ungerecht zu?«

Die überwältigende Mehrheit der befragten Kinder beurteilt die Schule als »sehr gerecht« oder als »eher gerecht«. Wie aus Tabelle 4.6 abzulesen ist, empfinden 22 % der Kinder die

Tab. 4.6 **Gerechtigkeitsempfinden in der Schule und sein Zusammenhang mit der Häufigkeit der Mitbestimmung**

Basis: Kinder im Alter von 6 bis 11 Jahren in Deutschland

	Anzahl der Bereiche, in denen »oft« mitbestimmt wird				
Spalten in %	**Gesamt**	**keine**	**eine**	**2 bis 3**	**4 und mehr**
Sehr gerecht	22	20	23	22	31
Eher gerecht	56	51	56	62	58
Eher ungerecht	16	20	16	13	8
Sehr ungerecht	3	4	2	2	2
Weiß nicht, keine Angabe	3	5	3	1	1

Schule als »sehr gerecht« und 56 % als »eher gerecht«. Mit »eher ungerecht« (16 %) und »sehr ungerecht« (3 %) fallen die negativen Äußerungen sehr schwach aus. Die überwiegende Mehrheit von 78 % der Kinder gibt der Schule im sensiblen Bereich des Ausgleichs von Interessen und der Verteilung von Chancen also ziemlich gute Noten. Familie und Freundeskreise werden, wie in Kapitel 2 berichtet, zwar noch positiver bewertet. Für eine soziale Institution aber, die durch die Vergabe von Zeugnissen und Abschlüssen maßgeblich über die Schritte in der weiteren Bildungslaufbahn und damit über die sozialen Entwicklungschancen entscheidet, ist der hohe Gerechtigkeitswert bemerkenswert. Damit wird der Schule von den Kindern mehrheitlich bescheinigt, sie arbeite nach Kriterien, die verständlich seien, und lege Kriterien für die Beurteilung an, die als nachvollziehbar empfunden werden. Dieses positive Votum der Kinder kann auch als eine hohe Wertschätzung der Lehrerinnen und Lehrer verstanden werden.

Aus Tabelle 4.6 ist ebenfalls ablesbar, wie stark das Gerechtigkeitsempfinden mit dem Ausmaß der Mitbestimmungsmöglichkeiten in der Schule zusammenhängt. Je größer die Zahl der Themenbereiche, in denen sie partizipieren können, und je größer die Vielfalt der Gestaltungsoptionen, desto höher fallen die Gerechtigkeitsbewertungen aus: Kinder, die angeben, in der Schule bei vier und mehr Möglichkeiten oft mitbestimmen zu können, sagen signifikant häufiger als alle anderen, dass es »sehr gerecht« in der Schule zugeht. Kinder mit negativen Bewertungen in Bezug auf die Gerechtigkeit (zusammen gerade einmal 10 %) sind in dieser Gruppe selten; in der Gruppe der Kinder ohne Mitbestimmungsmöglichkeiten empfinden hingegen 24 % die Schule als eher ungerecht oder sogar sehr ungerecht.

Die in Kapitel 7 erfasste Wertschätzung der eigenen Meinung durch die Klassenlehrerin oder den Kassenlehrer steht ebenfalls in Bezug zum Gerechtigkeitsempfinden (ohne Tabelle). Im Durchschnitt sagt fast ein Drittel der

Abb. 4.9 **Gerechtigkeitsempfinden in der Schule nach ausgewählten Mitbestimmungbereichen**

Basis: Kinder im Alter von 6 bis 11 Jahren in Deutschland (Angaben in %)

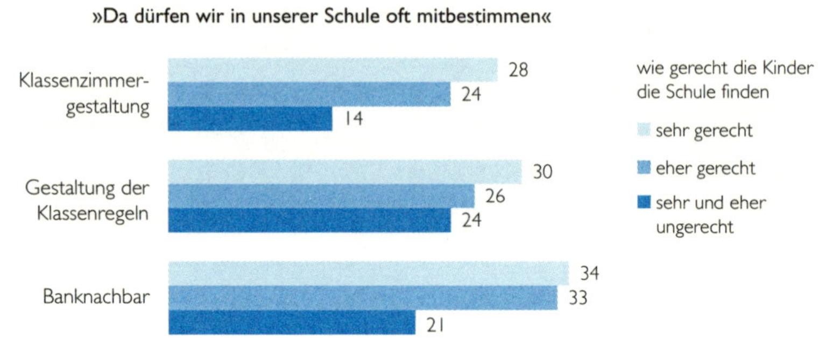

Kinder, dass sie sich durch ihre Lehrerin oder ihren Lehrer wertgeschätzt fühlen. Die Kinder, die ihre Schule als sehr gerecht empfinden, liegen mit 43 % deutlich darüber; die Kinder, die ihre Schule als ungerecht empfinden, liegen hingegen klar unter dem Durchschnittswert. Auch ein weiteres Ergebnis ist in diesem Zusammenhang interessant: Kinder, die das Schulleben als eher ungerecht oder sehr ungerecht einstufen, klassifizieren sich verglichen mit dem Durchschnitt als leistungsmäßig schlechtere Schüler.

Aus diesen Befunden wird deutlich, wie eng das Gerechtigkeitsempfinden der Kinder nicht nur mit dem Grad des Einbezogenseins in schulische Angelegenheiten zusammenhängt, sondern auch mit der Anerkennung, die ihnen gegenüber persönlich und in Gestalt der Leistungsbeurteilung durch die Lehrerinnen und Lehrer zum Ausdruck gebracht wird. Die Antworten der Kinder legen nahe, dass eine Beteiligung an schulischen Aktivitäten und eine Beachtung ihrer Meinungen und Leistungen durch die Lehrkräfte ihr Gerechtigkeitsempfinden positiv befördern können. Kinder, die sich in schulische Alltagsfragen eingebunden fühlen und im Prozess der Entscheidungsfindung mitgenommen werden, können offenbar schulische Betriebsabläufe und Entscheidungen besser nachvollziehen, haben ein einfühlsameres Verständnis für Sachzusammenhänge und empfinden die Schule daher eher als gerecht als solche, die ausgeschlossen und passiv bleiben. Das lässt sich an den drei für die Kinder wichtigsten schulischen Mitbestimmungsfeldern veranschaulichen (Abb. 4.9).

Wie die Abbildung zeigt, geben Kinder, die ihre Schule als sehr gerecht einstufen, mit 28 % doppelt so häufig an, oft bei der Klassenzimmergestaltung mitreden zu können, als Kinder, die ihre Schule nicht als gerecht empfinden (14 %). Auch bei der Auswahl der Banknachbarn und der Mitwirkung bei der Gestaltung

Tab. 4.7 **Zufriedenheit mit Schule nach Geschlecht und Alter**

Basis: Kinder im Alter von 6 bis 11 Jahren in Deutschland

Spalten in %	Gesamt	Mädchen	Jungen	6–7 Jahre	8–9 Jahre	10–11 Jahre
Sehr positiv	42	46	38	59	40	32
Positiv	37	36	37	26	40	42
Neutral	16	14	19	11	15	22
Negativ	3	2	4	2	3	3
Sehr negativ	2	2	2	2	2	1

des Klassenzimmers zeigt sich dieser Unterschied. Je stärker die Kinder in die Gestaltung wichtiger Abläufe involviert sind und je mehr sie direkt ihr soziales Umfeld mit beeinflussen können, desto positiver bewerten sie die Schule auf der Gerechtigkeitsskala. Das ist ein deutlicher Hinweis auf Ansatzpunkte für Reformen. Nicht nur die Zufriedenheit, sondern auch das Gerechtigkeitsempfinden hängen (zumindest indirekt) mit der Leistungsbereitschaft der Kinder in der Schule zusammen. Soll diese gestärkt werden, kann das nicht nur allein über vermehrte Lernimpulse im Fachunterricht, sondern eben auch durch die Beteiligung der Kinder an der sozialräumlichen Gestaltung ihres »Arbeitsplatzes Schule« erreicht werden.

Der Zusammenhang von Gerechtigkeitsempfinden und Zufriedenheit

Gefragt, wie es ihnen in der Schule gefällt, antworten die Kinder auf einer fünfstufigen Smiley-Skala durchweg positiv. Insgesamt äußern sich 42 % der Kinder sehr positiv und 37 % positiv (Tab. 4.7). 16 % der Kinder kommen zu einer neutralen Einschätzung, 3 % äußern sich negativ und 2 % sehr negativ. Das heißt: 79 % der Kinder verbinden mit Schule positive Gefühle. Im Vergleich zu 2010 ist dieser Wert um neun Prozentpunkte gestiegen (was auf eine gute Entwicklung vor allem im Grundschulbereich hindeutet).

Die Mädchen finden insgesamt sehr viel mehr Gefallen an der Schule als die Jungen: »Sehr positive« und »positive« Äußerungen zur Schule treffen 82 % der Mädchen, bei Jungen liegt der entsprechende Anteil um sieben Prozentpunkte niedriger bei 75 %. Damit bestätigen sich die Trends, auf die wir schon im Zusammenhang mit Bildungsaspirationen, besonders dem angestrebten Schulabschluss, hingewiesen hatten (Tab. 4.3). Auch hinsichtlich der Altersgruppen ist eine unterschiedliche Verteilung der Schulzufriedenheit zu erkennen. Die jüngeren Kinder haben eine sehr viel positivere Wahrnehmung von der Schule: 59 % der 6- bis 7-Jährigen äußern sich »sehr positiv« und weitere 26 % »positiv«. In den älteren Altersgruppen sinken die »sehr positiven« Anteile. So geben jeweils 40 % der 8- bis 9-Jährigen an, die Schule positiv

Abb. 4.10 **Der Zusammenhang von Zufriedenheit mit Schule und Gerechtigkeitsempfinden**

Basis: Kinder im Alter von 6 bis 11 Jahren in Deutschland (Angaben in %)

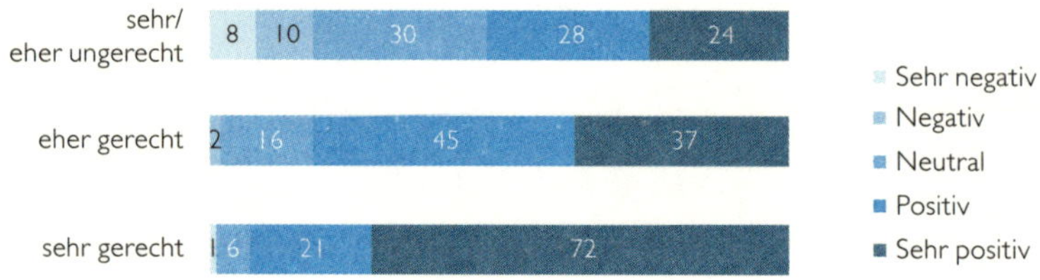

oder sehr positiv zu sehen, während bei den 10- bis 11-Jährigen nur noch 32 % sehr positiv und 40 % positiv eingestellt sind.

Auch das Gerechtigkeitsempfinden der Kinder weist einen großen Zusammenhang mit der allgemeinen Schulzufriedenheit auf. Schülerinnen und Schüler, die die Schule als eher oder sehr ungerecht empfinden, sind auch insgesamt mit der Schule unzufriedener und umgekehrt (Abb. 4.10). Schülerinnen und Schüler, die den Bereich Schule als sehr gerecht einstufen, sind über zwei Drittel sehr zufrieden mit der Schule (72 %). Dieser Befund weist noch einmal darauf hin, wie stark das Gespür der Kinder dafür ist, ob gerecht mit ihnen umgegangen wird und sie in wichtige Abläufe des Schulalltags einbezogen werden. Positive Erfahrungen in diesen Bereichen steigern die Zufriedenheit mit der Schule.

Agnes Jänsch und Ulrich Schneekloth

5 Die Freizeit: vielfältig und bunt, aber nicht für alle Kinder

Neben schulischen Verpflichtungen stellt die innerhalb und außerhalb der Familie verbrachte Freizeit einen der großen Lebensbereiche von Kindern im Alter von 6 bis 11 Jahren da und bietet damit die Möglichkeit, wesentliche Erfahrungen zu machen und Neues jenseits schulischer Inhalte kennenzulernen. Wie stark sich die Freizeitgestaltung je nach Altersgruppe, Zugehörigkeit zu unterschiedlichen sozialen Schichten, aber auch persönlichen Neigungen unterscheidet, konnte bereits in den Kinderstudien 2007 und 2010 gezeigt werden. Um die verschiedenen Muster von Freizeitaktivitäten greifbarer zu machen, wurde eine Freizeittypologie entwickelt (Leven, Schneekloth 2007), die eine genauere Analyse der spezifischen Präferenzen von Medienkonsumenten, normalen Freizeitlern und vielseitigen Kids ermöglicht.

Nach einer allgemeinen Darstellung der gegenwärtig von 6- bis 11-jährigen Kindern ausgeübten Freizeitaktivitäten unter besonderer Berücksichtigung von Alters- und Geschlechtseffekten sowie der Nutzung elektronischer Medien soll ein genauerer Blick auf die drei Freizeittypen und ihre Freizeitgestaltung geworfen werden. Hier interessiert uns insbesondere, wie sich die familiären Anregungsstrukturen der drei Gruppen unterscheiden und wie sich ihr Freizeitverhalten seit 2007 entwickelt hat. Ein weiterer wichtiger Aspekt ist die Frage der institutionellen Freizeitgestaltung. Wie sind Kinder in Vereine oder in sonstige Angebotsstrukturen im musisch-kulturellen Bereich eingebunden, und haben Kinder aus finanziell und sozial benachteiligten Familien hier inzwischen mehr Zugänge? Im Anschluss daran werfen wir einen Blick auf einen spezifischen Aspekt der Freizeitgestaltung, die Nutzung von Internet und Handy als auch für Kinder immer wichtiger werdenden Komponenten der zeitgemäßen Kommunikation.

Diese unterschiedlichen Analyseaspekte führen uns schließlich zu der Frage, inwieweit die Kinder selbst mit ihrer Freizeit zufrieden sind und welche Einflussfaktoren sich als entscheidend für den Grad der Zufriedenheit erweisen.

5.1 Freizeitaktivitäten der Kinder

Die beliebtesten Aktivitäten – breit gefächert von Basteln über Fernsehen bis Sport

Wie in den vorangegangenen Kinderstudien wurden die Kinder auch 2013 befragt, wie häufig sie unterschiedlichen Aktivitäten in ihrer Freizeit nachgehen. Sie hatten dabei die Möglichkeit, anhand der drei Kategorien »fast nie«, »manchmal« und »sehr oft« zu antworten. Seit der ersten Kinderstudie besteht das Ansinnen, mit der Aktivitätenliste das gesamte Spektrum der kindlichen Freizeitgestaltung abzudecken. Um diesem Anspruch gerecht zu werden, wird die Liste immer wieder aktualisiert und erweitert. Gegenüber der vorangegangenen Studie wurde die Liste möglicher Freizeitbeschäftigungen modifiziert, um einerseits dem Ziel noch weiter gerecht zu werden, möglichst geschlechtergerecht zu befragen und dadurch einseitige Verzerrungen zugunsten mädchentypischer Aktivitäten zu vermeiden. Andererseits wurden einzelne Items weiter gefasst, um die gesamte Bandbreite kindlicher Freizeitbeschäftigungen adäquat abzubilden, bzw. es wurden verwandte Aktivitäten zusammengefasst. »Radfahren« wurde um »Inlineskaten oder Skateboardfahren« erweitert, das 2010 erstmals erhobene »Werken« wurde kindgerechter in »Etwas mit Werkzeug bauen« umformuliert, »Mit Lego bauen« erhielt den Zusatz »oder mit Playmobil spielen«, neben der »Beschäftigung mit Tieren« kann auch die »Natur« allgemein ein relevanter Freizeitinhalt sein und »Draußen auf der Straße spielen« gehört ebenfalls zu den typischen Möglichkeiten der kindlichen Freizeitgestaltung. Des Weiteren fand »Hörspiele und Geschichten hören« Eingang in die Liste der erhobenen Freizeitaktivitäten.

Am häufigsten spielen die befragten Kinder nach eigenen Angaben zu Hause mit ihrem Spielzeug (54 % »sehr oft«). Außerdem treiben sie besonders häufig Sport (53 %), hören Musik (52 %), sehen fern (50 %) oder treffen ihre Freundinnen oder Freunde (51 %).

Neben diesen Möglichkeiten der Freizeitgestaltung geben auch relativ viele Kinder (30 % und mehr) für die folgenden Aktivitäten an, diese »sehr oft« auszuführen: »Radfahren, Inlineskaten oder Skateboardfahren« (38 %), »Bücher oder Zeitschriften lesen/anschauen« (31 %), »Basteln, Malen oder Zeichnen« (35 %), »Beschäftigung mit der Natur oder Tieren« (32 %) und »Draußen auf der Straße spielen« (30 %).

Für einen etwas geringeren Anteil der Kinder gehören »Ein Instrument spielen, Musik machen« (20 %), »Playstation, Nintendo, Wii, Computerspiele« (23 %), »Mit Lego bauen oder Playmobil spielen« (28 %), »Unternehmungen mit der Familie« (27 %) und »Hörspiele und Geschichten hören« (24 %) zu ihrem Alltag.

Dagegen wird »Theatergruppe, Tanzen oder Ballett« lediglich von 14 % der Kinder als eine Aktivität eingestuft, die sie »sehr oft« ausführen und auch »Etwas mit Werkzeug bauen« gehört mit 8 % zu den selteneren betriebenen Möglichkeiten der Freizeitgestaltung. Bei beiden Möglichkeiten handelt es sich um relativ geschlechtertypische Aktivitäten, obwohl beim erstgenannten Item »Theater« an erste Stelle gestellt wurde, um die Abfrage für Jungen zu öffnen. Eine getrennte Auswertung zeigt, dass 26 % der Mädchen angeben, »sehr oft« bei einer Theatergruppe mitzuwirken oder zu tanzen bzw. Ballett zu machen, während dies lediglich für 3 % der Jungen zutrifft. Anhand der Elternangaben zu den Vereinsmitgliedschaften lässt sich ablesen, dass bei den Mädchen Ballett und Tanzen gegenüber der Teilnahme an Theatergruppen klar an erster Stelle stehen. Umgekehrt sind beim Bauen mit Werkzeug die Jungen in der Mehrzahl. Sie geben in 13 % der Fälle an, diese Aktivität »sehr oft« in ihrer Freizeit auszuführen, während dies nur für 3 % der Mädchen gilt.

Tabelle 5.1 gibt einen Überblick über die Häufigkeiten der verschiedenen Freizeitaktivitäten aufgeschlüsselt nach Geschlecht und Altersgruppen. Der besseren Übersichtlichkeit halber werden die Aktivitäten hier nach der Häufigkeit ihrer Nennung in Bezug auf alle Kinder und nicht in der Reihenfolge ihrer Abfrage im Fragebogen dargestellt (vgl. hierzu den Fragebogen im Anhang).

Altersspezifische Struktur der Freizeitgestaltung: Der Aktionsradius erweitert sich, die mediale Ausstattung wird umfangreicher

Während manche Freizeitaktivitäten von Kindern aller befragten Altersgruppen gleichermaßen ausgeübt werden, so die Beschäftigung mit Büchern oder Zeitschriften oder das Spielen auf der Straße, zeigt sich bei anderen ein altersspezifischer Verlauf. Jüngere Kinder geben deutlich häufiger an, sich »sehr oft« zu Hause zu beschäftigen, während dies für ältere Kinder seltener zutrifft. 72 % der 6- bis 7-Jährigen spielen häufig zu Hause mit ihrem Spielzeug, bei den 10- bis 11-Jährigen gilt dies lediglich noch für 37 %. Auch die Aktivitäten »Basteln, Malen, Zeichnen«, »Mit Lego bauen oder Playmobil spielen« sowie »Hörspiele oder Geschichten hören« unterliegen einem ähnlichen Alterstrend. Dies kann einerseits an unterschiedlichen Präferenzen in der Freizeitgestaltung liegen, andererseits jedoch auch durch äußere Gegebenheiten bedingt sein. Während jüngere Kinder in der Regel noch deutlich mehr von ihren Eltern betreut werden und dadurch eine engere Bindung an die häusliche Umgebung haben, werden älteren Kindern bereits mehr Eigenständigkeit und Freiheiten zugestanden, welche diese für andere, mehr im außerhäuslichen Bereich stattfindenden Freizeitbeschäftigungen nutzen können. Der Anstieg der Nennungen bei den Aktivitäten »Sport treiben«, »Freundinnen und Freunde treffen«, »Radfahren, Inlineskaten, Skateboardfahren« spricht für diese Hypothese, da diese Formen der Freizeitgestaltung in der Regel außerhalb des Elternhauses stattfindet. Allerdings beschäftigen sich auch die 10- bis 11-Jährigen durchaus mit Aktivitäten, die vorrangig zu Hause stattfinden, wie »Musik hören«, »Playstation, Nintendo, Wii, Computerspiele« oder »Ein Instrument spielen, Musik machen«. Diese Beschäftigungen setzen allerdings alle die Verfügbarkeit bestimmter

Tab. 5.1 **Was Kinder sehr oft in ihrer Freizeit machen**

Basis: Kinder im Alter von 6 bis 11 Jahren in Deutschland

Spalten in %	Gesamt	Mädchen	Jungen	6–7 Jahre	8–9 Jahre	10–11 Jahre
Zu Hause mit meinem Spielzeug spielen	54	52	56	72	59	37
Sport treiben	53	45	61	45	56	57
Musik hören	52	58	47	44	52	59
Freundinnen/Freunde treffen	51	52	50	45	51	55
Fernsehen	50	45	54	50	50	49
Radfahren, Inline-skaten, Skateboard-fahren	38	35	41	33	40	40
Basteln, Malen, Zeichnen	35	46	25	45	41	23
Beschäftigung mit Tieren oder Natur	32	37	28	29	34	34
Bücher oder Zeitschriften lesen/anschauen	31	36	27	31	32	31
Draußen auf der Straße spielen	30	26	34	27	32	30
Mit Lego bauen, Playmobil spielen	28	15	40	38	31	17
Unternehmungen mit der Familie	27	28	26	28	29	25
Hörspiele oder Geschichten hören	24	27	21	31	26	17
Playstation, Nintendo, Wii, Computerspiele	23	17	29	16	26	26
Ein Instrument spielen, Musik machen	20	26	15	16	22	22
Theatergruppe, Tanzen, Ballett	14	26	3	13	17	12
Etwas mit Werkzeug bauen	8	3	13	8	10	7

Ausstattungen voraus, sei es eine Stereoanlage, eine Playstation oder ein Musikinstrument, was bei jüngeren Kindern deutlich seltener der Fall ist. Während 65 % der 6- bis 7-Jährigen angeben, ein eigenes Radio zu besitzen, trifft dies bei den 10- bis 11-Jährigen auf 75 % zu. Ein eigener Laptop oder Computer steht 12 % der Jüngsten zur Verfügung, während bei den Älteren 45 % über diese Ausstattung verfügen. Eine Spielekonsole können 18 % der 6- bis 7-Jährigen (eigener Gameboy: 42 %) und 41 % der 10- bis 11-Jährigen (eigener Gameboy: 68 %) ihr Eigen nennen. Ein eigener CD- oder MP3-Player gehört bei 64 % bzw. 82 % zur Kinderzimmerausstattung und hinsichtlich eines DVD- oder Blue-Ray-Players geben 13 % bzw. 29 % an, ein entsprechendes Gerät zu besitzen. Dieser altersbedingte Anstieg in der medialen Ausstattung spiegelt sich folglich auch in der Nutzung der verfügbaren Geräte wider und leistet damit einen Beitrag zur unterschiedlichen Freizeitgestaltung in den verschiedenen Altersgruppen. Auffällig ist dabei, dass dies nicht für die Häufigkeit des Fernsehens gilt. Während 20 % in der jüngsten Altersgruppe angeben, selbst ein Fernsehgerät zu besitzen, und dies bei den 10- bis 11-Jährigen bereits für 43 % gilt, bleibt der Umfang des Fernsehkonsums über alle Altersgruppen hinweg überraschend konstant. Jeweils rund die Hälfte der Kinder gibt an, »sehr oft« fernzusehen. Der Fernseher im elterlichen Haushalt ist also offenbar jüngeren Kindern bereits relativ frei zugänglich, auch wenn sie über kein eigenes Gerät verfügen.

Geschlechtsspezifische Unterschiede in der Freizeitgestaltung: Sport- und Medienorientierung bei den Jungen, musisch-kreative Aktivitäten bei den Mädchen

Nicht nur hinsichtlich des Alters, sondern auch in Bezug auf das Geschlecht lassen sich unterschiedliche Präferenzen in der Ausübung von Freizeitaktivitäten feststellen. Während Jungen häufiger bewegungsbezogene Aktivitäten nennen, also häufiger Sport treiben (61 % vs. 45 %), mehr Rad fahren, Inlineskaten oder Skateboard fahren (41 % vs. 35 %) und auf der Straße spielen (34 % vs. 26 %), dominieren sie ebenso bei den eher passiven Freizeitmöglichkeiten, wie Fernsehen (54 % vs. 45 %), und Playstation oder Computer spielen (29 % vs. 17 %). Die Mädchen üben zwar seltener Sportarten wie Schwimmen oder Fußballspielen aus, sind dafür jedoch, wie beschrieben, häufiger im Bereich »Theatergruppe, Tanzen oder Ballett« aktiv (26 % vs. 3 %), verbinden sportliche Freizeitgestaltung also mit musisch-kreativen Aktivitäten. Diesen neigen sie auch insgesamt häufiger zu, wie die Nennungen für »Basteln, Malen oder Zeichnen« (46 % vs. 25 %), »Bücher oder Zeitschriften lesen/anschauen« (36 % vs. 27 %) und »Ein Instrument spielen, Musik machen« (26 % vs. 15 %) zeigen. Außerdem hören Mädchen häufiger Musik, als Jungen dies tun (58 % vs. 47 %), und beschäftigen sich mehr mit Tieren oder der Natur (37 % vs. 28 %).

Wie bereits in der Kinderstudie 2010 unter der Überschrift »Der kulturell-musische Freizeitbereich – Jungen verlieren hier den Anschluss«

festgestellt, engagieren sich Jungen insgesamt deutlich seltener als Mädchen in kulturell-musischen Vereinen und Gruppen. 47 % aller Mädchen verfügen nach Angaben ihrer Eltern über mindestens eine Vereinsmitgliedschaft in diesem Bereich, von den Jungen sind es lediglich 19 %. Mit 27 % bei den Mädchen und 16 % bei den Jungen handelt es sich bei der Mitgliedschaft in einer Musikgruppe oder Musikschule um die beliebteste kulturell-musische Freizeitaktivität. Mädchen engagieren sich ebenfalls sehr häufig in einer Ballettgruppe oder einem Tanzclub (25 %), wohingegen dies unter Jungen mit 2 % eher die Ausnahme ist. Mal- und Theatergruppen zählen bei beiden Geschlechtern zu den seltener besuchten organisierten Freizeitangeboten. 3 % der Mädchen und 1 % der Jungen machen bei einer Malgruppe mit. Während immerhin 4 % der Mädchen an einer Theater- oder Kinogruppe teilnehmen, sind Jungen hier so gut wie gar nicht anzutreffen. Insbesondere Mehrfachmitgliedschaften sind Sache der Mädchen: 11 % von ihnen sind in mehr als einer Gruppe aus dem kulturell-musischen Umfeld organisiert, bei den Jungen trifft das nur auf 1 % zu.

Computerspiele – für viele Kinder eine alltägliche Angelegenheit

Die aktuelle Studie zu Kindern und Medien, Computer und Internet des Medienpädagogischen Forschungsverbunds Südwest (KIM-Studie 2012) konstatiert: »Die Nutzung von digitalen Spielen – egal ob am Computer, an der Spielkonsole oder im Internet – ist für Erwachsene oftmals vorurteilsbehaftet. Für ein Viertel aller Kinder (besonders für Jungen) gehört die Nutzung solcher Spiele dennoch zu den liebsten Freizeitaktivitäten und ist – ähnlich wie Fernsehen und Radio – eine Selbstverständlichkeit im medialen Alltag.«

Wie Tabelle 5.1 zeigt, gehören Computerspiele und Spielekonsolen für 23 % der im Rahmen der aktuellen Kinderstudie befragten 6- bis 11-Jährigen nicht nur zum Alltag dazu, sondern werden sogar »sehr oft« genutzt. Seit 2007 ist der Anteil der 8- bis 11-Jährigen[40], die nach eigenen Angaben sehr oft mit dem Computer oder einer Konsole spielen, zwar von 29 % auf 26 % ganz leicht zurückgegangen. Der seit 2010 detaillierter erfragte Umfang der Nutzung (»Wie ist es mit Computerspielen, Gameboy, Playstation und Ähnlichem. Wie häufig machst du das?«) bleibt allerdings relativ konstant. »Höchstens eine Stunde pro Woche« spielten 2010 14 % und 2013 15 % der 6- bis 11-Jährigen[41], die dieser Beschäftigung zumindest manchmal nachgehen, am Computer, »mehrmals in der Woche, jedoch nicht mehr als eine Stunde am Tag« nutzten 31 % bzw. 27 % diese Möglichkeit der Freizeit-

40 Die Gruppe der 6- und 7-Jährigen wurde hier nicht in die Berechnungen mit einbezogen, da diese 2007 noch nicht befragt wurde und ein direkter Vergleich über alle Kinder hinweg deshalb nicht möglich ist.

41 Diese Frage wird erst seit der Kinderstudie 2010 gestellt. In diese Erhebung wurden bereits die 6- und 7-Jährigen mit einbezogen, weshalb an dieser Stelle ein Trendvergleich über alle Altersgruppen hinweg möglich ist.

Abb. 5.1 **Nutzungshäufigkeit von Computerspielen nach Altersgruppen im Zeitvergleich**

Basis: Kinder im Alter von 6 bis 11 Jahren in Deutschland (Angaben in %)[1]

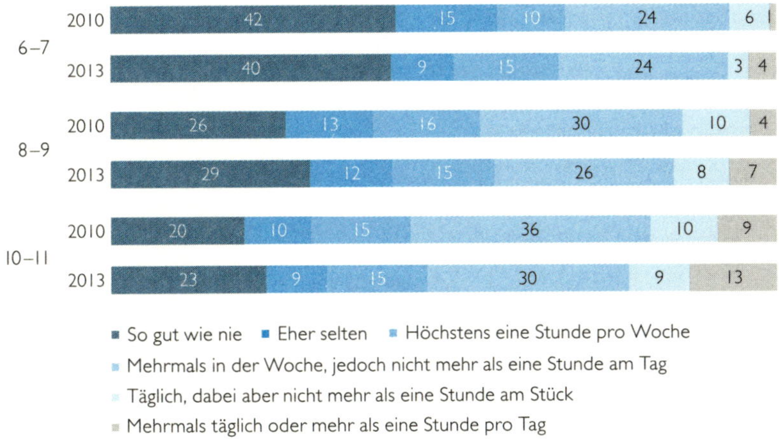

1 Fehlend zu 100 = »Weiß nicht«/»Keine Angabe«

gestaltung, »täglich, aber nicht mehr als eine Stunde am Stück« gaben 9 % bzw. 7 % an und »mehrmals täglich oder mehr als eine Stunde am Tag« beschäftigten sich 5 % bzw. 8 % mit Computerspielen. Jeweils rund 30 % der Kinder verbrachten hingegen »so gut wie nie« ihre Freizeit am Computer und der Spielekonsole.

Abbildung 5.1 gibt die Nutzungshäufigkeiten nach Altersgruppen wieder. Hier zeigt sich, dass die Häufigkeit von Computerspielen mit dem Alter der Kinder zunimmt. Während 40 % der 6- und 7-Jährigen so gut wie nie einen Computer oder eine Konsole zum Spielen nutzen, trifft dies lediglich auf 29 % der mittleren Altersgruppe und 23 % der 10- bis 11-Jährigen zu.

Beim Vergleich zwischen Mädchen und Jungen, die angeben, ihre Zeit sehr oft oder manchmal mit Computerspielen zu verbringen, zeigt sich ein Geschlechtseffekt dahingehend, dass Mädchen bei der detaillierteren Abfrage, wie umfangreich die Nutzung von Computer oder Spielekonsole sei, zu 24 % angeben, so gut wie nie oder eher selten Computer zu spielen. Jungen berichten lediglich zu 13 % eine vergleichbar geringe Nutzung. Mädchen verbringen in 23 % der Fälle höchstens eine Stunde wöchentlich mit Computerspielen, unter den Jungen sind es 18 %. Die männlichen Spieler nutzen den Computer nach eigenen Angaben zu 65 % mehrmals wöchentlich oder sogar täglich. Von den Mädchen berichten dagegen mit 50 % deutlich weniger eine ähnlich intensive Nutzung (Abb. 5.2).

Sowohl die Ergebnisse zum Anstieg der Nutzungshäufigkeit von Computerspielen mit dem Alter als auch die

Abb. 5.2 **Nutzungshäufigkeit von Computerspielen nach Geschlecht**

Basis: Kinder im Alter von 6 bis 11 Jahren in Deutschland, die zuvor angegeben hatten »sehr oft« oder »manchmal« Computer/Playstation zu spielen (Angaben in %)[1]

1 Fehlend zu 100 = »Weiß nicht«/»Keine Angabe«

festgestellten Geschlechterdifferenzen stehen im Einklang mit Befunden der KIM-Studie, welche Jungen eine größere Affinität zu digitalen Spielen attestiert und mit zunehmendem Alter eine sinkende Zahl von Nichtspielern beobachtet (KIM-Studie 2012).

5.2 Freizeittypologie: Wie Lesen und Medienkonsum die Gruppen voneinander abgrenzen

Die für die World Vision Kinderstudie entwickelte Freizeittypologie fußt auf der in Tabelle 5.1 vorgestellten Liste der Freizeitaktivitäten. Auf Basis der Häufigkeitsangaben lassen sich mittels einer Faktorenanalyse vier unterschiedliche Bereiche von Freizeitaktivitäten ermitteln. Diese Bereiche umfassen Kultur, Sport/Bewegung, Medien sowie (zu Hause) Spielen. Diese Faktoren bilden den Ausgangspunkt für eine Clusteranalyse, die zu einer Typologie mit drei Gruppen von Kindern führt, den »Medienkonsumenten«, den »Normalen Freizeitlern« und den »Vielseitigen Kids«.

Auf Basis der aktuell vorliegenden Daten kann jeweils etwa ein Viertel der Kinder den Medienkonsumenten (26 %) und den vielseitigen Kids (25 %) zugeordnet werden, während rund die Hälfte der Gruppe der normalen Freizeitler (49 %) angehört. Dies entspricht der Verteilung auf die unterschiedlichen Gruppen, wie sie in etwa auch in der ersten und zweiten Kinderstudie zu finden war.

Abbildung 5.3 zeigt, dass manche Freizeitaktivitäten besonders charakteristisch für eine der beiden Extremgruppen – Medienkonsumenten oder vielseitige Kids – und dadurch geeignet sind, zwischen beiden zu differenzieren, während andere Möglichkeiten der Freizeitgestaltung gleichermaßen von Kindern aller drei Gruppen wahrgenommen werden. So zeichnen sich die Medienkonsumenten durch die besonders häufige Nutzung elektronischer Medien, wie Fernseher, Computer und Spielekonsolen, aus und verbringen ihre Freizeit besonders selten mit kreativ-kulturellen Aktivitäten, wie Lesen, Basteln und Malen oder Musikmachen. Normale Freizeitler finden sich bei allen Aktivitäten, sie stechen jedoch nirgends durch extremes Engagement oder vollkommenes Desinteresse hervor. Die vielseitigen Kids beschäftigen sich, wie bereits in den vorangegangenen Kinderstudien zu beobachten war, besonders häufig mit den musisch-kulturellen Angeboten, die von den Medienkonsumenten kaum wahrgenommen werden. Sie lesen, basteln und malen viel, machen Musik, spielen Theater oder gehen ins Ballett und zeichnen sich im Übrigen durch einen besonders geringen Fernsehkonsum und äußerst seltene Nutzung von Computerspielen aus.

Neben der Anzahl der ausgeübten Freizeitaktivitäten – wie bereits 2010 zeigt sich auch in der vorliegenden Erhebung, dass vielseitige Kids signifikant mehr unterschiedliche Möglichkeiten der Freizeitgestaltung nutzen – unterscheidet sich also auch die inhaltliche Schwerpunktsetzung der verschiedenen Freizeittypen. Die Mitwirkung in einer Theatergruppe bzw. Tanzen oder Ballett werden von rund einem Drittel der vielseitigen Kids als häufige Beschäftigung genannt, wohingegen weniger als 10 % der normalen Freizeitler und Medienkonsumenten diesen Aktivitäten sehr oft nachgehen. Ähnliches gilt für das Spielen eines Instruments, das von fast der Hälfte der vielseitigen Kids häufig betrieben wird, bei den normalen Freizeitlern und den Medienkonsumenten jedoch deutlich seltener auf dem Plan steht. Auch Basteln, Malen und Zeichnen werden vorrangig von vielseitigen Kids als integraler Bestandteil der Freizeitgestaltung betrachtet. Mehr als die Hälfte von ihnen gibt an, sich sehr oft mit diesen Tätigkeiten zu befassen, während lediglich rund ein Drittel der normalen Freizeitler und weniger als 20 % der Medienkonsumenten das von sich sagen.

Beim Lesen als Freizeitaktivität, das als grundlegende Kulturtechnik einen besonderen Stellenwert für den musisch-kulturellen Bereich besitzt, zeigt sich die Differenz zwischen den vielseitigen Kids und den Medienkonsumenten in besonders drastischer Weise. Während die einen in mehr als 60 % der Fälle angeben, Lesen gehöre zu den von ihnen sehr oft ausgeübten Tätigkeiten, trifft dies lediglich auf weniger als 10 % der anderen Gruppe zu. Lesen als Informations- und Anregungsquelle mit seinem kreativen Potenzial wird von den Medienkonsumenten offenbar in vielen Fällen durch ein deutlich passiveres Medium, das Fernsehen, ersetzt. 87 % der Kinder dieser Gruppe geben an, sehr häufig fernzusehen, während lediglich 13 % der vielseitigen Kids einen vergleichbaren Fernsehkonsum berichten. Selbst bei

Abb. 5.3 **Freizeitaktivitäten der verschiedenen Freizeittypen, 2013**

Basis: Kinder im Alter von 6 bis 11 Jahren in Deutschland (Angaben in %)

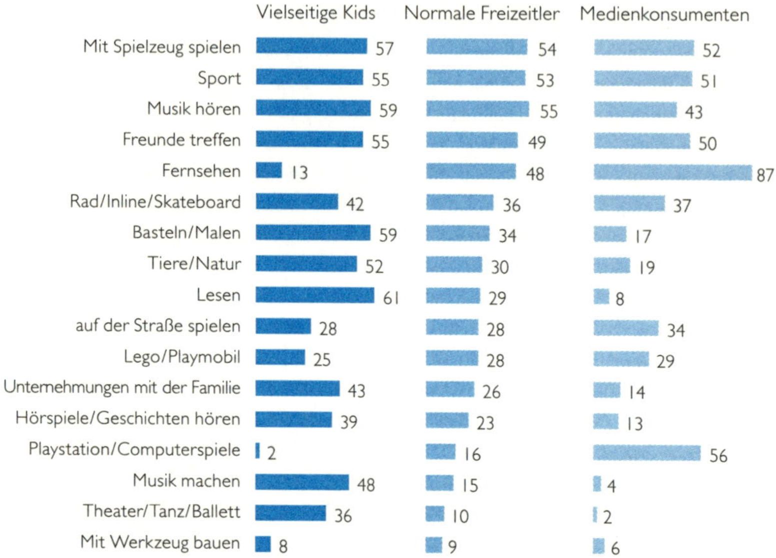

denjenigen Kindern beider Gruppen, die übereinstimmend antworten, sehr oft fernzusehen, lässt sich ein Unterschied feststellen: Medienkonsumenten geben am häufigsten an, ein bis zwei Stunden täglich fernzusehen, vielseitige Kids berichten hingegen meist einen täglichen Fernsehkonsum von einer halben bis zu einer Stunde. Dies zeigt auch die unterschiedlichen Bewertungsmaßstäbe der Kinder. Während die vielseitigen Freizeitler bereits eine halbe Stunde bis eine Stunde täglich als sehr häufigen Fernsehkonsum betrachten, bedeutet diese Einordnung für die stärker medienorientierten Kinder, mehrere Stunden täglich vor dem Fernseher zu verbringen. Durch Berechnung einer Korrelation lässt sich grundsätzlich ein signifikanter negativer Zusammenhang zwischen dem Ausmaß der Fernsehnutzung und der Häufigkeit des Lesens feststellen[42]. Kinder, die viel fernsehen, beschäftigen sich demnach weniger mit Büchern und umgekehrt.

Auch die häufige Nutzung weiterer elektronischer Medien, wie Playstation, Nintendo, Wii und sonstiger Computerspiele, charakterisiert ganz eindeutig die Medienkonsumenten, während vielseitige Kids relativ wenig Gebrauch davon machen und nur in 2 % der Fälle angeben, häufig damit zu spielen. Bei der detaillierteren Ab-

42 Nicht-parametrische Korrelation nach Spearman, Signifikanzniveau 5 %

frage des Nutzungsumfangs zeigt sich, dass die vielseitigen Freizeitler in 14 % der Fälle mehrmals in der Woche oder sogar täglich den Computer zum Spielen nutzen. Die Medienkonsumenten berichten hingegen in 71 % der Fälle eine ähnlich umfangreiche Beschäftigung mit Computerspielen. Vielseitige Kids und medienorientierte Freizeitler unterscheiden sich also nicht nur hinsichtlich der Selbstauskunft, inwieweit die Computernutzung zu ihren präferierten Freizeitaktivitäten gehört, sondern auch in Bezug auf die konkret angegebenen Nutzungszeiten. Auch hier zeigt eine Rangkorrelation einen signifikaten negativen Zusammenhang zwischen dem Umfang der Mediennutzung und der Häufigkeit des Lesens.

Unterschiedliche familiäre Anregungsstrukturen: Umfangreiche mediale Ausstattung versus Bücher und gemeinsame Unternehmungen

Nicht nur die von den Kindern berichtete Gestaltung ihrer Freizeit differenziert im musisch-kreativen Bereich und hinsichtlich der Mediennutzung deutlich zwischen den verschiedenen Gruppen von Freizeitlern, auch die im familiären Rahmen gemachten Angebote unterscheiden sich grundlegend.

Während 44 % der Medienkonsumenten angeben, einen eigenen Fernseher in ihrem Kinderzimmer zu besitzen, trifft dies nur für 18 % der vielseitigen Kids zu. Ein DVD- oder Blue-Ray-Player gehört bei rund einem Drittel der Medienkonsumenten zur Ausstattung, während dagegen lediglich rund 10 % der vielseitigen Kids dies berichten. Auch der eigene Computer (32 %), die Spielekonsole (51 %) und der Gameboy (72 %) sind in den Kinderzimmern der Medienkonsumenten deutlich häufiger anzutreffen als bei vielseitigen Kids (Computer: 24 %, Spielekonsole: 14 %, Game-Boy: 44 %). Hinsichtlich des Besitzes eines eigenen Handys unterscheiden sich die Medienkonsumenten und die vielseitigen Kids hingegen kaum. 42 % der Medienkonsumenten und 38 % der vielseitigen Kids geben an, ein eigenes Handy zu besitzen. Mit 48 % verfügen die Medienkonsumenten allerdings häufiger über einen Internetzugang als die vielseitigen Kids (42 %).

Komplementär zur vergleichsweise umfangreicheren Ausstattung des Kinderzimmers mit elektronischen Medien bei den Medienkonsumenten verhält sich das Angebot an Büchern im Haushalt (Abb. 5.4). Während die Medienkonsumenten und auch die normalen Freizeitler auf die Frage, wie viele Bücher es bei ihnen zu Hause gebe, am häufigsten »Etwa ein Regal (25–100 Bücher)« antworten, wählen vielseitige Kids am häufigsten die Antwortalternative »Drei oder mehr Regale (mehr als 200 Bücher)«. Auch wenn es sich dabei nicht explizit um Literatur für Kinder handelt, also Bücher, mit denen die Befragten selbst ihre Freizeit verbringen können, so gibt die Frage doch Aufschluss darüber, welchen Stellenwert Lesen im jeweiligen Haushalt besitzt. Während vielseitige Kids offensichtlich besonders häufig in Familien aufwachsen, in denen Bücher als wichtig erachtet und ihnen entsprechend viel Raum in der gemeinsamen Wohnung eingeräumt wird, leben Medienkon-

Abb. 5.4 **Anzahl der Bücher im elterlichen Haushalt der verschiedenen Freizeittypen**

Basis: Kinder im Alter von 6 bis 11 Jahren in Deutschland (Angaben in %)[1]

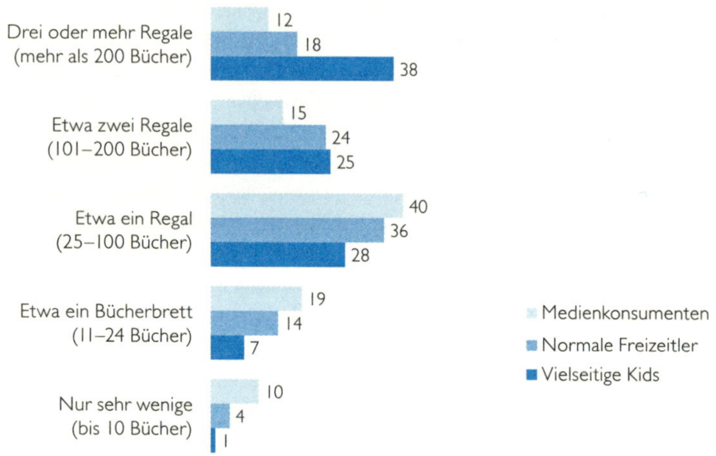

1 Fehlende zu 100 = »Weiß nicht«

sumenten und normale Freizeitler in einem weniger bibliophilen Umfeld.

Die gemeinsame, aktive Gestaltung der Freizeit zeichnet ebenfalls besonders Familien aus, deren Kinder der Gruppe der vielseitigen Kids zugerechnet werden können. 43 % dieser Kinder geben an, dass gemeinschaftliche familiäre Unternehmungen zu ihren sehr oft ausgeübten Beschäftigungen gehören. Das können dagegen lediglich 26 % der normalen Freizeitler und 14 % der Medienkonsumenten von ihren Familien berichten. Außerdem gestehen Eltern von vielseitigen Kids diesen mehr Mitgestaltungsmöglichkeiten bei gemeinsamen Freizeitaktivitäten zu. Während 68 % der Medienkonsumenten auf die Frage, ob sie mitbestimmen dürfen, was die Familie gemeinsam in ihrer Freizeit macht, mit »eher ja« antworten, sind dies unter den normalen Freizeitlern 75 % und die vielseitigen Kids geben sogar zu 83 % an, in die Planung der familiären Freizeitgestaltung einbezogen zu werden. Interessanterweise genießen die vielseitigen Kids insgesamt mehr Mitspracherecht hinsichtlich der von ihnen ausgeübten Aktivitäten. 90 % von ihnen dürfen mitentscheiden, was sie in ihrer Freizeit machen, während dies nur für 84 % der normalen Freizeitler und 83 % der Medienkonsumenten gilt (vgl. zur Mitbestimmung auch Kapitel 7).

Vielseitige Kids verfügen also insgesamt über mehr familiäre Unterstützung und Förderung, die sich sowohl in einer Schwerpunktsetzung auf musisch-kreative Inhalte als auch einem umfangreicheren gemeinsamen Freizeitprogramm äußert. Die

Ausgestaltung sowohl der gemeinsam mit der Familie unternommenen Aktivitäten als auch der Freizeit insgesamt wird dabei nicht von den besonders fürsorglichen Eltern vorgegeben, sondern im Gegenteil mit den Kindern enger abgestimmt, als dies bei den anderen Freizeittypen der Fall ist.

Soziale und materielle Einschränkungen als Risikofaktoren für erhöhten Medienkonsum

Zur genaueren Analyse der familiären Einflussfaktoren auf die Zugehörigkeit zu einer der drei Gruppen von Freizeittypen wurde eine Nominale Regression durchgeführt[43] (Tab. 5.2). Die Analysen zeigen, dass Mädchen häufiger unter den vielseitigen Kids und seltener unter den Medienkonsumenten anzutreffen sind als Jungen. Dies überrascht nicht, besteht doch eine relativ große Übereinstimmung zwischen den Aktivitäten, die von Mädchen als besonders häufig gewählte Form der Freizeitgestaltung benannt werden, und denjenigen, die von vielseitigen Kids präferiert werden. Bereits 2010 zeigte sich, dass dreimal so viele Mädchen unter den vielseitigen Kids zu finden sind wie Jungen. Dies bestätigt sich auch in der vorliegenden Studie, ebenso wie der Befund, dass sich dieses Verhältnis bei den Medienkonsumenten umkehrt. Die Altersgruppen unterscheiden sich dahingehend, dass Kinder der jüngsten Altersgruppe signifikant seltener zu den Medienkonsumenten gehören als Mitglieder der beiden anderen Altersgruppen. Die Berechnungen zeigen außerdem, dass Kinder aus den unteren sozialen Schichten mit einer geringeren Wahrscheinlichkeit zu den vielseitigen Kids zählen als Kinder aus höheren Bildungsschichten und mit einer größeren Wahrscheinlichkeit unter den Medienkonsumenten anzutreffen sind. Ein Zuwendungsdefizit seitens eines oder beider Elternteile stellt ebenfalls einen Risikofaktor für Kinder dar, ihre Freizeit als Medienkonsumenten zu gestalten. Darüber hinaus gehören Kinder, die von erlebter Armut berichten, signifikant seltener der Gruppe der vielseitigen Kids an, als dies für Kinder, die nicht von Armut betroffen sind, der Fall ist.

Sowohl materieller als auch sozialer Mangel innerhalb der Familie stellen somit nach wie vor entscheidende Beschränkungen für ein Kind bei der vielseitigen Gestaltung seiner Freizeit dar. Einerseits erschweren es fehlende finanzielle Ressourcen den Eltern, ihren Kindern ein vergleichbares Angebot zu machen, wie es in bessergestellten Familien der Fall ist. Andererseits kann ein Mangel an sozialer Zuwendung durch ein Elternteil oder beide dazu führen, dass ein Kind sich Ansprache in Form von Mediennutzung sucht. Grundsätzliche kulturelle Unterschiede lassen sich hingegen nicht ausmachen. Ein möglicher Migrationshintergrund eines Kindes an sich wirkt sich weder in die eine noch in die andere Richtung aus, entscheidend ist hier die Moderation des Zusammenhangs durch die Schichtzugehörigkeit. Während 20 % der einheimisch deutschen Kinder

43 Bei den hier berichteten Zusammenhängen handelt es sich um statistisch bedeutsame Ergebnisse bei einem Signifikanzniveau von 5 %.

Tab. 5.2 **Zusammenhangsanalyse[1]: Die Freizeittypen nach signifikanten persönlichen und sozialen Merkmalen**

Basis: Kinder im Alter von 6 bis 11 Jahren in Deutschland

%-Angaben (pro Zeile)	Vielseitige Kids	Normale Freizeitler	Medienkonsumenten
Gesamt	25	49	26
Geschlecht			
Mädchen	**38**[2]	49	13
Jungen	12	49	**39**[2]
Soziale Herkunftsschicht			
Unterschicht	**7**[2]	47	**46**[2]
Untere Mittelschicht	**13**[2]	53	34
Mittelschicht	20	50	30
Obere Mittelschicht	**31**[2]	48	**21**[2]
Oberschicht	**45**[2]	44	**11**[2]
Armutserleben			
Keine Armutserfahrung	27	48	25
Beschränkungen	22	51	27
Konkretes Armutserleben	**14**[2]	52	34
Alter			
6–7 Jahre	26	51	**23**[2]
8–9 Jahre	26	47	27
10–11 Jahre	23	48	29
Zuwendung der Eltern			
Kein Defizit	26[2]	50	24
Defizit bei einem Elternteil	20	45	**35**[2]
Zuwendungsdefizit	20	44	**36**[2]

1 Der Zusammenhang wurde multivariat anhand einer nominalen Regression auf die Variable »Freizeittypen« getestet.
Einbezogene Merkmale: Alter, Geschlecht, soziale Herkunftsschicht, Armutserleben, Zuwendungsdefizit, Migrationshintergrund.

2 Aus Gründen der Übersichtlichkeit werden in der Tabelle bivariate Merkmalsausprägungen in % ausgewiesen. Fettgedruckt sind auffällige Abweichungen für Merkmale, die sich auch innerhalb der multivariaten Analyse als signifikant erwiesen haben ($p < 0,05$).

der Unterschicht oder unteren Mittelschicht angehören, gilt dies für 34 % der Kinder mit Migrationshintergrund, was zu einer grundsätzlich höheren Wahrscheinlichkeit führt, die Freizeit als Medienkonsument zu gestalten.

Freizeittypen und ihre Aktivitäten im Zeitvergleich: Immer weniger Zeit zum Lesen

Wie bereits dargestellt, handelt es sich bei den Aktivitäten »Lesen«, »Fernsehen« und »Playstation/Computerspiele« um Formen der Freizeitgestaltung, die besonders dazu geeignet sind, zwischen den beiden Extremgruppen der Freizeittypologie, den Medienkonsumenten und den vielseitigen Kids, zu unterscheiden. Deshalb erscheint eine Trendbetrachtung dieser drei Freizeitmöglichkeiten besonders lohnend. Betrachtet man die genannten Aktivitäten im zeitlichen Vergleich über alle Freizeitgruppen hinweg, so zeigt sich, dass der Fernsehkonsum tendenziell leicht rückläufig ist. Während 2007 noch 56 % der Kinder angaben, sehr oft fernzusehen, waren es 2010 48 % und 2013 49 %[44]. Die häufige Computernutzung wird in allen drei Befragungsjahren von 25 % bis 30 % genannt und Lesen gehört für rund ein Drittel aller Kinder zu den sehr oft ausgeübten Freizeitaktivitäten.

In den beiden Extremgruppen zeigt sich hingegen ein etwas anderer Trend. Während Fernsehen bei den Medienkonsumenten mit rund 80 % bis 90 % auf einem konstant hohen Niveau liegt, nimmt die Fernsehhäufigkeit in der Gruppe der vielseitigen Kids ab. 2007 gaben noch 24 % von ihnen an, sehr oft fernzusehen, 2013 sind es lediglich 12 %. Nicht nur hinsichtlich des Anteils der vielseitigen Freizeitler, die häufig fernsehen, lässt sich ein Rückgang verzeichnen, auch die tägliche Dauer nimmt ab. Während von denjenigen 8- bis 11-jährigen vielseitigen Kids, die nach eigenen Angaben sehr oft fernsehen, 2007 23 % täglich zwei bis drei Stunden und mehr fernsahen, trifft dies 2013 nur noch auf 14 % zu. Bei den Medienkonsumenten lässt sich hingegen ein komplementärer Trend beobachten. Sie nutzten das Fernsehgerät 2007 in rund 30 % der Fälle zwei bis drei Stunden täglich und mehr. 2013 verbringen von denjenigen, die von sich sagen, sie würden sehr oft fernsehen, rund 40 % zwei bis drei Stunden und darüber hinaus vor dem Fernseher.

Auch für die Nutzung von Computerspielen lässt sich ein Rückgang bei den vielseitigen Kids konstatieren. Während rund 60 % der 8- bis 11-jährigen Medienkonsumenten in allen Befragungsjahren angeben, sehr oft am Computer oder einer Spielekonsole zu spielen, hat sich der Anteil der vielseitigen Kids, die sich dieser Beschäftigung widmen, von 10 % auf 2 % reduziert. Außerdem sank der Anteil vielseitiger Freizeitler, die auf genauere Nachfrage berichteten, mehrmals wöchentlich oder sogar täglich Zeit mit Computerspielen zu verbringen, von 18 % in 2010 auf die bereits genannten 14 % in 2013. Für die medienorientierten Freizeitler liegt der Anteil der wöchentlich

44 Aufgrund der Vergleichbarkeit wurden nur die 8- bis 11-Jährigen in die alle drei Erhebungsjahre 2007, 2010 und 2013 umfassenden Trendberechnungen miteinbezogen.

mehrmaligen bzw. täglichen Nutzung hingegen weiterhin bei 71 %.

Hinsichtlich des Leseverhaltens lässt sich zunächst keine eindeutige Trendaussage treffen. Rund 10 % der Medienkonsumenten in allen drei Erhebungen lesen nach eigenen Angaben »sehr oft«. Die vielseitigen Kids beschrieben das Lesen 2007 zu 63 % als eine von ihnen sehr oft betriebene Form der Freizeitgestaltung, in 2010 sogar zu 76 % und nennen es nun in 2013 mit 62 % wieder vergleichbar häufig wie in der ersten Kinderstudie. Die subjektiv wahrgenommene Häufigkeit der Beschäftigung mit Büchern scheint also mehr oder weniger konstant zu bleiben bzw. unterliegt Schwankungen, die sich auf keinen eindeutigen Trend zurückführen lassen. Bei der konkreteren Nachfrage jedoch, wie häufig zu Hause gelesen bzw. Bücher angesehen werden, zeigt sich, dass die Häufigkeit der Beschäftigung mit Büchern abnimmt. Unter den Medienkonsumenten waren 2007 9 %, 2010 5 % und 2013 6 %, die sich täglich mit Büchern beschäftigten. Bei den vielseitigen Kids traf dies 2007 auf 42 %, 2010 auf 39 % und 2013 nur noch auf 28 % zu. Gerade bei dieser Gruppe, zu deren Freizeitgestaltung das häufige Lesen grundlegend dazugehört, lässt sich also ein besonders deutlicher Rückgang der tatsächlichen Lesehäufigkeit feststellen.

5.3 Institutionelle Freizeitgestaltung – eine Kompensationsmöglichkeit für fehlende Anregungen in der Familie?

Wie bereits dargestellt, haben familiäre Faktoren einen großen Einfluss auf die Freizeitgestaltung von Kindern. Während Kinder aus bessergestellten sozialen Schichten deutlich häufiger zur Gruppe der vielseitigen Kids gehören und ihre Freizeit abwechslungsreich mit einem Schwerpunkt auf musisch-kreativen Aktivitäten gestalten, neigen Kinder aus den unteren sozialen Schichten zu einer eher einseitig medienorientierten Ausgestaltung ihrer freien Zeit. Staatliche Förderungen, wie beispielsweise das Bildungspaket, sollen dazu beitragen, Kindern aus niedrigeren sozialen Schichten die Teilhabe an sozialen, kulturellen und Bildungsangeboten zu sichern. Die zur Verfügung gestellten finanziellen Mittel dienen beispielsweise dazu, diesen Kindern die Mitgliedschaft in einem Sportverein oder den Besuch einer Musikschule zu ermöglichen. Diese könnte ihnen einerseits Erfahrungen bieten, die in der eigenen Familie aufgrund eingeschränkter finanzieller Möglichkeiten nicht gemacht werden können, und andererseits auch etwaige Zuwendungsdefizite kompensieren. Gerade der zweite Aspekt erscheint angesichts der Tatsache, dass 10 % der aus der Unterschicht stammenden Kinder hinsichtlich eines Elternteils und 28 % sogar für beide Elternteile mangelnde Zuwendung berichten, als eine vorrangige Aufgabe außerfamiliärer Betreuungs- und Freizeitangebote.

In Deutschland gibt es eine Vielzahl von institutionellen Freizeit- und Kulturangeboten. Diese sind vor allem im

Bereich Sport traditionell in Vereinen organisiert. Hinzu kommen kirchliche Angebote und im musisch-kulturellen Bereich die häufig privat-gewerblich getragenen Angebote von Musik-, Tanz- oder Ballettschulen. In der Kinderstudie bitten wir die Eltern um Auskunft darüber, ob ihr Kind Mitglied in einem derartigen Verein oder einer festen Gruppe ist.

Im Trend betrachtet ist die Mitgliedschaft in Vereinen, Gruppen oder die Nutzung von sonstigen Angeboten, etwa im musisch-kulturellen Bereich, seit der letzten Kinderstudie von einzelnen Ausnahmen abgesehen etwas rückläufig. Von 2007 auf 2010 hatten wir hingegen noch einen leichten Anstieg feststellen können.[45] Von den bereits seit der ersten Kinderstudie befragten 8- bis 11-Jährigen waren 2007 74 % Mitglied in mindestens einem Verein, 2010 waren es 80 %, 2013 geben 78 % der Eltern an, dass ihr Kind in mindestens einer regelmäßigen Gruppe oder einem Verein organisiert ist. Nach wie vor dominiert bei den 6- bis 11-Jährigen die Mitgliedschaft im Sportverein. Mit 57 % ist hier mehr als jedes zweite Kind aktiv, gefolgt von musisch-kulturellen Angeboten (Musikgruppen/Musikschulen: 21 %, Tanzklub/Ballett: 13 %). Aktivitäten in Kirchengruppen werden für 7 % der Kinder benannt. Hinzu kommen weitere Mitgliedschaften und genutzte Angebote (Tab. 5.3).

Rückgang der Vereinsmitgliedschaften in der Unterschicht

Tabelle 5.4 zeigt im Zeitvergleich die Anteile der in Vereinen oder festen Gruppen organisierten Kinder sowie diejenigen, die sonstige musisch-kulturelle Angebote nutzen, nach der sozialen Herkunftsschicht. Im Trend betrachtet fällt auf, dass die Mitgliedschaften in Vereinen oder Gruppen oder die Nutzung von sonstigen Angeboten etwa im musisch-kulturellen Bereich vor allem bei den 6- bis 7-Jährigen rückläufig sind. Dies gilt insbesondere für Kinder aus den unteren Herkunftsschichten.

Schwankungen finden sich ebenfalls bei den 8- bis 9-Jährigen sowie bei den 10- bis 11-Jährigen, wobei das Muster hier je nach Herkunftsschicht nicht ganz eindeutig ist. Bezieht man sich nur auf die Unterschicht, so betrug der Anteil der 8- bis 9-jährigen Kinder, die Mitglieder in Vereinen oder Gruppen sind, 2007 in unserer ersten Kinderstudie 35 %, in 2010 dann 49 % und aktuell dann wieder 37 %. Bei den 10- bis 11-Jährigen entwickelten sich die Anteile in der untersten Herkunftsschicht von 58 % über 47 % auf 53 %. Bei den 6- bis 7-Jährigen, die wir seit unserer zweiten Kinderstudie einbezogen haben, sind es aktuell 18 % im Vergleich zu 30 % in 2010.

Schicht und nicht Schulart entscheidet über Vereinsmitgliedschaften

Bei der Interpretation dieser Ergebnisse ist es naheliegend, die besuchte Schulart als Einflussfaktor heranzuziehen: Kinder, die eine Ganztagsschule

45 Erst seit 2010 befragen wir auch Kinder im Alter von 6 bis 7 Jahren. Der Anstieg in den Mitgliedschaften war hier aber unabhängig vom Alter feststellbar.

Tab. 5.3 **Mitgliedschaft in einem Verein, Teilnahme an einer festen Gruppe oder Nutzung eines sonstigen Angebots**

Basis: Kinder im Alter von 6 bis 11 Jahren (2007: 8 bis 11 Jahre) in Deutschland

Trifft zu, pro Zelle in %	2007	2010	2013
Vereine, Gruppen oder sonstige genutzte Angebote (Mehrfachnennungen)			
Sportverein	58	62	57
Musikgruppe/Musikschule	21	23	21
Tanzklub/Ballett	10	10	13
Malgruppe/Zeichnen	2	2	2
Theater- oder Kinogruppe	3	3	2
Kirchengruppe	11	10	7
Pfadfinder	2	2	2
Natur- oder Tierschutz	1	1	1
Feste Gruppe in einem Kinder- oder Jugendtreff	4	3	2
Trachtenverein, Brauchtumspflege	1	1	1
Sonstiges	7	7	5
Nichts davon	27	22	25

besuchen, verfügen über weniger freie Zeit für das Engagement in Vereinen und Gruppen. Außerdem deckt das von den Ganztagsschulen gemachte Angebot, das von Sport- über Musik- und Theatergruppen reicht, bereits Teile der Aktivitäten ab, die sonst in Vereinen organisiert werden. Der Anteil der Ganztagsschüler hat sich, wie im Kapitel 4 beschrieben, seit 2007 von 13 % auf 17 % in 2010 und 24 % in 2013 erhöht. Kinder aus der Unterschicht besuchen dabei häufiger Ganztagsschulen als Kinder aus höheren sozialen Schichten (31 % Ganztagsschüler in der Unterschicht vs. 20 % in der Oberschicht). Die stärkere Nutzung von Ganztagsschulen bereits im Grundschulalter gerade durch Kinder aus niedrigen sozialen Schichten könnte dementsprechend in der Konsequenz zu einer geringeren Beteiligung an Vereinen und Gruppen führen.

Interessanterweise haben sich jedoch die Anteile der Ganztags- und der Halbtagsschüler, die Mitglied in einem Verein oder einer festen Gruppe sind, in den letzten Jahren stark angeglichen. Während 2007 noch 25 % der 8- bis 11-Jährigen Halbtags- und 37 % der Ganztagsschüler in keinem Verein waren oder ein entsprechendes Angebot nutzten, waren es 2010 nur noch 19 % bzw. 27 %. In der aktuellen Befragung gaben 25 % der Eltern von Halbtags- und 27 % der Eltern von Ganztagsschülern an, dass ihr Kind kein Mitglied in einem Verein sei und auch keines der sonstigen Angebote nutzt (Tab. 5.5). Der einzig relevante Unterschied findet

Tab. 5.4 **Mitgliedschaft in einem Verein oder Teilnahme an einer festen Gruppe**

Basis: Kinder im Alter von 6 bis 11 Jahren in Deutschland

Pro Zelle in %	2007			2010			2013		
	6–7 Jahre	8–9 Jahre	10–11 Jahre	6–7 Jahre	8–9 Jahre	10–11 Jahre	6–7 Jahre	8–9 Jahre	10–11 Jahre
Unterschicht	–	35	58	30	49	47	18	37	53
Untere Mittelschicht	–	61	64	59	69	63	54	71	65
Mittelschicht	–	67	71	75	77	81	59	80	77
Obere Mittelschicht	–	85	87	81	90	92	82	82	86
Oberschicht	–	91	87	94	98	94	93	86	95

sich bei Sportvereinen, die mit 58 % häufiger von Kindern dieser Altersgruppe, die in einer Halbtagsschule sind, genutzt werden als von Ganztagsschülern (52 %). Der Besuch einer Halbtags- oder Ganztagsschule kann also, zumindest bei Kindern dieser Altersgruppe, nicht als ausschlaggebend für die Mitgliedschaft in Gruppen und Vereinen angesehen werden.

Wie anhand von Tabelle 5.4 bereits gezeigt, sind schichtbedingte Unterschiede hingegen in allen drei bislang durchgeführten Kinderstudien deutlich zu erkennen. Über alle Befragungszeitpunkte und Altersgruppen hinweg besteht ein klarer Anstieg der Häufigkeit von Vereinsmitgliedschaften mit zunehmendem sozialem Status. Die aktuellen Daten unserer Kinderstudie deuten auch an dieser Stelle darauf hin, dass insbesondere Kinder aus der untersten Herkunftsschicht nach wie vor nicht hinreichend in die in Deutschland vorhandenen vielfältigen und im Grundsatz allen Kindern offenstehenden Vereinsangebote eingebunden sind.

Auch Musik- und Sportgruppen erreichen die Unterschicht nicht

Die Abfrage im Elternfragebogen umfasst neben der Mitgliedschaft des Kindes in einem Verein eine ganze Reihe von weiteren Gruppenaktivitäten oder von sonstigen Angeboten. Im Folgenden möchten wir die Mitgliedschaften in einem Sportverein sowie in einer Musikgruppe/Musikschule genauer betrachten. Bei beiden handelt es sich um Aktivitäten, die vom Bundesministerium für Arbeit und Soziales als beispielhaft für die Zielsetzungen der staatlichen Förderung zur Stärkung der Teilhabe von sozial benachteiligten Kindern genannt werden (BMAS 2013b). Auch hier ist es aufgrund des Alterseinflusses auf die Häufigkeit von Vereinsmitgliedschaften sinnvoll, die einzelnen Altersgruppen separat zu betrachten.

Über alle sozialen Schichten hinweg waren 2007 sowohl 58 % der 8- bis 9-Jährigen als auch der 10- bis 11-Jährigen Mitglied in einem Sportverein. 2010 berichteten 58 % der Eltern für ihre 6- oder 7-jährigen

Tab. 5.5 **Mitgliedschaft in einem Verein, Teilnahme an einer festen Gruppe oder Nutzung eines sonstigen Angebots nach der Schulart**

Basis: Kinder im Alter von 6 bis 11 Jahren in Deutschland

Trifft zu, pro Zelle in %	Insgesamt	Halbtagsschule	Ganztagsschule
Vereine, Gruppen oder sonstige genutzte Angebote (Mehrfachnennungen)			
Sportverein	56	58	52
Musikgruppe/Musikschule	21	21	22
Tanzklub/Ballett	13	13	13
Malgruppe/Zeichnen	2	2	2
Theater- oder Kinogruppe	2	2	2
Kirchengruppe	7	8	5
Pfadfinder	2	2	1
Natur- oder Tierschutz	1	1	1
Feste Gruppe in einem Kinder- oder Jugendtreff	2	3	2
Trachtenverein, Brauchtumspflege	1	1	1
Sonstiges	5	5	5
Nichts davon	25	25	27

Kinder eine derartige Mitgliedschaft, für die 8- bis 9-Jährigen traf das in 63 % und für die 10- bis 11-Jährigen in 64 % der Fälle zu. In der aktuellen Studie gaben 52 % der Eltern von 6- bis 7-Jährigen an, ihr Kind sei Mitglied in einem Sportverein, sowie 59 % der Eltern von 8- oder 9-jährigen Kindern und 58 % von 10- bis 11-Jährigen. Es bestehen also gewisse Schwankungen, die sich für die beiden älteren Gruppen um Werte im Bereich von 60 % bewegen, während die jüngeren Kinder in rund 50 bis 60 % der Fälle über eine Mitgliedschaft in einem Sportverein verfügen. Ein klarer Trend hin zu mehr oder weniger häufigen Vereinsmitgliedschaften im sportlichen Bereich lässt sich nicht ermitteln.

Auch der Anteil an Mitgliedschaften in Musikgruppen und Musikschulen zeigt sich in allen Altersgruppen als relativ stabil. 2007 machten 20 bzw. 21 % der 8- bis 9-Jährigen und 10- bis 11-Jährigen bei einer Musikgruppe mit, 2010 waren es 20 % der 6- bis 7-Jährigen, 26 % der mittleren Altersgruppe und 22 % der ältesten Kinder. In der diesjährigen Befragung liegt der Anteil der 6- und 7-Jährigen wieder bei 19 % und die 8- bis 9-Jährigen sowie 10- bis 11-Jährigen musizieren zu 22 % in einer festen Gruppe.

Tabelle 5.6 zeigt die Entwicklung der Mitgliedschaften in Sportvereinen und außerschulischen Musikgruppen/Musikschulen seit der ersten Kinderstudie 2007. Auch hier weisen wir wieder den Anteil der Kinder nach

Tab. 5.6 **Mitgliedschaft in einem Sportverein oder einer Musikgruppe/Musikschule**

Basis: Kinder im Alter von 6 bis 11 Jahren in Deutschland

Pro Zelle in %	2007			2010			2013		
	6–7 Jahre	8–9 Jahre	10–11 Jahre	6–7 Jahre	8–9 Jahre	10–11 Jahre	6–7 Jahre	8–9 Jahre	10–11 Jahre
Sportverein									
Unterschicht	–	32	49	26	35	35	11	23	35
Untere Mittelschicht	–	54	49	48	51	50	43	49	47
Mittelschicht	–	49	56	58	61	65	44	62	62
Obere Mittelschicht	–	68	66	61	72	74	65	65	60
Oberschicht	–	73	71	84	81	80	73	70	73
Musikgruppe									
Unterschicht	–	0	8	1	9	4	0	3	7
Untere Mittelschicht	–	6	13	10	12	7	11	10	7
Mittelschicht	–	17	17	13	18	18	12	17	16
Obere Mittelschicht	–	26	30	25	38	36	21	29	29
Oberschicht	–	45	36	43	44	34	47	42	43

Altersgruppe und Herkunftsschicht aus, die Mitglied in mindestens einem Verein oder einer außerschulischen Musikgruppe/Musikschule sind.

Ein positiver Effekt lässt sich bei den Kindern aus der niedrigsten sozialen Schicht hinsichtlich dieser beiden prototypisch für die Teilnahme an sportlichen und kulturellen Aktivitäten stehenden Items kaum konstatieren. Hinsichtlich der Mitgliedschaften in Sportvereinen muss für Kinder aus der Unterschicht sogar ein Rückgang von 32 % bei den 8- bis 9-Jährigen in 2007, über 35 % in 2010 auf 23 % in 2013 und von 49 % bei den 10- bis 11-Jährigen auf 35 % in 2010 und 2013 festgestellt werden.

Im musikalischen Bereich bewegt sich die Teilnahme sozial niedrig gestellter Kinder auf einem vergleichbar geringen Niveau von unter 10 % in allen Altersgruppen. Diese Kinder sind im außerschulischen Bereich also nach wie vor von musisch-kreativer Bildung mehr oder weniger ausgeschlossen. Auch die allgemeine Abfrage der Freizeitaktivitäten führt an dieser Stelle zu keinem wesentlich anderen Ergebnis. Im Rahmen der ersten Kinderstudie gaben 4 % der Kinder aus der Unterschicht an, »sehr oft« ein Instrument zu spielen oder Musik zu machen. 2010 berichteten 5 % der sozial niedrig gestellten Kinder von einer häufigen derartigen Freizeitgestaltung. 2013 spielen nun 8 % der Kinder aus der Unterschicht »sehr oft« ein Instrument bzw. machen Musik. Es lässt sich an dieser Stelle also ein ganz geringfügiger positiver Trend feststellen, doch von einer Angleichung an die Teilhabemöglichkeiten der sozial besser gestellten Kinder sind die Kinder aus der Unterschicht nach wie vor weit entfernt.

Betrachtet man auch hier diejenigen Kinder, die eine Halbtagsschule besuchen, separat, um die Konfundierung des Besuchs einer Ganztagsschule mit der Zugehörigkeit zu Vereinen oder Gruppen auszuschließen, so zeigt sich, wie bereits dargestellt, dass sich der Rückgang der Vereinsmitgliedschaften nicht alleine über einen Zuwachs des Besuchs von Ganztagsschulen und die damit verbundene Bereitstellung innerschulischer Freizeitangebote erklären lässt. Auch die 8- bis 11-jährigen Halbtagsschüler aus der Unterschicht verfügen 2013 etwas weniger häufig über eine Mitgliedschaft in einem Sportverein oder einer Musikgruppe, als dies 2007 oder 2010 der Fall war.

5.4 Wie Kinder das Internet nutzen

Die soziale Schicht entscheidet immer noch über Zugangsmöglichkeiten zum Internet

Wie bereits gezeigt, findet die Nutzung elektronischer Medien, wie Fernsehen und Computerspiele, durch die 6- bis 11-Jährigen in sehr unterschiedlichem Ausmaß statt, sie gehört jedoch im Allgemeinen zur direkten Lebenswelt der Kinder. Ebenso hat sich das Internet als selbstverständlicher Bestandteil des Umfelds von 6- bis 11-Jährigen etabliert, wobei sie auch dieses Medium in sehr unterschiedlichem Umfang und zu unterschiedlichen Zwecken nutzen.

Ein eigener Computer im Kinderzimmer ist keine zwingende Voraussetzung für den Zugang zum Internet. Insgesamt 46 % aller befragten Kinder geben an, über einen Internetzugang zu verfügen, während lediglich 27 % einen eigenen PC oder Laptop in ihrem Zimmer besitzen. Den Kindern bieten sich also weitere Zugriffsmöglichkeiten, wie beispielsweise über den Computer der Eltern, in der Schule oder bei Freunden. Allerdings haben Kinder, die einen eigenen Computer besitzen, mit 67 % überdurchschnittlich oft einen Zugang zum Internet. Wie bereits in der Kinderstudie 2010 dargestellt, ist ein deutlicher Alterseffekt zu beobachten. Kinder der jüngsten Altersgruppe geben lediglich zu 24 % an, einen Zugang zum Internet zu haben, während es bei den 8- bis 9-Jährigen bereits 36 % sind und unter den 10- bis 11-Jährigen eine deutliche Mehrheit von 71 % das Internet nutzen kann. Von denjenigen, die über einen Internetzugang verfügen, berichten 40 %, regelmäßig pro Woche das Internet zu nutzen. Auch hier ist ein klarer Alterseffekt zu erkennen. Während unter den 6- und 7-Jährigen lediglich 17 % derer, die über einen Zugang verfügen, eine regelmäßige Internetnutzung berichten, gilt dies bei der mittleren Altersgruppe bereits für 31 % und in der ältesten Gruppe für 50 %.

Vielseitige Kids verfügen mit 42 % etwas seltener über einen Zugang zum Internet, als dies bei normalen Freizeitlern (46 %) und Medienkonsumenten (48 %) der Fall ist. Deutlicher wird der Unterschied zwischen den verschiedenen Freizeittypen bei Betrachtung der Regelmäßigkeit der Internetnutzung. 50 % der Medienkonsumenten, die über einen Netzzugang verfügen, machen regelmäßig davon Gebrauch, während dies nur auf 39 % der normalen Freizeitler mit Internetzugang und 30 % der vielseitigen Kids zutrifft.

Betrachtet man soziale, persönliche und strukturelle Einflussfaktoren auf die Wahrscheinlichkeit, über einen Zugang zum Internet zu verfügen, so zeigt sich ein signifikanter Effekt der sozialen Schicht, der ein Kind angehört. Kinder aus der Unterschicht und unteren Mittelschicht haben seltener Zugang zum Internet als Kinder aus der Mittelschicht, wohingegen Angehörige der oberen Mittelschicht häufiger über einen Zugang verfügen. Ebenso können Kinder von 6 bis 7 Jahren seltener auf das Internet zugreifen als 8- bis 9-Jährige. Kinder der ältesten Befragungsgruppe verfügen dagegen häufiger über einen Internetzugang als diejenigen der mittleren Altersgruppe. Wie schon 2010 lässt sich außerdem auch in der aktuellen Kinderstudie feststellen, dass Kinder mit Migrationshintergrund signifikant häufiger einen Zugang zum Internet haben als einheimische deutsche Kinder. Dieser Befund stand zunächst in der letzten Kinderstudie im Gegensatz zu den Befunden aus 2007, zeigt jedoch offensichtlich einen nun stabilen Trend auf. Das Geschlecht und die Siedlungsstruktur hatten hingegen keinen signifikanten Einfluss auf die Wahrscheinlichkeit eines Kindes, über einen Internetzugang zu verfügen. Mädchen und Jungen erhalten demnach gleichberechtigt die Möglichkeit, das Internet zu nutzen, und technische Einschränkungen, wie sie vor einigen Jahren noch in ländlichen Gegenden auftreten konnten, scheinen heute keine Rolle mehr zu spielen. Tabelle 5.7 gibt die Ergebnisse der Zusammenhangsanalyse zwischen den genannten Merkmalen wieder, die einen signifikanten Einfluss auf den Zugang zum Internet haben.

Umfang der Internetnutzung: Alle Freizeittypen sind gleichermaßen im World Wide Web unterwegs

Auch bei Kindern lässt sich ein Trend zur verstärkten Nutzung des Internets feststellen. Dies gilt allerdings erst für ältere Kinder von 10 bis 11 Jahren. 2007 und auch 2010 gaben 13 % der 8- bis 9-jährigen Kinder an, sich regelmäßig im Internet aufzuhalten. Aktuell beträgt der Anteil in dieser Altersgruppe 11 %. Bei den 10- bis 11-Jährigen ist der Anteil, der regelmäßig in der Woche das Internet nutzt, von 29 % in 2007 über 32 % in 2010 auf aktuell 36 % angestiegen. 6- bis 7-Jährige sind nach eigenen Angaben nur zu 4 % regelmäßig in der Woche im Netz. Die weitere Entwicklung bleibt hier abzuwarten. Vor allem aufgrund der fortschreitenden Verbreitung mobiler internetfähiger Endgeräte ist aber wohl davon auszugehen, dass die regelmäßige Internetnutzung bei Kindern weiterhin ansteigen wird.

Diejenigen der befragten Kinder, die regelmäßig im Internet sind, geben an, wöchentlich zumeist bis zu einer Stunde (26 %) oder bis zu zwei

Tab. 5.7 **Zusammenhangsanalyse[1]: Zugang zum Internet nach signifikanten persönlichen und sozialen Merkmalen**

Basis: Kinder im Alter von 6 bis 11 Jahren in Deutschland

%-Angaben (pro Zeile)	Ja	Nein
Kinder insgesamt	46	54
Alter		
6–7 Jahre	24	**76**[2]
8–9 Jahre	36	64
10–11 Jahre	**71**[2]	29
Soziale Herkunftsschicht		
Unterschicht	32	**68**[2]
Untere Mittelschicht	41	**59**[2]
Mittelschicht	45	55
Obere Mittelschicht	**51**[2]	49
Oberschicht	49	51
Migrationshintergrund		
Einheimische deutsche Kinder	45	55
Kinder mit Migrationshintergrund	**47**[2]	53

1 Der Zusammenhang wurde multivariat anhand einer logistischen Regression auf die Kriteriumsvariable »Zugang zum Internet: ja oder nein« untersucht.
Einbezogene Merkmale: Alter, Geschlecht, Migrationshintergrund, Siedlungsstrukturtyp und soziale Herkunftsschicht.

2 Aus Gründen der Übersichtlichkeit werden in der Tabelle bivariate Merkmalsausprägungen in % ausgewiesen. Fettgedruckt sind auffällige Abweichungen für Merkmale, die sich auch innerhalb der multivariaten Analyse als signifikant erwiesen haben ($p < 0{,}05$).

Stunden (23 %) das Internet zu nutzen. Die Häufigkeiten für die anderen Kategorien »nicht mehr als eine halbe Stunde«, »bis 3/4/5 Stunden« und »mehr als 5 Stunden« pro Woche liegen durchgehend bei rund 10 %. Die Aufschlüsselung nach Altersgruppen in Abbildung 5.5 zeigt, dass unter den 10- und 11-Jährigen der Anteil derer, die sich mehr als zwei Stunden wöchentlich im Internet aufhalten, gegenüber den 8- und 9-Jährigen ansteigt. Während die mittlere Altersgruppe mit 37 % am häufigsten eine Internetnutzung von bis zu einer Stunde pro Woche berichtet und nur 25 % mehr als zwei Stunden angeben, bewegen sich 44 % der älteren Kinder mehr als zwei Stunden wöchentlich im Netz.[46]

Betrachtet man die verschiedenen Freizeittypen, so zeigt sich interessan-

46 Aufgrund der geringen Fallzahl in der Gruppe der 6- bis 7-jährigen regelmäßigen Internetnutzer (29 Fälle) werden für die jüngste Altersgruppe an dieser Stelle keine Häufigkeiten berichtet.

Abb. 5.5 **Umfang der Internetnutzung pro Woche durch verschiedene Altersgruppen**[1]

Basis: Kinder im Alter von 8 bis 11 Jahren, die regelmäßig in der Woche das Internet nutzen, in Deutschland (Angaben in %)

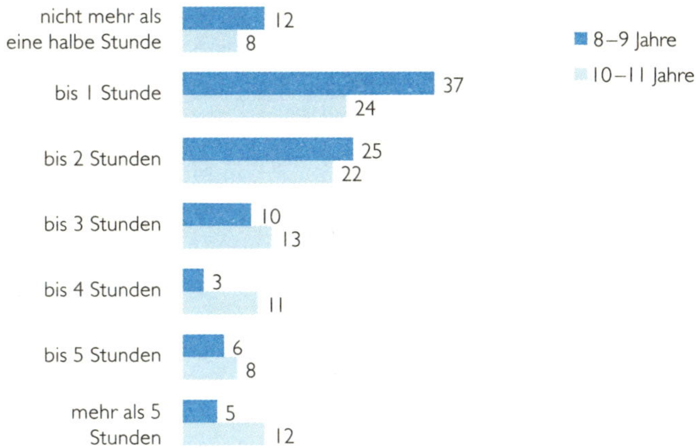

1 Nur Kinder, die regelmäßig pro Woche das Internet nutzen.
Fehlend zu 100 = »Weiß nicht«/»Keine Angabe«

terweise, dass die Medienkonsumenten und normalen Freizeitler, die sich regelmäßig im Netz aufhalten, auf die Frage nach dem Umfang der wöchentlichen Internetnutzung am häufigsten »bis 1 Stunde« angeben, während die häufigste Nennung bei den vielseitigen Kids auf die Antwortkategorie »bis 2 Stunden« entfällt. 36 % der Medienkonsumenten nutzen das Internet mehr als zwei Stunden pro Woche, unter den normalen Freizeitlern sind es 41 % und unter den vielseitigen Kids 36 %. Hinsichtlich des Umfangs der Aktivitäten im Internet lässt sich zwischen den verschiedenen Freizeittypen also keine eindeutige Differenzierung vornehmen. Doch im Zusammenhang mit der Frage nach der Internetnutzung durch 6- bis 11-jährige Kinder ist selbstverständlich nicht nur deren Umfang von Interesse, sondern insbesondere auch, womit sich die Kinder im Netz beschäftigen und inwieweit sich hier Altersgruppen und Freizeittypen unterscheiden.

Was Kinder im Netz machen – klare Unterschiede zwischen Altersgruppen und Freizeittypen

Tabelle 5.8 gibt einen Überblick über die Aktivitäten der Kinder im Internet. Ausgewiesen werden dabei die Antworthäufigkeiten der Kategorie »sehr oft«. Einbezogen wurden hier nur die Kinder, die das Internet regelmäßig nutzen.

Die Geschlechtsunterschiede bei der Internetnutzung sind auffallend gering. Die einzige deutliche Ausnahme bildet hier das Spielen im Netz.

Tab. 5.8 **Wozu Kinder das Internet nutzen**

Basis: Kinder im Alter von 6 bis 11 Jahren, die regelmäßig das Internet nutzen, in Deutschland[1]

Spalten in %	Gesamt	Mädchen	Jungen	8–9 Jahre	10–11 Jahre	Vielseitige Kids	Normale Freizeitler	Medienkon-sumenten
Computerspiele	33	24	42	44	30	17	29	46
Facebook	26	27	24	8	33	24	24	29
Gezielt nach etwas suchen	25	26	23	21	27	29	28	18
Chatten	25	26	24	15	29	20	24	29
Videos anschauen/ herunterladen	18	20	16	24	16	13	19	19
Einfach drauflos-surfen	11	10	11	9	11	13	9	11
E-Mails verschicken	8	8	7	2	10	14	7	6
Musik herunter-laden	6	4	8	3	7	1	5	10
Twittern	0	0	1	0	0	0	1	0

1 Aufgrund zu geringer Zellenbesetzungen werden hier keine Prozentwerte für die 6- bis 7-Jährigen separat ausgewiesen

Während mehr als 40 % der Jungen das Internet nutzen, um an Computerspielen teilzunehmen, gilt dies lediglich für ein Viertel der Mädchen. Alle anderen Funktionen, wie das Herunterladen von Musik und Videos und das Aufbauen und Pflegen von Kontakten über Facebook oder Chats, werden von beiden Geschlechtern in etwa gleich häufig genutzt.

Dagegen zeigen sich deutliche Altersunterschiede. Während jüngere Kinder stärker auf Spiele im Netz sowie das Anschauen und Herunterladen von Videos fokussiert sind, zeigt sich bei den älteren Kindern ein Anstieg der Beteiligung an sozialen Netzwerken und Chats. Während lediglich 8 % der 8- und 9-Jährigen angeben, Facebook o. Ä. zu nutzen, werden Soziale Netzwerke mit 33 % von den 10- bis 11-Jährigen als häufigste Aktivität im Internet genannt. Ebenso gewinnt das Chatten an Bedeutung, das von den 8- bis 9-Jährigen nur in 15 % der Fälle als sehr oft betriebene Form der Internetnutzung bezeichnet wird, in der ältesten Gruppe jedoch bereits bei fast einem Drittel zu den sehr häufigen Netzaktivitäten dazugehört. Auch E-Mails werden von älteren Kindern häufiger als Kommunikationsmittel verwendet, als dies bei den jüngeren der Fall ist. Hier spiegelt sich neben einer altersbedingt veränderten Interessenlage sicherlich auch ein Zuwachs in der Lese- und Schreibkompetenz wider. Soziale Netzwerke sind zwar stark grafisch gestaltet und basieren ebenso auf Bildern wie auf Schrift, dennoch ist eine gewisse Grundkompetenz im Lesen und Schreiben unabdingbar, um sich anderen Nutzern mitteilen und deren Nachrichten verstehen zu können. Dies gilt in besonderem Maße für Chats, deren Beiträge sich zwar häufig nicht durch orthografische und grammatikalische Korrektheit, dafür jedoch durch ein hohes Tempo des Informationsflusses auszeichnen. Interessant im Zusammenhang mit der Nutzung sozialer Netzwerke ist die Tatsache, dass beispielsweise bei Facebook eine Mindestaltersgrenze von 13 Jahren gilt, die Befragten der Kinderstudie also noch gar nicht zum offiziellen Nutzerkreis der Plattform gehören. Den Kindern gelingt es demnach entweder unter Angabe eines höheren Alters oder mithilfe älterer Personen, das Online-Angebot zu nutzen. Dies stimmt mit den Befunden der KIM-Studie 2012 überein, die Facebook mit 17 % der Nennungen sogar als beliebteste Website der 6- bis 13-jährigen Internetnutzer ausmacht (KIM-Studie 2012). Twitter spielt hingegen in noch keiner der in der vorliegenden Kinderstudie befragten Altersgruppen eine Rolle.

Während sich hinsichtlich des Umfangs der Internetnutzung keine eindeutigen Unterschiede zwischen den verschiedenen Freizeittypen feststellen lassen, zeigen sich deutliche Differenzen bei der Art der Nutzung. Medienkonsumenten nehmen besonders häufig an Computerspielen teil und chatten häufiger als die beiden anderen Gruppen. Außerdem nutzen sie etwas häufiger Facebook sowie andere Soziale Netzwerke und laden häufiger als die vielseitigen Kids etwas herunter. Die normalen Freizeitler und die vielseitigen Kids verwenden das Internet hingegen besonders häufig, um gezielt nach etwas zu suchen, und insbesondere die vielseitigen Kids auch zum Verschicken von E-Mails. Medienkonsumenten nutzen das Internet also eher als eine Erweiterung des Angebots an Unterhaltungsmedien, von denen sie auch sonst Gebrauch machen, indem sie Computerspiele spielen und in Chats einer schnellen, unverbindlichen Kommunikation nachgehen. Vielseitige Kids verwenden das Netz dagegen stärker zur Informationsbeschaffung und zur zielgerichteten Kommunikation.

5.5 Das Handy – für viele Kinder eine Selbstverständlichkeit

In der Kinderstudie 2010 konnte bereits gezeigt werden, dass das Handy nicht nur bei Jugendlichen inzwischen zum Alltag gehört, sondern auch bei Kindern im Alter von 6 bis 11 Jahren immer mehr zur Selbstverständlichkeit wird. Während 2007 17 % der 8- und 9-Jährigen sowie 56 % der 10- und 11-Jährigen über ein Mobiltelefon verfügten, waren es 2010 bereits 27 % bzw. 66 %. Die Anteile der Handybesitzer sind in diesen beiden Altersgruppen seither nochmals leicht gestiegen. Inzwischen geben 31 % der mittleren und 72 % der ältesten Gruppe an, ein eigenes Handy zu besitzen. Vergleichbare Befunde zum Handybesitz von Kindern werden auch in der aktuellen KIM-Studie berichtet (KIM-Studie 2012). Zwischen der Gruppe der 8- bis 9-Jährigen und den 10- bis 11-Jährigen ist nach wie vor ein Sprung in der Häufigkeit des Handybesitzes zu verzeichnen. Dies entspricht den Ergebnissen der FIM-Studie, die als durchschnittliches Alter der erstmaligen Handynutzung 10 Jahre berichtet (FIM-Studie 2011). Der sprunghafte Anstieg spiegelt den Übergang von der Grundschule in eine weiterführende Schulform wider. Während 59 % der 10- bis 11-Jährigen, die eine Grundschule besuchen, angeben, ein eigenes Handy zu besitzen, sind es 78 % derer, die eine weiterführende Schule besuchen. Bei der Entscheidung, für ihre Kinder während der Grundschulzeit noch kein Handy anzuschaffen, dies jedoch beim Wechsel auf eine weiterführende Schule zu tun, könnten einerseits restriktivere Regeln an Grundschulen (»Handyverbot«), andererseits jedoch auch ein erhöhter Absprachebedarf aufgrund stärker variierender Unterrichtszeiten an weiterführenden Schulen eine Rolle spielen. In der jüngsten Altersgruppe ist ein leichter Rückgang von 9 % auf 6 % zu beobachten. Möglicherweise halten die aufgrund der weiten Verbreitung von Smartphones in den letzten Jahren stark gestiegenen Handypreise Eltern jüngerer Kinder davon ab, diesen solch ein kostspieliges Mobiltelefon zu kaufen.

Die bereits in den letzten beiden Kinderstudien festgestellte Geschlechterdifferenz zeigt sich auch 2013: 2007 gaben 39 % der Mädchen und 34 % der Jungen an, ein Handy zu besitzen. 2010 waren es in der Gruppe der 8- bis 11-Jährigen 50 % der Mädchen und 44 % der Jungen. 2013 nennen in dieser Altersgruppe 56 % der Mädchen und 49 % der Jungen ein Handy ihr Eigen. Dies mag einerseits daran liegen, dass Eltern ihren Töchtern eher einen verantwortungsvollen Umgang mit dem Handy zutrauen. Andererseits spielt möglicherweise auch eine größere Besorgtheit eine Rolle, die dazu führt, dass Mädchen eher eine Möglichkeit erhalten, sich jederzeit mit ihren Eltern in Verbindung zu setzen.

Die verschiedenen Freizeittypen unterscheiden sich hinsichtlich des Handybesitzes nur geringfügig. Insgesamt 43 % aller Medienkonsumenten, 39 % der normalen Freizeitler und 38 % der vielseitigen Kids geben an, ein eigenes Handy zu besitzen. Bei der Betrachtung nach Altersgruppen zeigt sich, dass Medienkonsumenten der jüngsten Altersgruppe tendenziell etwas häufiger (9 %) ein Handy besitzen als gleichaltrige Kinder der anderen Freizeitgruppen (6 %). Aufgrund der geringen Differenz und der begrenzten Fallzahl sollte dieser Befund allerdings mit Vorsicht interpretiert werden.

Um den Einfluss verschiedener persönlicher, sozialer und struktureller Merkmale auf die Wahrscheinlichkeit, ein Handy zu besitzen, genauer zu analysieren, wurde eine logistische Regression durchgeführt (Tab. 5.9). Die Berechnungen zeigen, dass Kinder aus der ältesten Befragungsgruppe signifikant häufiger ein Handy besitzen als Kinder aus den jüngeren Gruppen. Auch der bereits berichtete Geschlechtseffekt erweist sich als

Tab. 5.9 **Zusammenhangsanalyse[1]: Besitz eines Handys nach signifikanten persönlichen und sozialen Merkmalen**

Basis: Kinder im Alter von 6 bis 11 Jahren in Deutschland

%-Angaben (pro Zeile)	Ja	Nein
Kinder insgesamt	40	60
Alter		
6–7 Jahre	6	94
8–9 Jahre	31	69
10–11 Jahre	**72**[2]	28
Familienform		
Alleinerziehend	**46**[2]	54
Nicht alleinerziehend	38	62
Siedlungsstrukturtyp		
(Groß-)Stadt	**43**[2]	57
Randlage von (Groß-)Städten	39	61
Verdichtungszonen	33	67
Ländlicher Raum	38	62
Geschlecht		
Mädchen	**42**[2]	58
Jungen	37	63

1 Der Zusammenhang wurde multivariat anhand einer logistischen Regression auf die Kriteriumsvariable »Besitz eines Handys: ja oder nein« untersucht.
Einbezogene Merkmale: Alter, Familienform, Siedlungsstrukturtyp, Freizeittypen, Geschlecht, soziale Herkunftsschicht.

2 Aus Gründen der Übersichtlichkeit werden in der Tabelle bivariate Merkmalsausprägungen in % ausgewiesen. Fettgedruckt sind auffällige Abweichungen für Merkmale, die sich auch innerhalb der multivariaten Analyse als signifikant erwiesen haben ($p < 0,05$).

statistisch bedeutsam. Ebenso verfügen Kinder aus städtischen Gebieten häufiger über ein eigenes Mobiltelefon als Kinder, die auf dem Land aufwachsen. Der bereits 2010 berichtete Befund, dass Kinder, die in Alleinerziehenden-Haushalten aufwachsen, mit einer größeren Wahrscheinlichkeit über ein Handy verfügen als Kinder aus anderen Familienkonstellationen, erweist sich als stabiler Trend. 2007 hatten 47 % der 8- bis 11-jährigen Kinder, die nur bei einem Elternteil lebten, ein eigenes Handy, gegenüber 34 % aus anderen Familienformen. 2010 gaben 52 % versus 46 % an, ein Handy zu besitzen. Nun berichten 62 % der 8- bis 11-Jährigen in Alleinerziehenden-Haushalten lebenden Kinder von einem eigenen Handy, während dies für 50 % aus anderen Familien gilt. Eine gute

Erreichbarkeit und die Möglichkeit zu kurzfristigen, flexiblen Absprachen scheinen in Familien mit einer Betreuungsperson besonders wichtig zu sein, um die unterschiedlichen Verpflichtungen, wie Berufstätigkeit und Kinderbetreuung sowie Freizeitaktivitäten, koordinieren zu können. Die Zugehörigkeit zu einer bestimmten sozialen Schicht hat hingegen für die Kinder keinen signifikanten Einfluss auf die Wahrscheinlichkeit, ein Handy zu besitzen. Unabhängig von Einkommen und Bildung stellen Eltern ihren Kindern also etwa gleich häufig ein Handy zur Verfügung. Ebenso zeigt der statistische Vergleich zwischen normalen Freizeitlern und den beiden Extremgruppen Medienkonsumenten und vielseitige Kids keine bedeutsamen Unterschiede hinsichtlich des Handybesitzes.

5.6 Zufriedenheit mit der Freizeitgestaltung – auch eine Frage der sozialen Schicht

In der vorangegangenen Kinderstudie zeigte sich, dass soziale Wirkfaktoren die Zufriedenheit der Kinder mit ihrer Freizeit maßgeblich beeinflussen. Soziale Herkunftsschicht und erlebte Armut sind Größen, welche die Ausgestaltung der Lebenswelt der Kinder und dadurch mittelbar auch die subjektive Zufriedenheit mit den realisierbaren Freizeitaktivitäten bestimmen.

Die Zufriedenheitswerte bewegen sich allgemein auf einem hohen Niveau. 59 % aller befragten Kinder schätzen ihre Freizeit sehr positiv, 33 % als positiv ein und lediglich 8 % sehen sie negativ oder neutral. Damit zeigen sich die Kinder bei der aktuell vorliegenden Befragung noch etwas zufriedener als in der Kinderstudie 2010. Aufgrund des insgesamt sehr hohen Zufriedenheitsniveaus werden im Folgenden die Anteile der »Sehr positiv«-Antworten den Häufigkeiten der anderen Nennungen gegenübergestellt.

Im Vergleich der verschiedenen sozialen Herkunftsschichten ist festzustellen, dass Kinder aus der Unterschicht signifikant seltener eine sehr positive Bewertung abgeben als Kinder der mittleren sozialen Schicht und eher zu negativen bis neutralen (17 %) oder positiven (53 %) Einschätzungen kommen (Tab. 5.10). Die Drastik dieser Ergebnisse zeigt sich erst im direkten Vergleich mit den Angaben der anderen Gruppen, für die der Anteil an negativen bis neutralen Nennungen zwischen 6 % und 11 % und an positiven Nennungen zwischen 30 % und 32 % liegt. Ähnlich äußert sich erlebte Armut. Kinder, die bereits Armut konkret in ihrem Alltag wahrgenommen haben, bewerten ihre Freizeit ebenfalls weniger positiv als ihre Altersgenossen, die bislang von Armutserfahrungen verschont geblieben sind. Sie schätzen ihre Freizeit zu 17 % als negativ bis neutral und zu 39 % als positiv ein. Kinder, die zumindest schon einmal Beschränkungen im Alltag aufgrund fehlender finanzieller Mittel erlebt haben, schätzen ihre Freizeit ebenfalls seltener sehr positiv ein als ihre materiell bessergestellten Altersgenossen. Diesen Angaben stehen die Nennungen der Kinder ohne Armutserleben und Beschränkungen im Alltag gegenüber. Sie nehmen ihre Freizeit lediglich zu 7 % als negativ bis neutral wahr, bezeichnen sie zu 31 % als positiv und bewerten sie mit einer deutlichen Mehrheit von 62 % als sehr positiv.

Nach wie vor muss also von einer klaren Abhängigkeit der Zufriedenheit der Kinder von äußeren, materiellen Einflussfaktoren ausgegangen werden. Bislang ist es nicht gelungen, Kindern aus der Unterschicht ein ebenso positives Freizeiterleben zu ermöglichen, wie es für Kinder aus bessergestellten Schichten zum Alltag gehört.

Allerdings ist ein gewisser positiver Trend zu verzeichnen. Während 2010 noch 28 % der aus der Unterschicht stammenden Kinder ihre Freizeit negativ bis neutral beurteilten, sind es 2013 mit 17 % deutlich weniger. Die Veränderungen machen sich dabei nicht bei den sehr positiven Einschätzungen, sondern bei den Positiv-Nennungen bemerkbar. 2010 nahmen 38 % der Kinder aus der niedrigsten sozialen Schicht ihre Freizeit positiv wahr, in der aktuellen Kinderstudie sind es dagegen 53 %. Auch wenn gegenwärtig eine gleichermaßen von allen Kindern als sehr positiv erlebte Freizeitgestaltung noch weit entfernt scheint, so gibt es doch erste Anzeichen für eine Entwicklung in die richtige Richtung. Allerdings lässt sich dieser leicht positive Trend weder durch die Teilnahme an Gruppen und Vereinen erklären, da diese, wie unter 5.3 dargestellt, in der Unterschicht rückläufig ist, noch durch den vermehrten Anteil von Ganztagsschülern aus dieser Schicht. In Übereinstimmung mit den in Kapitel 4 referierten Befunden, die zeigen, dass gerade Kinder aus der niedrigsten sozialen Schicht häufiger unzufrieden mit ihrer Ganztagsschule sind, zeigt sich bei diesen Kindern gegenüber 2010 sogar ein Rückgang der Zufriedenheit mit der eigenen Freizeit, die bei Ganztagsschulen besonders eng mit der besuchten Institution verknüpft ist. Während in der vorangegangenen Kinderstudie noch 43 % der Ganztagsschüler aus der Unterschicht ihre Freizeit sehr positiv beurteilten, sind es 2013 lediglich 29 %. Es ist hier eine Verschiebung der sehr positiven Einschätzungen hin zur mittleren Kategorie der positiven Einschätzungen zu beobachten. Auch dies kann als Hinweis verstanden werden, dass der rasch vorangetriebene, begrüßenswerte Ausbau der Ganztagsschulen bislang nicht immer zu qualitativ überzeugenden Ergebnissen geführt hat. Das Gelingen der Initiative muss sich auch an den Einschätzungen der in den Institutionen betreuten Kinder messen lassen. Umgekehrt zeigt sich bei den Halbtagsschülern aus der Unterschicht ein positiver Trend. Diese bewerteten ihre Freizeit 2010 in 29 % der Fälle als negativ bis neutral und in 42 % als positiv. Heute geben nur noch 16 % dieser Kinder eine negative bis neutrale Einschätzung ab und sehen in 53 % der Fälle ihre Freizeitgestaltung positiv. Aus den vorliegenden Daten lässt sich keine eindeutige Erklärung ableiten, wie es zu dieser Zufriedenheitsstei-

Tab. 5.10 **Zusammenhangsanalyse[1]: Zufriedenheit mit der Freizeit**

Basis: Kinder im Alter von 6 bis 11 Jahren in Deutschland

%-Angaben (pro Zeile)	Negativ bis neutral	Positiv	Sehr positiv
Kinder insgesamt	8	33	59
Soziale Herkunftsschicht			
Unterschicht	**17**[2]	**53**[2]	30
Untere Mittelschicht	11	32	57
Mittelschicht	8	32	60
Obere Mittelschicht	6	31	63
Oberschicht	7	30	64
Armutserleben			
Keine Armutserfahrung	7	31	62
Beschränkungen	6	**45**[2]	49
Konkretes Armutserleben	**17**[2]	**39**[2]	44
Freizeittyp			
Medienkonsumenten	11	**40**[2]	49
Normale Freizeitler	8	34	58
Vielseitige Kids	6	**26**[2]	68

1 Der Zusammenhang wurde anhand einer multiplen Varianzanalyse untersucht. Einbezogene Merkmale: Alter, Geschlecht, Freizeittypen, Migrationshintergrund, soziale Herkunftsschicht, Armutserleben.

2 Aus Gründen der Übersichtlichkeit werden in der Tabelle bivariate Merkmalsausprägungen in % ausgewiesen. Fettgedruckt sind auffällige Abweichungen für Merkmale, die sich auch innerhalb der multivariaten Analyse als signifikant erwiesen haben ($p < 0{,}05$).

gerung bei den Halbtagsschülern aus der Unterschicht kommt, da auch in dieser Gruppe ein Rückgang von Vereins- und Gruppenmitgliedschaften zu verzeichnen ist.

Beim Vergleich der Zufriedenheitswerte der drei verschiedenen Gruppen von Freizeitlern zeigt sich, dass Medienkonsumenten seltener eine sehr positive Einschätzung abgeben als normale Freizeitler und ihre Freizeit dafür signifikant häufiger als positiv einschätzen. Umgekehrt sehen vielseitige Kids ihre Freizeit häufiger als sehr positiv an und geben signifikant seltener eine nur positive Beurteilung ab.

Kein statistisch bedeutsamer Einfluss auf die Einschätzungen der Kinder ließ sich hingegen für das Alter und das Geschlecht sowie einen möglicherweise vorhandenen Migrationshintergrund feststellen.

Die erlebte Mitbestimmungsmöglichkeit bei der Gestaltung der eigenen Freizeit erweist sich ebenfalls als ein wichtiger Faktor für die Zufriedenheit der Kinder. 60 % derjenigen, die von ihren Eltern in die Gestaltung der gemeinsam verbrachten Freizeit einbezogen werden, sehen ihre Freizeit als »sehr positiv« an, wohingegen dies nur für 54 % derjenigen gilt, die über wenig oder kein Mitspracherecht verfügen. Noch deutlicher zeigt sich die Relevanz der Möglichkeit zur Mitbestimmung anhand der Frage: »Darfst Du selbst entscheiden, was Du in Deiner Freizeit machst?« Während 61 % der Kinder, die hier mit »Eher ja« antworten, ihre Freizeit »sehr positiv« bewerten, sind es unter denjenigen, die mit »Eher nein« antworten nur 41 %. Wie im Kapitel 7.1 näher dargestellt, handelt es sich bei Mitbestimmungsmöglichkeiten im Alltag um einen wichtigen Aspekt partizipatorischer Gerechtigkeit im Leben von Kindern. Werden Kinder von Erwachsenen in sie betreffende Entscheidungsprozesse mit einbezogen und empfinden sie dadurch den Umgang mit ihnen als gerecht, so erhöht dies auch ihre Zufriedenheit.

Um zu untersuchen, inwieweit ein Zusammenhang zwischen der Zufriedenheit mit der eigenen Freizeit und der allgemeinen Lebenszufriedenheit besteht, wurde eine Rangkorrelation durchgeführt[47]. Diese zeigte einen hoch signifikanten positiven Zusammenhang zwischen beiden Variablen. Kinder, die insgesamt eine größere Zufriedenheit mit ihrem Leben berichten, sind im Allgemeinen auch zufriedener mit ihrer Freizeit.

47 Nichtparametrische Korrelation nach Spearman, Signifikanzniveau 5 %

Agnes Jänsch und Monika Pupeter

6 Freundschaften unter Gleichaltrigen

Neben den Bezugspersonen in Familie und Schule bilden Freunde die wichtigste soziale Gruppe im Leben von Kindern. Kinder begegnen Gleichaltrigen im Wohnumfeld, in der Schule, ggf. in den institutionellen Betreuungen am Nachmittag und auch in den Vereinen, in denen sie mitmachen. Und wo Kinder miteinander zu tun haben, können sie auch Freundschaften aufbauen (Pupeter, Schneekloth 2010). Je nach Lebensabschnitt werden Freundschaften unterschiedlich gestaltet und erfüllen verschiedene Aufgaben in der Entwicklung. In der frühen Kindheit manifestieren sie sich vor allem durch gemeinsames Spielen und ermöglichen dadurch das Einüben von Konfliktlösungen und der Affektkontrolle. In der mittleren Kindheit stehen die soziale Akzeptanz bei Gleichaltrigen und das Vermeiden von Ablehnung im Mittelpunkt, wobei der Erwerb von Regeln des adäquaten emotionalen Ausdrucks eine wichtige Aufgabe dieser Phase darstellt. In der Adoleszenz helfen Freundschaften den Jugendlichen dann dabei, sich selbst zu erforschen und zu definieren. Jetzt entwickelt sich ein Verständnis für die Bedeutung von Gefühlen für soziale Beziehungen (Parker, Gottman 1989, zitiert nach Oerter, Montada 1998). In zahlreichen Studien hat sich die Bedeutung von stabilen Freundschaften für das emotionale Wohlbefinden sowie die sozialen Kompetenzen und Problemlösefähigkeiten von Kindern jeglichen Alters gezeigt (Salvas et al. 2011). Sie können emotionale Unterstützung bei Stress bieten und dienen gleichzeitig als Quelle der kognitiven Entwicklung und Wissensaneignung (Prazen et al. 2011).

In der Übergangsphase vom Kleinkind- bzw. Vorschulalter zur Jugend entwickelt sich eine neue Qualität in den Freundschaften, da die Kinder in dieser Phase beginnen, selbst Nähe und Vertrauen zwischen gleichrangigen Partnern herzustellen und dadurch auch in Konfliktsituationen Lösungen zu finden. Wir möchten im Folgenden zunächst den Umfang des Freundeskreises von 6- bis 11-jährigen Kindern in dieser wichtigen Phase sozialer Entwicklung genauer betrachten und für die Ausbildung von Peerbeziehungen relevante Einflussfaktoren analysieren. Anschließend gehen wir, unter besonderer Berücksichtigung virtueller Kontaktmöglichkeiten, der Frage nach, wo Kinder ihre Freunde treffen. Anschließend wenden wir uns dem Thema Vertrauen und Wertschätzung in Freundschaftsbeziehungen zu, um abschließend auch für diesen Bereich auf die Zufriedenheitseinschätzungen der Kinder einzugehen.

Abb. 6.1 **Umfang des Freundeskreises von Mädchen und Jungen**
Basis: Kinder im Alter von 6 bis 11 Jahren in Deutschland (Angaben in %)

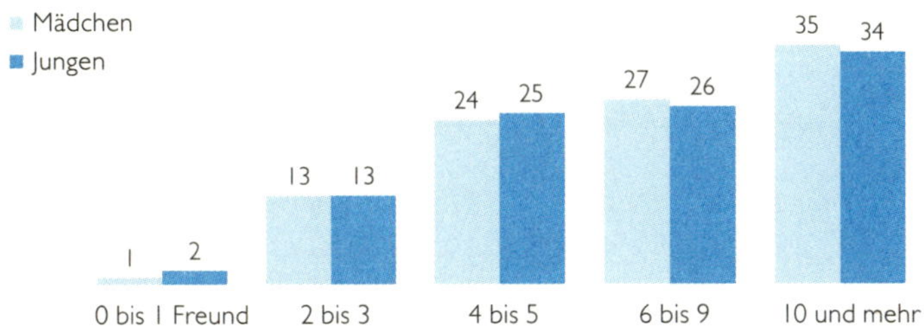

6.1 Quantität und Qualität des Freundeskreises

Persönliche Freiheiten als wichtige Voraussetzung für Freundschaften

Um einen Einblick zu erhalten, wie groß die Peergroups sind, in denen sich die Kinder selbst verorten, befragten wir sie zunächst nach der Anzahl ihrer Freunde. Mit 34 % nennen die Kinder auf diese Frage hin am häufigsten »10 Freunde und mehr«. Je rund ein Viertel gibt an, mit sechs bis neun bzw. vier bis fünf Kindern befreundet zu sein. 13 % zählen lediglich zwei bis drei Peers zu ihrem Freundeskreis, und 1 % gibt an, entweder gar keinen oder nur einen Freund zu haben. Vergleicht man Jungen und Mädchen, so lassen sich keine bedeutsamen Geschlechtsunterschiede feststellen. Wie Abbildung 6.1 zeigt, entfallen in beiden Gruppen vergleichbar viele Nennungen auf die verschiedenen Antwortmöglichkeiten.

Dagegen zeigt sich ein deutlicher Anstieg freundschaftlicher Kontakte mit dem Alter (Tab. 6.1). Während 17 % der 6- und 7-Jährigen Freundschaften zu zwei bis drei anderen Kindern pflegen, geben nur 11 % bis 12 % der älteren Kinder an, einen so kleinen Freundeskreis zu haben. Kinder der jüngsten Altersgruppe sehen nur in rund einem Viertel der Fälle 10 Kinder und mehr als ihre Freunde an, bei den 8- und 9-Jährigen sind es dagegen 33 % und bei den 10- bis 11-Jährigen sogar 44 %. In diesem Zuwachs des Freundeskreises spiegelt sich auch die wachsende Autonomie der Kinder wider. »Freundinnen und Freunde treffen« wird von 45 % der 6- und 7-Jährigen als sehr häufige Freizeitbeschäftigung genannt, in der mittleren Altersgruppe gestalten bereits 51 % ihre Freizeit sehr oft in der Gruppe und von den ältesten befragten Kindern treffen sich bereits 55 % sehr häufig mit ihren Freunden (vgl. Kapitel 5.1). Die Kinder erhalten mit zunehmendem Alter also die Möglichkeit, sich mehr mit ihren Freun-

Tab. 6.1 **Zahl der Freunde nach Alter und Freizeittyp**

Basis: Kinder im Alter von 6 bis 11 Jahren in Deutschland

Spalten in %	6–7 Jahre	8–9 Jahre	10–11 Jahre	Medienkonsumenten	Normale Freizeitler	Vielseitige Kids
Zahl der Freude						
0 bis 1 Freund	2	2	1	2	2	1
2 bis 3	17	11	12	16	13	10
4 bis 5	27	26	22	28	24	22
6 bis 9	30	28	22	24	26	28
10 und mehr	24	33	43	30	35	39

den zu treffen und dadurch Freundschaften zu pflegen und zu vertiefen. Außerdem haben ältere Kinder nach eigenen Angaben ein größeres Mitspracherecht, mit wem sie sich treffen und wie viele Freunde sie zu sich nach Hause einladen (vgl. Kapitel 7.1). Auch die Jüngsten empfinden sich bereits in 81 % der Fälle als mitspracheberechtigt bei der Wahl ihrer Sozialkontakte. Bis zum Alter von 10 bis 11 Jahren steigt dieser Anteil jedoch noch weiter auf 92 %. Entscheiden, wie viele Freunde sie mit nach Hause bringen, dürfen unter den 6- bis 7-Jährigen 46 %, unter den 8- bis 9-Jährigen 43 % und unter den 10- bis 11-Jährigen 54 %. Während bei jüngeren Kindern Erwachsene noch stärker die Sozialkontakte steuern, gibt die größere Entscheidungsfreiheit den älteren Kindern die Möglichkeit, gezielt Kontakte zu ihnen besonders sympathischen Peers aufzubauen, zu pflegen und zu vertiefen, sodass sie sich einen immer größeren Freundeskreis aufbauen können. Wie in Kapitel 5.3 dargestellt, sind ältere Kinder außerdem häufiger Mitglieder in Vereinen oder Freizeitgruppen, in deren Rahmen sich ihnen die Möglichkeit bietet, weitere Sozialkontakte zu knüpfen und ihren Bekannten- und Freundeskreis zu erweitern.

Im Zeitvergleich zeigt sich dagegen eine große Konstanz. Wie aus Abbildung 6.2 ersichtlich wird, berichten jeweils rund 40 % der 8- bis 11-jährigen Kinder in allen Kinderstudien von einem großen Freundeskreis, der zehn Peers und mehr umfasst. Etwa die Hälfte der Kinder hat zwischen vier und neun Freunde. Und etwas mehr als 10 % der Befragten verfügen entweder über einen kleinen oder gar keinen Freundeskreis. Ohne an dieser Stelle bereits Aussagen über Art und Qualität der Sozialkontakte machen zu wollen, lässt sich bereits feststellen, dass zumindest der Umfang des sozialen Netzwerks der befragten Kinder in den drei bislang durchgeführten Studien keinen wesentlichen Veränderungen unterlag.

Abb. 6.2 **Umfang des Freundeskreises im Zeitvergleich**

Basis: Kinder im Alter von 8 bis 11 Jahren in Deutschland (Angaben in %)

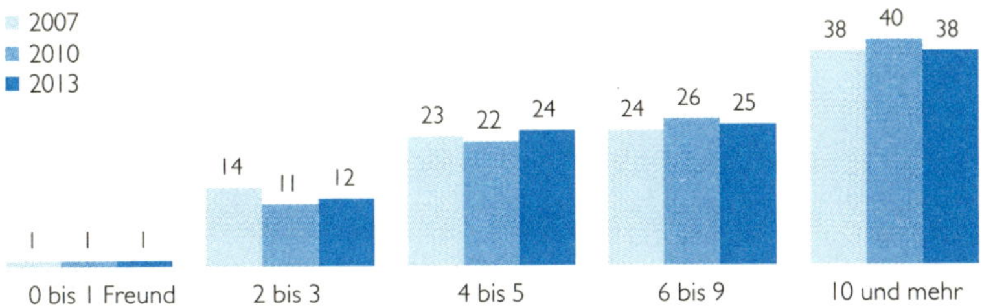

Vor dem Computer oder Fernseher entstehen keine Freundschaften

Ebenso wie zwischen den verschiedenen Altersgruppen zeigen sich auch zwischen den drei unterschiedlichen Gruppen von Freizeitlern (vgl. Kapitel 5.2) deutliche Unterschiede hinsichtlich der Größe des Freundeskreises. Während die Medienkonsumenten häufiger von einem relativ überschaubaren Freundeskreis berichten, zählen die vielseitigen Kids in der Regel mehr Kinder zu ihren Freunden. Erstere geben in 16 % der Fälle an, zwei bis drei Freunde zu haben, wohingegen die vielseitigen Freizeitler lediglich in 10 % der Fälle eine vergleichbar geringe Anzahl von Freunden nennen. Einen Freundeskreis von 10 Kindern und mehr haben 30 % der Medienkonsumenten und 39 % der vielseitigen Kids. Tabelle 6.1 gibt einen Überblick über die Nennungen nach Altersgruppen und Freizeittypen.

Wie Abbildung 6.3 zeigt, erweisen sich die Relationen zwischen den verschiedenen Freizeittypen im Zeitvergleich als stabil. Während die Medienkonsumenten über alle Erhebungsjahre hinweg nur in rund einem Drittel der Fälle von zehn und mehr Freunden berichten, trifft dies stets auf mehr als 40 % der vielseitigen Kids zu und auch die normalen Freizeitler können zu rund 40 % eine vergleichbare Zahl von Peers zu ihren Freunden zählen. Kleine Freundeskreise von drei Kindern und weniger sind dagegen eher für Medienkonsumenten typisch. 16 % bis 21 % dieser Gruppe konnten in den drei bisherigen Studien lediglich von bis zu drei Freunden berichten, wohingegen dies nur für 12 % bis 14 % der normalen Freizeitler und 7 % bis 11 % der vielseitigen Kids gilt.

Betrachtet man die präferierten Freizeitaktivitäten der Kinder, so stellt man fest, dass sich die Medienkonsumenten mit ihren Freunden etwas seltener treffen als die vielseitigen Kids (50 % vs. 55 % »sehr oft«-Nennungen). Außerdem gehören Computerspielen und Fernsehen, wie in

Abb. 6.3 **Umfang des Freundeskreises von Kindern nach Freizeittypen**
Basis: Kinder im Alter von 8 bis 11 Jahren in Deutschland (Angaben in %)

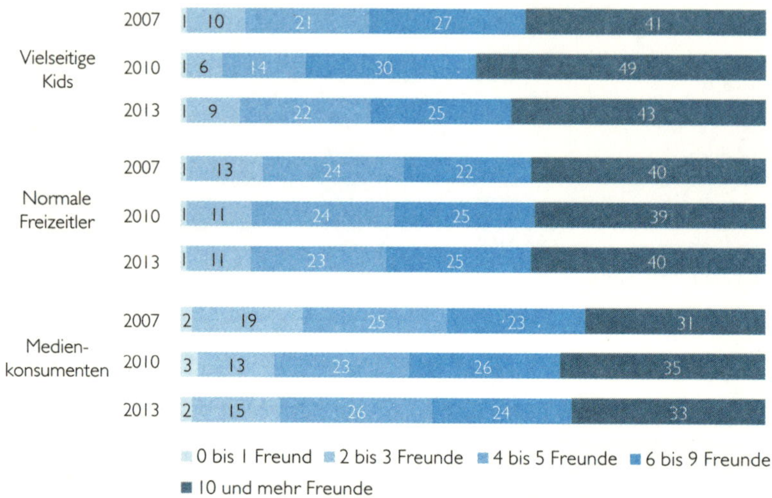

Kapitel 5 berichtet, sehr viel häufiger zu den Freizeitbeschäftigungen der medienaffinen Kinder. Sie geben zu 56 % an, sehr oft am Computer zu spielen, und zu 87 %, sehr oft fernzusehen, wohingegen Computerspiele bei lediglich 2 % der vielseitigen Freizeitler sehr oft auf dem Plan stehen und 13 % häufig fernsehen. Während das stärker auf Sozialkontakte und weniger auf Medienkonsum ausgerichtete Freizeitverhalten der vielseitigen Kids dem Aufbau eines Freundeskreises zuträglich ist, sind die Aktivitäten der Medienkonsumenten durch ihren passiven, interaktionsarmen Charakter nicht dazu geeignet, neue Kontakte zu knüpfen oder diese zu pflegen. Allerdings stellt sich hier die Frage, was Ursache und was Wirkung ist. Es erscheint genauso plausibel anzunehmen, dass Kinder, die wenig Anschluss finden und denen es nicht gelingt, einen stabilen Freundeskreis aufzubauen, sich zurückziehen und ihre Freizeit mit Aktivitäten verbringen, die auch alleine möglich sind.

Kinder aus der Unterschicht: auch unter Gleichaltrigen sozial benachteiligt

Um die für die Größe des Freundeskreises entscheidenden sozialen und strukturellen Einflussfaktoren genauer zu analysieren, fassten wir die Antworten zu drei Kategorien zusammen und führten eine logistische Regression durch. Null bis drei Freunde stehen für einen kleinen, vier bis neun für einen normal- oder mittelgroßen Freundeskreis und zehn und mehr für einen großen Freundeskreis. Dabei vergleichen wir die mittlere Gruppe,

Tab. 6.2 **Zusammenhangsanalyse[1]: Größe des Freundeskreises nach signifikanten sozialen und strukturellen Merkmalen**

Basis: Kinder im Alter von 6 bis 11 Jahren in Deutschland

%-Angaben (pro Zeile)	Kein/kleiner Freundeskreis	Mittelgroßer Freundeskreis	Großer Freundeskreis
Gesamt	15	51	35
Alter			
6–7 Jahre	19	57	**24**[2]
8–9 Jahre	15	51	34
10–11 Jahre	12	44	**44**[2]
Soziale Herkunftsschicht			
Unterschicht	**30**[2]	53	**17**[2]
Untere Mittelschicht	**20**[2]	51	29
Mittelschicht	14	54	32
Obere Mittelschicht	11	51	38
Oberschicht	8	45	**47**[2]
Vereinsmitgliedschaft			
Ja	10	51	39
Nein	**28**[2]	52	**20**[2]
Zuwendung der Eltern			
Kein Defizit	13	50	37
Defizit bei einem Elternteil	21	54	**25**[2]
Zuwendungsdefizit	19	55	**26**[2]

1 Der Zusammenhang wurde multivariat anhand einer nominalen Regression auf die Variable »Größe des Freundeskreises« getestet.
Einbezogene Merkmale: Alter, Soziale Herkunftsschicht, Vereinsmitgliedschaft, Migrationshintergrund, Schulart (Halbtags-/Ganztagsschule), Zuwendungsdefizit.

2 Aus Gründen der Übersichtlichkeit werden in der Tabelle bivariate Merkmalsausprägungen in % ausgewiesen. Fettgedruckt sind auffällige Abweichungen für Merkmale, die sich auch innerhalb der multivariaten Analyse als signifikant erwiesen haben ($p < 0{,}05$).

in welche, je nach Altersgruppe, die Nennungen von 40 % bis 50 % der Kinder fallen, mit den beiden anderen Gruppen.

Wie Tabelle 6.2 zeigt, haben Kinder aus der untersten sozialen Herkunftsschicht signifikant häufiger keinen oder einen kleinen Freundeskreis und seltener einen großen Freundeskreis als Kinder aus der Mittelschicht. Auch Angehörige der unteren Mittelschicht verfügen eher über einen kleinen Freundeskreis, während Kinder der Oberschicht deutlich häufiger Kontakte zu vielen Freunden pflegen. Ob es sich bei dem befragten

Kind um ein einheimisches deutsches oder eines mit Migrationshintergrund handelt, erweist sich hinsichtlich des Umfangs des Freundeskreises als nicht bedeutsam, dafür spielt die Freizeitgestaltung eine grundlegende Rolle. Kinder, die über keinerlei Vereinsmitgliedschaften verfügen und keiner Freizeitgruppe angehören, nennen signifikant weniger Freunde als Kinder, die mindestens in einer Gruppe organisiert sind. Das regelmäßige Zusammenkommen in Vereinen und Freizeitgruppen gibt Kindern die Möglichkeit, auch außerhalb der Schule stabile Kontakte aufzubauen, wobei durch gemeinsame Interessen bereits die Basis für mögliche Freundschaften gegeben ist. Angehörige der unteren sozialen Schichten verfügen also gleichzeitig über eine weniger vielfältige Freizeitgestaltung und einen besonders kleinen Freundeskreis. Statt durch eine Vielzahl positiver Sozialkontakte die beschränkten Freizeitaktivitäten kompensieren zu können, müssen diese Kinder auch hinsichtlich ihrer Freundschaften mit Einschränkungen zurechtkommen. Die Schulart beeinflusst die Größe des Freundeskreises hingegen nicht signifikant. Kinder, die Ganztagsschulen besuchen, verfügen durch den längeren täglichen Kontakt also nicht über mehr freundschaftliche Kontakte als Kinder, die auf Halbtagsschulen gehen und möglicherweise mehr Zeit alleine zu Hause verbringen. Gemeinsam verbrachte Zeit in Schule oder Hort alleine reicht demnach nicht aus, um Freundschaften zu begründen, weitere verbindende Elemente, wie geteilte Hobbys, sind dafür ebenso relevant. Für Kinder, die von einem oder sogar beiden Elternteilen zu wenig Zuwendung erfahren, erscheinen Freundschaften als besonders wichtiger sozialer Anker und in gewissem Maße auch Kompensationsmöglichkeit für fehlende Aufmerksamkeit und Wertschätzung der Eltern[48]. Gerade bei dieser Gruppe zeigt sich jedoch, dass ein großer Freundeskreis besonders selten ist. Sowohl Kinder, die bei einem Elternteil, als auch diejenigen, die bei beiden Elternteilen ein Zuwendungsdefizit beklagen, geben signifikant seltener an, zehn Freunde oder mehr zu besitzen als Kinder ohne elterliches Zuwendungsdefizit.

Kinder, die hinsichtlich ihrer Freizeitaktivitäten angeben, sich sehr oft mit Freundinnen und Freunden zu treffen, verfügen über einen größeren Freundeskreis als Kinder, die sich nur manchmal oder fast nie mit Peers treffen. Während Erstere in 41 % der Fälle von einem großen Freundeskreis mit zehn oder mehr Freunden berichten, gilt dies für die restlichen Kinder nur in 28 % bzw. 19 % der Fälle. Hier ist ein bidirektionaler Wirkzusammenhang anzunehmen, da diejenigen, die eine größere Anzahl von Freunden haben, sich in ihrer Freizeit in der Regel auch öfter mit diesen treffen werden und gleichzeitig regelmäßige Kontakte notwendig sind, um soziale Beziehungen aufrechtzuerhalten und zu vertiefen.

48 »… having friends is more important for children whose family relationships are less satisfying, supportive, and positive than it is for children in higher-functioning families, and families contribute more heavily to children's adjustment when they do not have close friends« (Gauze et al. 1996, zitiert nach Gifford-Smith, Brownell 2002)

Richtig gute Freunde – und wie man sie gewinnt

Diejenigen Kinder, die auf die Frage nach der Größe ihres Freundeskreises mindestens einen Freund angegeben hatten, fragten wir, wie viele wirklich gute Freunde sie hätten, um die Größe der Kern-Peergroup abgrenzen zu können. Jeweils rund ein Viertel der befragten Kinder gibt an, zwei oder drei richtig gute Freunde zu haben, jeweils 10 % bis 15 % haben entweder nur einen nahestehenden Freund oder vier bzw. fünf enge Freunde. 8 % berichten von sechs bis neun richtig guten Freunden und 4 % sehen zehn oder mehr Kinder als ihnen nahestehend an. Wie zu erwarten, zeigt sich bei Berechnung einer Korrelation[49] ein signifikanter positiver Zusammenhang zwischen der Größe des Freundeskreises insgesamt und der Anzahl richtig guter Freunde. Der Zusammenhang fällt für Kinder der jüngsten Altersgruppe etwas geringer aus als für die 8- bis 9-Jährigen und die 10- bis 11-Jährigen, was dafür spricht, dass jüngere Kinder noch über kein so differenziertes Konzept sozialer Beziehungen verfügen und weniger trennscharf zwischen Freundschaften und Bekanntschaften unterscheiden.

Fragt man die Kinder, ob es ihnen eher leicht-, oder eher schwerfällt, Freundschaften zu schließen, so gibt die Mehrheit (66 %) an, damit keine Schwierigkeiten zu haben, 27 % finden das Kontakteknüpfen eher schwer und 7 % sind sich nicht sicher, wobei die meisten Unentschiedenen (9 %) in der Gruppe der 6- bis 7-Jährigen zu finden sind. Dies mag daran liegen, dass in diesem Alter die Sozialkontakte noch stärker von den Eltern organisiert und bestimmt werden, wie wir bereits zu Beginn dieses Kapitels gezeigt haben, und mit dem eigenständigen Schließen von Freundschaften noch nicht so viele Erfahrungen vorliegen. Insgesamt fällt es den Kindern mit zunehmendem Alter immer leichter, Freundschaften zu schließen. Mit 6 bis 7 Jahren geben 63 % an, dass es ihnen leichtfiele, neue Kontakte zu knüpfen, in der Gruppe der 8- bis 9-Jährigen sind es bereits 66 %, die das von sich sagen, und von den 10- und 11-Jährigen geben 69 % an, leicht Freundschaften zu schließen.

Wenig überraschend zeigt sich, dass Kinder, denen das Knüpfen von Sozialkontakten eher leichtfällt, in der Regel auch über einen größeren Freundeskreis verfügen als Kinder, die sich mit der Kontaktaufnahme schwertun. 40 % derjenigen, die keine Schwierigkeiten berichten, haben zehn oder mehr Freunde, während lediglich 26 % derjenigen, denen das Schließen von Freundschaften eher Probleme bereitet, über einen vergleichbar großen Freundeskreis berichten.

Die sozialen Kompetenzen haben jedoch nicht nur einen Einfluss auf den Aufbau loserer Freundschaften, auch hinsichtlich der Anzahl engerer Verbindungen lässt sich ein Effekt feststellen. Während rund die Hälfte der Kinder, die angeben, es falle ihnen eher schwer, Freundschaften zu schließen, über ein bis zwei richtig gute Freunde verfügen, nennt von denjenigen, denen der Aufbau von Kontakten leichtfällt, nur ein Drittel eine

49 Nonparametrische Korrelation nach Spearman, Signifikanzniveau 5 %

ebenso geringe Anzahl. Umgekehrt haben Kinder, denen es eher schwerfällt, Freundschaften zu schließen, in 8 % der Fälle sechs und mehr richtig gute Freunde. Kinder, die damit keine Schwierigkeiten haben, verfügen dagegen in 15 % der Fälle über einen derart großen Kreis an engen Freunden. Bei der Interpretation dieser Ergebnisse ist jedoch zu beachten, dass extravertiertere Kinder, die leichter auf andere zugehen, möglicherweise etwas anderes unter richtig guten Freunden verstehen als introvertiertere Kinder, sodass die einen jemanden schneller als engen Freund betrachten, während die anderen zurückhaltender in ihrer Einschätzung sind.

6.2 Wo Kinder ihre Freunde treffen

Die traditionellen Treffpunkte: Schule, häusliches Umfeld und Vereine

Eng mit den Fragen, wie Kinder Beziehungen zu Gleichaltrigen aufbauen und wie sie Kontakte pflegen, ist selbstverständlich die Frage verbunden, wo sie ihre Freunde treffen. Abbildung 6.4 gibt einen Überblick, welche Orte dabei eine Rolle spielen.

Absoluter Spitzenreiter unter den regelmäßigen Kontaktmöglichkeiten ist die Schule. 78 % der befragten Kinder sehen hier nahezu täglich ihre Freunde und 17 % immerhin mehrmals die Woche. Dies gilt für nahezu alle Schulformen, lediglich unter Kindern, die eine Förderschule besuchen, liegt der Anteil mit 69 % etwas geringer. Da Schulen für Kinder mit besonderem Förderbedarf häufig nicht direkt am Wohnort angesiedelt sind und deshalb weitere Anfahrtswege in Kauf genommen werden müssen, kann dies zu einer Trennung von Schule und sonstiger Lebenswelt, einschließlich bestehender Freundschaften, führen. Hauptschüler geben dagegen besonders häufig (86 %) an, täglich ihre Freunde in der Schule zu treffen. Schulen stellen also nicht nur wichtige Lern- und Entwicklungsorte im Sinne schulischer Bildung dar, sondern dienen ganz grundlegend dem Aufbau und Aufrechterhalten von Freundschaften. Auch bei den weiterführenden Schulen bleibt die Relevanz der Schule als Treffpunkt erhalten. Was dafür spricht, dass Kinder in neuen Situationen – nach dem Übertritt – größtenteils sehr flexibel reagieren und neue Freunde gewinnen, was sich auch in einem insgesamt gewachsenen Freundeskreis zeigt.

Das eigene Zuhause und die Wohnung der Freunde stellen einen weiteren wichtigen Treffpunkt für viele Kinder dar. Rund 60 % treffen sich mit ihren Freunden entweder nahezu täglich oder mehrmals pro Woche bei sich zu Hause, und ein ebenso hoher Anteil gibt an, täglich oder mehrmals in der Woche bei Freunden zu Gast zu sein.

Eng mit dem eigenen Zuhause ist das nähere Umfeld mit seinen umliegenden Straßen, Parks und Spielplätzen verbunden. 17 % der Kinder treffen sich hier nahezu täglich mit ihrer Peergroup und weitere 50 % sehen mehrmals pro Woche auf diese Weise ihre Freunde. Nennenswerte

Abb. 6.4 **Wo Kinder ihre Freunde treffen**[1]

Basis: Kinder im Alter von 6 bis 11 Jahren in Deutschland (Angaben in %)

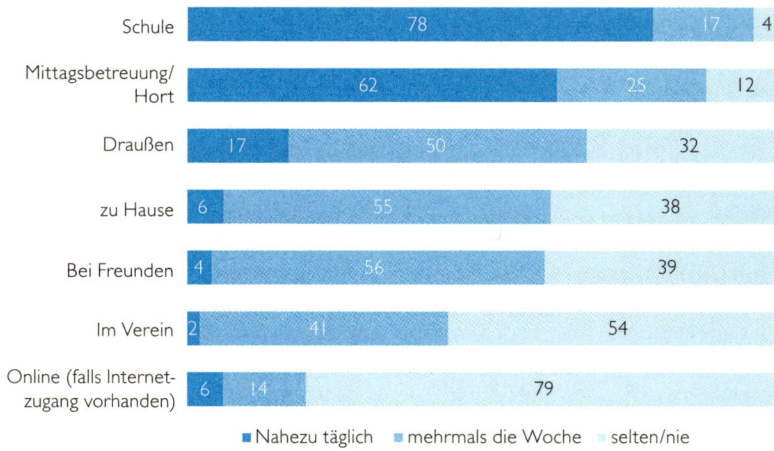

1 Fehlend zu 100 = »Weiß nicht«/»Keine Angabe«

Alterstrends im Sinne einer Verlagerung der freundschaftlichen Treffen von der elterlichen Wohnung hin zu öffentlichen Plätzen lassen sich nicht feststellen. In allen drei Altersgruppen nutzen die Kinder in etwa gleich häufig das eigene Zuhause, das der Freunde sowie Straßen und Spielplätze für ihre Zusammenkünfte.

Das persönliche Wohnumfeld kann den Kontakt zu Freunden erleichtern oder erschweren und damit einen Einfluss auf die Kontakthäufigkeit der Kinder haben. 2007 und 2013 wurden sie gefragt, ob in ihrer Nachbarschaft genügend Spielfreundinnen und -freunde leben. Ihr Wohnumfeld erscheint den Kindern inzwischen etwas weniger geeignet, sich unkompliziert in ihrer Freizeit mit Freunden zu treffen, als dies in der ersten Kinderstudie der Fall war. Während in der aktuellen Befragung 63 % der 8- bis 11-Jährigen angeben, in ihrer direkten Nachbarschaft genügend Spielfreunde zu haben, waren 2007 noch 66 % der Meinung, dass dies der Fall sei. Die Kinder nehmen also das Angebot an Kontaktmöglichkeiten zu anderen Kindern in ihrem Umfeld als etwas geringer wahr als vor sechs Jahren, wobei aufgrund der geringen Differenz hier noch nicht von einem echten Trend ausgegangen werden kann.

Wie schon beschrieben, kommt Vereinen eine wichtige Funktion im Sozialleben der 6- bis 11-Jährigen zu. Dies zeigt sich auch bei der Nennung der Treffpunkte. 43 % der Kinder geben an, ihre Freunde nahezu täglich oder mehrmals pro Woche im Verein zu treffen.

Für Kinder, die eine Mittagsbetreuung oder einen Hort besuchen, stellen diese Einrichtungen eine fast ebenso wichtige Möglichkeit dar, ihre Freunde zu sehen, wie die Schule selbst. Fast zwei Drittel von ihnen treffen ihre Freunde dort nahezu täglich, ein Viertel zumindest mehrmals pro Woche.

Das Internet: Neuer Treffpunkt der Digital Natives?

Rund ein Viertel der Kinder, die über einen Internetzugang verfügen, gibt an, Facebook oder andere soziale Netzwerke sehr oft zu nutzen (vgl. Kapitel 5.4). Wie in Abbildung 6.4 dargestellt, trifft jedes fünfte Kind, das über einen Internetzugang verfügt und sich regelmäßig im Netz aufhält, dort nach eigener Aussage nahezu täglich oder mehrmals die Woche seine Freunde. Auf alle Kinder bezogen liegt der Anteil derer, die ihre Freunde nahezu täglich online treffen bei 3 % und 6 % treffen sich zumindest mehrmals wöchentlich im Netz. Der bereits in Kapitel 5.4 beschriebene dahingehende Alterseffekt, dass jüngere Kinder kaum soziale Netzwerke und Chats nutzen, während v. a. die 10- bis 11-Jährigen schon rege davon Gebrauch machen, zeigt sich auch bei der Frage, wo Treffen mit Freunden stattfinden. Kinder der jüngsten Gruppe nennen noch so gut wie gar nicht das Internet als Kontaktmöglichkeit, 8- und 9-jährige Internetnutzer treffen zu rund 10 % dort ihre Freunde, und unter den 10- bis 11-Jährigen machen schon fast 30 % von dieser Möglichkeit Gebrauch.

Wie sich die Nutzung sozialer Netzwerke durch Kinder der befragten Altersgruppe entwickelt, bleibt abzuwarten, diese wurde in der aktuellen Kinderstudie erstmals erhoben. Was sich jedoch bereits jetzt beobachten lässt, ist ein Trend dahingehend, dass Kinder ihre Freunde seltener persönlich treffen. Betrachtet man die Gruppe der bereits seit 2007 befragten 8- bis 11-Jährigen, so lässt sich ein geradezu drastischer Rückgang der Häufigkeit des persönlichen Kontakts zu Freunden in der Freizeit beobachten. In der ersten und zweiten Kinderstudie gaben jeweils 68 % an, sich sehr oft mit Freundinnen und Freunden zu treffen. 2010 ist nun ein deutlicher Einbruch auf 53 % zu verzeichnen.

Hier stellt sich die Frage, inwieweit diese Entwicklung in Zusammenhang mit dem Internet und der Verlagerung von Sozialkontakten in den virtuellen Raum zu sehen ist. Treffen sich Kinder schon heute in Chats und Foren, statt ihre Peers wirklich zu besuchen? Ersetzt der digitale Austausch den direkten Kontakt zu Freunden?

Für die in der Kinderstudie befragte Altersgruppe kann man auf diese Fragen mit »eher nicht« antworten. Vergleicht man die Angaben der 8- bis 11-Jährigen seit 2007 dazu, wie häufig sie das Internet zum Chatten nutzen, so hat die Nutzung von Chats sogar an Popularität verloren. 2007 gaben 47 % der regelmäßigen Internetnutzer an, sehr oft zu chatten, 2010 waren es 30 %, 2013 berichten noch 26 %, sich sehr oft in Chats aufzuhalten. Dieser Rückgang ist sicherlich auch im Lichte der wachsenden Bedeutung sozialer Netzwerke zu sehen, die den klassischen Chats den Rang ablaufen. Dennoch kann anhand dieser Daten nicht darauf geschlossen werden, dass Kinder heute Sozialkontakte lieber im Netz pflegen als in der analogen Wirklichkeit. Wer sehr oft bei Facebook unterwegs ist, trifft seine Freunde in seiner Freizeit sogar etwas häufiger. 59 % der häufigen Nutzer sozialer Netzwerke berichten, sich sehr oft mit ihren Freundinnen und Freunden zu treffen. Dem stehen 55 % gegenüber, die Kontakte fast nie im Internet pflegen. Gleiches gilt für diejenigen, die sehr oft chatten. Auch sie geben häufiger an, sich sehr oft mit befreundeten Kindern zu treffen (60 %), als Kinder mit geringer Chat-Erfahrung (53 %). Das Netz erscheint also eher als Ergänzung, die den Kindern neben dem persönlichen Kontakt noch weitere Möglichkeiten bietet, mit anderen in Verbindung zu bleiben, denn als Konkurrenz zu Treffen mit Freunden in der realen Lebenswelt.

Ohne dass sich ein eindeutiger Grund für diese Entwicklung feststellen ließe, bleibt festzuhalten, dass gemeinsam seine Freizeit zu verbringen gegenwärtig weniger populär ist als in den vergangenen Jahren. Die weitere Trendentwicklung bleibt abzuwarten. Es lässt sich jedoch bereits jetzt feststellen, dass die verminderte Häufigkeit direkter sozialer Kontakte in der Freizeit bisher nicht zu einer sozialen Verarmung führt, die Freundeszahlen erweisen sich seit 2007 als stabil (Abb. 6.2).

6.3 Gerechtigkeit, Wertschätzung und Zufriedenheit im Freundeskreis

Wer mit anderen befreundet ist, der möchte sich in deren Gesellschaft wohlfühlen, gerecht behandelt und wertgeschätzt werden. Um einen genaueren Einblick in die Freundschaften der Kinder zu erhalten, fragten wir sie deshalb, wie gerecht es in ihrem Freundeskreis zugeht (vgl. Kapitel 2) und ob die Freunde Wert auf die Meinung des befragten Kindes legen (vgl. Kapitel 7).

36 % der Kinder empfinden den Umgang in ihrer engsten Peergroup als sehr gerecht und 54 % als eher gerecht. Der Blick der Kinder ist hier also überaus positiv, der Freundeskreis stellt einen Bereich kindlichen Erlebens dar, der im Allgemeinen als gerecht erlebt wird. Dabei bietet dieser Teil des sozialen Umfelds den großen Vorteil, dass er in bestimmten Grenzen variabel ist und von den Kindern selbst mitgestaltet werden kann. Peers, die man als ungerecht oder dominant erlebt, werden nicht zu Freunden. Zu Freunden, die man plötzlich als unangenehm erlebt, kann man auf Distanz gehen. Dabei wächst mit zunehmendem Alter und zunehmender Autonomie auch das Gerechtigkeitserleben. Unter den 6- bis 7-Jährigen sehen 34 % den Umgang unter ihren Freunden als sehr gerecht und 51 % als eher gerecht an. In der mittleren Altersgruppe sind es bereits 36 % bzw. 55 % und von den 10- bis 11-Jährigen empfinden 37 % das Verhalten sehr gerecht und 56 % eher gerecht.

Auf die Frage, wie viel Wert die Freunde auf die Meinung des befragten Kindes legen, zeigen sich 51 % überzeugt, dass »eher viel Wert« darauf gelegt wird. Weitere 35 % sehen sich in dieser Hinsicht zumindest teilweise wertgeschätzt (»Mal so, mal so«). Damit entwickelt sich das Empfinden der Kinder weiterhin in eine positive Richtung. Während 2007 43 % »eher viel Wert« angaben, waren es 2010 42 % (45 % der 8- bis 11-Jährigen) und 2013 sehen sich nun 51 % derart wertgeschätzt (53 % der 8- bis 11-Jährigen). Auch hier zeigt sich ein Alterseffekt dahingehend, dass ältere Kinder häufiger den Eindruck haben, dass ihre Meinung unter ihren Freunden Wertschätzung erfährt. 47 % der 6- bis 7-Jährigen glauben, dass ihrer Meinung eher viel Wert beigemessen wird, unter den 8- bis 9-Jährigen sind 49 % dieser Ansicht und in der ältesten Gruppe meinen 57 %, dass eher viel Wert auf ihre Meinung gelegt wird.

Wertschätzung und ein fairer Umgang miteinander sind wichtige Voraussetzungen für die Zufriedenheit mit sozialen Beziehungen. Beides ist nach Angaben der Kinder in den meisten Freundeskreisen von 6- bis 11-Jährigen gegeben. Sind sie demnach auch tatsächlich zufrieden mit ihrer engsten Peergroup?

Für die Mehrheit der Kinder kann man diese Frage bejahen. 62 % der Kinder schätzen ihre eigene Zufriedenheit anhand der fünfstufigen Zufriedenheitsskala sehr positiv ein. Damit ist das Zufriedenheitsniveau, wie bei den anderen Zufriedenheitseinschätzungen auch, insgesamt sehr hoch. Im Folgenden werfen wir einen Blick auf die Einflussfaktoren zur Zufriedenheit (Tab. 6.3).

Die soziale Herkunftsschicht wirkt sich auch bei diesem Aspekt kindlicher Zufriedenheit bedeutsam aus. Kinder aus der Unterschicht bewerten ihren Freundeskreis signifikant häufiger negativ bis neutral (11 %) oder positiv (44 %) als Kinder aus der Mittelschicht. Mit 45 % sehr positiver Nennungen bleiben sie deutlich unter dem entsprechenden Anteil von 62 % aller Befragten. Ein niedriger sozialer Status und die damit einhergehenden allgemeinen Einschränkungen wirken sich somit auch auf die Qualität der sozialen Kontakte zu Peers aus. Statt einer kompensatorischen Funktion, bei der durch die Unterstützung der anderen Kinder Defizite des eigenen Umfelds wettgemacht würden, zeigt sich hier ein weiterer Bereich, in dem sozial benachteiligte Kinder gegenüber ihren Altersgenossen schlechter gestellt sind. Dies ist auch im Zusammenhang mit dem bereits berichteten Befund zu sehen, dass Kinder aus den unteren sozialen Schichten über weniger Freunde verfügen als bessergestellte Kinder. Wie aus Tabelle 6.3 ersichtlich, wirkt sich die Größe des Freundeskreises auch auf die Zufriedenheit aus. Interessanterweise gibt es in der oberen Mittelschicht ebenfalls besonders viele Kinder, die ihren Freundeskreis nur als »positiv« und nicht als »sehr positiv« bewerten, ohne dass sich dafür ein eindeutiger Grund aus den Daten ableiten ließe. Das Geschlecht erweist sich ebenfalls als bedeutsam für die Zufriedenheit mit der engsten Peergroup. Mädchen bewerten diese etwas seltener negativ bis neutral als ihre männlichen Altersgenossen. Kinder mit Migrationshintergrund schätzen ihren Freundeskreis hingegen signifikant häufiger negativ bis neutral ein als ihre einheimischen deutschen Altersgenossen. Als nicht bedeutsam für die Bewertungen der Kinder erweisen sich hingegen das Alter und der Freizeittyp.

Tab. 6.3 **Zusammenhangsanalyse[1]: Zufriedenheit mit dem Freundeskreis**

Basis: Kinder im Alter von 6 bis 11 Jahren in Deutschland

%-Angaben (pro Zeile)	Negativ bis neutral	Positiv	Sehr positiv
Kinder insgesamt	6	32	62
Soziale Herkunftsschicht			
Unterschicht	**11**[2]	**44**[2]	45
Untere Mittelschicht	11	28	61
Mittelschicht	7	28	65
Obere Mittelschicht	4	**36**[2]	60
Oberschicht	5	25	70
Geschlecht			
Mädchen	**5**[2]	33	62
Jungen	8	30	62
Freundeskreis			
klein	**11**[2]	35	54
mittel	7	33	60
groß	**4**[2]	**27**[2]	69
Migrationshintergrund			
ja	**11**[2]	30	59
nein	8	32	60

1 Der Zusammenhang wurde anhand einer multiplen Varianzanalyse untersucht. Einbezogene Merkmale Schicht, Alter, Geschlecht, Größe des Freundeskreises, Freizeittypen, Migrationshintergrund.

2 Aus Gründen der Übersichtlichkeit werden in der Tabelle bivariate Merkmalsausprägungen in % ausgewiesen. Fettgedruckt sind auffällige Abweichungen für Merkmale, die sich auch innerhalb der multivariaten Analyse als signifikant erwiesen haben ($p < 0,05$).

Monika Pupeter und Ulrich Schneekloth

7 Mitbestimmung und die eigene Meinung

In diesem Kapitel beschäftigen wir uns damit, wie Kinder sich in ihren Alltagsbezügen, also in *ihrer* Gesellschaft wahrgenommen sehen. An welchen Stellen können Kinder selbst gestalten, wie fühlen sie sich und ihre eigene Meinung wertgeschätzt und welche Grenzen machen sie für sich aus?

Als theoretische Grundlage greifen wir auch an dieser Stelle auf den Capability Approach zurück, der von uns in der 2. World Vision Kinderstudie differenziert dargestellt wurde (Andresen et al. 2010). Letztendlich zielt dieser Ansatz darauf ab, die Bedingungen für ein gutes Leben zu beschreiben und zusammenhängend darzustellen. Ein wichtiger Bezugspunkt ist dabei auch die Frage der Gerechtigkeit. Eine der Kernanforderungen besteht darin, dass die Individuen damit in die Lage versetzt werden, für sich selbst Entscheidungen zu treffen, wie sie ihr Leben ausgestalten wollen. Dies setzt sowohl notwendige Ressourcen voraus, als auch individuelle Kompetenzen, die die Individuen befähigen, selbstbestimmt und dabei für sich angemessen zu agieren. Wie wir ebenfalls in unserer letzten Kinderstudie zeigen konnten, werden die Fundamente hierfür bereits in der Kindheit gelegt. Zentral ist dabei die »Wertschätzung der eigenen Meinung«, so wie diese von den Kindern in den für sie relevanten Lebensbereichen, also in Familie, Schule, Freundeskreis und Freizeit wahrgenommen wird (Schneekloth, Pupeter 2010b). Wo erfahren Kinder Wertschätzung, wann ist ihre eigene Meinung gefragt? Wo dürfen sie mitbestimmen? Wie nehmen sie Freiheiten wahr? Dies sind Fragen, die wir den Kindern direkt gestellt haben und deren Antworten wir hier näher betrachten.

Im ersten Abschnitt möchten wir die Mitbestimmungsmöglichkeiten der Kinder im Alltag darstellen, dabei nehmen wir in erster Linie Bezug auf die Möglichkeiten der Einflussnahme zu Hause, ergänzen diese Befunde jedoch um die Ergebnisse zur Mitbestimmung in der Schule, die ausführlich im Kapitel 4 dargelegt wurden. Im zweiten Abschnitt geht es dann um die wahrgenommene Wertschätzung der eigenen Meinung, also darum, was die eigene Meinung aus Sicht der Kinder im Alltag zählt. Im dritten Abschnitt gehen wir dann abschließend darauf ein, wie die Kinder die ihnen im Alltag gewährten Freiheiten selbst beurteilen.

Für alle Menschen, so auch für Kinder, ist es wichtig, Handlungsspielräume und Mitgestaltungsmöglichkeiten im Alltag zu haben und auch wahrnehmen zu können. Die eigenständige Beteiligung an Entscheidungen fördert die Selbstwirksamkeitserwartung der Kinder und übt Aushandlungsprozesse sowie den Umgang mit verschiedenen Meinungen ein. Die Möglichkeit, sich in Entscheidungsprozesse einzubringen und seine Meinung zu äußern, also selbst an Dingen beteiligt zu sein, haben wir in Kapitel 2 als Wunsch nach »Verfahrensgerechtigkeit« sowie nach »Interaktionsgerechtigkeit« bezeichnet: Kinder wollen gleich und dabei fair behandelt werden, und zwar nicht nur von den Erwachsenen, sondern auch im Vergleich zu den Erwachsenen, insbesondere wenn es um Dinge geht, die sie selbst angehen und wo sie dann eigene Rechte einfordern.

Kinder im Alter von 6 bis 11 Jahren, in der mittleren Kindheit, erweitern mit dem Alter kontinuierlich den Radius ihres Wirkungskreises, sie beginnen sich aus dem Nahbereich der Familie zu lösen. 6-Jährige werden noch eng von ihren Eltern betreut, aber sie gehen bereits zur Schule, auch wenn viele von ihnen auf dem Schulweg zunächst noch begleitet werden. Ältere Kinder hingegen sind in die Schule alleine unterwegs, unter Umständen sogar mit Bus und Bahn, und sie dürfen und müssen vermehrt Dinge eigenständig erledigen. Mit dem Bild des Schulwegs lässt sich der Ablösungsprozess vom Elternhaus anschaulich illustrieren. So wächst idealerweise bei den Kindern mit den Herausforderungen auch das Zutrauen in die eigenen Fähigkeiten, Neues bewältigen zu können.

Mitbestimmen und im Alltag selbst entscheiden: zuerst einmal eine Frage des Alters

Betrachten wir zunächst die Mitbestimmungsmöglichkeiten zu Hause, also im Primärbereich der Kinder. Welche Dinge im Alltag dürfen Kinder selbst entscheiden? Wann werden Kinder gefragt, bzw. wie können sie sich zu Hause im Alltag einbringen? Ist auch aus den Aussagen der Kinder ein Alterseffekt ablesbar? Wir wollten von den Kindern wissen, ob sie in verschiedenen ihren Alltag betreffenden Bereichen eher selbst entscheiden oder mitbestimmen dürfen. Wichtig war uns dabei, Dinge in der alltäglichen Lebensführung anzusprechen, die möglichst für alle Kinder zutreffen, unabhängig von deren Neigungen, Vorlieben oder Interessen. Ausgewählte haben wir die folgenden acht Aspekte.[50]

50 Wörtlich haben wir die Kinder gefragt: »Wenn du jetzt noch mal an deinen Alltag denkst, wo ist da deine Meinung gefragt: Darfst du selber entscheiden: … mit welchen Freunden du dich triffst? Eher ja, eher nein, weiß nicht/keine Angabe.« Die Abfrage wurde im Vergleich zu 2010 um vier Bereiche erweitert, sodass die Frage 2013 sieben Items umfasste. Eine weitere Frage zu Mitbestimmungsmöglichkeiten bei Familienaktivitäten in der Freizeit ergänzt die genannte Frage für die Erhebungsjahre 2010 und 2013.

Abb. 7.1 **Wo Kinder zu Hause im Alltag bestimmen können**
Basis: Kinder im Alter von 6 bis 11 Jahren in Deutschland (Angaben in %)

Darfst du selbst entscheiden/mitbestimmen: …

- mit welchen Freunden du dich triffst?
- welche Kleidung du anziehst?
- wofür du dein Taschengeld ausgibst?
- was es zu essen gibt?
- wie viele Freundinnen oder Freunde du nach Hause mitbringst?
- was du in deiner Freizeit machst?
- wann du deine Hausaufgaben machst?
- was ihr als Familie in der Freizeit, am Wochenende macht?

Die große Mehrheit der Kinder darf selbst bestimmen, mit welchen Freunden sie sich treffen (88 %) und was sie in ihrer Freizeit machen (85 %). Mehr als vier von fünf Kindern sehen sich hier selbst zu Hause als die relevanten »(Mit-)Bestimmer«. Ebenfalls die große Mehrheit berichtet, dass sie eher selbst bestimmen dürfen, welche Kleidung sie tragen wollen (79 %), dass sie mitbestimmen, was die Familie in der Freizeit macht (75 %), und dass sie ebenfalls selbst eher darüber entscheiden, wofür sie ihr Taschengeld ausgeben (72 %). Nur in etwa jedes zweite Kind und damit deutlich weniger berichtet, dass es eher selbst entscheiden kann, was es zu essen gibt (53 %) oder auch wie viele Freunde es mit nach Hause bringen darf (48 %). Eher selbst entscheiden, wann sie die Hausaufgaben machen, dürfen nicht mehr als 35 % der Kinder (Abb. 7.1).

Wie kaum anders zu erwarten, ergeben sich je nach Alter der Kinder dabei relevante Unterschiede (Tab. 7.1).

Tab. 7.1 **Wo Kinder selbst im Alltag bestimmen können**

Basis: Kinder im Alter von 6 bis 11 Jahren in Deutschland

Eher ja, Spalten in %	Mädchen	Jungen	6–7 Jahre	8–9 Jahre	10–11 Jahre
Ich darf selbst entscheiden/mitbestimmen					
mit welchen Freunden ich mich treffe	88	87	**81**[1]	89	92
was ich in meiner Freizeit mache	85	85	**77**[1]	86	91
welche Kleidung ich anziehe	82	**75**[1]	**63**[1]	**79**[1]	**90**[1]
was wir als Familie in der Freizeit machen	77	**72**[1]	**66**[1]	**75**[1]	**81**[1]
wofür ich mein Taschengeld ausgebe	74	70	**60**[1]	73	80
was es zu essen gibt	54	53	51	53	55
wie viele Freundinnen oder Freunde ich nach Hause bringen darf	47	48	46	43	**54**[1]
wann ich meine Hausaufgaben mache	36	34	25	31	**46**[1]

1 Signifikante Unterschiede der Mittelwerte (p > 0,05) sind fett dargestellt.

Relativ am größten sind die Mitbestimmungsmöglichkeiten bei den 10- bis 11-Jährigen. In dieser Altersgruppe darf mit mehr als 90 % fast jedes Kind über die eigene Freizeitgestaltung und auch über die eigene Kleidung weitgehend selbst entscheiden. 80 % bestimmen selber über die Verwendung des Taschengeldes. Interessanterweise berichten mit 81 % signifikant mehr Kinder dieser Altersgruppe über Mitbestimmungsmöglichkeiten darüber, was die Familie in der Freizeit macht. Signifikant mehr ältere Kinder berichten, jedoch auf einem anderen Niveau, mit 54 %, dass sie eher selbst entscheiden dürfen, wie viele Kinder sie mit nach Hause bringen, und 46 % dürfen selbst entscheiden, wann sie ihre Hausaufgaben machen.

Ähnliches gilt auf einem etwas niedrigeren Niveau auch für die 8- bis 9-Jährigen. Auch sie berichten über mehr Mitwirkungsmöglichkeiten, als dies für 6- bis 7-Jährige zutrifft. Dies gilt für den Freundeskreis und die eigene Freizeitgestaltung – die vorhandenen leichten Unterschiede bei den 8- bis 9-Jährigen und den 10- bis 11-Jährigen sind statistisch jedoch nicht signifikant; Gleiches gilt für die Verwendung des Taschengeldes. Auch hier sind die vorhandenen Unterschiede zwischen den 8- bis 9-Jährigen und den 10- bis 11-Jährigen nicht hinreichend signifikant. Selbst über die eigene Kleidung entscheiden können hier mit 79 %: signifikant mehr als bei den 6- bis 7-Jährigen, allerdings auch signifikant weniger als bei den 10- bis 11-Jährigen. Das Gleiche gilt für die Mitbestimmung bei der Freizeitgestaltung der Familie. 75 % wirken hier mit, signifikant mehr als bei den 6- bis 7-Jährigen, aber gleichfalls signifikant weniger als bei den 10- bis 11-Jährigen. Keine signifikanten Unterschiede zu den 6- bis 7-Jährigen ergeben sich hingegen dabei, ob man selber entscheiden kann, wie viele Freunde man mitbringt (43 %) oder wann man seine Hausaufgaben macht (31 %).

6- bis 7-Jährige berichten im Vergleich deutlich seltener über eigene Entscheidungsspielräume. Auch sie dürfen mehrheitlich über ihre Freunde und ihre eigene Freizeitgestaltung selbst bestimmen. Allerdings sind es hier erst etwa zwei von drei, die berichten, selbst zu entscheiden, welche Kleidung sie tragen, oder die mitbestimmen dürfen, was die Familie in der Freizeit macht. 60 %, und damit signifikant weniger als bei den anderen Kindern, geben an, über ihr Taschengeld weitgehend selbst verfügen zu können. Ihre Entscheidungsspielräume bei der Zahl der Freunde, die sie nach Hause mitbringen dürfen, sowie dabei, wann sie ihre Hausaufgaben erledigen, unterscheiden sich nicht, wie bereits angemerkt, von denen der 8- bis 9-Jährigen.

Keine signifikanten Alterseffekte lassen sich bei der Frage feststellen, ob man auch selbst entscheiden kann, was es zu essen gibt. Die Mitbestimmung darüber, was zu Hause gekocht wird, scheint weniger eine Frage des Alters der Kinder im Hinblick auf einen kontinuierlichen Zuwachs an Selbstständigkeit zu sein, sondern primär eine Frage der familiären Gepflogenheiten und der Organisation. Familiäre Rahmenbedingungen in Gestalt der verfügbaren häuslichen Ressourcen wirken natürlich auch an anderer Stelle, etwa bei der Frage, wie viele Freunde man mit nach Hause bringen darf, was die Familie in der Freizeit macht oder ob man über Taschengeld selbst entscheiden darf. Trotzdem ist es interessant, zu sehen, an welchen Stellen das Alter der Kinder mehrheitlich zum Tragen kommt und wo nicht.

Vergleicht man die von den Kindern berichteten alltäglichen Mitbestimmungsmöglichkeiten nach dem Geschlecht, so finden sich nur an zwei Stellen signifikante Unterschiede: Mädchen geben mit 82 % signifikant häufiger als Jungen mit 75 % an, über die Wahl ihrer Kleidung selbst bestimmen zu dürfen. Ebenso fühlen sich Mädchen bei der Planung von Familienaktivitäten stärker eingebunden: Hier bestimmen 77 % der Mädchen eher mit im Vergleich zu 72 % der Jungen. Ansonsten sind die Mitbestimmungsmöglichkeiten im Alltag bei Mädchen und Jungen in etwa vergleichbar. Bei der Kleidung kann davon ausgegangen werden, dass das »eigene Äußere« für Mädchen auch sozialisationsbedingt nach wie vor eine noch etwas größere Rolle spielt und die Bedeutung von Selbstbestimmung von Mädchen an dieser Stelle mehr eingefordert wird. Bei der Mitbestimmung über die häuslichen Freizeitaktivitäten liegt hierzu keine so klare Erklärung auf der Hand.

Im Trend betrachtet, sind die Ergebnisse eher uneinheitlich. Bei den Fragen nach der Auswahl der Kleider und auch beim Taschengeld finden sich zur letzten Kinderstudie keine signifikanten Unterschiede. Bei der Frage nach der Zahl der Freunde, die man mit nach Hause bringen darf, berichten 2013 48 % im Vergleich zu 42 % im Jahr 2010, dass sie dies eher selbst entscheiden. Mitbestimmen da-

Tab. 7.2 **Mitbestimmung im Alltag nach der Herkunftsschicht**

Basis: Kinder im Alter von 6 bis 11 Jahren in Deutschland

Eher ja, Spalten in %	Unterschicht	Untere Mittelschicht	Mittelschicht	Obere Mittelschicht	Oberschicht
Ich darf selbst entscheiden/mitbestimmen					
mit welchen Freunden ich mich treffe	**76**[1]	**83**[1]	89	89	95
was ich in meiner Freizeit mache	**69**[1]	82	86	87	92
welche Kleidung ich anziehe	78	74	80	78	82
was wir als Familie in der Freizeit machen	**49**[1]	72	77	79	81
wofür ich mein Taschengeld ausgebe	**56**[1]	69	72	74	79
was es zu essen gibt	**34**[1]	54	56	54	59
wie viele Freundinnen oder Freunde ich nach Hause bringen darf	**32**[1]	49	44	51	57
wann ich meine Hausaufgaben mache	38	32	33	33	**43**[1]

1 Signifikante Unterschiede der Mittelwerte (p > 0,05) sind fett dargestellt

rüber, was man gemeinsam als Familie in der Freizeit macht, können aktuell 75 % im Vergleich zu 80 % in der letzten Kinderstudie.

Kinder aus der Unterschicht haben die geringsten Selbstbestimmungsmöglichkeiten

Sichtbar wird hingegen auch diesmal wieder der Effekt der Herkunftsschicht. Kinder aus der Unterschicht haben weitaus weniger, Kinder aus der Oberschicht hingegen die meisten Entscheidungsspielräume und Mitbestimmungsmöglichkeiten im Alltag (Tab. 7.2).

Der größte Unterschied zeigt sich bei der Frage nach der Mitbestimmung bei der Freizeitgestaltung der Familie. Hier können nur 49 % der Kinder aus der Unterschicht ihre Meinung einbringen, während Kinder aus der unteren Mittelschicht zu 72 % im Vergleich zu 77 % der Kinder aus der Mittelschicht, 79 % der Kinder aus der oberen Mittelschicht und 81 % der Kinder aus der Oberschicht nach eigener Wahrnehmung hier eher mitbestimmen dürfen. Dies wird sicherlich, ähnlich wie auch bei der Frage nach dem Taschengeld, bei der die fehlenden Mitbestimmungsmöglichkeiten für Kinder aus der Unterschicht ebenfalls besonders hoch ausgeprägt sind, mit dem Fehlen der »Basis«, also generell fehlenden familiären Freizeitaktivitäten und nicht vorhandenem Taschengeld[51], zusammenhängen. Ähnliches dürfte für die Fragen gelten, wie viele Freunde man nach Hause mitbringen darf und ob man beim Essen mitentscheiden kann. Fehlender Platz und wirtschaftliche Beschränkungen in der Haushaltsführung wirken an dieser Stelle auch faktisch reglementierend.

Bezeichnend ist, dass mit 92 % nahezu alle Kinder der Oberschicht eigenständig entscheiden, wie sie ihre Freizeit verbringen, während dies nur 69 % der Kinder aus der Unterschicht für sich berichten. Kinder aus der unteren Mittelschicht (82 %) unterscheiden sich hier ebenfalls von Kindern aus der Oberschicht, während die Unterschiede zur Mittelschicht (86 %) und zur oberen Mittelschicht (87 %) nicht signifikant sind. Selbst entscheiden, welche Freunde sie treffen, dürfen mit 76 % in der Unterschicht sowie 83 % in der unteren Mittelschicht signifikant weniger Kinder als in der Mittelschicht oder den gehobenen Schichten. Dies ist bemerkenswert, dürfte aber wohl vorrangig damit zusammenhängen, dass Eltern aus den unteren Herkunftsschichten weitaus höhere Risiken hinsichtlich der Freundeskreise ihrer Kinder sehen, als dies für die gehobenen Milieus zutrifft.

Keine relevanten Schichteffekte sind bei der Frage feststellbar, ob die Kinder selber entscheiden können, welche Kleidung sie tragen. Mögliche elterliche Vorgaben spielen an dieser Stelle bei Kindern zwischen 6 und 11 Jahren keine Rolle. Mit 43 % haben Kinder aus der Oberschicht am häufigsten die Wahrnehmung, darüber selbst mitentscheiden zu können, wann sie Hausaufgaben machen. Die Angehörigen aller anderen Schichten, so auch explizit der Unterschicht geben signifikant seltener an (32 % bis 38 %), bei dieser Frage ein Mitspracherecht zu besitzen.

Selbstbestimmungsmöglichkeiten im Alltag: bei Kindern auch unabhängig vom Alter eine Frage der Herkunft und der familiären Gepflogenheiten

Die von uns abgefragten Möglichkeiten zur Selbstbestimmung betreffen unterschiedliche Aspekte des Alltags und beziehen sich dabei auf Handlungsspielräume der Kinder im »Lebensraum Familie«. Sie sind maßgeblich von den familiären Rahmenbedingungen und Gepflogenheiten bestimmt.[52] Die von uns abgefragten acht Indikatoren können von daher aufaddiert und zu einem Index zusammengefasst werden. Auf Basis der abgefragten Indikatoren lassen sich damit drei Gruppen von Kindern abgrenzen, die sich anhand ihrer Handlungs- und Entscheidungsspielräume

51 Nach den Ergebnissen der 1. World Vision Kinderstudie 2007 bekommen Kinder der Unterschicht weniger häufig Taschengeld (Schneekloth, Leven 2007).

52 Der institutionelle Raum, in diesem Fall der maßgebliche »Lebensraum Schule«, mit seinen eigenen verbindlichen Regeln und Rahmenbedingungen bleibt hier ausgeklammert. Dieser wird in unserer Studie gesondert und mit eigenen Fragestellungen zur Mitbestimmung und Mitwirkung aus der Sicht der Kinder abgebildet (vgl. dazu Kapitel 4).

Abb. 7.2 **Selbstbestimmungsmöglichkeiten im Alltag**
Basis: Kinder im Alter von 6 bis 11 Jahren in Deutschland (Angaben in %)

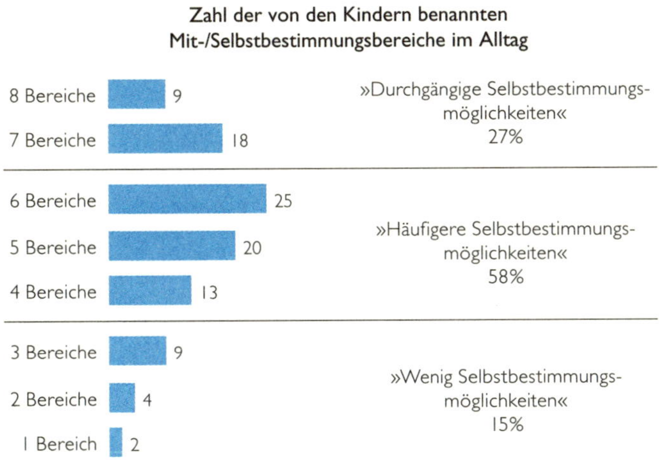

im Alltag hinreichend trennscharf unterscheiden (Abb. 7.2).[53]

Die Mehrheit der Kinder, zusammengenommen 58 %, verfügt über Selbstbestimmungsmöglichkeiten in 4 bis 6 Bereichen und damit eher häufiger über Entscheidungsspielräume im Alltag *(»Kinder mit häufigeren Selbstbestimmungsmöglichkeiten«)*. Fast alle dieser Kinder bestimmen selber über ihre Freizeit und ihren Freundeskreis, und ebenfalls eine Mehrheit bestimmt in den anderen von uns abgefragten Bereichen eher selber. Die Ausnahmen bilden hier die Anzahl der Freunde, die sie mit nach Hause bringen dürfen, sowie der Zeitpunkt, wann sie Hausaufgaben machen. Bei Letzterem darf nur jedes vierte Kind mitbestimmen.

27 % der Kinder gehören zur Gruppe mit *»durchgängigen Selbstbestimmungsmöglichkeiten im Alltag«*. Diese Kinder berichten so gut wie alle in den von uns abgefragten Bereichen, selbst zu bestimmen oder mitzubestimmen. Einzige Ausnahme ist, wenn überhaupt, auch hier die Frage der Hausaufgabenzeiten: Hier dürfen in dieser Gruppe aber ebenfalls mehr als zwei von drei Kindern mitbestimmen.

53 Der errechnete Index kann einen Wertebereich von 0 = Mitbestimmung in keinem Bereich bis 8 = Mitbestimmung in allen acht Bereichen annehmen. Ausgehend vom Mittelwert und der Standardabweichung lassen sich dadurch drei Gruppen von Kindern unterscheiden: Kinder mit 4 bis 6 Nennungen (Mittelwert + oder – eine Standardabweichung) Kinder mit 0 bis 3 Nennungen (unterhalb einer Standardabweichung) sowie Kinder mit 7 bis 8 Nennungen (oberhalb einer Standardabweichung).

Tab. 7.3 **Zusammenhangsanalyse: Selbstbestimmungsmöglichkeiten im Alltag nach signifikanten sozialen Merkmalen**[1]

Basis: Kinder im Alter von 6 bis 11 Jahren in Deutschland

Spalten in %	Wenig	Häufiger	Durchgängig
Kinder insgesamt	15	58	27
Alter			
6–7 Jahre	27	**55**[2]	**18**[2]
8–9 Jahre	13	**64**[2]	**23**[2]
10–11 Jahre	8	**54**[2]	**38**[2]
Schicht			
Unterschicht	37	**50**[2]	**13**[2]
Untere Mittelschicht	19	56	25
Mittelschicht	12	**63**[2]	25
Obere Mittelschicht	14	57	29
Oberschicht	8	**56**[2]	**36**[2]
Herkunft			
Einheimisch deutsche Kinder	11	59	**30**[2]
Kinder mit Migrationshintergrund	24	**55**[2]	**21**[2]
Familienform			
Ein-Kind-Familie	15	55	30
Zwei-Kind-Familie	15	55	30
Drei- u.m.-Kind-Familie	17	**64**[2]	**19**[2]
Elternteil alleinerziehend	14	60	26
Zuwendungsdefizit			
Kein Defizit	14	57	29
Defizit bei einzelnem Elternteil	19	61	20
Zuwendungsdefizit	21	60	**19**[2]
Geschlecht			
Mädchen	15	55	**30**[2]
Jungen	15	**61**[2]	24

1 Der Zusammenhang wurde multivariat anhand einer ordinalen Regression auf die Variable »Selbstbestimmungsmöglichkeiten im Alltag« untersucht.
Einbezogene Merkmale: Alter, Geschlecht, Herkunftsschicht, Migrationshintergrund, Familienform, Zuwendungsdefizit sowie Ost/West.

2 Aus Gründen der Übersichtlichkeit werden in der Tabelle bivariate Merkmalsausprägungen in % ausgewiesen. Fettgedruckt sind auffällige Abweichungen für Merkmale, die sich auch innerhalb der multivariaten Analyse als signifikant erwiesen haben ($p < 0{,}05$).

15 % bilden die Gruppe der Kinder mit *»wenig Selbstbestimmungsmöglichkeiten im Alltag«*. In dieser Gruppe dürfen nur etwas mehr als jedes zweite Kind darüber bestimmen, mit welchen Freunden sie sich treffen, während für alle anderen Bereiche, also auch in der Freizeitgestaltung, hier die große Mehrheit über fehlende Selbstbestimmung berichtet.

Wie bereits angemerkt, steigen die Möglichkeiten zur Selbstbestimmung mit zunehmendem Lebensalter an. Auf der anderen Seite erklären sich die unterschiedlichen Spielräume aber nicht allein über das Alter. Auch innerhalb der Altersgruppen finden wir Variationen. Sichtbar wird dies dann, wenn man untersucht, welche Kinder häufiger, also mit höherer Wahrscheinlichkeit, zu einer der drei von uns gebildeten Gruppen gehören. Analysiert man die Merkmale im statistischen Zusammenhang[54], so bestätigt sich, dass neben dem Alter auch weitere soziale und familiäre Hintergrundfaktoren wirksam sind (Tab. 7.3).

Wie erwartet, gehören jüngere Kinder häufiger, ältere Kinder hingegen weniger häufig zur Gruppe mit nur wenigen Selbstbestimmungsmöglichkeiten im Alltag. Je älter die Kinder, desto häufiger berichten sie, in ihrem Alltag eher selbst zu bestimmen. Während von den 6- bis 7-Jährigen 27 % angeben, im Alltag nur wenige der von uns abgefragten Entscheidungsspielräume zu haben, trifft dies nur auf 8 % der 10- bis 11-Jährigen zu. Auf der anderen Seite berichten ebenfalls 55 % der 6- bis 7-Jährigen sowie 54 % der 10- bis 11-Jährigen über häufigere Selbstbestimmungsmöglichkeiten und 18 % der 6- bis 7-Jährigen sowie 38 % der 10- bis 11-Jährigen über durchgängige Selbstbestimmungsmöglichkeiten im Alltag.

Darüber hinaus findet sich ein leichter Geschlechtereffekt: Mädchen gehören mit 30 % etwas häufiger als Jungen mit 24 % zur Gruppe mit durchgängigen Selbstbestimmungsmöglichkeiten. Wie schon angesprochen, ist dieser Unterschied nur in zwei der von uns abgefragten acht Bereiche feststellbar. In diesen Bereichen ist es nicht ausgeschlossen, dass hier unterschiedliche Wahrnehmungen wirksam sind. Würde man noch andere Alltagsaspekte berücksichtigen, so könnte sich dies auch wieder nivellieren. Auf der anderen Seite finden sich aber keine Hinweise darauf, dass Jungen in dieser Altersgruppe nach ihrem eigenen Empfinden im Alltag mehr und Mädchen entsprechend weniger Selbstständigkeit gewährt würde.

Unabhängig vom Alter ist, im statistischen Zusammenhang betrachtet, auch hier wieder der Einfluss der Herkunftsschicht nachweisbar. Je niedriger die Schicht, desto höher der Anteil der Kinder mit nur wenigen Selbstbestimmungsmöglichkeiten im Alltag. Kinder aus der Unterschicht berichten mit 37 % und auch Kinder aus der unteren Mittelschicht mit 19 % überproportional häufig über wenige Selbstbestimmungsmöglich-

54 Wir haben die Zusammenhänge sowohl mit einer mehrfaktoriellen Varianzanalyse über den von uns gebildeten Gesamtindex als auch auf Basis einer ordinalen Regression auf die drei Ausprägungen »Selbstbestimmungsmöglichkeiten im Alltag: wenig, häufiger, durchgängig«, geprüft und dabei vergleichbare Ergebnisse erhalten.

keiten. Umgekehrt verfügen Kinder aus der Oberschicht zu 36 % überproportional häufig über durchgängige Mitsprachemöglichkeiten. Die geringeren Selbstbestimmungsmöglichkeiten sind zum einen, so wie ebenfalls bereits angesprochen, auf die schlechteren Rahmenbedingungen zurückzuführen, die für Kinder aus den unteren Herkunftsschichten typisch sind. Fehlt es zu Hause an Platz, dann ist es natürlich weitaus schwieriger, unbegrenzt Freunde mitzubringen. Fehlt es an finanziellen Möglichkeiten, dann stellen sich Freiheiten und Reglementierungen in der Freizeitgestaltung anders dar als bei Kindern aus den oberen Herkunftsschichten (vgl. dazu auch Kapitel 3.4 zum Armutserleben von Kindern). Zum anderen dürften an dieser Stelle auch unterschiedliche familiäre Gepflogenheiten und Erziehungsstile eine Rolle spielen.

Ebenfalls unabhängig, und nicht etwa vermittelt über die Schichtzugehörigkeit, ist der Effekt eines Migrationshintergrundes. Einheimische deutsche Kinder haben zu 30 % deutlich häufiger durchgängige Selbstbestimmungsmöglichkeiten, während Kinder mit Migrationshintergrund mit 24 % häufiger nur geringe Spielräume im Alltag haben. Dieses Ergebnis deckt sich mit Befunden zu den unterschiedlichen Erziehungsstilen in einheimischen deutschen Familien und in Familien mit Migrationshintergrund. Insbesondere bei Familien mit Wurzeln im islamischen Kulturkreis, aber auch bei Spätaussiedlern finden sich etwas häufiger eher traditionelle und autoritätsorientierte Stile, die gerade bei Kindern der befragten Altersgruppe häufig mit der Forderung verbunden sind, sich stärker an den kulturellen Gepflogenheit der Herkunft zu orientieren (Fuhrer, Uslucan 2005, Uslucan 2008).

Auch Kinder mit Zuwendungsdefiziten (»Vater und Mutter haben nicht genügend Zeit für mich«) verfügen im Alltag mit größerer Wahrscheinlichkeit, unabhängig von Alter und Herkunft, über geringe und mit geringerer Wahrscheinlichkeit über durchgängige Selbstbestimmungsmöglichkeiten. An dieser Stelle zeigt sich, dass Kinder, die fehlende elterliche Zuwendung beklagen, in mehrfacher Hinsicht betroffen sind. Eltern, die sich aus Sicht der Kinder nicht ausreichend kümmern, gestehen ihren Kindern auch weniger Selbst- und Mitbestimmungsmöglichkeiten zu. Dies kann für diese Kinder als Einschränkung ihrer Möglichkeiten im Alltag betrachtet werden.

Interessant ist schließlich der Zusammenhang mit der Familienform: Auch unabhängig von den genannten Faktoren haben Kinder aus Drei- und Mehr-Kind-Familien nach eigenem Bekunden etwas weniger häufig Selbstbestimmungsmöglichkeiten im Alltag, als dies bei Kindern aus Familien mit nur einem oder mit gar keinem Geschwisterkind zutrifft. Nimmt man den Befund aus Kapitel 2 hinzu, dass Kinder aus Drei- und Mehr-Kind-Familien ebenfalls etwas häufiger über Benachteiligungen im Alltag klagen, dann spricht vieles dafür, dass an dieser Stelle nicht primär die elterlichen Erziehungsstile, sondern mindestens genauso sehr die Einschränkungen, die Familien mit mehreren Kindern aus Mangel an Familienfreundlichkeit im Alltag erleben, ursächlich sind.

Kinder mit geringeren Selbstbestimmungsmöglichkeiten im Alltag erleben auch weniger Mitbestimmung in der Schule

Bringt man die Ergebnisse zu den Selbstbestimmungsmöglichkeiten im Alltag mit den Ergebnissen zur Mitbestimmung in der Schule (vgl. dazu Kapitel 4) zusammen, so zeigt sich, dass Kinder, die es im Alltag gewohnt sind, selbstbestimmter zu agieren, auch in der Schule auf mehr Mitbestimmungsmöglichkeiten treffen. Abgefragt haben wir sieben Möglichkeiten zur Mitbestimmung in der Schule:

- die allgemeine Klassenzimmergestaltung
- den Platz, also neben wem man im Unterricht sitzen darf
- die Anordnung der Tische im Klassenzimmer
- die Gestaltung der Klassenregeln

sowie für Kinder ab der zweiten Klasse

- die Gestaltung von Schulausflügen
- Vorschläge für Themen in Projektwochen/bei Projekten im Unterricht
- die Gestaltung von Schulfesten

Die Korrelation zwischen den Möglichkeiten zur Selbstbestimmung im Alltag und der Mitbestimmung in der Schule ist bei den ältesten Kindern in unserer Altersgruppe, also bei den Kindern im Alter von 10 bis 11 Jahren, die in der Regel bereits eine weiterführende Schule besuchen, am höchsten. 10- bis 11-Jährige mit geringen Mitbestimmungsmöglichkeiten im Alltag berichten in der Schule im Durchschnitt in 0,9 der von uns erhobenen sieben Bereichen oft mitbestimmen zu dürfen. Bei Kindern mit häufigeren Selbstbestimmungsmöglichkeiten im Alltag sind es bereits 1,3 Bereiche und Kinder mit durchgängigen Selbstbestimmungsmöglichkeiten im Alltag verweisen auf 2,2 Bereiche.[55] In Abbildung 7.3 sind die Mittelwerte ausgewiesen, also die mittlere Anzahl an Bereichen, in denen die Kinder in der Schule oft mitbestimmen dürfen differenziert nach der Häufigkeit der Selbstbestimmung im Alltag.

Von den Kindern im Alter von 8 bis 9 Jahren, also in der Regel Grundschulkinder der dritten oder vierten Klassenstufe, berichten diejenigen mit geringen Selbstbestimmungsmöglichkeiten im Alltag über weniger als einen Bereich, in dem sie im Schnitt in der Schule mitbestimmen können. Kinder mit mehr Selbstbestimmungsmöglichkeiten im Alltag berichten hingegen auch hier signifikant häufiger über mehr Bereiche: 1,2 Mitbestimmungsbereiche bei Kindern mit häufigeren Selbstbestimmungsmöglichkeiten im Alltag sowie 1,7 und damit nicht signifikant mehr bei Kindern mit durchgängigen Selbstbestimmungsmöglichkeiten im Alltag. Bei Kindern im Alter von 6 bis 7 Jahren sind die Unterschiede

55 Würde man bei den Mitbestimmungsbereichen in der Schule nicht nur die Antwort »oft«, sondern zusätzlich auch die Antwort »manchmal« aufaddieren, zum Beispiel mit den Werten »oft« = 2 und »manchmal« = 1 und somit die schulischen Mitbestimmungsmöglichkeiten anders gewichten, so ergäben sich höhere Mittelwerte und eine noch etwas stärkere Korrelation.

Abb. 7.3 **Kinder, die ihren Alltag stärker selbst bestimmen, erleben auch in der Schule häufiger Mitbestimmung**
Basis: Kinder im Alter von 6 bis 11 Jahren in Deutschland

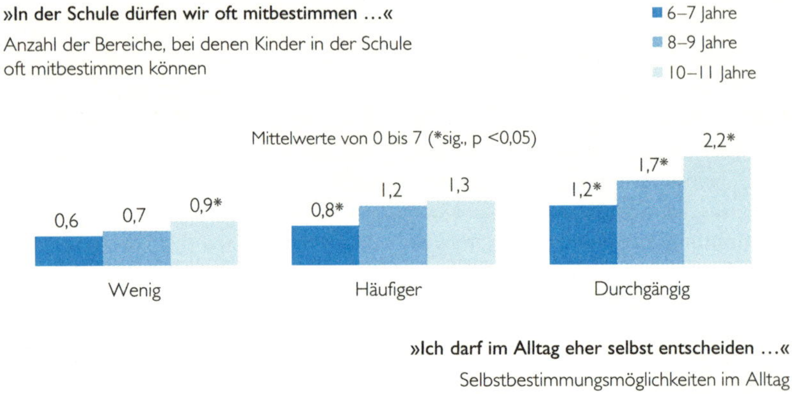

in unserer Studie hingegen mit weniger als einem berichteten Mitbestimmungsbereich in der Schule durchgängig nicht signifikant.

Dass Kinder, die im Alltag mehr Selbstbestimmungsmöglichkeiten haben, auch über mehr Mitbestimmungsangebote in der Schule berichten, ist ebenfalls ein maßgeblicher Effekt der Herkunftsschicht. Kinder aus den gehobenen Schichten haben, wie bereits dargestellt, mehr Selbstbestimmungsmöglichkeiten, sowohl im Alltag als auch dann, wenn sie als weiterführende Schule das Gymnasium besuchen. Sie erleben in ihrer Familie und auch in der Schule durchgängig mehr Mitsprachemöglichkeiten und erhalten mehr Entscheidungskompetenzen. Auswählen und für sich selbst entscheiden ist für diese Kinder selbstverständlicher Teil des Alltags, anders als bei Kindern aus den unteren Schichten, denen diese Möglichkeiten zur sozialen Kompetenzentwicklung deutlich häufiger verschlossen bleiben. Wir hatten diesen Aspekt in unserer letzten Kinderstudie im Hinblick auf die eigene Selbstwirksamkeitserwartung bereits ausführlich untersucht (Schneekloth, Pupeter 2010b) und stoßen auch hier wieder auf diesen Zusammenhang.

Interessant ist, dass sich diese Korrelation auch schon bei Grundschulkindern finden lässt, etwas schwächer ausgeprägt, aber vorhanden und in unserer Studie auch statistisch nachweisbar. Wir führen dies zum einen auf das sog. Schulsprengelprinzip zurück, bei dem Grundschulkinder gemäß den jeweiligen Länderregelungen den sog. Sprengelgrundschulen im jeweiligen Wohngebiet zugewiesen werden. Grundschulen in gehobenen Wohngebieten bieten demnach mehr Mitbestimmungsmöglichkeiten, als dies in weniger gehobenen Gebieten der Fall ist. Wenn man Mitbestimmungsmöglichkeiten auch als ein Merkmal pädagogischer Qualität versteht, haben Kinder mit einem niedrigen sozio-ökonomischen familiären Hintergrund auch in diesem Bereich einen schlechteren Zugang zu Einrichtungen mit hoher Qualität. Dies hat auch der 14. Kinder- und Jugendbericht bereits kritisch angemerkt (Deutscher Bundestag 2013). Außerdem dürften auch Persönlichkeitsmerkmale eine Rolle spielen. Selbstbewusste und »selbstwirksame« Kinder werden Mitbestimmung eher einfordern als Kinder aus Milieus, in denen kaum Möglichkeiten zur Mitbestimmung gegeben werden. Je nach Klassenzusammensetzung kann dies ebenfalls zu Unterschieden führen und unterschiedliche Reaktionsweisen der Lehrerinnen und Lehrer zum Thema Mitbestimmung in der Schulklasse hervorbringen.

7.2 Die eigene Meinung

In unserer Studie fragten wir die Kinder ebenfalls danach, wie sie sich selbst in ihrer Meinung wertgeschätzt fühlen: »Was glaubst du, welche von den folgenden Personen legt eher viel und welche eher wenig Wert auf Deine Meinung?« (Tab. 7.4).

Am häufigsten sehen Kinder im Alter von 6 bis 11 Jahren mit 60 % ihre eigene Meinung durch ihre Mutter wertgeschätzt. 27 % berichten hier »mal so, mal so«, 9 % äußern sich explizit negativ mit »eher wenig« und 4 % machen keine Angabe. Die Wertschätzung durch den Vater erfährt knapp die Hälfte der Kinder (49 % eher viel, 27 % mal so, mal so, 13 % eher wenig, 11 % keine Angabe), ähnlich wie im Freundeskreis (51 % eher viel, 35 % mal so, mal so, 11 % eher wenig, 3 % keine Angabe).

Die Bewertung der Klassenlehrerinnen und -lehrer sowie gegebenenfalls der Betreuerinnen und Betreuer in institutionellen Einrichtungen (Hort, Mittagsbetreuung etc.) fällt schlechter aus. So berichtet nicht einmal ein Drittel der Kinder, dass ihre Klassenlehrerin oder ihr Klassenlehrer ihre Meinung durchgängig wertschätzt (29 % eher viel, 33 % mal so, mal so, 30 % eher wenig, 8 % keine Angabe), und auch hinsichtlich des Betreuungspersonals in der Nachmittagsbetreuung äußert sich lediglich ein Drittel der Kinder positiv (33 % eher viel, 35 % mal so, mal so, 25 % eher wenig, 7 % keine Angabe).

Ganz generell nimmt die Bewertung der Wertschätzung der eigenen Meinung mit dem Alter der Kinder zu. 10- bis 11-Jährige berichten zu 65 %, dass die Mutter, und zu 52 %, dass der Vater eher viel Wert auf die eigene Meinung legt. Bei den 8- bis 9-Jährigen trifft dies auf 59 % sowie 49 % zu, während sich bei den 6- bis 7-Jährigen 56 % positiv bezüglich der Wertschätzung der Mutter und 46 % positiv bezüglich der Wertschätzung des Vaters äußern. Umgekehrt berichten 7 % der 10- bis 11-Jährigen über eher wenig Wertschätzung durch die Mutter und 12 % (laut Tab. 7.4) über eher wenig Wertschätzung durch den Vater. Bei den 8- bis 9-Jährigen trifft

Tab. 7.4 **Wertschätzung der eigenen Meinung**

Basis: Kinder im Alter von 6 bis 11 Jahren in Deutschland

Spalten in %	Gesamt	Mädchen	Jungen	6–7 Jahre	8–9 Jahre	10–11 Jahre
Wertschätzung durch:						
Mutter						
Eher viel	60	60	61	56	59	65
Mal so, mal so	27	27	27	24	30	26
Eher wenig	9	8	9	12	8	7
Weiß nicht / Keine Angabe	4	5	3	8	3	2
Vater						
Eher viel	49	47	52	46	49	52
Mal so, mal so	27	27	27	24	30	27
Eher wenig	13	14	13	16	12	12
Weiß nicht / Keine Angabe	11	12	8	14	9	9
Freunde						
Eher viel	51	52	51	47	49	57
Mal so, mal soll	35	35	33	36	36	32
Eher wenig	11	9	13	11	12	9
Weiß nicht / Keine Angabe	3	4	3	6	3	2
Klassenlehrer/in						
Eher viel	29	32	25	27	28	31
Mal so, mal so	33	31	35	30	33	35
Eher wenig	30	28	33	31	31	29
Weiß nicht / Keine Angabe	8	9	7	12	8	5
Falls in Einrichtung:						
Betreuer/innen						
Eher viel	33	36	30	33	30	38
Mal so, mal so	35	31	41	39	35	29
Eher wenig	25	26	23	19	29	28
Weiß nicht / Keine Angabe	7	7	6	9	6	5

dies ebenfalls auf 8 % sowie 12 % zu. Bei den 6- bis 7-Jährigen äußern sich 12 % negativ zur Wertschätzung der Mutter und 16 % negativ zur Wertschätzung des Vaters. Analoges gilt auch für die Beurteilung der Wertschätzung durch den Freundeskreis sowie für die Klassenlehrerinnen und -lehrer und für die Betreuer in Einrichtungen.

Die Unterschiede in den Einschätzungen von Mädchen und Jungen sind hingegen uneinheitlicher. So haben zum Beispiel Mädchen bei der Bewertung der Wertschätzung durch den Vater etwas häufiger keine Angabe gemacht, während Jungen die Wertschätzung durch den Vater im Ergebnis etwas positiver bewerten. Bei den Antworten »mal so, mal so« und auch bei den negativen Bewertungen finden sich keine Unterschiede. Die Wertschätzung durch die Klassenlehrer bewerten hingegen Mädchen zu 32 % im Vergleich zu 25 % der Jungen positiver. Dementsprechend äußern sich mit 28 % gegenüber 33 % weniger Mädchen als Jungen negativ. Ähnliches scheint auch für die Betreuer in Einrichtungen zu gelten. Von diesen fühlen sich mehr Mädchen (36 %) als Jungen (30 %) wertgeschätzt. Andererseits geben hier ebenfalls mehr Mädchen (26 %) als Jungen (23 %) explizit negative Bewertungen ab.

Die Kinder äußern sich demnach durchaus »kritisch« dazu, wie sie die Wertschätzung ihrer eigenen Meinung beurteilen. Explizit negativ äußert sich hierzu, was die Familie und den Freundeskreis betrifft, mit um die 10 % nur der kleinere Teil. Die Nennung »mal so, mal so«, die immerhin mehr als ein Viertel der Kinder bezüglich der Wertschätzung durch Mutter oder Vater nutzen, unterstreicht hingegen die Sensibilität, die Kinder unserer Altersgruppe an dieser Stelle zum Ausdruck bringen. Im Vergleich dazu wurden die Fragen nach der Lebenszufriedenheit oder auch die zur Bewertung der Fürsorge durch die Eltern viel positiver und eventuell auch »pauschaler« beantwortet. Die Fürsorge der Eltern haben mehr als 90 % der Kinder positiv oder sehr positiv eingeschätzt und nur eine Minderheit hatte sich hier neutral oder sogar negativ geäußert (vgl. Kapitel 2 und 3).

Der Trend: Wertschätzung in Familie und Freundeskreis leicht positiv, in Schule und in Einrichtungen schwankend

Im Trend betrachtet, hat die Wertschätzung, die die Kinder in Familie und Freundeskreis erfahren seit unserer ersten Kinderstudie 2007 leicht zugenommen (Abb. 7.4). Wir beziehen uns an dieser Stelle auf die explizit positiven Nennungen (»eher viel«). Bei den Müttern ist die positive Bewertung seit den beiden letzten Kinderstudien von 56 % 2007 und 57 % 2010 auf aktuell 60 % angestiegen. Bei den Vätern entwickelte sich die positive Bewertung der Wertschätzung von 47 % auf 48 % und aktuell auf 49 %.[56] Die explizit negativen Nennungen schwanken bei den Müttern im Bereich unter 10 %. Bei den Vätern lagen die negativen Nennungen 2007 bei 13 %, in der Kinderstudie 2010 bei 9 % und damit leicht unter

56 Hierbei ist zu beachten, dass der Anstieg in der berichteten positiven Wertschätzung durch den Vater statistisch nicht hinreichend signifikant ist.

Abb. 7.4 **Bedeutung der eigenen Meinung**

Basis: Kinder im Alter von 6 bis 11 Jahren (2007: 8 bis 11 Jahre) in Deutschland (Angaben in %)

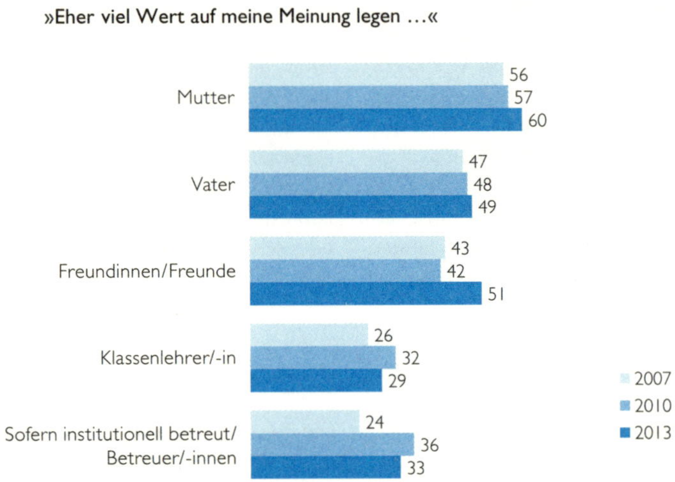

dem aktuellen Wert von 13 %. Bei der Bewertung des Freundeskreises sind die positiven Nennungen von vormals 43 % und 42 % auf aktuell 51 % und damit am stärksten gestiegen. Die negativen Nennungen liegen hier konstant um die 10 %.

Leicht rückläufig im Vergleich zur letzten Kinderstudie 2010 ist hingegen die Beurteilung der Wertschätzung durch die Lehrerinnen und Lehrer sowie durch die Betreuerinnen und Betreuer in Einrichtungen. Von 2007 auf 2010 waren die positiven Bewertungen von 26 % auf 32 % bei den Klassenlehrern und von 24 % auf 36 % bei den Betreuern gestiegen.[57]

57 Der hier gemessene Anstieg von der ersten Kinderstudie 2007 auf die zweite Studie 2010 gilt auch bei einer getrennten Betrachtung für alle Altersgruppen.

Aktuell beurteilen 29 % der Kinder die Wertschätzung durch den Klassenlehrer sowie 33 % die Wertschätzung in der Betreuungseinrichtung, sofern zutreffend, explizit positiv. Die negativen Bewertungen sind bei den Klassenlehrern von 23 % in der ersten Kinderstudie 2007 über 19 % für 2010 bis auf 30 % in 2013 gestiegen. Bei den Betreuungseinrichtungen entwickelten sich die explizit negativen Angaben von 25 % in 2007 über 17 % in 2010 bis auf aktuell 25 % in 2013.

Im Bezug auf die Eltern und den Freundeskreis lässt sich eine eindeutige Tendenz hin zu einer größeren empfundenen Wertschätzung der eigenen Meinung feststellen. Hinsichtlich der Lehrer und Betreuer ist noch kein stabiler Trend erkennbar, hier schwanken die Befunde über die drei Erhebungsjahre hinweg.

Im Zusammenhang betrachtet, ist der Grad der Wertschätzung der eigenen Meinung, den die Kinder in Bezug auf ihre Mutter und ihren Vater berichten, maßgeblich dadurch bestimmt, wie viel Zeit Mutter oder Vater für sie aufwenden. Bringt die Mutter nach Einschätzung der Kinder genügend Zeit auf, dann bewerten mit 67 % überdurchschnittlich viele Kinder die Wertschätzung der eigenen Meinung durch die Mutter explizit positiv. Bringt der Vater genügend Zeit auf, dann beträgt der Anteil der Kinder, die die Wertschätzung der eigenen Meinung durch den Vater explizit positiv bewerten, sogar 68 % (im Vergleich zu 49 % im Durchschnitt).

Negativere Bewertungen gegenüber der Wertschätzung durch den Vater oder die Mutter finden sich auch an dieser Stelle wieder häufiger bei Kindern aus den unteren Herkunftsschichten. 16 % der Kinder aus der Unterschicht bewerten die Wertschätzung durch die Mutter und sogar 31 % die Wertschätzung durch den Vater als explizit negativ. Bemerkenswert ist, dass ebenfalls 19 % der Kinder mit Migrationshintergrund im Vergleich zu 10 % der einheimischen deutschen Kinder die Wertschätzung durch den Vater negativ bewerten. Bezüglich der Wertschätzung durch die Mutter finden sich hier keine signifikanten Unterschiede. Bei den Unterschieden der Wertschätzung einerseits durch Mütter und Väter, andererseits durch Väter von Kindern mit und ohne Migrationshintergrund kommt die Bedeutung der elterlichen Erziehungsstile in den Blick. Die Aussagen der Kinder können als Bestätigung der in der Erziehungsstilforschung bis heute vorherrschende Einschätzung gewertet werden, dass Kinder aus bildungsferneren oder sozial eher deprivierteren Schichten eher autoritär und damit auch bezogen auf die Wertschätzung ihrer Meinung anders erzogen werden. Die Bewertungen der Kinder mit Migrationshintergrund lassem sich mit einer in den Familien vorherrschenden »traditionellen Vaterrolle« in Zusammenhang bringen. Für die Bewertung der Wertschätzung der eigenen Meinung durch den Klassenlehrer sind das Alter der Kinder sowie die Schulform zentral. Kinder auf Gymnasien und auch auf Realschulen fühlen sich in ihrer Meinung etwas häufiger durch den Klassenlehrer wertgeschätzt. Signifikant ist auch der bereits angesprochene Geschlechteeffekt, mit einer bei Mädchen leicht höheren Bewertung der Wertschätzung durch den Klassenlehrer. Dieser Befund spricht ebenfalls dafür, dass neben den sozialen Faktoren auch die individuelle Ebene eine wichtige Rolle spielt. Wie Wertschätzung erlebt wird, hängt nicht zuletzt von der Vermittlung der pädagogischen Ziele der Schulkonzepte durch die Lehrerinnen und Lehrer als Personen ab.

Eher geringes Interesse an Politik

Denken die Politiker bei ihren Entscheidungen an das Wohlergehen der Kinder? Fühlen sich diese durch die Politik wertgeschätzt? Diese Fragen haben wir nur den Kindern gestellt, die mit dem Begriff »Politik« bereits etwas anfangen konnten. Hierzu haben wir zuerst gefragt, wer von den Kindern sich überhaupt für Politik interessiert: *»Interessierst du dich für*

Abb. 7.5 **Interesse an Politik**

Basis: Kinder im Alter von 6 bis 11 Jahren in Deutschland (Angaben in %)

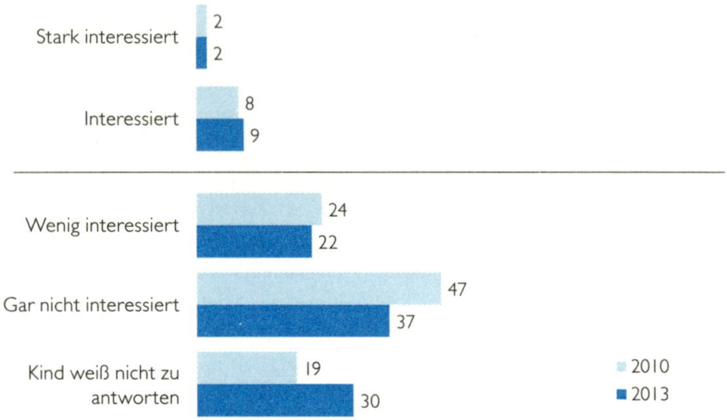

Politik?« Im Bedarfsfall wurde zusätzlich erläutert: *»Gemeint ist, was Politiker (zum Beispiel Frau Merkel) machen oder was Parteien tun.«*

Keine Antwort auf diese Frage gaben in unserer aktuellen Kinderstudie 30 % der Kinder, dabei 53 % der 6- bis 7-Jährigen, 31 % der 8- bis 9-Jährigen und 11 % der 10- bis 11-Jährigen. In 2010 waren es 19 %, die diese Frage generell nicht beantwortet hatten (30 % der 6- bis 7-Jährigen, 16 % der 8- bis 9-Jährigen und 6 % der 10- bis 11-Jährigen). Wir führen diesen Anstieg jedoch vornehmlich auf Methodeneffekte zurück. Anders als 2010 haben wir 2013 bereits vorab eine Reihe Fragen zum Thema Politik und gesellschaftliche Gerechtigkeit gestellt. Die Kinder, die diese Fragen nicht beantworten konnten (vgl. dazu Kapitel 2), haben auch an dieser Stelle häufiger gar keine Antwort gegeben.[58] 2010 wurde stattdessen von 47 % die Antwort »Gar nicht interessiert« und damit deutlich häufiger als von 37 % in der aktuellen Kinderstudie 2013 gewählt (Abb. 7.5).

Ansonsten ergeben sich kaum Änderungen. Als wenig interessiert charakterisieren sich 22 % (im Vergleich zu 24 % bei der letzten Kinderstudie 2010), als interessiert bezeichnen sich 9 % (im Vergleich zu 8 %) und sehr interessiert sind hier jeweils 2 %. Für die älteren Kinder von 8 bis 11 Jahren

58 Wie in Kapitel 2 erläutert, haben wir unsere Interviewer instruiert, bei den Kindern, die mit dem Thema »Politik« oder mit dem Begriff »Gesellschaft« nichts anfangen können, nicht nochmals nachzufragen, sondern stattdessen die Kategorie »Kind weiß mit dem Thema nichts anzufangen« zu wählen.

Abb. 7.6 **Meine Meinung dazu, ob Politiker auch viel daran denken, was zu tun ist, damit es uns Kindern gut geht**

Basis: Kinder im Alter von 6 bis 11 Jahren in Deutschland (Angaben in %)[1]

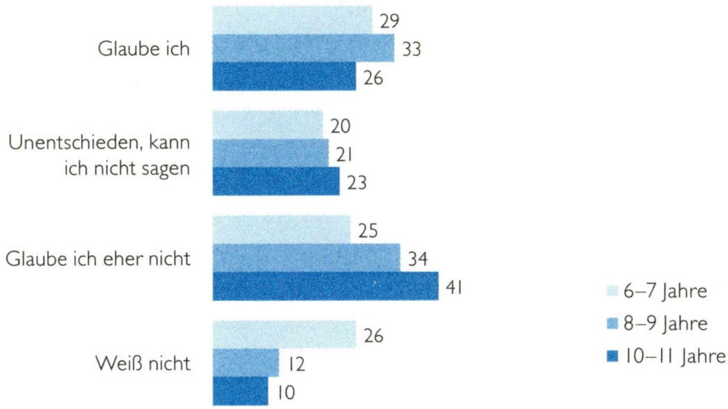

1 Nur Kinder, die mit dem Begriff Politik etwas anfangen können

haben wir zusätzlich Ergebnisse aus unserer ersten Kinderstudie von 2007 vorliegen. Hier waren es bei den 8- bis 9-Jährigen 9 %, die sich als politisch interessiert (oder sehr interessiert) bezeichnet haben. 2010 waren es 10 % und 2013 sind es hier ebenfalls 10 %. Bei den 10- bis 11-Jährigen waren es 2007 11 %, 2010 15 % und 2013 14 %. Alles in allem finden sich, abgesehen von dem »Ausreißer« bei den 10- bis 11-Jährigen in 2007, keine relevanten Veränderungen.

Es bleibt dabei, dass sich Kinder mehrheitlich als »politisch nicht interessiert« bezeichnen. Bittet man die Kinder hingegen um konkrete Bewertungen, etwa dazu, wie der Umgang mit bestimmten Gruppen in Deutschland von ihnen gesehen wird, so gibt der größere Teil der Kinder dazu durchaus differenziertere Einschätzungen ab und fordert darüber hinaus, wenn es um die Interessen der Kinder geht, auch einbezogen zu werden (vgl. dazu Kapitel 2). Dieses Ergebnis deckt sich mit den Befunden zum politischen Interesse bei Jugendlichen (Schneekloth 2010). Es erscheint auch an dieser Stelle als Zeitgeistphänomen, das von den Kindern aufgenommen und artikuliert wird.

Skeptische Haltung dazu, ob sich die Politiker um die Interessen von Kindern kümmern

Die Kinder, die mit dem Begriff »Politik« zumindest im Grundsatz etwas anfangen konnten, haben wir gefragt, wie sie die Wertschätzung von Kindern durch die Politiker beurteilen: *»Glaubst du, dass Politiker auch viel an Kinder denken, also daran, was sie tun müssen, damit es Kindern gut geht?«*

Abb. 7.7 **Bewertung der von den Eltern im Alltag gewährten Freiheiten**
Basis: Kinder im Alter von 6 bis 11 Jahren in Deutschland (Angaben in %)[1]

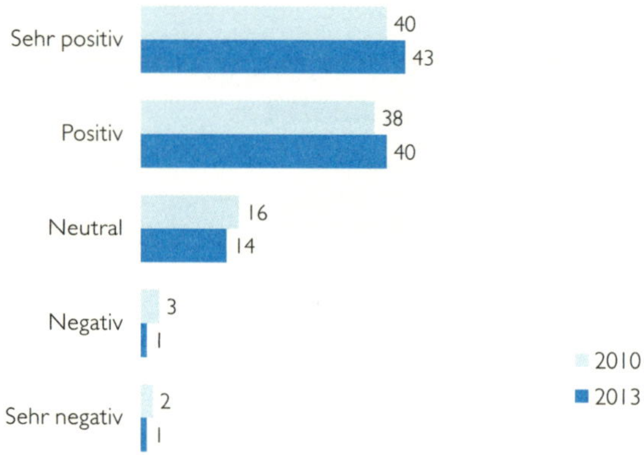

1 Fehlende zu 100 = »Keine Angabe«

Mit 35 % äußert sich die Mehrheit der Kinder, denen die Frage vorgelegt wurde, an dieser Stelle eher skeptisch. Eine positive Einschätzung dazu, ob sich Politiker um die Interessen der Kinder kümmern, geben 29 % ab. 22 % sind unentschieden und die restlichen 14 % wollten sich auf keine der angebotenen Antwortvorgaben festlegen.

Die berichteten Einschätzungen hängen stark vom Alter ab, selbst wenn man, wie in diesem Fall, nur diejenigen in die Auswertung miteinbezieht, die mit dem Begriff Politik etwas anfangen können (Abb. 7.6). Bei den 6- bis 7-Jährigen äußert sich mit 29 % eine knappe relative Mehrheit positiv. 25 % bewerten die Wertschätzung durch die Politiker eher negativ, 20 % sind unentschieden und 26 % können die Frage nicht beantworten. Das Meinungsbild der 8- bis 9-Jährigen ist hier ausgewogen. 34 % glauben eher nicht, dass Politiker die Interessen von Kindern wertschätzen, 33 % eher schon, 21 % sind unentschieden und 12 % können diese Frage nicht beantworten. Bei den 10- bis 11-Jährigen überwiegt hingegen eine negative Bewertung. Der Großteil von 41 % glaubt nicht, dass Politiker viel daran denken, was sie für Kinder tun sollten. 26 % äußern sich positiv, 23 % sind hier unentschieden, und 10 % können keine Antwort geben. Die Skepsis gegenüber dem Tun der Politiker wächst also mit dem Alter.

7.3 Gesamtbewertung der Freiheiten im Alltag

Fragt man die Kinder insgesamt danach, wie sie die von den Eltern im Alltag gewährten Freiheiten beurteilen, so äußert sich die große Mehrheit der Kinder auch hier positiv oder sogar sehr positiv. Mit 83 % ist die positive Bewertung gegenüber 78 % bei der letzten Kinderstudie 2010 sogar noch etwas angestiegen (Abb. 7.7).

Diese noch positivere Bewertung findet sich in allen Altersgruppen und unterstreicht die große Zustimmung der Kinder in Deutschland zum elterlichen Erziehungsstil und der gewährten Fürsorge. Wärme, Zuneigung und Verlässlichkeit, aber auch die Bereitschaft, sich mit dem Kind auseinanderzusetzen und gegebenenfalls Grenzen zu ziehen (autoritativer Erziehungsstil, siehe Baumrind 1991), werden von der absoluten Mehrheit der Kinder geschätzt und an dieser Stelle zurückgespiegelt. Schatten finden sich dort, wo Kinder den Eindruck haben, im Alltag nicht selbstbestimmt genug agieren zu können, oder wo es an Zeit und/oder der Fähigkeit fehlt, sich mit ihnen auseinanderzusetzen. Auffällig häufig betrifft dies mit 29 % Kinder aus der Unterschicht sowie mit 19 % ebenfalls häufiger Kinder aus der unteren Mittelschicht, die sich neutral bis negativ zu den von den Eltern gewährten Freiheiten äußern. Mittelschichtkinder bewerten die ihnen gewährten Freiheiten zu 12 %, Kinder aus der oberen Mittelschicht zu 15 % und Kinder aus der Oberschicht zu 11 % neutral bis negativ.

Die Bedeutung der sozialen Herkunft sowohl für die Zufriedenheit und das Wohlbefinden als auch in Bezug auf die Teilhabechancen in Schule und Freizeit zieht sich auch in unserer aktuellen Kinderstudie wie ein roter Faden durch deren Lebenswelt. Kinder aus den unteren Schichten sind benachteiligt. Sie sind es aber auch deshalb, weil deren Familien benachteiligt sind und weniger Chancen und Potenzial haben, ihren Kindern vergleichbar gute Bedingungen und damit Startchancen zu bieten. Gerade diese Kinder brauchen ebenfalls starke Familien, eine gute soziale Einbettung im Freundeskreis und Wertschätzung in allen ihren Lebensbereichen. Unterstützung durch »das ganze Dorf«, wie wir es bildlich gesprochen seit unserer ersten Kinderstudie ausdrücken, brauchen Kinder und Eltern. Stigmatisierung und Ausgrenzung sind hier fehl am Platz. Gefordert sind stattdessen Initiativen zur konkreten und im Alltag wirksamen Unterstützung mit dem primären Ziel einer Befähigung zur Teilhabe. Auf die damit verbundenen politischen Herausforderungen wird im Schlusskapitel 9 der Kinderstudie noch genauer eingegangen.

Daniel Schroeder, Susann Fegter, Sabine Andresen, Katharina Gerarts

8 Die qualitative Studie: Soziale Netzwerke und Gerechtigkeit – 12 Porträts von Kinderpersönlichkeiten

8.1 Methodisches Vorgehen und inhaltliche Ausrichtung der Studie

Bislang lag der Fokus der Ausführungen auf einer großen Stichprobe befragter Kinder. Sie erlaubt es, Rückschlüsse auf die Gesamtheit der 6- bis 11-Jährigen in Deutschland zu ziehen. An dieser Stelle der Studie wenden wir uns einzelnen Kindern und ihren Alltagswelten zu. Es gehört zur Tradition der World Vision Kinderstudien, die repräsentative Befragung der Kinder mit qualitativen Interviews zu verknüpfen. So wollen wir sichtbar machen, was Häufigkeitsangaben und Trendwerte nicht ans Licht bringen können: die Erfahrungen, Sichtweisen und Sinnwelten einzelner Kinder, ihre individuellen psychosozialen Netzwerke und ihre jeweiligen Kontexte. Die qualitative Studie umfasst diesmal sechs ausführliche Einzelporträts und sechs Kurzporträts ausgewählter Kinder, die ab Seite 227 im Wechsel miteinander abgedruckt sind. Vorangestellt ist eine Gesamtauswertung aller Interviews. In diesem Kapitel werden wir im Folgenden zunächst darlegen, wie wir methodisch vorgegangen sind und welche inhaltlichen Schwerpunkte wir bei der Befragung der Kinder gesetzt haben. Im Anschluss daran geben wir einen beschreibenden Überblick über die sozialen Netzwerke aller Kinder und stellen die Themen Familie, Migration und Gerechtigkeit in den Fokus einer sinnrekonstruktiven Auswertung.

Inhaltlich hat die vorliegende qualitative Studie damit zwei Schwerpunkte. Zum einen geht es um die sozial-räumlichen Netzwerke von Kindern im Hier und Jetzt in deren eigener Perspektive, zum anderen um das Thema Gerechtigkeit und die Frage, wie Kinder in Gerechtigkeitsfragen argumentieren und entscheiden. Damit vertiefen wir die Befunde aus dem quantitativen Teil zum Gerechtigkeitsempfinden und geben auch diesbezüglich einen Einblick in individuelle Sichtweisen und Erlebniswelten.

Insgesamt wurden zwölf Kinder in ausführlichen etwa eineinhalbstündigen Interviews befragt. Bei der Auswahl der Kinder haben wir darauf geachtet, dass diese über möglichst unterschiedliche Erfahrungshintergründe z. B. im Hinblick auf den Beruf der Eltern, Schichtzugehörigkeit, Einwohnerzahl des Wohnortes oder Geschwisterzahl verfügen, um ein möglichst breites Spektrum an Kindheiten zu erfassen. Wichtig waren uns diesmal im Besonderen Alter und Migration als Einflussfaktoren kindlicher Netzwerke und Alltagswelten. So wurde die Hälfte der Interviews mit 6- bis 8-jährigen und die andere Hälfte der Interviews mit 10- und 11-jährigen Kindern geführt. Außerdem haben wir sieben Kinder ausgewählt, deren Eltern(teile) nach Deutschland eingewandert sind.

Insgesamt handelt es sich bei den jüngeren Kindern um den 6-jährigen Nathan, dessen (verstorbene) Mutter aus Spanien kam und der bei seinem deutschen Vater lebt; die 7-jährige Theresa, die keinen Migrationshintergrund hat, ebenso wenig wie der 7-jährige Nevio und der 7-jährige Fabian, außerdem die 8-jährige Ceylan, deren Eltern beide aus der Türkei eingewandert sind, sowie die 8-jährige Liona, deren Eltern aus dem Kosovo nach Deutschland kamen.

In der Gruppe der älteren Kindern sind wiederum der 10-jährige Elias, der keinen Migrationshintergrund hat, die 10-jährige Malena, deren Vater auf Kuba und deren Mutter in Deutschland geboren wurde; die 11-jährige Samira, die mit ihren Eltern aus dem Libanon eingewandert ist, der 11-jährige Ole ohne Migrationshintergrund, der 11-jährige Milad, dessen Eltern aus dem Iran migriert sind, und die 11-jährige Adriana, deren Mutter aus dem Kosovo und deren Vater aus Bosnien nach Deutschland gekommen sind.

An dieser Stelle möchten wir uns ganz herzlich bei den Kindern bedanken, die sich hinter diesen Pseudonymen verbergen. Ohne ihre Mitarbeit und die Unterstützung ihrer Eltern wäre unsere Studie in dieser Form nicht möglich gewesen.

Die sozialen Netzwerke der Kinder

Dreh- und Angelpunkt der Interviews mit den Kindern waren die spielerische »Aufstellung« ihrer sozialräumlichen Netzwerke: die qualitative Netzwerkanalyse. Diese Methode hat sich bei der Erfassung der sozialen Kontakte und Netzwerke bereits in den vergangenen World Vision Kinderstudien bewährt (Picot, Schroeder 2007 und Schroeder et al. 2010). Inhaltlich haben wir uns auch diesmal wieder für den Dreiklang von Orten, Kontakten und Aktivitäten interessiert. Fragen, die uns geleitet haben, waren: Wo halten sich Kinder in ihrem Alltag auf? Was machen sie dort? Wie und mit wem verbringen sie ihre Zeit? Was und wie erzählen sie darüber?

Der Aufbau des Netzwerks

Auf einer 1 m² großen Spielfläche stellt jedes Kind mithilfe von Bauklötzen die Orte auf, an denen es sich aufhält. Über Spielfiguren symbolisiert es dabei die Personen, die es an dem jeweiligen Ort trifft. Diese »Aufstellung« visualisiert mehrere Dimensionen. Zum einen werden Anzahl der Orte und Kontakte deutlich. Auch die Wichtigkeit der Orte kann über Ausdehnung und Detailreichtum des Aufbaus ersichtlich werden. Zudem versuchen die meisten Kinder, die örtlichen Verhältnisse (Entfernung/Richtung der Orte voneinander) annähernd abzubilden. Insofern Personen auch an mehreren Orten aufgestellt werden können, werden Querverbindungen im Verlauf des Interviews nicht aus dem Auge verloren.

Der spielerische Aufbau des Netzwerkes übernimmt mehrere wichtige Funktionen im Verlauf des Interviews. Zum einen ermöglicht er den Kindern einen entspannten Einstieg. Sie können anstelle des häufig als prüfend empfundenen »Frage-Antwort-Spiels« mit ihnen bekannten Materialien umgehen und wie nebenbei etwas erzählen. Zum anderen ermöglicht es die Visualisierung des Netzwerks mithilfe von Bauklötzen und Figuren, laufend Änderungen und Anpassungen vorzunehmen. Die Sichtbarkeit und Materialität machen es den Kindern leichter, zu entscheiden, ob sie noch etwas vergessen haben oder Korrekturen für nötig halten. Sehr häufig stellt sich erst im Verlauf des Aufbaus heraus, welche Kontakte tatsächlich relevant sind, welche Orte es noch gibt und welchen Aktivitäten die Kinder nachgehen.

Wie sieht das konkrete Vorgehen aus?

Der Aufbau beginnt mit der Frage an die Kinder nach einem für sie wichtigen Ort und mit der Aufforderung, diesen aufzubauen. Die Kinder benennen dann einen ersten Ort, bauen ihn auf und im Anschluss den jeweils nächsten Ort. Wir fragen begleitend nach Kontakten und Aktivitäten, nach »schönen« und »blöden« Dingen, die die Kinder mit dem Ort verbinden, und wir fragen, wie sie zu dem jeweiligen Ort gelangen. Meist entwickelt sich rasch ein Gespräch, das von beiden Seiten vorangetrieben wird: Themen tauchen auf, verschwinden und kehren wieder. Die räumlichen Aufbauten – meist vor dem Kind auf dem Boden aufgestellt – helfen dann häufig, den Weg zurück zu finden zu den Ausgangsfragen: »Wen triffst du noch?«, »Wo gehst du sonst noch hin?«, »Was machst du da?«. So wächst Schritt für Schritt die Welt des Kindes in Miniatur und ermöglicht den Blick »von oben« sowie Fragen, die das gesamte Netzwerk betreffen.

Zwei Aspekte haben uns dabei besonders interessiert: Wie viel Zeit verbringt das Kind an den jeweiligen Orten und wer hat an den einzelnen Orten das Sagen, ist also »Bestimmer«? Während wir der ersten Frage ebenfalls mit anschaulichem Material nachgingen (die Kinder sollten zwölf »Zeitscheiben« so auf die Orte verteilen, dass ihre dort verbrachte Zeit am besten abgebildet wird), stellten wir die Frage nach den »Bestimmern« narrativ und fragten sie Ort für Ort einzeln ab. Die Methode der qualitativen Netzwerkanalyse wurde von allen Kindern, unabhängig von Alter, Geschlecht oder Migrationsstatus durchweg sehr gut angenommen.

Gerechtigkeit

Der zweite inhaltliche Fokus der qualitativen Studie ist das Thema Gerechtigkeit aus Perspektive der Kinder: Wie denken Kinder über Gerechtigkeit nach? Wie argumentieren sie in Fragen von Gerechtigkeit und welche Zugänge zu Gerechtigkeit zeigen sich bei ihnen auf?

Zur Beantwortung dieser Fragen legten wir jedem Kind mehrere Fallvignetten vor, die verschiedene Gerechtigkeitsfragen zum Inhalt hatten. Jedes Kind sollte sich zu der jeweils beschriebenen Problematik äußern und seine Meinung begründen. Auf dieser Basis kamen wir mit den Kindern teilweise auch über eigene Gerechtigkeitserfahrungen ins Gespräch.

Die Fallvignetten wurden bis auf eine Ausnahme von uns selbst entwickelt. Wir haben dabei versucht, verschiedene Formen von Gerechtigkeit in den kurzen Geschichten anzusprechen. Geleitet haben uns dabei die Einteilung in Verteilungsgerechtigkeit, Leistungsbewertung, Sanktionen und Strafe und Mitbestimmung. Im Folgenden ist der Inhalt der einzelnen Vignetten sinngemäß wiedergegeben. Ihr Wortlaut findet sich im Anhang wieder.

»Zirkusgeschichte« (Gleichheit vs. Leistungsprinzip)

Bei der Zirkusgeschichte sammelt eine Klasse alte Spielsachen zum Verkauf auf dem Flohmarkt, um einen gemeinsamen Ausflug in den Zirkus zu finanzieren. Einige Kinder bringen nichts mit. Die interviewten Kinder sollen im Anschluss an die Geschichte darlegen, ob alle Kinder in den Zirkus mitkommen dürfen oder nicht und weshalb sie so denken. Vertiefend wird exploriert, inwiefern die Kinder berücksichtigen, ob die Spielsachen unverschuldet (Krankheit, Armut) oder aus freien Stücken (sich nicht gekümmert) nicht mitgebracht wurden.

Mit dieser Geschichte wollten wir der Frage nachgehen, ob die Schulklasse als Solidargemeinschaft angesehen wird, in der die Stärkeren die Schwachen mittragen. Welche Voraussetzungen müssen dabei erfüllt sein? Wie stark orientieren sich die Kinder am Leistungsprinzip? Wo hat es seine Grenzen?

»Flötengeschichte« (nach Amartya Sen)

In dieser Geschichte streiten drei Kinder um eine Flöte. Das erste Kind hat sie hergestellt, das zweite kann als Einziges darauf spielen und das dritte hat sonst kein einziges Spielzeug.

Der Philosoph und Ökonom Amartya Sen entwickelte diese Geschichte, um die Schwierigkeit miteinander konkurrierender Begründungen für Gerechtigkeit zu illustrieren. Uns hat interessiert, wie Kinder auf diese Geschichte reagieren. Welches Kind soll ihrer Meinung nach die Flöte bekommen? Gibt es einen Zugang zu Gerechtigkeit, der bei ihnen dominiert? Wie begründen sie ihre Entscheidung?

»Geld für Noten« (Leistungsbewertung: Ergebnis vs. Anstrengung)

In dieser Geschichte erhalten zwei Brüder Geld für gute Noten. Dem einen fliegt der Lernstoff einfach nur so zu und er streicht ohne großen Aufwand die Belohnungen ein. Der andere Bruder arbeitet hart, erreicht aber nur mäßige Ergebnisse und bekommt folglich keine Belohnung.

Wie stehen die Kinder dazu? Sollten Fleiß und Anstrengung getrennt vom Erfolg betrachtet werden? Interessanterweise verschob sich bei dieser Geschichte im Verlauf des Gesprächs das Thema wiederholt zu der Frage, ob Anstrengung in gute Noten münden sollte oder nicht. Interviewerinnen und Kinder hatten dann mehr die Gerechtigkeit des Benotungssystems in der Schule an sich im Blick als die Frage nach der Bedeutung von Anstrengung im Zusammenhang mit einer Leistungsbewertung.

»Die Provokation« (Sanktionen und Strafe)

In dieser Fallvignette wiederum wird ein Kind (A) in der Schule provoziert und schubst in Reaktion darauf das andere Kind (B) so stark, dass dieses sich leicht verletzt. Kind A wird von einer Lehrerin, die nur die körperliche Handgreiflichkeit beobachtet hat, bestraft.

Bei dieser Geschichte fragten wir nach, ob die Lehrerin fair gehandelt hat und die Strafe angemessen war. Würde sich die Situation anders darstellen, wenn das Kind (A) ohne Provokation geschubst hätte? Hätte das provozierende Kind (B) auch bestraft werden müssen?

»Mehrheit und Minderheit« (Mitbestimmung)

In dieser Geschichte wird eine Klasse regelmäßig mit einem Klassenausflug belohnt. Jedes Mal steht eine Abstimmung über das Ausflugsziel an. Dabei ergibt sich immer eine knappe Mehrheit für das Schwimmbad. Nach der dritten Abstimmung in Folge fordert die Minderheit trotz verlorener Abstimmung den von ihr favorisierten Zoobesuch ein.

Bei der anschließenden Exploration leiteten uns folgende Fragen: Sollte immer die Mehrheit bestimmen können? Wann muss eine Minderheit zu ihrem Recht kommen? Muss eine Minderheit eine bestimmte Größe haben, um sich durchzusetzen?

»Spielplatz« (Partizipation)

In dieser letzten Fallvignette soll in einer Kommune ein Spielplatz einem Jugendzentrum weichen. Der Bürgermeister befragt dazu die Eltern. Die Kinder sind nicht eingeladen, sie dürfen nicht mitentscheiden. Mit dieser Geschichte werden die Kinder aufgefordert, darüber nachzudenken, welche Form von Partizipation sie an gesellschaftlichen Prozessen wünschen oder erwarten. Ausgehend von der »Spielplatzfrage«, haben wir zu ermitteln versucht, auf welchen Feldern sie sich Teilhabe an der Entscheidungsfindung vorstellen können, wie diese aussehen könnte und welche Rolle dem Alter dabei zugesprochen wird.

Potenzial und Grenzen der Methode der Fallvignetten zu Gerechtigkeit

Das Potenzial der Fallgeschichten liegt in ihrem erzählauffordernden Charakter, weil man zu unterschiedlichen Einschätzungen kommen kann. Ein großer Anteil unserer Kinder hat sich darauf gut eingelassen. Doch wir haben auch beobachtet, dass es den jüngeren Kindern zuweilen schwerer fiel, eine Begründung zu formulieren. Meistens haben sie »aus dem Bauch heraus« geantwortet. Dadurch ergibt sich ein schöner Anschluss an die experimentellen Studien zu dem Empfinden von (Un-)Gerechtigkeit und (Un-)Gleichheit, über die wir in Kapitel 1 und 2 berichtet haben. Gleichwohl ist für weitere Forschungen kritisch zu prüfen, ob die Geschichten tatsächlich den Erfahrungshintergrund der Kinder treffen oder ob sie nicht doch teilweise zu abstrakt sind.

8.2 Die sozial-räumlichen Netzwerke der Kinder

Die Auswertung der qualitativen Netzwerkanalyse beginnt mit einer beschreibenden Darstellung, die sich zählend auf den Umfang der Orte und Kontakte richtet und etwas zur Größe und Beschaffenheit der Netzwerke sagt. Dies soll einen ersten Hinweis auf die Unterschiedlichkeit der Alltagswelten der befragten Kinder geben. Fragen um die es hier geht, sind zum Beispiel, ob sich die älteren von den jüngeren Kindern in der Anzahl ihrer Kontakte unterscheiden, ob es Unterschiede zwischen Jungen und Mädchen in dieser Hinsicht gibt, bei wem die genannten Freizeitaktivitäten häufiger im familiären und bei wem häufiger im nicht familiären Kontext stattfinden, aber auch, wie ortsübergreifende Kontakte mit dem Alter der Kinder zusammenhängen und in welche Aktivitäten dies bei den einzelnen Kindern mündet. Diese Betrachtungen haben einen explorativen Charakter, das heißt, sie geben vertiefte Ideen über Netzwerke einzelner Kinder und sensibilisieren für deren Vielfalt.

Im Anschluss hieran stellen wir die Themen Familie, Migration und Gerechtigkeit vertiefend in den Fokus einer stärker sinnrekonstruktiven Analyse. Die Sichtweisen der Kinder auf ihre Familien legen unterschiedliche Familienformen sowie die Bedeutung einzelner Familienmitglieder und familiärer Netzwerke frei. Auch in Bezug auf Migration ist die Frage leitend, wie damit verbundene Themen in den Erzählungen der Kinder auftauchen und verhandelt werden. Schließlich werden im Abschnitt zu den Gerechtigkeitsvorstellungen der Kinder ihre Aussagen, Zugänge und Einschätzungen sortiert und auch Bezüge zu Kapitel 2 hergestellt.

8.2.1 Orte und Kontakte: Anzahl und Beschaffenheit

Betrachtet man zunächst die Anzahl der Kontakte, so zeigt sich, dass unsere jüngeren Kinder insgesamt etwas weniger Kontakte angeben als die Älteren. Die gleiche Tendenz zeigt sich bei der Anzahl der Orte: Auch hier stellen die jüngeren Kinder weniger Orte auf als die älteren Kinder, Letztere nennen auch durchschnittlich mehr Orte, die sie selbstständig erreichen können. Interessant ist, dass jüngere Kinder genauso viele öffentliche Orte wie Cafés oder Spielplätze aufstellen wie die älteren Kinder. Kein entscheidender Unterschied zeigt sich zudem bei der Anzahl der Kontakte zwischen Jungen und Mädchen; die Jungen stellen jedoch insgesamt mehr Orte auf als die Mädchen. Allerdings finden sich in den Erzählungen der Jungen und Mädchen keine Hinweise für die Hintergründe.

Deutliche Unterschiede zeigen sich im Hinblick darauf, wo und mit wem die Kinder ihre freie Zeit verbringen und welchen Stellenwert Familie dabei spielt. Samira, Liona, Ole und Adriana zum Beispiel sind Kinder, deren Leben sich in Familienbezügen abspielt: Sie stellen im Vergleich zu den anderen Kindern nicht nur viele Familienmitglieder auf (im Schnitt zehn); dieses »Familiennetzwerk« macht bei ihnen auch jeweils gut die Hälfte der gesamten Kontakte aus. Eine Vielzahl ihrer Aktivitäten findet im familiären Umfeld statt, und die Großfamilie ist bestimmendes Element im Alltag. Sehr weit geht dies etwa bei Ole, dessen bester Freund gleichzeitig sein Cousin ist. Mit ihm verbringt er nicht nur die Zeit in der Schule, sie besuchen auch viele Freizeitaktivitäten gemeinsam und treffen sich regelmäßig im familiären Kontext (etwa zum wöchentlichen Pfannkuchenessen der Oma). Etwas anders sieht dies bei Milad, Malena und Nevio aus. Milads Beschreibungen seiner Familie wirken zum Beispiel so, als sei diese eher eine Art Ausgangsbasis, von der aus er sein Leben organisiert. Die einzelnen Familienmitglieder tauchen in seinen Erzählungen verhältnismäßig selten auf. Er hat auch im Vergleich zu den anderen Kindern ein sehr kleines Familiennetzwerk, das nur aus Vater, Mutter und Schwester besteht. Im Verhältnis zu seinem gesamten sozialen Netzwerk machen diese Familienmitglieder nur etwa ein Viertel der Kontakte aus. Ähnliches gilt für Malena und Nevio, die ebenfalls starke Schwerpunkte außerhalb der Familie haben. Während Milad mit seinen Freunden in mehreren Vereinen aktiv ist, verbringt Malena viel Zeit mit ihrer Clique in der Nachbarschaft, und Nevio ist in der Welt des Sports unterwegs. Um nicht missverstanden zu werden, die Familien sind auch für diese Kinder zentral. Es ist schlicht die Größe des Netzwerks, die wir hier betrachten, und nicht Qualität oder Stellenwert der Familienbeziehungen.

Neben der Familie stellen die Gleichaltrigen bzw. Freunde eine wichtige Gruppe bei den Kontakten dar. Gemessen an der Gesamtzahl der Kontakte, machen Familie und Freunde über alle Kinder hinweg den größten Anteil aus. Gut vier von fünf Kontakten lassen sich einer der beiden gleich großen Gruppen zuordnen. Schlüsselt man die Anzahl der Kontakte zu Gleichaltrigen nun danach auf, ob diese nur an einem oder an mehreren Orten stattfinden, dann zeigen sich deutliche Unterschiede zwischen den Altersgruppen. Während die jüngeren Kinder weniger Freunde haben, die sie an mehreren Orten treffen (»ortsübergreifende Kontakte«) treffen die älteren Kinder gut die Hälfte ihrer Freunde nicht ausschließlich an einem Ort. Milad, Adriana und Malena gehören zu den Kindern mit ortsübergreifenden Kontakten und berichten von engen sozialen Bindungen zu ihren Freunden. Gleichzeitig unterscheiden sie sich in ihren Aktivitäten. Adriana ist viel mit einer Mädchenclique unterwegs, meist ohne konkretes Ziel. Die gemeinsame Zeit ist durch »Quatschen« und »Abhängen« charakterisiert. Milad hingegen ist mit seinen Freunden in AGs und Vereinen aktiv. Malena wiederum verbringt am meisten Zeit draußen in ihrer Nachbarschaft. Ihre Aktivitäten sind im Vergleich zu Adriana und Milad noch kindlicher. Sie spielt mit ihren Freundinnen und Freunden Verstecken, ist mit ihnen auf dem Spielplatz unterwegs oder beschäftigt sich in Form von Rollenspielen mit den anderen Kindern.

8.2.2 Familie: Diversität von Familienformen

Peter Büchner bezeichnet als »zentrales Kennzeichen von Familie die Zusammengehörigkeit von zwei oder mehreren aufeinander bezogenen Generationen, die zueinander in einer Eltern-Kind-Beziehung stehen« (Büchner 2002, S. 484). Wie diese verschiedenen Generationen sich zusammensetzen, kann sehr unterschiedlich aussehen. Im Folgenden werden wir darstellen, welche Familienformen die Kinder im Detail erleben und welche Bedeutung die einzelnen Familienmitglieder, aber auch die familiären Netzwerke für die Kinder haben.

Im quantitativen Studienteil bestätigt unsere Kinderstudie Befunde aus der soziologischen und erziehungswissenschaftlichen Forschung zur steigenden Diversität von Familienformen (vgl. Kapitel 3). Auch in unseren Interviews konnten wir diese hohe Diversität der Familienformen feststellen: So wachsen ¾ der vertiefend interviewten Kinder in einer *Kernfamilie mit Mutter und Vater* auf; dies sind die 11-jährigen Kinder Milad, Adriana, Ole und Samira, die 8-jährigen Ceylan und Liona sowie die 7-jährigen Kinder Fabian, Theresa und Nevio. Theresa wächst als Einziges der Kinder ohne Geschwister auf, vier Kinder wachsen in einer 2-Kind-Familie auf, und die restlichen vier wachsen mit zwei oder mehr Geschwistern auf.

Zwei der von uns interviewten Kinder wachsen bei *alleinerziehenden Elternteilen* auf: Der 6-jährige Noah wächst mit seinen beiden älteren Brüdern bei seinem alleinerziehenden Vater auf, da die Mutter verstorben ist. Die 10-jährige Malena hat insgesamt sieben Halbgeschwister: Ihre Mutter hat drei und ihr Vater sechs Kinder. Aufgrund der Trennung von Malenas Vater ist deren Mutter alleinerziehend; diese wohnt mit ihren drei Kindern, die jeweils unterschiedliche Väter haben, zusammen.

In einer *Stieffamilie* oder sogenannten *Patchwork-Familie* lebt der 10-jährige Elias. Er hat vier Geschwister: Die ältere Schwester und der ältere Bruder sind seine Halbgeschwister, von denen eines bei dessen leiblichen Vater wohnt. Die restlichen vier Kinder leben hingegen bei Elias' Eltern. Die Kinder bewerten ihre Familien insgesamt als sehr wichtig und bedeutungsvoll; so erzählt zum Beispiel Elias: »Die bedeuten einfach alle *saumäßig* (betont) viel, weil ich, … die sind einfach …, das ist einfach ein Teil meines Lebens. Meine Eltern, meine kleinen Brüder …«

Neben den Eltern nehmen auch die Geschwister der Kinder eine zentrale Rolle ein. Die Geschwisterforschung weist darauf hin, dass Geschwisterbeziehungen zu den dauerhaftesten und intensivsten sozialen Erfahrungen überhaupt zählen (Schmidt-Denter 1993). Gleichzeitig bewegen sie sich zwischen zwei Polen, die von extrem positiven oder extrem negativen Gefühlen geprägt sein können (Nave-Herz 2012). Diese ambivalenten Züge der Geschwisterbeziehung finden sich auch bei den von uns interviewten Kindern wieder: So berichtet einerseits die 11-jährige Adriana als Nesthäkchen der Familie von einem guten Verhältnis vor allem zu ihren 18 und 19 Jahre alten Brüdern, mit denen sie viel gemeinsam unternimmt:

A: […] dann leg ich mich hin in diese Sitzkissen oder so, und dann telefonier ich oder guck Fernseher, bis meine Brüder kommen, und dann gehen wir eh weg. Wenn meine Brüder kommen, sind wir eh immer alle weg.
I: *Du machst dann viel mit deinen Brüdern?*
A: Ja.
I: *Und was macht ihr da so?*
A: Ja wir gehen halt raus zu Edeka oder so, weil ich hab das meiste Geld von meinen Brüdern, weil die haben nicht so viel Geld, außer ich, ich spar immer. Und, ja, dann gehen wir entweder zu meiner Schwester oder zu McDonald's oder zu Freunden, schwimmen, ja.

Hier hat es den Anschein, als seien die Kinder zu einem eigenen Subsystem in der Familie geworden, welches sich von dem Subsystem der Eltern unterscheidet. Deutlich wird bei Adriana auch, dass ihre älteren Geschwister für sie eine »Pionier-Funktion« (Schmidt-Denter 1993) übernommen haben. So berichtet sie beispielsweise, dass sie durch ihre Brüder zum Fußballspielen gekommen sei.

Andererseits berichten einige Kinder auch von Konflikten, die sie mit ihren Geschwistern haben. So zum Beispiel Nathan, der sich des Öfteren vor allem mit seinem älteren Bruder streitet.

I: *Das ist gut. Und sag mal, mit wem verstehst du dich am besten zu Hause?*
N: Manchmal mit David und manchmal mit Papa. Und ganz selten so mit Alexander.
I: *Ja? Mit Alexander ist es nicht ganz so gut?*
N: Ja, weil der ärgert immer.
I: *Ach so … Und wie ärgert der?*
N: Der macht immer … unterschiedlich … Und wenn ich nur einmal … ich will immer alleine mit meinem Waveboard fahren, und dann verträgt er sich schon nicht, und dann ärgert er mich schon gleich.

Für Nathan sind seine Geschwister, vor allem sein Bruder Alexander, Gegenüber, mit denen er sich messen und streiten kann. Die Geschwisterbeziehung übernimmt hier – wie es scheint – die Funktion, Konflikte in einer Art »Übungsfeld« auszutragen (Schmidt-Denter 1993). Neben den Eltern und Geschwistern spielt noch eine weitere Generation bei vielen Kindern eine wesentliche Rolle, nämlich die der Großeltern. Bei den verschiedenen Kindern lassen sich ganz unterschiedliche Verhältnisse zu Oma und Opa feststellen; dies hängt auch mit der jeweiligen Distanz zum Wohnort des Kindes zusammen. So erlebt die 8-jährige Ceylan ihre Großeltern unmittelbar durch das Zusammenwohnen in einem Drei-Generationen-Haushalt, was sich aber durch den Umzug der Großeltern in die Türkei bald wieder ändern kann. Adriana dagegen hat einen Opa, der in Bosnien, dem Herkunftsland ihrer Mutter, lebt und den sie deshalb sehr selten sieht. Dieses Schicksal teilen einige der interviewten Kinder: Diejenigen, deren Eltern in einem anderen Land geboren sind, haben in der Regel Großeltern, die im Herkunftsland wohnen und die sie selten, zum Beispiel in den Ferien, oder sogar gar nicht sehen. Samira scheint darüber recht traurig zu sein:

S: Oma und Opa … Die wohnen im Libanon (wird ganz leise), die können wir dahin bauen. […] Also ich bin da noch nie persönlich gewesen bei Oma und Opa. Aber Oma und Opa waren schon hier bei uns.
I: *Mmh.*
S: Ja.
I: *Wann waren die denn da?*
S: In den Sommerferien. […] Aber ich weiß nicht genau, welche Sommerferien. In den letzten Sommerferien oder … Keine Ahnung. (spricht leise, wirkt traurig)

Für andere Kinder hingegen sind die Großeltern sehr präsent. Sie wohnen zwar nicht mit ihnen in einem Haus, aber sie teilen dennoch ihren Alltag mit ihnen. Sie bilden Beispiele für eine multilokale Mehrgenerationenfamilie (Bertram 2000). So ist es auch bei dem 11-jährigen Ole, dessen Oma für seine Familie und die seines Cousins und besten Freundes Benjamin regelmäßig Pfannkuchen backt. Hier verbringen die Großeltern und Enkel auch im Alltag gemeinsame Zeit. Adriana, Fabian, Theresa, Nathan und Malena dagegen haben Großeltern, die sie vor allem an den Wochenenden oder in den Ferien sehen. Insgesamt lässt sich festhalten, dass die meisten Kinder Kontakt zu ihren Großeltern haben, wenn auch teilweise durch eine große Distanz sehr selten. Dies korrespondiert mit aktuellen Befunden zur gefestigten Basis in der Beziehung zwischen der Enkel- und Großelterngeneration (Höpflinger 2009).

Neben den Familienformen und den Familienmitgliedern sind die familiären Netzwerke eine weitere Dimension von Familie, zu der sich die Kinder äußern. Sie zeigen sich dabei als wichtiger Rahmen ihres Aufwachsens und Bezugspunkt für Kontakte und Beziehungen. Wechselseitige Besuche bei Verwandten am Wochenende stehen jedenfalls bei der 8-jährigen Ceylan regelmäßig auf dem familiären Programm. Hier trifft sie andere Kinder und erlebt die Aktivitäten klar geordnet:

I: *Und was macht ihr dann so, wenn eure Familien sich treffen?*
C: Die sprechen und wir spielen.

Auch bei Liona ist die Cousine Anita eine wichtige Spielkameradin. Mehrmals in der Woche besuchen sich die Mädchen und spielen miteinander, manchmal bei Liona zu Hause, aber meistens bei der Cousine. Die Wohnung der Cousine wird von Liona ganz detailliert mit Bauklötzen aufgebaut und als fast ebenso wichtiger Ort wie ihr eigenes Zimmer markiert.

L: Das ist Anitas Zimmer und dann mach ich ihren Schreibtisch, das hier und das … ihr Schreibtisch ist so rum und ihren Schrank mach ich jetzt noch. Hm, was könnte ich noch nehmen, einfach so rum. Nein. Ah, egal, aber ihr … ihre Kiste, das sind ihre Spielzeuge drinne. Sonst hat sie noch, sonst ist sie fertig. Aber noch … wir haben hier noch, ja, von ihr Bruder ein Zimmer, der ist ja größer als sie, deswegen kriegt er so einen [Baustein].

Lionas Eltern fördern diese Beziehung, indem sie ihre Tochter meist mit dem Auto zur Cousine fahren, auch wenn diese nicht sehr weit entfernt zu wohnen scheint. Mit der Cousine teilt Liona auch ihr Hobby des Tanzens: *»Also ich tanz immer mit meine Cousine.«* Richtig gut tanzen könne sie und immer mittwochs habe sie Tanzunterricht: Shakira tanzen sie dort, außerdem Bauchtanz und seit Neuestem auch Steppen. Auch die 11-jährige Adriana übt ihr Hobby – das Fußballspielen – zusammen mit ihrem Cousin aus, der in der gleichen Mannschaft spielt wie sie und dessen Anwesenheit sie als unterstützend erlebt:

I: *Mhm … und mit den Jungs zusammen spielen ist auch o.k.?*
A: Ja, ganz o.k. Also zwischen uns gibt es keinen Streit. Spielt ja auch mein Cousin mit.

Bei dem 11-jährigen Milad wiederum sind es keine verwandtschaftlichen Beziehungen, aber eine geteilte Anfangszeit in Deutschland nach der Immigration, die zwischen seiner Familie und einer befreundeten Familie ein enges Beziehungsgeflecht hat wachsen lassen, das nicht nur zwischen den Generationen sondern auch über die Generationengrenzen hinweg besteht. Milad und Raphael, der Sohn der anderen Familie, sind beste Freunde und die beiden Autowerkstätten ihrer Väter wichtige Räume im Alltag der beiden Jungen.

M: Ja, das ist das Haus von Raphael, ja, da treff ich mich, also dann arbeitet der Bruder von Raphael bei meinem Vater und ich arbeite bei Raphael bei seinem Vater in der Werkstatt, ja. (…)
I: *Mhm – was machst du da?*
M: Mit Raphael machen wir da sauber … manchmal machen wir auch was mit Reifen, also wir ziehen das Gummi von den Felgen. Ja, das war's eigentlich.

Diese (spielerische) Eingebundenheit in die alltäglichen Abläufe und Aufgaben der befreundeten Familie wird von Milad als wichtige Quelle eines Zugehörigkeitsgefühls und als Grund dafür benannt, warum er sich in der Familie seines Freundes »wie zu Hause« fühlt und ganz er selbst sein kann. Sehr deutlich wird dies, als er nach dem Ort gefragt wird, an dem er am liebsten ist:

M: Ähm, bei Raphael, weil es da am meisten Spaß macht. Der hat einen großen Garten, zwei Trampoline, ja, die Katzen sind auch da, und da fühle ich mich wohlsten von meinen Freunden, weil ich da alle kenne. Da fühle ich mich wie zu Hause. Weil da muss man nicht so zurückhaltend sein. Weil bei meinen anderen Freunden bin ich eher ruhig und so, ja, und bei Raphael, da bin ich so wie ich zu

Hause bin. Ja, weil da muss man ja auch mithelfen, z. B. den Tisch decken und so, bei den anderen Freunden muss ich das ja nicht machen.

Im Gegensatz dazu sind bei der 11-jährigen Samira keine familiären Netzwerke im Alltag präsent. Neben der Verwandtschaft im Libanon gibt es zwar auch Familie in Schweden, und Samira erzählt detailliert von einem Urlaub, den sie dort einmal verbracht habe, von einem See, der ihr stark in Erinnerung geblieben ist und auf dem sie ein Boot mit Fernsteuerung haben fahren lassen. Aber in den Erzählungen ihres Alltags tauchen keine familiären Netzwerke der Eltern oder befreundete Familien auf, und Samiras Wunsch, ihre Freundinnen zu besuchen, scheitert oft daran, dass nur ihr Vater sie mit dem Auto bringen könnte, aber zu spät von der Arbeit kommt. Auch vor diesem Hintergrund stellt sich Samiras Welt sehr begrenzt dar, und sie berichtet von Langeweile in Ermangelung von Möglichkeiten, ihren Interessen des »Draußen im Grünen Spielens« und »Freundinnen Treffens« nachgehen zu können.

Insgesamt zeigt sich, dass ihre Familien für alle Kinder sehr bedeutsam sind, dies aber auf eine sehr unterschiedliche Art und Weise. Diese Vielfältigkeit und Pluralität gilt es stets zu bedenken, wenn von Familien und Kindern in Deutschland die Rede ist.

8.2.3 Migration: Diversität von Erfahrungswelten

Deutschland ist ein Einwanderungsland, und deswegen haben wir in dieser dritten Kinderstudie einen Schwerpunkt darauf gelegt, mehr Kinder als bisher mit einem sogenannten Migrationshintergrund in das Sample der qualitativen Studie aufzunehmen. Wie bereits eingangs dargelegt, haben sieben der zwölf Kinder mindestens einen Elternteil, der nach Deutschland eingewandert ist. Die Eltern von Milad sind beide aus dem Iran eingewandert, Ceylans Eltern aus der Türkei. Malenas Vater wurde auf Kuba geboren und Nathans Mutter in Spanien. Aus dem Libanon sind die Eltern der eben schon erwähnten Samira migriert und aus dem Kosovo die Familie von Liona. Adrianas Mutter kommt ebenfalls aus dem Kosovo, ihr Vater wiederum aus Bosnien.

Transnationalität

In den Erzählungen der Kinder tauchen diese Herkunftsländer der Eltern in ganz unterschiedlicher Weise auf. Manche erzählen sie als das Urlaubsland, in dem die Familie regelmäßig ihre Ferien verbringt. Die 8-jährige Liona etwa besucht dann ihre Oma im Kosovo und erzählt, dass sie die ganzen Ferien dort verbringt. Ganz warm sei es dort, sodass sie fast keine Luft bekomme und schön braun werde. Auch die 11-jährige Adriana fährt mit ihrer Familie regelmäßig in den Ferien nach Kroatien und freut sich am meisten auf »ähm Strand (…) Musik hören«. Neben diesen ganz typischen Urlaubsbeschäftigungen spielen aber auch die Verwandten vor Ort eine wichtige Rolle. Liona zum Beispiel gefällt es im Kosovo eben auch deswegen so gut, weil ihre Oma dort wohnt, und die 8-jährige Ceylan, die regelmäßig in der Türkei ihren Ferien verbringt, antwortet auf die Frage, was sie denn da so machten: »Meine Oma, Opa und meine Tanten sind alle da.« Während ein transnationales Familienleben für manche Kinder also selbstverständlich und präsent ist, kennen andere Kinder die Herkunftsländer ihrer Eltern nur aus Erzählungen oder verblassten Erinnerungen. Milad zum Beispiel erwähnt ausschließlich auf Nachfrage, dass seine Großeltern im Iran seien, und lässt es dabei bewenden. Die 10-jährige Malena wiederum erzählt, dass sie die Familie ihres Vaters auf Kuba zwar schon dreimal besucht habe, allerdings nur bis zu ihrem dritten Lebensjahr, sodass sie sich nicht erinnern könne. Sie zeigt eine Fotocollage, die in ihrem Kinderzimmer an der Wand hängt und ihre Onkel, Tanten sowie Halbgeschwister zeigt, die teilweise auf Kuba leben. Samira wiederum ist als Kleinkind mit der Familie aus dem Libanon geflohen. Leise erzählt sie, dass sie ihre Oma und ihren Opa seither nie gesehen habe und Kinder dort auch nicht hindürften, weil alles mit Wasser überschwemmt sei, wie ihre Mutter ihr erzählt habe. Früher habe sie gedacht, dass sie wegen des Krieges fortgegangen seien, aber es sei dann wohl wegen des Wassers gewesen. Welche Geschichten Kindern zu den Hintergründen der Migration erzählt werden, ob sie überhaupt zum Thema gemacht oder umgedeutet werden, wie Erinnerungen wachgehalten oder ob sie dem Vergessen übereignet werden, stellt sich also unterschiedlich dar und verweist auf familiäre Strategien im Umgang mit den Umständen der Migration. »Meine Oma« – erzählt zum Beispiel die 11-jährige Adriana – »lebt nicht mehr und mein Opa schon, aber die wohnen in Bosnien. Und meine andere Oma, keine Ahnung, die ist verschwunden oder so, ich weiß nicht.« Deutlich wird bei allen Kindern: Ihr Fokus und ihre Lebensmittelpunkte liegen hier in Deutschland: Hier haben sie ihre Freundeskreise und gehen zur Schule. Nur bei einem Kind ist eine Rückkehr in die Türkei geplant, bei Ceylan. Ihre Großeltern sind bereits im Aufbruch, und ihre Eltern planen eine Rückkehr in zwei Jahren. Ceylan deutet diese Perspektive positiv und erzählt, dass sie dann ihre Oma, ihren Opa, ihre Tanten und Cousinen immer besuchen und immer mit ihnen spielen könne.

Freundeskreise

Bezogen auf ihren Alltag im Hier und Jetzt, stellen die vertiefend interviewten Kinder an verschiedenen Stellen Bezüge zum familiären Migrationshintergrund her. Ceylan zum Beispiel bezeichnet sich selbst als Türkin und nutzt diese Sortierung auch, um eine Spielkameradin zu beschreiben: »Manchmal verabrede ich mich mit der von unten«, erzählt sie, und auf Nachfrage, wer denn da unten sei: »Da ist 'nen Mädchen, also ist auch ein Türke.« Auch die 8-jährige Liona, deren Eltern aus dem Kosovo eingewandert sind, nimmt eine ethnisierende Unterscheidung in albanische und nicht albanischen Kinder an ihrer Schule vor und nutzt diese zur Charakterisierung einer Gruppe, mit der sie manchmal ihre Zeit verbringt: »In der Schule gibt's ja auch ein paar

Albaner. Mit denen lerne ich auch manchmal.« Weder Ceylan noch Liona stellen diese erwähnten Kinder zugleich als ihre Hauptspielkameraden auf. Ihre Freundeskreise sortieren sich stattdessen nach anderen Merkmalen und sind darin ein Beispiel für jene Heterogenität der Freundeskreise von Kindern mit Migrationshintergrund, die sich als Befund in der zweiten Kinderstudie aufzeigte (Pupeter, Schneekloth 2010, S. 147 ff.). Lionas beste Freundinnen in der Schule sind Cheyenne, Laura, Hannah, Selma, Violeta und Odeta. Liona kommentiert: »Ich denk, das sind so die besten, die mir immer so helfen.« Auch für Adriana ist Helfen das entscheidende Freundschaftskriterium. An der Eisdiele trifft sie sich regelmäßig mit »Aaliyah, Maja, ähm Laura, kommen aus England, Fatma, Sibel und dann kommt Leoni und Nina«. Einem dieser Mädchen fühlt sie sich besonders verbunden:

L: Ja, aber ich find, Aaliyah ist einfach … die Beste sozusagen, ich mag die auch voll, weil wir … ein bisschen breiter als die anderen sind und größer, stellen uns alle vor wie 14 oder so, ja. Und wir hatten mal, also ich hatte schon mal Streit mit Maja und Sibel, ja, und da hat sie mir halt geholfen, dass ich nicht alleine in der Pause bin, bin ich eh nicht, aber … ja, und dann ist sie halt mit mir gekommen. Deswegen.

Schaut man auf die Kriterien, die hier von den Kindern für gute Freunde relevant gemacht werden, dann geht es nicht um Differenzkategorien wie Ethnizität, sondern darum, wer ihnen hilft und wer ihnen wortwörtlich zur Seite steht in Konflikten mit anderen Kindern und im Alltag. Als wichtiger Ort für die Entwicklung aber auch Bewährung von Freundschaften zeigt sich neben der Schule der gemeinsame Schulweg auf. Hier erleben Kinder aus der gemeinsamen Nachbarschaft eine geteilte, nicht unmittelbar pädagogisierte Zeit und erhalten – wie im Fall von Liona – Freundschaften aus der Zeit des Kindergartens aufrecht, die mittlerweile über verschiedene Schulklassen hinweg verteilt sind. Bei Milad wiederum ist es über ein gemeinsames Hobby – Modellbau – gelungen, neue und alte Freunde zusammenzubringen, und Milad erzählt es als eine Initiative unter den Kindern selbst.

M: Ähm, also als Erstes waren Henrik [Freund aus dem Kindergarten] und Tobias [Freund aus der Grundschule] da, dann hat Henrik gefragt, ob ich da mitmachen will, ja, dann bin ich einmal hingegangen und das hat mir gefallen, das hab ich dann auch gemacht, ja, und dann, also Joni und Hannes [Freunde aus der weiterführenden Schule] haben so ein Flugzeug, und dann haben wir die gefragt, ob die auch mal zum Modellbau kommen wollen, ja, dann sind die gekommen und denen hat es auch gefallen, ja.

Mehrsprachigkeit

Neben Bildung gehört Mehrsprachigkeit zu den zentralen Themen in der öffentlichen Diskussion um Kinder mit Migrationshintergrund. In welcher Weise äußern sie sich selbst hierzu und was verbinden sie damit? Festzustellen ist zunächst, dass keines der Kinder in den Interviews von sich aus das Thema zur Sprache bringt. Es sind vielmehr die Interviewerinnen die danach fragen, wie bei der 8-jährigen Ceylan:

I: *Kannst du auch Türkisch sprechen?*
C: Ja.
I: *Ja? Das ist ja toll, wenn man mehrere Sprachen sprechen kann, ne? Mit wem sprichst du denn Türkisch?*
C: Mit meiner Oma, Und mit Mama. Weil meine Mama kann auch nicht so gut Deutsch.
I: *Mmh und du kannst beides ne?*
C: Ja. Und bald kann ich drei, noch Englisch.

Mehrsprachigkeit wird hier von der Interviewerin als etwas Tolles und als eine Kompetenz herausgestellt und Ceylan steigt in diese Lesart ein, indem sie stolz darauf hinweist, bald drei Sprachen sprechen zu können. Gleichzeitig macht sie auf die Bedeutung der elterlichen Muttersprache für die innerfamiliäre Kommunikation aufmerksam. Um sich mit ihrer Oma und Mutter gut verständigen zu können, braucht sie die türkische Sprache, die damit einen wichtigen Beziehungsaspekt besitzt. Dieser Beziehungsaspekt der gemeinsamen Sprache wird auch bei der 10-jährigen Malena deutlich, die an den Wochenenden manchmal ihren kubanischen Vater trifft, aber – wie sie durchscheinen lässt – seltener, als ihr recht wäre. Auf die Frage, ob sie Spanisch mit ihm spreche, erzählt sie, dass sie es gerne lernen würde aber nicht könne, weil er es ihr nicht beibringe. Anerkennend spricht sie über ihre Mutter, die »mehr Spanisch kann als ich. Die kann sogar weiter zählen als ich. Ich kann nicht so weit zählen. Ich kann nur bis zehn oder so«. Dass sich umgekehrt mit einer Zweisprachigkeit auch eine sprachliche Entfernung zwischen Eltern und Kindern einstellen kann, die es im Alltag kreativ zu überbrücken gilt, davon weiß Liona zu berichten:

L: Ja, weil meine Eltern sagen die ganze Zeit immer: »Albanisch, Albanisch!«, aber manchmal weiß ich nicht, wie das auf Albanisch heißt. Dann sag ichs einfach auf Deutsch.
I: *Mmh. Und verstehen die das dann auch?*
L: Manchmal schon, manchmal nicht. Dann zeig ich ihnen das, wie das aussieht, und so mach ich das. Und dann kapieren sie das.
I: *(lacht) Ist das manchmal schwierig?*
L: Manchmal richtig. Zum Beispiel Schaukeln auf Albanisch, da geht's nicht, weiß ich nicht, wie ich das machen muss. Muss ich ein Seil nehmen und immer so hier halten (deutet an, dass sie zwei Seile hält). Wie soll ich das machen? (Beide lachen.)

Einfallsreichtum, aber auch Humor sind also gefragt wenn es darum geht, im familiären Alltag sprachliche Differenzen zu überbrücken und eine Situation zu gestalten, in der Kinder ihren Eltern etwas beibringen können. Hierzu passt auch, dass Liona Deutsch als Sprache der Schule und des Lernens ausweist und darüber begründet, warum sie sich besser in Deutsch als in Albanisch ausdrücken könne: »Ich geh ja auch inner deutschen Schule, deswegen kann ich am meisten Deutsch, weil ich lerne ja mit Deutsch alles, zum Beispiel plus und so.« Diese Verbindung von guten Deutschkenntnissen mit Schule und Bildung wird auch von der 11-jährigen Adriana herausgestellt.

I: *Und sag mal, mit deinen Eltern sprichst du mit denen auch Deutsch?*
A: Ja klar, immer Deutsch.
I: *Ja … weil du … du sprichst ja ganz perfekt Deutsch, ne?*
A: Ja. Also Bosnisch kann ich auch richtig gut, aber Albanisch kann ich nicht so gut. Weil wir haben nur wenige, die Albanisch sprechen.
I: *Mmh … Und wie sprechen die miteinander, deine Eltern?*
A: Äh, Bosnisch. Ja auch manchmal Deutsch.
I: *Ich hab ja mit deinem Bruder telefoniert, der hat ja auch perfekt Deutsch gesprochen.*
A: Ja. Finde ich auch. Der hat ja Realschulabschluss. Mein anderer Bruder hat Hauptschulabschluss, meine Schwester auch, und ja.

Während es für Adriana selbstverständlich ist, dass sie sowohl Deutsch als auch Bosnisch »richtig gut spricht«, wird es von der Interviewerin wiederholt als etwas Besonderes und implizit Unerwartetes herausgestellt, dass sowohl sie als auch ihr Bruder »perfekt Deutsch« sprechen. Adriana begegnet hier eine sehr verbreitet Praxis des »Otherings« (zum »Anderen« gemacht werden), die zugleich den Wert perfekter Deutschkenntnisse bestätigt. Adriana bringt dies schließlich in Bezug auf ihren Bruder mit dessen (gutem) Realschulabschluss in Verbindung, mit dem er sich von seinem Bruder und seiner Schwester unterscheidet. Mehrsprachigkeit und gute Deutschkenntnisse werden also auch hier als eine Frage von Schulbildung, aber auch von Perfektion und Differenz verhandelt.

Differenz(ierungs-)Erfahrungen

Von expliziten Diskriminierungserfahrungen erzählt keines der Kinder im Rahmen der Interviews, wohl aber von Unterscheidungen, die ihnen im (schulischen) Alltag begegnen.

A: Zum Beispiel wir haben jetzt Griechen und Römer und so … und jetzt kommt das … irgendwie … irgendwas mit Muslimen, ich weiß es nicht. Und ja, da hat mein Lehrer mich auch gefragt: Wie fühlt ihr euch, erst zu den … zu eurer Mutter hingezogen oder zu eurem Vater, also Muslime, oder seid ihr eher für die Deutschen?

In dieser (erzählten) Frage des Lehrers tauchen Deutschsein und Muslimischsein als ein Gegensatz auf, in dem die Möglichkeit »deutscher Muslime« nicht vorkommt. Die Frage fordert außerdem (wie es scheint, exklusiv) die muslimischen Schülerinnen zu einer Priorisierung im Gefühl des Hingezogenseins auf. »Deutsch« ebenso wie »muslimisch« werden ihnen als affektive Identitätskategorien angeboten, die sie beide für sich in Anspruch nehmen können, jedoch klar voneinander getrennt und in einem Verhältnis der Vorrangig- bzw. Nachrangigkeit. Adriana positioniert sich im Rahmen dieser Weltsicht: »Ja, ich fühle mich wie eine Deutsche, weil, wenn ich im Kosovo oder in Bosnien oder so bin, fühle ich mich irgendwie voll fremd, und das ist ja die Heimat von denen.« Sie distanziert sich also von (»denen«) Muslimen im Verweis auf ihr Fremdheitsgefühl im Kosovo und in Bosnien und ordnet sich der Seite »der Deutschen« zu. Auch hier markiert ihre Äußerung zugleich eine Differenz: Sie fühlt sich »wie eine Deutsche«, nicht »als Deutsche«. Kinder, denen ein Migrationshintergrund zugeschrieben wird, sind – ebenso wie Kinder »ohne Migrationshintergrund« – alltäglich von Diskursen umgeben, die sie entlang von Ethnizität, Sprache und Religion zueinander ins Verhältnis setzen, bei denen sie Zuordnungen vornehmen, (Selbst-)Positionierungen einfordern und damit insgesamt jene Rahmen aufspannen, innerhalb deren Kinder ein Verständnis von sich und der Welt entwickeln und darin Entfaltung, aber auch Beschränkung und hierarchische Positionierung erfahren können.

8.3 Fairness und Gerechtigkeit

Kinder haben nahezu täglich mit Fairness und Gerechtigkeit zu tun. Dies ist ihnen im Alltag nicht immer bewusst, ihre Erfahrungen werden nicht durchgängig auf Gerechtigkeitsfragen hin durchdacht, aber alle interviewten Kinder können mit den ihnen vorgelegten Geschichten (s. oben) etwas anfangen. Was wir dann jedoch in den transkribierten Interviews sehen, sind erstens unterschiedliche Anknüpfungspunkte und zweitens die unterschiedlichen, teils altersbedingten Begründungen der Kinder. Aber auch die Jüngsten machen mit ihren Antworten deutlich, dass sie das Empfinden, hier geht es eher gerecht oder eher ungerecht zu, durchaus aus ihrem persönlichen Alltag kennen.

In Kapitel 2 haben wir, primär ausgehend von den quantitativen Daten, u.a. herausgearbeitet, dass für Kinder dieser Altersgruppe das Gerechtigkeitsempfinden eng mit dem Anspruch der Gleichheit verbunden ist. Das heißt, Ungleichheit bedeutet vor allem Ungerechtigkeit. Dabei sehen die Kinder zwei Möglichkeiten zur »Herstellung« von Gleichheit, nämlich Teilen, das favorisieren sie insbesondere, wenn sie die anderen kennen, und Umverteilen bzw. Abgeben. Letzteres finden vor allem die älteren Kinder angemessen. Sie halten es mehrheitlich für richtig, wenn Wohlhabende etwas von ihrem Besitz abgeben, damit alle Kinder einer Schulklasse z. B. einen Ausflug machen können. Ein Selbstverständnis, mit dem sie vor allem Verantwortungsübernahme verbinden.

Die in den Interviews eingesetzten Geschichten lassen sich wie im Fragebogen auf Interaktionsgerechtigkeit, Verfahrensgerechtigkeit, Bedarfsgerechtigkeit und egalitäre Gerechtigkeit beziehen. Einzig die von Amartya Sen übernommene Geschichte »Drei Kinder und eine Flöte« fällt etwas aus dem Rahmen: Folgt man Sens Argumentation, so soll sie vor allem vor Augen führen, dass man mit unterschiedlichen gerechtigkeitstheoretischen Standpunkten jeweils gute Gründe für jedes Kind anführen könne. Die Mehrheit der von uns interviewten Kinder favorisiert aber Bobs Anspruch auf die Flöte, weil er arm ist. Ihm wird die Flöte spontan, denn unsere Interviewpartnerinnen und -partner überlegen hier nicht lange, zugesprochen. Eine interessante Ausnahme bildet der 11-jährige Ole: Er spielt selbst Flöte und weiß, mit welchem materiellen und zeitlichen Aufwand dies verbunden ist. Darum ist er der Ansicht, Anne als Musikerin habe als Einzige ein legitimes Anrecht auf das Instrument.

O: Also sie [Karla] hat sie natürlich hergestellt, also hätte sie natürlich ein Anrecht auf sie, nur, was bringt ihr eine Flöte, wenn sie nicht drauf spielen kann …

I: *Mmh … was könnte sie damit machen?*

O: Eigentlich nichts. Na toll, dann hat sie halt eine Flöte. Und dann könnte sie noch mal monatelang Handarbeit leisten und dann hätte sie noch eine …

I: *Das stimmt …*

O: … wäre auch ein guter Zeitvertreib. […] Und ihm bringt sie auch nichts, … er kann ja nicht drauf spielen …

I: *Das stimmt.*

O: Also würde ich sie ihr geben. …

I: *Weil, … weil sie die Einzige ist, die darauf spielen kann.*

O: Ja.

I: *Hmm. Und was ist, wenn die beiden sagen, wir können ja lernen, darauf zu spielen?*

O: (überlegt) Dann würde ich sie ihm geben. Weil er hat nichts anderes. Wobei, wenn er es lernen will, muss er es ja von irgendjemandem lernen. Und das wird ja wieder Geld kosten, um den Kurs zu bezahlen. Also könnte er es eigentlich auch nicht machen.

I: *Mmh … und du weißt … du spielst ja selber Flöte und so einfach ist es dann nicht, sich das selber beizubringen oder so?*

O: Ja, man kann das ja hören, aber … am Anfang ziemlich schwer.

I: *Also selbst wenn man sie ihm geben würde, wenn er sagt, er will das lernen …*

O: hätte er keine Chance das zu lernen … also.

I: *Hmmm … also ihr würdest du sie auch dann nicht geben, wenn sie sagt, ich habe sie gemacht und …*

O: die kann es zwar lernen, aber dafür kann sie sich ja auch noch eine herstellen. Die kann es ja schon und dann … die könnte ja erst noch Trockenübungen machen (beide lachen).

I: *solange sie baut … auf einem Stück Holz oder so.*

O: Ja.

I: *Also du wärst eindeutig dafür, dass sie das bekommt.*

O: Ja.

I: *Hmm, und sagen wir mal, du wärst er, du wärst der Bob, wenn du jetzt aber die Flöte haben wolltest, wie würdest mit den anderen sprechen? Also wie würdest du versuchen, die zu überzeugen?*

O: Also ich würde sagen: Ich hab doch nichts anderes, was soll ich sonst machen? Dann wird mir ja total langweilig. Ja …

I: *Und glaubst du, du würdest einsehen, dass es gerechter wäre, die Flöte dem Mädchen zu geben?*

O: Hmm, sie hat zwar schon was, aber kann dann damit auch was anfangen und er ja nicht.

I: *Ja … also das ist am wichtigsten, dass man mit dem, was man hat, auch etwas anfangen kann.*

O: Mmh. Ja, weil sonst, du kannst ja ein ganzes Regal voll haben aber wenn … irgendwie, dann ist ja alles irgendwie …

Der Interviewauszug belegt eindrucksvoll: Ole macht es sich nicht leicht, er wägt ab und argumentiert differenziert: Karla, der Flötenbauerin, gesteht er das »Anrecht« auf das Instrument zu. Etwas herzustellen zieht folglich in seiner Logik auch berechtigte Ansprüche auf das Gut nach sich, gleichwohl ist dieses Anrecht nicht unantastbar. Gerecht ist es, wenn Anne, als die einzige, die spielen kann, die Flöte bekommt. Aber, was passiert, wenn Bob verspricht, das Flötespielen zu erlernen? Dann könnte es gerecht sein, sie Bob zu geben. Doch auch damit gibt Ole sich nicht zufrieden, er denkt weiter nach, denn ausgehend von sehr alltagsnahen, ja realistischen Überlegungen, fragt er nach der echten »Chance«, die Bob hat, das Flötespielen tatsächlich zu erlernen.

Man mag gegen die Flötengeschichte ihren künstlichen Charakter einwenden. Doch dieser hat keines der von uns interviewten Kinder davon abgehalten, sich auf das Gedankenspiel einzulassen. Das ist ein wichtiges Ergebnis, weil hier grundlegende Prinzipien des Strebens nach Gerechtigkeit, auf die wir in Kapitel 1 eingegangen sind, aufscheinen. Dieses Nachdenken über solche Prinzipien, über ihre Tauglichkeit oder aber ihre Unangemessenheit kann in eine lebendige Diskussion mit Kindern münden, und wir sollten sie führen.

Doch die abstrakte Flötengeschichte öffnet auch den Horizont für andere Überlegungen. So bringt sie die 11-jährige Adriana mit Diskriminierung in Verbindung. Sie spricht sich für Bob aus, und auch wenn sie kein so armes Kind wie Bob kennt, vermutet sie hinter Armutserfahrungen auch Diskriminierung und Ausschluss. Dies beobachtet sie in ihrem unmittelbaren Umfeld:

A: *Ähm … ja … also so ein Mädchen aus meiner Klasse, sie ist halt dunkelhäutiger als wir, und sie redet fast die gleiche Sprache wie meine Mutter, auch Albanisch […]. Und ähm, ja, manchmal will die keiner im Team haben und hol ich die ins Team, weil keiner die haben will, weil die erstens dunkelhäutig ist, zweitens weil die richtig kräftig ist. Dann sagen alle, das ist ein Mannsweib oder so, das ist, weil sie ihre Hose immer bis hierhin zieht, wie ein Junge oder so. Und ja …, gibt's auch zwei Mädchen in meiner Klasse, die sind breiter als wir alle anderen und ähm, ja, die machen dann immer zusammen, weil sie sich als Außenseiter fühlen.*

Doch anhand unseres Interviewmaterials lassen sich auch ganz andere Zugänge zu Gerechtigkeit und vor allem dem Gefühl ungerechter Ungleichheit – die Zürcher Forschergruppe um Fehr (2008) hat den Begriff der »inequality aversion« dafür geprägt – nachzeichnen. An dieser Stelle soll etwas angeführt werden, was sich auch als elementare Dimension von Ungerechtigkeit bezeichnen lässt: Wenn Menschen das Gefühl haben, sie sind einer Situation ausgeliefert, beispielsweise durch die »Natur«, oder sie können sich nicht wehren, wenn andere ihnen Unrecht tun, oder sie unterliegen Regeln, denen sie sich ausgeliefert fühlen, stellen sie die Frage nach dem Sinn und der Gerechtigkeit. Ein Grundmotiv liegt vermutlich in dem Gefühl, etwas oder jemandem ausgeliefert zu sein, sich hilflos und machtlos zu fühlen. Davon lassen sich auch Kinder berühren. Beispielhaft sei hier auf den Jüngsten in unserem Sample eingegangen. Der 6-jährige Nathan benennt drei Dinge, die er ungerecht – in seiner Sprache »blöd« – findet, nämlich von dem Vater beschuldigt, von der Natur nicht belohnt und vom Nachbarn bestohlen zu werden:

I: *Mmh … und sag mal, gibt es auch Sachen zu Hause, die dir nicht so gut gefallen?*
N: Ja, dass Papa immer mich beschuldigt.
I: *Oh, ehrlich?*
N: Ja, und das Blöde finde ich: immer 20 Cent weniger.
I: *Ach so, also wenn ihr etwas ausgefressen habt?*
N: Nein … wenn wir gemein waren.
I: *Ach so, dann gibt es 20 Cent weniger vom Taschengeld?*
N: Mmh.
I: *Und das findest du doof? Und was, findest du, wäre besser?*
N: Ich find auch doof, dass der Garten so … die Äpfel sind fast nie reif, die sind immer nur faul und das ist so ekelig. Da sind immer ganz viele faule Äpfel auf dem Boden.
I: *Oh, das ist ja wirklich blöd.*
N: Aber das Gute ist, dass wir einen Kirschbaum haben. Aber das Blöde ist, dass immer Lennard Kirschen klaut, obwohl ich es nicht will. Z. B. einmal, da hat er Kirschen geklaut, nur weil … ohne Grund. Und dann habe ich gesagt: Hör auf! Und er ist die ganz Zeit rübergegangen und hat sich Kirschen geklaut.

Wie haben sich die Kinder zu den anderen Geschichten verhalten bzw. wie haben sie sich positioniert? Insgesamt zeigt sich, dass die älteren Kinder die Geschichten teilweise argumentativer verhandeln konnten als die jüngeren, die manchmal müde wurden oder das Ganze spielerisch aufgefasst haben, so wie der 7-jährige Nevio, der die Geschichten »auffängt« wie ein Torwart, schnell und kurz pariert und auf den nächsten Ball wartet.

Manchmal sind die Jüngeren etwas unsicher, weil sie doch von der erwachsenen Interviewerin erwarten, sie wisse die »richtige« Antwort auf das Problem. Die 7-jährige Theresa fragt im Anschluss an die Flötengeschichte: »Was ist jetzt die richtige [Antwort]?« Zu ihr scheint diese Erwartung, dass Erwachsene einem noch sagen müssen, was richtig und falsch ist, zu passen, denn sie ist zutiefst davon überzeugt, dass Kinder mindestens acht Jahre alt sein müssen, wenn sie zusammen mit dem Bürgermeister und anderen Erwachsenen über den Spielplatz abstimmen. Sie scheint sich als 7-Jährige ganz wohl zu fühlen, wenn die Verantwortung noch nicht auf ihren Schultern lastet, aber sie schaut sich sehr genau an, wie denn Erwachsene ihre Verantwortung wahrnehmen. So findet sie es gar nicht richtig, dass die Eltern der beiden Zwillinge Schulnoten mit Geld belohnen. Was genau sie daran stört, kann oder will sie nicht sagen, aber Süßigkeiten hält sie für die weitaus bessere Form. Sowieso strebt Theresa danach, Konflikte zu vermeiden, Streit mag sie nicht, und ungerecht ist es, wenn jemand ungefragt dem anderen etwas wegnimmt. Dann muss man sich wehren, und so kommt es vielleicht doch zum Streit.

Häufig schließen die Kinder mit analogen eigenen Geschichten an, um etwas noch deutlicher herausarbeiten zu können. Auffällig oft geschieht dies im Anschluss an die Bestrafung des einen Jungen durch die Lehrerin. Ähnliche eigene Erfahrungen oder aber Beobachtungen aus der Schule scheinen die Kinder häufiger zu beschäftigen. Dabei setzen sie sich zum Beispiel damit auseinander, wie die Lehrerin zu einer besseren Lösung hätte kommen können, oder aber sie überlegen, wie die beteiligten Kinder sich hätten anders verhalten können.

Adriana, die selbst schon öfter damit konfrontiert war, geärgert zu werden, und die sich offensiv für Kinder einsetzt, die von anderen ausgeschlossen werden, interessiert sich weniger für die Maßnahme der Lehrerin. Für sie steht die Notwendigkeit im Vordergrund, dass man auf Provokationen nicht mit Gewalt reagiert. Insofern hat sie einen klaren Maßstab, der Gewalt als ungerechtfertigt ausschließt.

A: Hmm … eigentlich ist es fair, weil also, der müsste den einfach ignorieren, einfach weitergehen und nicht sofort schubsen oder so. Und dann, dass der nachsitzen muss, ist eigentlich auch fair. Weil, wenn dieser Carsten ihn beleidigt, dann muss er das einfach ignorieren und weitergehen. Und nicht, dass der jetzt sofort auf den zugeht. Also seine Schuld.

Darüber hinaus problematisiert sie die Strafpraxis in ihrer Schule, und man gewinnt den Eindruck, es geht ihr nicht so sehr um die richtige oder falsche Strafe, sondern um die Verantwortung, die auch die Schule hat, wenn es um die soziale Erziehung der Kinder geht. In ihrer Schule aber würde alles an die Eltern delegiert und denen überlassen, wie sie damit umgehen.

Die 10-jährige Malena zieht das gesamte Vorgehen in Zweifel, findet es ungerecht, denn die Lehrerin hatte nicht genügend Kenntnisse, um eine gerechte Bestrafung zu realisieren. Außerdem problematisiert sie die Qualität der Strafe:

I: *Was fändest du gerechter?*
M: Eigentlich beide, dass beide dieses machen müssen. Weil die Lehrerin hat ja nicht genau gesehen, was passiert ist. Sie hat ja nur gesehen, dass dieser Jakob den anderen weggeschubst hat.
I: *Mmh … also du würdest sagen, dass beide eine Strafe bekommen sollten.*
M: Ja.
I: *Und welche Strafe würdest du gerecht finden?*
M: Aufschreiben lassen, was sie falsch gemacht haben.

Sie verlangt außerdem – wie es ja auch in ordentlichen Gerichtsverfahren der Fall ist –, dass man sich ein klares Bild machen und Zeugen befragen muss:

M: Erst mal fragen, was überhaupt passiert ist, und dann: … Hmm … die Sache erst mal langsam angehen, und wenn es dann nicht klappt, dann würde ich es etwas härter angehen, also dann lauter werden zum Beispiel.

Damit lässt sich abschließend auch an ein anderes großes Thema der Gerechtigkeit anschließen: die Einbeziehung der Kinder in Diskussionen und Entscheidungen, die Berücksichtigung ihrer Ansichten und Beobachtungen. Auch dazu hatten wir unseren Interviewpartnerinnen und -partnern eine Geschichte vorgestellt und es ihnen nicht ganz einfach gemacht, denn zugunsten von Jugendlichen sollte der Spielplatz in der Geschichte abgerissen werden. Durchweg alle Kinder finden es nicht richtig, wenn Kinder nicht gefragt und beteiligt werden. Sie stellen sich die Partizipation zwar unterschiedlich vor, oben hatten wir bereits Theresas Ansicht, Kinder müssten mindestens acht Jahre alt sein, beschrieben, andere wiederum sind radikal und finden, auch Babys haben ein Recht auf Mitbestimmung.

Adriana kann gar nicht verstehen, wie man Kinder nicht einbeziehen kann, wo es sich doch um einen klaren Fall unfairen Vorgehens handle:

A: Ich finde das unfair, weil die Kinder müssen ja auch die eigene Meinung sagen. Und wir haben ja auch hier ein Jugendzentrum und zwei Spielplätze, drei eigentlich […] und ich find es unfair, wenn die Kinder nicht daran beteiligt werden, weil die müssen ja auch entscheiden, was die alles wollen. Zum Beispiel die wollen kein Jugendzentrum, aber einen Spielplatz, und die anderen wollen das Jugendzentrum, aber nicht den Spielplatz. Da haben die Kinder nichts zum Spielen. Die können ja nicht zum Jugendzentrum und da Billard spielen, wo die drei, vier Jahre alt sind. Voll komisch. Also ich find's unfair.

Die ebenfalls 11-jährige Samira ist spontan davon überzeugt, dass man erst in ihrem Alter einschätzen könne, um was es gehe, darum will sie die Jüngeren nicht dabeihaben. Doch, kaum gesagt, man kann ihr beim Denken förmlich zuschauen, kommt sie zu der Wendung, dass von einem Spielplatz ja gerade diejenigen profitieren, die sie ausschließen möchte. Also noch einmal neu nachgedacht:

S: Obwohl! Die kleineren sind ja die meisten, ne? Deswegen … kann auch sein, dass ab acht Jahren dann, kann auch sein.

Die 8-jährige Liona, die mit älteren Schwestern aufwächst, erzählt, wie in ihrer Familie Entscheidungen getroffen werden, und möchte dies auf die Geschichte übertragen. Alle können durch ihre Eltern und älteren Geschwister beteiligt werden und mitkommen. Mitbestimmung hat auch eine physische Komponente, ein sehr kluger Einwurf des Mädchens. Gerechtigkeit ist mit dem Einsatz der Vernunft allein nicht zu realisieren. Für Liona ist der Gedanke ganz konkret: Die Kleinen, so die 8-Jährige, nimmt man einfach auf die Schulter. Und schließlich wird abgestimmt:

L: *Ja, die [die ganze Familie] müssen erst mal zusammen, wer am meisten Ja sagt, wer am meisten Nein sagt, also Nein ist für Jugendliche, Ja ist für Kinder. Und wenn die Familie alle Ja sagen oder nur fast die ganze, aber nur noch ein, dann würden die sofort sagen, dass die Kindergarten [Spielplatz] bleiben.*

Gar nicht so einfach, ein Verfahren zu entwickeln, das gerechten Maßstäben folgt und, vor allem, dessen Ergebnis auch diejenigen zufriedenstellt, die eine andere Meinung haben. Diese Problematik verhandeln die Kinder auch bei der Frage, ob sich bei Abstimmungen in der Klasse immer die Mehrheit durchsetzen soll. Man merkt den Antworten der jüngeren ebenso wie denen der älteren Kinder an, wie sehr sie mit der Einsicht ringen, dass ein Mehrheitsbeschluss nicht automatisch richtig sein muss, obwohl sie daran gewöhnt sind oder daran gewöhnt werden, dass es um Mehrheitsbeschlüsse geht. Doch wie wird man der Minderheit gerecht und wie groß muss eine Minderheit sein, damit sie auf den berechtigten Anspruch auf Durchsetzung ihres Votums pochen kann? Fragen, die Kinder beschäftigen, und Erfahrungen, die sie in ihren Klassen auch durchaus machen. Der 6-jährige Nathan ist ebenfalls nicht richtig zufrieden mit einem weiteren Schwimmbadbesuch:

N: Finde ich auch nicht gerecht.
I: *Was würdest du besser finden?*
N: Wenn man manchmal in den Zoo und manchmal in das Schwimmbad. … Ich würde es so machen, einen Tag in den Zoo und den anderen ins Schwimmbad. Und immer so abwechselnd.
I: *Immer abwechselnd … und wenn dann die Leute, die für das Schwimmbad waren, sagen: Aber wir sind doch in der Mehrheit! Wir sind doch viel mehr, die schwimmen gehen wollen?*
N: Weiß ich nicht. Dann würde ich, glaube ich, sagen, wir gehen jetzt in den Zoo. Und wenn ich mehr Lust hätte auf Schwimmbad dann würde ich sagen Schwimmbad.
I: *Hast du schon mal abgestimmt über etwas?*
N: Jupp. Ähm über Sport.
I: *Beim Fußball?*
N: Jupp.
I: *Und, warst du da in der Mehrheit oder in der Minderheit?*
N: … In der Mehrheit. … Nein, in der Wenigerheit.

Diese Variante favorisieren die meisten Kinder, es gibt einfach Entscheidungen, die müssen in einem Prozess gesehen werden, und dann relativiert sich das Mehrheitsprinzip zugunsten der Minderheit. Bezieht man nämlich frühere Entscheidungen der Gruppe und daraus resultierende Beschlüsse mit ein, kann es eben gerechter sein, diesmal den Beschluss der Minderheit umzusetzen. Dass davon letztlich alle profitieren können, steht für Nathan und auch die anderen außer Frage, schließlich geht es nicht um Pest oder Cholera, sondern um zwei schöne Freizeitbeschäftigungen. Und außerdem: Wer kennt sie nicht, die Erfahrung von Nathan, hin und wieder das Gefühl zu erleben, in der »Wenigerheit« zu sein.

8.4 Porträts

Nathan (6 Jahre): »Ja, also den Fußballplatz, den mag ich ganz doll! Da kann man immer richtig gut Fußball spielen.«
(Amelie Jung) 228

Ceylan (8 Jahre): »Dann wollen wir vielleicht auch nach Türkei.«
(Franziska Eisenhuth) 237

Theresa (7 Jahre): »Das ist das Blödeste, was ich an der Schule nicht mag! Aufstehen. Das frühe Aufstehen.«
(Amelie Jung) 238

Nevio (7 Jahre): »Wir sind sportlich.«
(Franziska Eisenhuth) 248

Liona (8 Jahre): »Ich kann bestimmen, weil ich hab so viele Spiele.«
(Franziska Eisenhuth) 249

Fabian (7 Jahre): »Weil ich das kann!«
(Amelie Jung) 259

Samira (11 Jahre): »Meine Freunde haben nie Zeit.«
(Franziska Eisenhuth) 260

Elias (10 Jahre): »Ich bin eher der Unterwegs-Typ.«
(Monika Pupeter) 270

Adriana (11 Jahre): »Kinder müssen ja auch die eigene Meinung sagen.«
(Amelie Jung) 271

Milad (11 Jahre): »Und Samstag treffen wir uns auch manchmal zum Fliegen.«
(Amelie Jung) 283

Malena (10 Jahre): »Ich bin eigentlich nur draußen.«
(Amelie Jung) 284

Ole (11 Jahre): »Warum sind die Guten gut? Warum sind die Bösen böse?«
(Amelie Jung) 285

Nathan, 6 Jahre

»Ja, also den Fußballplatz, den mag ich ganz doll! Da kann man immer richtig gut Fußball spielen.«

Amelie Jung

Der Weg zu meinem jüngsten Interviewpartner führt mich durch eine farbenprächtige und ruhige Reihenhaussiedlung, die mitten in einem alten Berliner Stadtbezirk liegt. Die Häuser sind nicht groß, aber der individuelle Baustil und die farbigen Fassaden wirken einladend und gemütlich. Jedes Haus hat einen eigenen länglichen Garten, zwischen den Häuserreihen sind kleine parkähnliche Grünflächen angelegt. Nathan, der vor wenigen Wochen 6 Jahre alt geworden ist, wohnt hier mit seinen beiden älteren Brüdern David (8 Jahre), Alexander (10 Jahre) und seinem Vater Christian, der als Schauspieler und Regisseur an verschiedenen Theaterprojekten mitwirkt. Nathan und seine beiden Brüder sind Halbwaisen. Ihre Mutter ist ganz plötzlich und unerwartet gestorben, als Nathan drei Jahre alt war. Nathans Mutter war gebürtige Spanierin und ist mit acht Jahren gemeinsam mit ihren Eltern und Geschwistern nach Deutschland ausgewandert.

Das Haus der Familie ist schon in Sichtweite, da klingelt mein Handy, Nathans Vater ruft mich an: Nathan ist so aufgeregt, er möchte unbedingt wissen, ob ich bald da sei und wann wir mit dem Interview beginnen können. Ich versichere, dass ich ganz in der Nähe bin, und da wird auch wenige Meter weiter schon die Haustür aufgerissen. Ein kleines strahlendes Energiebündel mit neugierigen braunen Augen läuft mir entgegen. Viel Zeit bleibt Nathans Vater und mir nicht für die Begrüßung, denn Nathan möchte gleich loslegen. Ganz angesteckt von seinem Enthusiasmus lasse ich mich von Nathan in den ersten Stock führen. Hier teilt er sich ein Zimmer mit seinem ältesten Bruder Alexander. Das Zimmer von David ist direkt nebenan. Im Moment ist es ganz ruhig im Haus. Alexander ist bei einer Sportveranstaltung und David hat sich mit einem Freund verabredet.

Nathans Zuhause

Nathan, der vor sechs Wochen eingeschult wurde, ist mit Abstand der jüngste Interviewpartner. Zu Beginn des Interviews fällt dies gar nicht auf, denn Nathan lässt sich mit so viel Begeisterung auf die erste Aufgabe, den Aufbau seiner Lebenswelt, ein, dass er wie ein kleiner Interviewprofi wirkt. Ihm fallen gleich mehrere Orte ein,

die für ihn im Alltag wichtig sind. *»Schule, Zuhause, Oma und Opa ... auf dem Schulhof spielen«*. Anfangen möchte er *»mit dem Zuhause«*, mit dessen Aufbau er auch umgehend an einem Rand der Unterlage beginnt. Nathan überrascht gleich mit einer sehr detailgetreuen Bauweise, bei der er laut mitdenkt. *»Ich könnte den [Stein] und den [Stein] aufeinander bauen ... Jetzt kommt der Fußboden. ... Und jetzt, eine Etage höher ... hier ist das Badezimmer, dann ist hier dieser Weg [Flur], dann ist hier ... unser Zimmer. Mmh ..., Davids Zimmer ist dann hier ... Dann sind hier die Türen von dem Zimmer. Hier ist dann die Tür. ... Dann sind hier die Wände ... hier ist ein Fenster. Ja, das ist das Fenster da von dem Badezimmer. ... Hier ist dann die Badewanne, dann ist ... dann sind hier wieder diese Stufen ... könnte ich das jetzt auch einfach so bauen, dass man hier runterrutschen kann?«* Der Grundriss des Hauses entsteht erst nach und nach, denn Nathan baut ein Zimmer nach dem nächsten auf, wobei er darauf achtet, dass die Treppe, Fenster, Türen und Wände an den richtigen Stellen platziert sind. Auch das Badezimmer mit Badewanne und korrekter Ausrichtung des Fensters wird nachgebaut. Man folgt Nathan also auf einem Rundgang durch das Haus mit Erdgeschoss, das aus einem großen Ess- und Wohnbereich besteht, der mittleren Etage, in der sich die beiden Kinderzimmer und das Bad befinden, und dem Dachboden, dem Schlafzimmer des Vaters, wo auch der Fernseher steht, auf dem die drei Brüder Wii spielen dürfen.

Nathans Familie

Zu Hause stellt Nathan vier Figuren auf. *»Das kann Isabel sein, das ist Frau Sommer ... das ist Alexander, das ist David. Alexander, der ist hier, der ist 10. Und der David, der ist da, der ist 8. Das [Frau Sommer] ist eine Nachbarin.*

Die wohnt hier (zeigt aus dem Fenster auf das gegenüberliegende Haus), in der 8. Und die bringt mich manchmal zum Fußball, und ähm, die holt mich auch manchmal von der Schule ab. Die [Isabel] passt immer auf uns auf, das ist eine Babysitterin und … soll ich sagen, wie alt die ist? Ich glaube 38.« Frau Sommer ist pensionierte Lehrerin. Jeden Freitag nach der Schule unternimmt sie etwas mit den Kindern und hin und wieder springt sie auch spontan ein, z. B. um Nathan zum Fußballtraining zu bringen. Isabel kommt aus Kuba und ist seit 2 ½ Jahren eine ganz wichtige Bezugsperson für die drei Jungen. Sie übernimmt mehrmals in der Woche die Betreuung am Nachmittag und am Abend, wenn Christian Vorstellungen oder Proben hat.

Ich frage vorsichtig nach, ob vielleicht noch eine Person fehlt, und Nathan ruft: *»Ach stimmt, ich!«* Nachdem Nathan das eingefallen ist, möchte er eigentlich gleich mit dem nächsten Ort weitermachen. Wenig später frage ich noch mal nach, ob zu Hause eventuell noch eine Person fehlt. Nathan überlegt: *»Papa? Das kann jetzt Papa sein.«* Und aus der Figur für Frau Sommer wird nun Nathans Vater. Seine Mutter, die gestorben ist, als Nathan 3 Jahre alt war, erwähnt Nathan während des Interviews nicht. Da Nathan von sich aus keinerlei Anknüpfungspunkte bietet, hake ich bei diesem Thema auch nicht weiter nach.

Nathan fällt im Laufe des Interviews noch eine andere Person ein, allerdings kann er sie nicht richtig zuordnen: *»Nein … wir haben noch einen! Marie Angel. Die ist … ich weiß nicht ganz genau, also die ist … die mag uns … und fast ganz selten sind wir bei ihr.«* Ich frage Nathan, ob Marie Angel zur Familie gehört, und er schüttelt den Kopf. Nathans Vater erzählt später, dass Marie Angel eine Schwester von Nathans Mutter ist. Sie wohnt in einem anderen Bundesland und die Kinder sehen sie nur selten, sind aber ganz begeistert von ihrer flippigen Tante, die ein eigenes Tattoo-Studio betreibt.

Nathan berichtet wenig über die ungewöhnliche Familiensituation. Von Nathans Vater erfahre ich, dass nach dem Tod seiner Frau viele Freunde, Verwandte und auch Nachbarn der Familie ihre Hilfe angeboten haben. Nach und nach hat sich daraus eine Art alternative Familienstruktur entwickelt. Der Vater der Kinder ist alleinerziehend, wird aber im Alltag durch Personen mit ganz unterschiedlichen Hintergründen bei der Kinderbetreuung unterstützt. Die Kubanerin Isabel übernimmt eine wichtige Rolle, darüber hinaus gibt es, neben der Nachbarin Frau Sommer, noch sehr engagierte Patentanten und -onkel, die die Kinder regelmäßig betreuen und mit ihnen etwas unternehmen. Nathan und seine Brüder haben also mehrere und sehr unterschiedliche Bezugspersonen und Ansprechpartner. Für Nathan ist das wahrscheinlich so normal, dass er es gar nicht erwähnenswert findet. Seit er drei Jahre alt ist, funktioniert die Familie auf diese Weise und aus seiner Perspektive klappt das ganz wunderbar.

Oma und Opa und der RIESIGE Nussbaum

Auch die Wohnung der Großeltern väterlicherseits gehört zu Nathans Lebenswelt. Die Oma und der Opa von Nathan wohnen in Tübingen, kommen aber mehrmals im Jahr für jeweils 1 bis 2 Wochen nach Berlin. Ab und zu fahren die drei Jungen mit ihrem Vater auch nach Tübingen. Nathan erzählt: *»Wenn man von Berlin nach Tübingen fährt, dauert das 7 Stunden.«* Auch bei diesem Ort kümmert sich Nathan um kleine, besondere Details. *»Die wohnen im zweiten [Stock]. Da gibt es noch einen Stock, aber da wohnt, glaube ich, niemand drin. … Dann ist hier von denen der Garten.«* Nathan erinnert sich an die Schubkarre im Garten, die der Opa manchmal benutzt. *»Und dieses Rad … das Rad kann ja das Rad von der Schubkarre sein. Die Schubkarre kann hier sein … Hier kann man das so machen, dann kann das ja Opa sein … dann kann das hier der kaputte Baum sein, ich glaube, der wurde von so einem Sturm umgefallen. Und das war der coolste Baum, das war ein RIESIGER Nussbaum.«* Der Kontakt ist also trotz der Entfernung recht intensiv.

Nathan baut und erzählt

Während Nathan mit dem Aufbau seiner Lebenswelt fortfährt, verändern sich die Orte immer wieder. Wenn Nathan bestimmte Steine benötigt, dann nimmt er hier und da etwas weg. So kann es passieren, dass von einem zunächst komplexen Gebäude am Ende nur die wichtigsten Grundpfeiler stehen bleiben. Wichtig ist Nathan, zunächst alle wichtigen Details – z. B. beim Zuhause die Zimmereinteilungen, Wände, Fenster und Treppen – korrekt nachzubauen. Wenn der Ort einmal zur Zufriedenheit von Nathan stand, dann kann er auch ruhig wieder umgebaut werden, um die Steine für etwas anderes zu nutzen. So schafft es Nathan am Ende, mit den vorhandenen Steinen alle wichtigen Orte auf der Unterlage aufzubauen.

Im Gespräch mit Nathan wird schnell klar, dass man es mit einer sehr temperamentvollen und munteren kleinen Persönlichkeit zu tun hat. Findet Nathan etwas gut, dann leuchten seine Augen, er springt auf und erzählt mit ausdrucksvoller Mimik und Gestik, z. B. über den RIESIGEN Nussbaum in Opas Garten, die leckeren Pfannkuchen in der Schule oder die großartigen Pässe der gegnerischen Fußballmannschaft: *»Die passen immer so: Bam, bam!«* Genauso eindrücklich kann er aber auch über Dinge berichten, die ihm nicht gut gefallen, z. B. die matschigen Äpfel im Garten: *»Die Äpfel sind fast nie reif, die sind immer nur faul und das ist so ekelig«*, oder wie gemein der ältere Bruder manchmal sein kann: *»Weil der ärgert immer. Ich will immer alleine mit meinem Waveboard fahren und dann verträgt er sich schon nicht und dann ärgert er mich schon gleich.«*

So bekommt man einen sehr farbenfrohen Eindruck von Nathans Vorlieben und Abneigungen. Es gibt so viele spannende Dinge zu berichten, dass Nathan gar nicht auf die Idee kommt, mir von den Sachen zu erzählen, die für ihn uninteressant sind. Seine Strategie ist einfach und wirkungsvoll: Auf Fragen, die er nicht interessant findet, antwortet Nathan nicht. Beginne ich mit einer Frage, ahnt er schnell, worauf ich hinauswill. Manchmal unterbricht er mich dann einfach, manchmal tut er so, als hätte er mich nicht gehört. Man kann es ihm nicht übelnehmen, wo doch die

Welt viel zu viele interessante Dinge und Gedanken zu bieten hat. So zum Beispiel Nathans Süßigkeitsfantasie:

N: Ich wünschte, es gäbe Süßigkeitenregen.
I: *Das wäre toll. Was sollte es denn dann regnen?*
N: Alles Mögliche. Aber man darf nicht sich was aussuchen.
I: *Also in einer Straße Schokolade, in der nächsten Straße Gummibärchen …*
N: Mm, wenn Süßigkeiten regnen, kommt alles das Gleiche, dann am nächsten Tag kommt wieder Regen, dann kommt z. B., dann den nächsten Tag regnet es Gummibärchen, dann regnet es an dem nächsten Tag Schokolade. Und zum Glück sucht sich der Donner immer gute Süßigkeiten aus.
I: *(lacht) Die, die ihm schmecken, ne?*
N: Nicht so wie diese Kügelchen mit Füllung drin. Das schmeckt gar nicht. Da hab ich mal so ein Ministück probiert. Das hat so ekelig geschmeckt. Das war in echt ekelig.
I: *Stell dir mal vor, es würde dann so etwas regnen. … Dann muss man sich einen Regenschirm kaufen. Ein Süßigkeitsregenschirm.*
N: Der nur aus Süßigkeiten ist. … Das wäre aber auch richtig cool.

So wirkt Nathan durch und durch wie ein waches und fantasievolles Kerlchen, das sich nicht austricksen lässt. Was er nicht will, das will er nicht. Nathans Vater erzählt später, dass es zu Hause häufig auch mal turbulent zugeht, denn die drei Geschwister ähneln sich in ihrem Temperament. Sie lieben es, miteinander zu spielen, aber auch, sich gegenseitig zu provozieren und die Kräfte zu messen. Die drei haben sehr ähnliche Spielinteressen. Sind alle drei zu Hause, gehen sie gerne gemeinsam auf den nahe gelegenen Spielplatz, um Fußball zu spielen, sie fahren Skateboard vor der Haustür oder bauen auf dem Dachboden die Carrera-Rennbahn auf. Die Stimmung kippt dann hin und wieder mal. Aus Spaß und konzentriertem Spiel wird ein lauter Streit und umgekehrt.

»Eigentlich gehört ja die Schule mit zu dem Schulhof«

Gleich nach seinem Zuhause wendet sich Nathan der Schule zu. Im Mittelpunkt stehen aber beileibe nicht Unterricht und Klassenraum sondern der Schulhof: *»Die Schule … o.k., erst baue ich hier den Fußballplatz … also die Sportwiese.«* Nathan beginnt mit dem Fußballplatz, den er mit seinen Klassenkameraden sehr gerne während der Pausen zum Fußballspielen nutzt. *»Der ist 10 Meter groß … also 20 ist der. Also, eine Lücke müssen wir hier auflassen … Da müssen jetzt Treppen hin … diese, weil da muss man immer so runter, gibt es immer so ne Stufen. Dann ist hier so ein Geländer.«* Der Fußballplatz wird immer größer, Nathan nimmt vom »Zuhause« Steine weg, die er für den Fußballplatz braucht.

Die Kinder, die Nathan zur Schule aufstellt, werden von ihm gleich auf dem Fußballplatz angeordnet: *»Das ist Jared, das ist Danny. Und hier spielen wir Fußball, ich bin das, Jared, hier ist das Tor, und das ist Viktor. Ich bin Stürmer, er ist Mittelfeld, hier ist*

Torwart und hier ist Abwehr. Abwehr ist Danny.« Auf die Frage, ob das die Kinder sind, mit denen Nathan auch befreundet ist bzw. ob er schon Freunde in der Schule kennengelernt hat, antwortet er: *»Ja. Das ist immer unterschiedlich. Manchmal Jared, manchmal Lukas, manchmal Viktor, manchmal Leander …«* Bis jetzt beschränkt sich der Kontakt allerdings auf die Schule und die Schulpausen. Nathan verneint die Frage, ob er sich mit den Jungen auch nachmittags schon mal verabredet hat.

Nathan fällt noch ein wichtiges Detail für den Schulhof ein: *»Das kann der Bauwagen sein. Also, man kann Bauwagendienst sein, da sind immer so ne Spielzeuge, da muss man fragen, z. B.: Kann ich jetzt einen Ball haben? Dann geben die den Ball, dann kann man spielen, aber manche [Schüler] geben den nicht zurück, die lassen den einfach liegen und spielen dann irgendwas. Dann müssen [die, die Bauwagendienst haben] immer wieder alles aufräumen. Das finde ich blöd.«*

»Die Schule innen drin«

Als der Fußballplatz mit allen Details aufgebaut ist, frage ich Nathan, wo ungefähr das Schulgebäude steht. *»Also die Schule innen drin? Wir können jetzt sagen, die ist hier. Wir könnten jetzt z. B. den [Baustein] hierhin machen, dass man weiß, dass da auch die Schule ist. Hier könnte jetzt gut der Eingang sein. Dann ist hier, dann könnte hier diese Treppe sein, dann ist hier meine Klasse. Das ist jetzt die Schule …«*

Nathan ist *»in der 1e. Also das sind 23 Kinder. Von denen kenn ich [von vorher] eins. Florentine. Bei der war ich [oft zu Hause]. Wir mussten immer zu ihr. Die hat aber immer gekneift.«* Genauso wie seine großen Brüder besucht auch Nathan nachmittags nach dem Unterricht den Schulhort. Die Schule liegt etwas weiter weg, zu Fuß kommt man da nicht hin. David und Alexander haben lange geübt, alleine mit den öffentlichen Verkehrsmitteln zu fahren, d.h. 2 Stationen mit der U-Bahn und dann noch mal ein paar Stationen mit dem Bus. Nathan profitiert jetzt von ihrer Selbstständigkeit. Die beiden älteren Brüder nehmen den Jüngsten an die Hand und alle drei fahren morgens gemeinsam zur Schule.

Mensa – »Meistens schmeckt es nicht«

Das Schulgebäude und der Schulhof werden von Nathan noch erweitert: *»Das könnte ja die Mensa sein. Die Mensa ist immer hier.«* Nathan isst jeden Tag Mittagessen in der Schule. *»Manchmal … also meistens schmeckt es nicht. Aber einmal gab es ein richtig leckeres Essen, mein Lieblingsessen. Pfannkuchen! Und das hat so lecker geschmeckt. Und da war ich so dumm und habe meinen Teller weggepackt. Und dann habe ich nur einmal das gegessen!«*

Fazit nach sechs Wochen: »Mal so, mal so«

Über die Schule und den Unterricht berichtet Nathan während des Aufbaus kaum etwas. Nach dem Interview versuche ich, Nathan noch mal nebenbei die Frage zu stellen, wie ihm die Schule gefällt. Es scheint ihm nach den 6 Wochen Schulerfahrung noch zu früh für eine eindeutige Antwort zu sein und er antwortet: *»Mal so, mal so.«* Gut findet er auf jeden Fall, dass es einen richtigen Fußballplatz auf dem Schulhof gibt. Und so macht es auch den Eindruck, als ob Nathan im Moment mit der Schule vor allem die Pausen und das Fußballspielen verbindet. Seine Schulkontakte setzt er dementsprechend auch gleich auf dem Bolzplatz in Szene, jedem weist er eine genaue Spielposition zu. Hier ist Nathan detailverliebt und ganz in das Spiel versunken. Zwar sind seine Schulfreundschaften alle noch ganz frisch, kaum eines der Kinder kannte er vorher, und mal spielt er mit diesem, mal mit jenem, auf dem Sportplatz allerdings werden die Kontakte ganz konkret.

Fußball – Nathans große Leidenschaft

Nathan ist jetzt schon ganz zufrieden mit seinem Aufbau und spontan fällt ihm kein Ort mehr ein, der noch fehlen könnte. Da ich vorab schon die Information hatte, dass Nathan regelmäßig und begeistert in einem Verein Fußball spielt, hake ich noch etwas genauer nach, aber Nathan fällt es nicht gleich ein. Er fragt zurück: *»Hmm … weißt du es?«* Ich frage ihn, ob es einen Sport gibt, den er gerne macht. Ganz vorsichtig und leise antwortet er, mehr fragend als bestimmt: *»Fußball …? … Aber das ist nur manchmal, nach der Schule. Also das ist immer zweimal, Donnerstag und Dienstag. Dann bin ich immer in der Schule, dann nimmt mein Papa immer die Sportsachen mit und dann hängt der die immer an den Haken und dann holt uns immer einer ab und dann gehen wir immer zum Fußball.«*

Der Fußballplatz

Häufig wird Nathan von Isabel oder von der Nachbarin, Frau Sommer, zum Fußball gebracht. Ich frage Nathan, ob der Fußballplatz für ihn auch ein wichtiger Ort ist, den er aufbauen möchte. *»Ja, also den Fußballplatz, den mag ich ganz doll! Ja, da kann man immer richtig gut Fußball spielen. Also die Turniere machen mir am meisten Spaß, dann die Freundschaftsspiele als Zweites und dann das Training als Drittes. Das Training macht nicht so Spaß. Wir spielen immer manchmal so ne doofen Sachen, aber manchmal ist es so richtig cool.«*

Und los geht's, auf einer freien Fläche der Unterlage baut Nathan einen großen Fußballplatz nach. *»Der ist 20 Meter groß und da sind auch fünf Tore. Da ein Tor, da ein Tor, da ein Tor, dann da ein Tor, und dann da. Das sind fünf Tore.«* Nathan spielt schon ungefähr seit einem Jahr Fußball, seine Lieblingsposition ist: *»Stürmer! Weil da kann [man] immer so Leute so austricksen. Ich frage immer meinen Trainer: Kann ich Stürmer? Aber der lässt mich fast nie Stürmer sein. Der lässt mich fast immer nur so Abwehr. … Einmal war ich so richtig gut. Da war ich so im Tor, da war so eine gegnerische [ein Spieler der gegnerischen Mannschaft], der ist dann mit dem Ball zu mir gerannt, weil ich Torwart war, und dann bin ich nach draußen gegangen und hab ihm den Ball abgenommen. Guck, ich hab ihn nicht hier gegrätscht, sondern den Ball* *so gekriegt [führt den Trick vor]. Aber ich hab ihm aus Versehen wehgetan. Aber aus Versehen grätschen gehört mit zum Fußball. Extra grätschen gehört nicht mit zum Fußball.«*

Dem Fußballplatz ordnet Nathan alle seine Mannschaftskollegen und den Trainer zu. Genauso wie auf dem Schulhof stellt Nathan auch hier wieder alle Figuren in Spielposition auf. Ich frage Nathan, ob es in der Mannschaft Kinder gibt, die ihm besonders wichtig sind. Er antwortet: *»Es gibt nur alle. Das sind alle von mir.«* Die ganze Mannschaft ist natürlich wichtig. Aber mit einem Jungen aus seiner Mannschaft ist Nathan richtig gut befreundet. *»Ja, Huber … Und der ist genau hier. Der ist auf der linken Seite hier.«*

Antäuschen, Passen, Schießen

Beim Thema Fußball ist Nathan kaum noch zu bremsen. Mit leuchtenden Augen erzählt er von verschiedenen Spielpositionen, er führt mir Tricks vor und ahmt dabei sehr eindrücklich die Ball- und Trittgeräusche nach. Er berichtet von einigen heiklen Situationen, die er schon bei Spielen und Turnieren erlebt hat, und schwärmt von seinen Lieblingsmannschaften … *»Ich glaube [unsere Mannschaft hat] schon einmal [ein Turnier gewonnen]. Aber sonst haben, glaube ich, immer nur die Füchse [gewonnen]. Die sind so mies. Die passen immer so: Bam, bam. Und dann stehen immer zwei vor dem Tor, dann ist immer Max hier so da, weil der da hat den Ball, dann passt der zu dem Jungen daneben und dann schießt der Junge daneben rein. Weil dann muss ja unser Torwart dahinrennen, und wenn Max zu schnell ist, dann kann ja noch mal der zu dem anderen passen und dann schießt der rein. Eigentlich hätten wir auch immer den ersten Platz. Nur unsere Mannschaft passt fast nie.«*

Spanien und die Deutschländer

»Ich mag … meine Lieblingsmannschaft ist Spanien. Dann kommt Deutschland. [Bei der EM] war ich für Spanien …, weil da würde Spanien, glaube ich, Deutschland richtig fertig machen. Weil Deutschland hat ja auch verloren gegen diese Mannschaft, die eigentlich … die eigentlich so mittel ist. Italien. Und die sind eigentlich nicht so gut. Und Deutschland ist eigentlich richtig gut. Ich glaube, weil die Deutschländer waren da nicht so wach.«

Klar hat Nathan auch Lieblingsspieler: *»Özil … und so nen Spieler von Spanien. Und Hummels. Der ist so gut … der hat immer alle Tore gerettet. Z. B. einmal so Ecke, dann war fast ein Tor, dann stand so ein anderer vor ihm, dann war er hinter ihm und dann hat er so getan, als ob er nicht den Ball kriegt, und dann, als er geschossen hat, also die andere Mannschaft, nicht der Deutschländer, dann ist er schnell so nach da gerannt zu der Seite, dann konnte der den nicht mehr decken und dann ist er so [ahmt den Trick nach] ganz knapp vor den Pfosten und hat noch das Tor gerettet, weil wenn er das nicht gemacht hätte: Wär ein Tor.«*

Auf die Frage, ob er sich vorstellen könne, selbst irgendwann mal Fußballprofi zu werden, antwortet Nathan: *»Oh ja! Also … so richtig kann ich es mir nicht vorstellen aber ein bisschen kann ich es mir vorstellen.«*

Noch mehr Sport?

Wir überlegen gemeinsam, ob auf der Unterlage noch ein Ort fehlt. Nathan fällt keiner mehr ein. Vor einigen Wochen hätte er noch die Turntalentschule dazugebaut. Dort hatte Nathan auch mindestens einmal in der Woche Training, aber *»ich hab schon die Turntalentschule abgesagt. Das war blöd. Langweilig. Und der Trainer war zu streng. Der hat immer, wenn wir nur einmal was falsch gemacht haben, dann hat er gleich so geschimpft: Macht jetzt das richtig!«* Außerdem waren das auch ganz schön viele Hobbys auf einmal: *»Dann musste ich immer drei Sachen machen. Zweimal Fußball und dann noch Turntalentschule. Und ich habe immer Turntalentschule gehasst. Jedes Mal, wenn ich bei der Turntalentschule war, habe ich es gehasst.«*

Nathan ist ein Sportler! Daran besteht überhaupt kein Zweifel. Der Einstieg in den Leistungssport mit der Turntalentschule war zwar nichts für ihn, aber im Fußball zeigt er seine Fähigkeiten und seinen Ehrgeiz. Fußball ist im Moment Nathans Dreh- und Angelpunkt und der Fußballplatz mit Abstand der wichtigste Ort in seinem Leben. Nathan analysiert Spielzüge, ahmt die Tricks der großen Stars nach und ist mit viel Enthusiasmus bei der Sache. Beeindruckend ist dabei, wie detailliert Nathan mit seinen gerade mal sechs Jahren über das Spiel erzählt. Er beobachtet und berichtet ganz genau, und mit viel Ausdauer trainiert und verfeinert er seine eigenen Fähigkeiten. In Nathans Fußballerzählungen zeigt sich noch mal seine impulsive Persönlichkeit. Seine Beschreibungen sind hochemotional, entweder er liebt die Dinge (Fußball) oder er *»hasst«* sie (Turntalentschule) und sein ganzer Körper erzählt dabei mit.

Als der Aufbau fertig ist, hilft Nathan mir, ihn zu fotografieren, und möchte auch selbst noch mal vor der Kamera posieren. Dann gehen wir gemeinsam von einem Zimmer zum nächsten und Nathan fotografiert alle möglichen Gegenstände. Wenn er etwas Interessantes entdeckt, ruft er ganz begeistert: *»OH COOL! Cool! Guck mal, das muss ich fotografieren!«* Große Freude hat er an zwei Kinderbüchern, die durch einen gekauten Kaugummi zusammengeklebt sind. Ganz fasziniert fotografiert Nathan das Klebekunstwerk von allen Seiten. Schließlich fotografiert er auch das Badezimmer samt WC: *»Jetzt wirst du dich für immer und ewig an die Toilette erinnern!«* Nun, wahrscheinlich werde ich mich doch eher an das lebensfrohe und fußballbegeisterte Energiebündel erinnern, das von Gummibärchen- und Schokoladenregen träumt.

Ceylan, 8 Jahre

»Dann wollen wir vielleicht auch nach Türkei.«

Franziska Eisenhuth

Ceylan ist 8 Jahre alt und wohnt mit ihrem 4-jährigen Bruder Emir und ihren Eltern in einem Mehrfamilienhaus in einer Kleinstadt Westdeutschlands. Ceylans Vater ist berufstätig, die Mutter ist Hausfrau.

Seit ein paar Monaten wohnen auch noch die Eltern des Vaters mit in der Wohnung, da sie bald nach Istanbul umziehen wollen und ihre eigene Wohnung schon gekündigt haben. Auch Ceylans Eltern denken darüber nach, in ein paar Jahren in ihr Geburtsland zurückzukehren. Ceylan, die wie ihr Bruder in Deutschland geboren wurde, findet die Pläne gut: *»Meine Oma, Opa und meine Tanten und Cousinen sind alle da. […] dann kann ich immer die besuchen und immer spielen.«* Bisher sieht Ceylan diesen Teil ihrer Familie nur in den Sommerferien.

In ihrem Alltag in Deutschland sind für Ceylan mit ihrem Zuhause und der Schule zwei Orte wichtig. Zuhause sieht sie gern fern, am liebsten Nickelodeon. Sie verbringt Zeit mit ihren Großeltern, spielt Lego mit ihrem kleinen Bruder oder liest Reiterhofgeschichten. Ceylan hat ein großes Spielzeugpferd und würde eigentlich gern reiten lernen, aber andererseits hat sie auch ein bisschen Angst davor. Manchmal spielt sie mit einem Nachbarsmädchen und ab und zu unternimmt die Familie Ausflüge, doch ganz überwiegend hält sich Ceylan in der Wohnung der Familie auf.

Die Schulpausen verbringt sie in einer Gruppe von fünf Kindern, die dann zusammen spielen – bei Rollenspielen stellt ein Junge manchmal ein Pferd dar, das dann von den anderen Kindern gefangen wird. Nach dem Unterricht besucht Ceylan noch die Randstundenbetreuung, in der sie oft malt und bastelt. Vom Schulbus wird sie dann in der Regel von ihrem Opa abgeholt.

Insgesamt bewegt Ceylan sich in ihrem Alltag in einem eher überschaubaren Raum mit relativ wenigen Kontakten neben ihrer Familie. Ceylan geht keinen organisierten Hobbys nach, scheint dabei aber ganz ausgeglichen zu sein. Auch die Schule macht ihr Spaß, vor allem Mathe und Sport. Sie ist allgemein eine gute Schülerin: *»Ich hatte im Leben nur Zweien und Dreien.«*

Theresa, 7 Jahre

»Das ist das Blödeste, was ich an der Schule nicht mag! Aufstehen. Das frühe Aufstehen.«

Amelie Jung

Südwestlich von Berlin liegt eine Gemeinde, die das Land Brandenburg als besonders familienfreundlich ausgezeichnet hat. Zwei bis drei Kinder pro Familie sind hier fast normal. In nur fünf Gehminuten vom belebten und schön gestalteten Ortsmittelpunkt, dem Rathausmarkt, erreicht man eine ruhige Wohnsiedlung mit einer Reihe kleiner Mehrfamilienhäuser. Einige davon sind durch einen großzügigen und gepflegten Gartenbereich miteinander verbunden. Hier wohnt die 7-jährige Theresa mit ihren Eltern, die beide in der Altenpflege tätig sind.

»Wer ist da?« – eine Mädchenstimme tönt aus der Gegensprechanlage und wiederholt erstaunt meinen Namen. Kurz darauf wird die Tür des Mehrfamilienhauses geöffnet, ein paar Treppenstufen weiter oben werde ich von Theresas Mutter an der Wohnungstür empfangen. Als Theresa meinen Namen hörte, ist sie vor lauter Schreck in ihr Zimmer gerannt und hat die Tür hinter sich geschlossen. Theresas Mutter nimmt es gelassen. Sie bittet mich in die Wohnung und erklärt, dass sie aus taktischen Gründen heute nicht mehr mit Theresa über das bevorstehende Interview gesprochen hat. Die 7-jährige Theresa, die gerade Schulferien hat, ist kurzfristig etwas in Panik geraten. Aber da taucht sie auch schon wieder aus ihrem Versteck auf, ein schlankes und sehr hübsches Mädchen mit großen braunen Augen.

In wenigen Minuten ist Theresas Schüchternheit verflogen und ein lebendiges und temperamentvolles Mädchen führt mich in ihr kleines, aber sehr schön eingerichtetes Kinderzimmer. Theresa zeigt mir gleich ihre zwei Hasen, Bella und Paul, die unter ihrem Hochbett in einem großen Käfig wohnen. Theresas ganzer Stolz ist der farbenprächtige Kronleuchter, der an ihrer Zimmerdecke hängt.

Wie selbstverständlich wählt Theresa ihr eigenes Zimmer als Interviewort aus. Theresa bereitet sich hierfür noch eine kleine Kanne Tee vor, sie liebt Eistee aus »Bröseln«. Mir bietet sie auch etwas zu trinken an und sprintet gleich los in die Küche, um mir ein Glas Wasser zu holen. Sie macht von sich aus die Tür hinter uns zu und richtet mir einen bequemen Sitzplatz auf dem Boden mit Kissen ein.

Theresa lässt sich mit großem Eifer auf das Interview ein und es gibt viele Dinge, die sie gerne erzählen oder

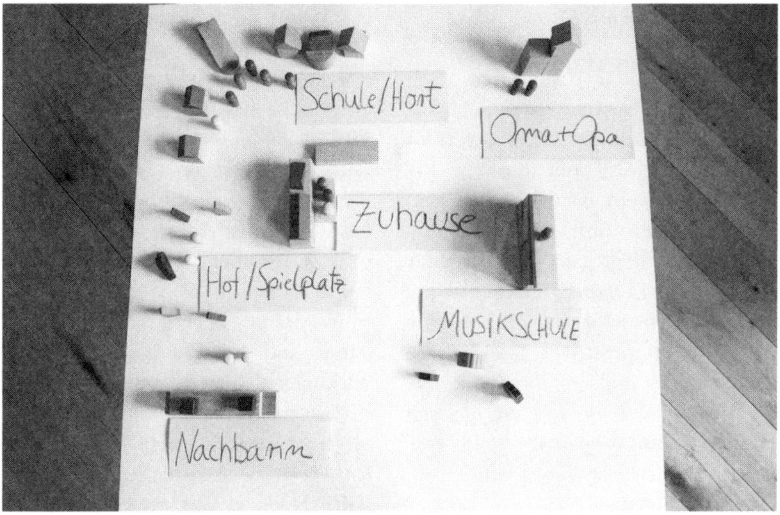

zeigen möchte. So verlieren wir des Öfteren mal den Faden, weil es so viel Spannendes zu berichten gibt, denn Theresa sprudelt nur so vor lauter Einfällen, Fragen und Ideen.

Der Aufbau der Lebenswelt – Theresa sprudelt los

Es dauert ein bisschen, bis Theresas Aufbau seinen ersten Grundstein erhält. Ich beginne, Theresa die Aufgabe zu erklären, und wecke allein durch meine Einführung (was könnte alles ein »Ort« sein?) so viele verschiedene Assoziationen bei ihr, dass wir immer wieder kurz unterbrechen. Als wir z. B. die möglichen Orte ihrer Lebenswelt durchgehen und dabei das Wort »Schule« fällt, springt Theresa gleich auf:

T: Soll ich dir noch was Gebasteltes zeigen? Habe ich selber gebastelt. Ein Segelschiff. [Theresa holt ein toll gelungenes Schiff aus Baumrinde und Hölzern aus dem Regal. Die Segel sind mit verschiedenen Tiermotiven bemalt].

T: Aber alle nennen das immer Fettchen obwohl Fettchen mit Doppel-t geschrieben wird, das heißt Fetchen. Den Namen habe ich mir ausgedacht. […] Soll ich dir noch was zeigen? Guck mal, was ich im Urlaub gefunden habe: Eine Schwanenfeder. Aber dann [wenn du sie anfasst] musst du dir die Hände waschen gehen. Mama hat es zwar da unten schon eingesprüht, aber trotzdem. […] Soll ich dir noch was sagen? Luisa aus unserer Klasse, die geht. Die kommt erst wieder in zwei Jahren. Ihre Eltern wollen woanders arbeiten, deswegen ist sie für zwei Jahre weg. […] Und Frau D. verlässt uns, unsere Deutschlehrerin, die geht auch auf eine andere Schule.

Schule, Pausenhof und Hort

Die Schule wird dann auch nach ca. 15 Minuten das erste Gebäude, das Theresa aufbaut. Theresa vertieft sich dabei gleich mit großem Eifer in einen sehr detailgetreuen und umfangreichen Aufbau. Die Schule von Theresa liegt ganz nah bei ihrer Wohnung: »*Einfach geradeaus, dann abbiegen, dann ist da das Hexen-, also das Stromhäuschen und dann einfach den Berg hoch und über die Straße. Um acht fängt der Unterricht an und um drei viertel acht gehen wir los. Ich gehe immer mit meinen Freundinnen, mit Emma und Paula.*«

Theresa berücksichtigt bei dem Aufbau des Schulgebäudes auch die Räumlichkeiten des Horts, wo sie nach dem Unterricht betreut wird. Auf meine Frage, wie lange sie nachmittags im Hort bleibt, antwortet Theresa lachend: »*Weiß nicht. Bis meine Eltern mich abholen.*« Von den Eltern, beide in der Altenpflege und daher auch im Schichtdienst tätig, erfahre ich später, dass Theresa meistens gegen 16 Uhr aus dem Hort abgeholt wird.

Besonders gut an der Schule gefällt Theresa der Pausenhof, »*weil wir da immer spielen können. Wir haben schon mal Bäckerei gespielt, dann haben wir fast alle Förmchen aus dem Schuppen geholt und haben dann überall Sand rein gemacht. Und dann hat Luisa einen ganz großen Ofen gemacht, dann haben wir Kuchen gebacken*«.

Theresa rechnet sehr gerne, daher ist für sie klar: »*Mathe macht mir am meisten Spaß. Nicht so viel Spaß macht Sachunterricht. Manchmal machen wir da auch etwas Langweiliges.*« Ich frage Theresa, worauf sie sich am meisten im kommenden zweiten Schuljahr freut, und sie antwortet mit Nachdruck: »*Auf die ganze Schule!*« Nur eine Sache passt ihr überhaupt nicht: »*Aber manchmal habe ich auch keinen Bock. […] Das ist das Blödeste, was ich an der Schule nicht mag! Aufstehen. Das frühe Aufstehen.*« Was kann man da machen? Ganz klar: »*Spätes Aufstehen!*«

Während Theresa das Schulgebäude und den Pausenhof möglichst wirklichkeitsgetreu nachbaut, denkt sie laut mit: »*Hmm … die Tür habe ich vergessen einzubauen, aber die mache ich jetzt … 'ne kleine oder eine große Tür? Hmm … na gut … diese Tür hier. So … dann haben wir noch einen Schuppen, dann geht es hier auch einen Weg runter, dann haben wir dort auch noch einen Schuppen, aber der ist ganz weit unten.*«

Mittlerweile ist auf der Unterlage ein kleines Schuluniversum entstanden. Das Schulgebäude, der Schulhof mit Spielgeräten, Schuppen, Bänken, Bäumen und einer gewaltigen Mauer nehmen schon einen Großteil der Unterlage ein. Theresa ist in die Gestaltung dieses Gebäudekomplexes so vertieft, dass meine Frage, ob ihr noch ein anderer Ort einfällt, gleich »schulisch« interpretiert wird. D.h. sie überlegt, welche Orte noch zur Schule gehören könnten: »*Sportplatz, Turnhalle, äh Klassenzimmer …*«

Theresas Spielkameraden

Als wir zu den Kontakten in der Schule kommen, stellt Theresa zunächst ihre beiden Freundinnen Emma und Luisa auf. »*Ich habe aber noch mehr. Marie und so noch. Das bin ich, meine Lieblingsfarbe [gelb], und das ist Luisa und das ist Emma. Hmm, ich habe noch eine. ... Marie stelle ich dorthin, ähm, habe ich noch eine? Hmm, ja, Rosa stelle ich dorthin ... jetzt brauche ich noch welche [Figuren]. Dann habe ich noch Maxima, die stelle ich dorthin, Bero, Bero ist ein Freund, keine Freundin.«*

Theresas soziales Leben spielt sich unter der Woche vor allem in Schule und Hort ab. Dabei decken sich die Kontakte aus Schule und Hort weitgehend. Die sechs Freunde sind hier ihre Spielkameraden. Auf die Frage, mit wem sie am meisten spielt, antwortet sie: »*Mit denen*«, und zeigt auf alle sechs Figuren. Beste Freundin ist allerdings Luisa, die Theresa in der Schule kennengelernt hat. Theresa und Luisa haben auch schon die Höhen und Tiefen der Freundschaft erlebt:

T: Ja. ... Manchmal hatten wir sogar Streit.
I: *Und worüber habt ihr euch gestritten?*
T: Dass wir keine Freunde mehr sind! Aber dann sind wir immer wieder Freunde geworden (lachend).

Die einzelnen Freundinnen werden nicht in einer Gruppe, sondern etwas verteilt aufgestellt. Rosa und Maxima stehen z. B. abseits von dem Rest der Gruppe und ich frage Theresa, warum das so ist? »*Weil sie woanders spielen. Rosa und Maxima spielen Pferdchen.*« Theresa setzt ihre Freunde spielerisch in Szene, sie probiert und positioniert, bis die optimale Spielposition für jeden gefunden ist. Theresa erwähnt ihre Freunde immer im Zusammenhang mit einer konkreten Form des Spiels. Ob Bäckerei- oder Pferdchenspielen auf dem Schulhof oder Theaterspielen im Hort: Kreatives Spiel ist Theresas große Leidenschaft. Ihre selbstbewusste und vergnügte Art lässt vermuten, dass sie dabei auch häufig Initiatorin ist und viel Dynamik in die Gruppe der Spielkameraden bringt. Manch einem ruhigeren Gemüt kann das vielleicht auch zu viel werden: »*Mit Bero [spiele ich nur] manchmal, weil er haut immer ab, selbst wenn er mich nur sieht.*«

Mit Balkon und Kronleuchter – Theresas Zuhause

Theresas Zuhause wird der zweite Ort, den sie ihrer Lebenswelt zufügen möchte. Nun ist auf der Unterlage allerdings nur noch so wenig Platz, dass improvisiert werden muss. »*Dann müssen wir aber das einstürzen. Aber das Haus [Schulgebäude] kann stehen bleiben. Ja, das Haus kann stehen bleiben und das ist jetzt einfach unser Zuhause.*«

Schulhof und Mauer kommen weg bzw. werden umgebaut. Wir einigen uns darauf, dass aus einem Teil der Schule das Zuhause von Theresa wird, dafür soll etwas weiter hinten auf der Unterlage noch eine kleine Variante der Schule aufgebaut werden, damit wir am Ende auch alle wichtigen Orte in ihrer Lebenswelt wiederfinden. Jetzt geht es wieder um Detailarbeit. »*Oh, wie baue ich den Balkon jetzt ran ... ach, das geht ganz einfach.*« Der Balkon ist wichtig, denn »*meine Eltern rauchen ja*«. Theresa überlegt, welche Personen zu ihrem Zuhause dazugehören: »*Die beiden [Hasen] und Mama und Papa.*« Aber die Hasen werden nicht mit aufgestellt, denn: »*Bella ist ein Tier. Bella ist kein Mensch und Paul auch nicht.*« Die Farben für die Personen werden von Theresa ganz bewusst ausgewählt: »*Papa ist blau, ich bin gelb, Mami ist grün.*« Wieder werden die sozialen Kontakte in Szene gesetzt: Die Eltern von Theresa, eine blaue und eine grüne Figur, stehen auf dem Balkon und rauchen. Während Theresa weiterbaut, frage ich sie, was ihr an ihrem Zuhause besonders gut gefällt? »*Mein Zimmer.*« Und da ganz besonders »*der Kronleuchter … und die Schwanenfeder*«.

I: *Und sag mal, Theresa, was machst du am liebsten, wenn du zu Hause bist?*
T: Hausaufgaben machen … Also nicht ganz. Mit Freundinnen treffen macht auch Spaß.
I: *Also wenn du vom Hort nach Hause kommst, dann machst du erst noch Hausaufgaben?*
T: Ja, wenn wir welche aufhaben, aber im Hort machen wir auch Hausaufgaben. Die wir im Hort nicht schaffen, machen wir dann zu Hause.

Theresa baut zu ihrem Zuhause auch die große Wiese mit Spielplatz, zu dem alle Mietparteien des Wohnkomplexes Zugang haben. Hier gibt es eine Schaukel, die Theresa sehr gerne benutzt.

Freunde in der Nachbarschaft

Gleich zwei Häuser weiter ist noch ein anderer Ort, der für Theresa wichtig ist: »*Drüben bei Vanessa. Mein Papa kennt Vanessa aus der Schule, und dann sind meine Mutter und mein Papa, da waren sie, glaube ich, noch kleiner oder auch so groß wie jetzt, und dann sind sie rüber zu Vanessa und dann hat Mama auch Vanessa kennengelernt.*« Vanessa wohnt hier mit ihrem 5-jährigen Sohn Leon. Das Verhältnis der beiden Familien ist sehr eng und freundschaftlich, sie sehen sich auch im Alltag regelmäßig und unterstützen sich gegenseitig: »*Gestern waren wir auch da, da haben sie [die Eltern und Vanessa] noch die Küche gemalert. Wenn wir sogar hier fertig sind, gehen wir rüber zu Vanessa Pizza backen. Leon und ich spielen dann immer im Garten.*« Vanessa und Leon gehören für Theresa unmittelbar zu ihrem Lebensumfeld dazu: »*Vanessa stelle ich mit Mama und Papa auf den Balkon, Leon ist auf der Schaukel.*«

Jetzt geht es wieder um die Details der Wohnumgebung, die Theresa laut denkend weiterentwickelt: »*Ähm, hier ist der Gehweg und dahinter ist die Straße. Dann baue ich da noch das Schild, das da vorne steht, kannst auch mal aus dem Fenster gucken, da steht S.-straße drauf. So, das ist das hier. Ach warte mal, vor dem Haus steht doch auch noch ein Bäumchen. … Die Straße geht hier um die Ecke …, die hat da eine Kurve und dann geht sie dort wieder geradeaus. Das baue ich jetzt mit höheren Steinen, das geht nicht anders. Und dann geht die dann noch dort lang. Und das hier ist der ganze Gehweg. So …*«

Omas und Opas – »beide Gleichstand«

Während des Gesprächs kommen wir darauf, dass auch alle vier Großeltern von Theresa in der Nähe wohnen und deren Zuhause ebenfalls Orte sind, die man mit aufstellen könnte.

I: *Also welche Oma und Opa siehst du häufiger? Die oder die?*
T: Weiß ich nicht. Gleich, glaube ich. Aber da gehen wir weniger hin. Ja … und da, glaube ich, auch nicht so viel. Also beide Gleichstand.

Welche Rolle die Großeltern für Theresa spielen, wie häufig sie sich sehen oder wie intensiv die Bindung ist, wird aus Theresas Erzählungen nicht richtig deutlich. Aber in ihren Schilderungen über die Großeltern zeigt sich wieder Theresas kreative, spielerische Art:

I: *Und wie oft bist du bei Oma und Opa?*
T: Hmm … nicht so oft. Aber wir kommen da diese Woche noch mal vorbei. Ich stecke dann Oma heimlich einen Brief in den Briefkasten, weil den kann man jetzt nicht abschicken, weil wir keine Briefmarke haben. Soll ich den mal herholen? (Sprintet wieder aus dem Zimmer). Ich hab ihn! Eigentlich [können wir den] nicht schicken, weil wir keine Briefmarke haben. Dann hab ich eine drauf gemalt.
I: *(lacht) Und was hast du geschrieben?*
T: Denen habe ich gar nicht geschrieben, da habe ich ein Bild rein gemacht.

Alle meine Entchen auf der Ukulele

Als weiterer Ort kommt am Ende noch die Musikschule hinzu. Jeden Montag nimmt Theresa hier seit einiger Zeit Ukulelen-Unterricht. Ich frage Theresa, wie es dazu kommt, dass sie die Ukulele spielt? *»Ich wollte auch ein Instrument, weil Mama eine Gitarre hat. […] Dann sind wir einfach in einen Laden gefahren, wo Mama die Gitarre herhat, und dann haben wir da eine Ukulele gesehen und dann haben wir eine gelbe Ukulele gekauft.«* Unterricht hat sie bei dem Musiklehrer Benni *»immer montags, wenn die Schule wieder anfängt«*. Theresa macht der Ukulelen-Unterricht viel Spaß, und sie möchte so lange weitermachen, *»bis ich es richtig kann«*.

Theresa hat keine Scheu, ihr Können vorzuführen, sie fragt mich: *»Soll ich dir denn am Ende was vorspielen? [Das Lied] kannst du dir aussuchen. Alle meine Entchen oder Happy Birthday.«* Nach Abschluss des Interviews gibt mir Theresa ein Minikonzert. Ganz selbstbewusst und konzentriert sitzt sie mit ihrer gelben Ukulele auf ihrem Schreibtischstuhl und singt und spielt *Alle meine Entchen* fehlerfrei vor.

»Muss ich mal aus dem Fenster gucken …«

Für Theresa ist der Aufbau ihrer Lebenswelt ein Spiel. Ich muss immer mal wieder dahin lenken, dass es sich bei den Orten um tatsächliche, für sie wichtige Orte handeln sollte, denn Theresa versteht die Aufgabe spontan anders. Für sie ist ein Ort alles, was man sehen kann, das bleibt auch so, nachdem sie schon einige Orte aufgestellt hat:

I: *So, dann gibt es Zuhause, Schule, Garten, Oma und Opa … was gibt es vielleicht noch?*

T: Muss ich mal aus dem Fenster gucken …

Der Schulhof ist für Theresa genauso ein eigenständiger Ort wie das Schulgebäude oder die Mauer hinter der Schule. Im Vordergrund steht für sie, dass der jeweilige Ort schön gestaltet ist und alle Details erkennbar sind. Theresa fallen auch immer wieder kleine Spielzeugelemente aus ihrem Zimmer ein, mit denen sie den Aufbau noch etwas aufpeppen könnte.

T: *[Entdeckt zwei kleine Plastikhasen auf ihrem Regal] Guck mal, die kann ich auch als Hasen nehmen. So, das hier ist Bella, die sieht auch aus wie Bella, und dann habe ich noch … den Hasenkäfig kann ich auch runterholen. So … (klettert wieder vom Schreibtisch runter). […] Den können wir dorthin stellen. So, wo sollen sie rein? Hier rein? Dann können sie auch jederzeit wieder raus.*

Wir finden jeweils einen Kompromiss, damit Theresa einerseits weiterhin Spaß an der Aufgabe hat, andererseits aber auch ihre tatsächliche Lebenswelt im Aufbau wiederzufinden ist.

Der Riese schaut auf die fertige Stadt

Um zu entscheiden, ob der Aufbau so weit vollständig ist und ihren Vorstellungen entspricht, klettert Theresa auf ihr Hochbett:

T: Ich gucke mir mal die ganze Stadt von oben an. (Klettert aufs Bett) Uhhh, das sieht cool aus.

I: *Dann kannst du ja mal von da oben gucken, ob noch irgendetwas fehlt oder ob alles komplett ist.*

T: … Alles komplett! … Außer, dort wohnt der dicke Riese, auf dem Kronleuchter ist die Wolke jetzt.

Theresas Lebenswelt enthält drei Orte, die ihren Alltag besonders prägen. Hierzu gehören der gesamte Schulkomplex mit Schulgebäude, Pausenhof und Hort, ihr Zuhause mit dem dazugehörigen Garten und die Wohnung von Vanessa und Leon. Diese Orte befinden sich alle in Theresas unmittelbarer Wohnumgebung. Schule und Hort und die Wohnung von Vanessa sind für Theresa problemlos selbstständig zu Fuß zu erreichen. Theresa fühlt sich in ihrer Lebenswelt außerordentlich wohl und sicher. Über »ihre« Orte berichtet sie mit Begeisterung und mithilfe vieler anschaulicher Details. Theresas Erzählungen sind durchgehend lebendig, unabhängig davon, ob sie über Personen, Tiere oder Gegenstände berichtet. Die Schaukel im Garten, der Kronleuchter im Kinderzimmer und die Hasen unter ihrem Bett sind genauso wichtige und feste Bestandteile ihrer Umgebung wie die Personen, die sie aufstellt.

Wer ist der Chef?

Auch die Frage, wer der Bestimmer an den einzelnen Orten ist, interpretiert Theresa wieder sehr spielerisch. Spontan denkt sie an das Spiel mit Freunden, wo manchmal ein »Chef« ausgesucht wird. Wer ist also in der Schule der Bestimmer?

T: Einer, den wir aussuchen. Manchmal spielen wir ja auch Kräuterladen, da suchen wir einen aus, der der Chef ist. […] Dann nehme ich mal, dass … Emma die Chefin ist.
I: *Ist sie das denn auch in Wirklichkeit?*
T: Nee, nicht immer. Und dann … darf ich noch ein Plättchen?
I: *Ja.*
T: Dann ist Luisa manchmal Chefin, ich bin auch manchmal Chefin …

Für die anderen Orte wird die Auswahl schon klarer:

I: *Wer ist da der Bestimmer?*
T: Zu Hause Papa.
I: *Papa ist der Bestimmer? Was bestimmt der denn?*
T: Weiß ich gar nicht, eigentlich alles. Und wenn Papa mal nicht da ist, dann ist Mama die Chefin.
I: *Ja … und wenn du gerne etwas machen möchtest oder haben möchtest, wen fragst du dann?*
T: Mama oder Papa.
I: *Und wenn du mit Leon spielst, wer ist bei euch beiden der Bestimmer?*
T: Wir beide.
I: *Und bei Oma und Opa, wer ist da der Bestimmer?*
T: Opa! … Und bei der anderen Oma ist Opa und Oma.

Die Künstlerin »Bella«

Während des Aufbaus kommen Theresa und ich auf ganz viele unterschiedliche Themen zu sprechen. Immer wieder springt sie auf, zeigt mir Spiel- oder Fundsachen oder sprintet aus dem Zimmer, um ihre Mutter etwas zu fragen, wenn sie sich bei einer Antwort nicht ganz sicher ist. So erfahre ich viele kleine Einzelheiten aus Theresas Leben, z. B. dass sie sich in der Schule einen Künstlernamen gegeben hat.

T: Vom Zirkusprojekt habe ich da oben auch noch eine Urkunde.
I: *Oh, die können wir uns ja nachher noch mal angucken.*
T: Mmh, vom Kunstunterricht hängt da auch noch ein Bild. Das ist ein Clown.
I: *Hast du das selber gemalt?*
T: Mmh.
I: *Schön. Das ist ja klasse.*
T: (springt auf) Die kann ich auch mal runterholen.
I: *Ja, kannst du machen.*
T: Und ich kann auch noch Ukulele spielen. Kann ich dir auch mal vorspielen.
I: *Hast du richtig Unterricht?*
T: Ja, bei Benni. (Zeigt mir das Bild, das sie im Kunstunterricht gemalt hat).
I: *Hey klasse, das hast du gemalt?*
T: Ja, ganz alleine.
I: *Und wieso steht da »Bella«?*
T: Weil mein Hase Bella heißt und weil das mein Künstlername ist.

Kreativität und Fantasie spielen in Theresas Leben eine sehr große Rolle. Ob in der Schule, im Hort oder zu Hause: Theresa bastelt, malt, macht Musik und spielt Theater. So zum Beispiel im Nachmittagshort: *»Wir spielen am meisten Puppentheater. Wir haben da selbst eine Bühne und Verkleidungssachen und noch so alles … dann denken wir uns eine Geschichte aus und wir spielen. Wir haben schon* *eine durchgemacht: Schneewittchen. Und ich war Schneewittchen. Wir hatten aber nur leider drei Zwerge. Aber dafür hatten die echte Bärte.«*

Theresas Begeisterungsfähigkeit scheint in dieser Hinsicht unbegrenzt, mit viel Hingabe und Talent widmet sie sich ihren künstlerischen Hobbys. In einer Mappe sammelt sie ihre gemalten und gebastelten Kunstwerke. Dort findet sich z. B. ein Schneemann, der mit Zahnpaste gemalt ist. Auch vor Publikum hat Theresa ihre Talente schon zeigen können. »*Wir hatten sogar in der Schule schon ein Zirkusprojekt, da hatte ich Taubendressur gemacht. Weißt du wie man eine Taube hält? So, dass die nicht unter den Daumen kommen, weil das tut weh mit dem Nagel!*« In einem richtigen Zirkuszelt vor einem ausgefüllten Zuschauerraum haben die Kinder verschiedene Kunststücke mit Tauben präsentiert, die sie vorher eingeübt hatten. »*Ich hab die hier wippen lassen. Also eine in die Mitte, eine an die Seite und eine an die andere Seite und dann habe ich die Taube in der Mitte hin und her geschoben und dann sind die Tauben an der Seite gewippt. Wir durften es sogar zweimal machen, zweimal vorführen. Das ganze Zirkuszelt war voll.*« Den Umgang mit Tieren kennt Theresa von zu Hause, denn dort kümmert sie sich um ihre beiden Hasen Bella und Paul. Die Freude an den beiden Tieren hat vielleicht auch ihren Berufswunsch inspiriert: »*Tierärztin. In einer Tierklinik.*«

Gefördert und angeregt werden Theresas kreative Fähigkeiten durch ihre Eltern, die ihr zum Beispiel den Ukulelenunterricht ermöglichen, das Zirkusprojekt durch ihre Mitarbeit unterstützt haben und Theresas Kunstwerke in der ganzen Wohnung ausstellen.

Abschluss: »Über 100 Sachen«

Theresa überrascht mich während des Interviews mit vielen fantastischen Einfällen. So erfahre ich zum Beispiel, dass sie gerne mal einen Ausflug machen möchte.

T: Ähm, … hmm … aber ich kann dir noch etwas nennen, wo ich gerne hingehen würde.
I: *Erzähl.*
T: Ich würde gerne, ähm, in eins meiner Filme springen …
I: *In welchen?*
T: In Bibi und Tina … Und dann wäre ich in Neustadt und der Zug ist schon losgefahren und ich würde mit Bibi dann auf dem Besen fliegen. Dann würde ich aber Tina sein, weil dann darf ich mit auf den Besen.

Theresa würde liebend gerne mit Bibi zusammen ein Abenteuer erleben, zum Beispiel in einem ihrer Lieblingsfilme »Geheimnisvolle Statue und das Zirkuspony«. Dabei ist Theresa schon klar, dass das nur theoretisch möglich ist: »*Das geht aber nicht. Weil wenn ich dann in den Fernseher springe, ist das trotzdem der Film, dann ist nämlich der Film aus.*« Aber beim Tagträumen kann man sich das ruhig mal vorstellen: »*Oder wenn man sich mal ausruht. Oder man denkt einfach dran. … Dann springe ich hier so in den Fernseher … tschuuu … dann bin ich im Fernseher …*«

Das Interview ist zwar langsam beendet, für Theresa ist unsere private

»Spielstunde« jedoch lange noch nicht vorbei. Zunächst mal müssen die Pappfiguren ausgemalt werden, die ich für die Gerechtigkeitsfragen mitgebracht habe, außerdem wollte sie mir noch etwas auf der Ukulele vorspielen. Während wir einen Herren und eine Dame aus Pappe mithilfe von Buntstiften in Braut und Bräutigam verwandeln, unterhalten wir uns einfach ein bisschen weiter und Theresa zieht ein Interviewfazit, das die letzten 2½ Stunden aus meiner Sicht wunderbar auf den Punkt bringt:

T: Eigentlich hat meine Mutter gesagt, du fragst mich, was ich alles gerne mag, dabei hast du mit mir gespielt und gebaut, und nicht das, was meine Mutter gesagt hat (lacht) … Oh, das Ding [Mikro] ist noch an.

I: *Das macht nichts … Und Theresa, hat dir das Spaß gemacht mit dem Bauen?*

T: Jaaa.

I: *Und die Geschichten, fandest du das auch gut?*

T: Ja.

I: *Und was hat dir mehr Spaß gemacht?*

T: Das Ganze. Und was hat dir mehr Spaß gemacht?

I: *Ich fand beides toll … Guck mal, vorher wusste ich gar nichts von dir, jetzt weiß ich ganz viel von dir.*

T: Über 100 Sachen!

Nevio, 7 Jahre

»Wir sind sportlich.«

Franziska Eisenhuth

Der 7-jährige Nevio lebt mit seinen Eltern, seinem 5-jährigen Bruder Marlon und der 2½-jährigen Schwester Uma in einer Dreizimmerwohnung in einem Villenviertel in Heidelberg. Beide Eltern sind berufstätig; Nevios Mutter arbeitet allerdings ausschließlich an zwei Nachmittagen und dann kommt Nevios Vater früher von der Arbeit, sodass immer ein Elternteil die drei Kinder betreuen kann.

In der gemeinsamen Zeit ist die Familie dabei sehr aktiv: Die Eltern spielen mit den Kindern Fußball, Basketball, Hockey und Tennis im Hof und Nevio geht mit seiner Mutter joggen. Er beschreibt deshalb auch die ganze Familie als sportlich. Nevio selbst spielt zusätzlich an zwei Nachmittagen Tennis im Sportverein.

Die Tennishalle stellt darum auch einen wichtigen Ort in Nevios Lebenswelt dar. Weitere relevante Orte sind die unterschiedlichen Spielplätze, die Nevio nachmittags mit seiner Familie besucht, und natürlich sein Zuhause. Seit einem halben Jahr geht Nevio außerdem in die Schule.

Dort gefällt es ihm, weil er eine nette Lehrerin hat, die die Kinder immer schon eher Frühstückspause machen lässt. Aber auch den Unterricht findet Nevio gut, weil er gern schreibt und rechnet. In Mathe sei er der Drittbeste in der Klasse, erzählt er. Nur Religion gefällt ihm nicht, da dort immer nur gemalt werde.

Auch in den Pausen ist Nevio aktiv; er spielt dann eigentlich ausschließlich Fangen in seiner »Bande«, die aus fünf Jungen besteht. Drei dieser Jungen besuchen Nevio auch manchmal zu Hause, oder er verabredet sich mit ihnen auf dem Spielplatz. Neben diesen Freunden trifft er weitere Kinder auf dem Spielplatz oder beim Tennis.

Im Verlauf des Interviews wird immer wieder deutlich, wie energiegeladen und selbstbewusst Nevio ist. So möchte er den Ablauf des Geschehens selbst gestalten oder drängt dazu, doch mal hinaus auf den Spielplatz zu gehen. Insgesamt hat Nevio einen abwechslungsreichen Alltag, geht viel aus dem Haus und tobt sich aus, ist dabei meist mit seiner Familie zusammen, spielt aber auch mit anderen Kindern. Im Winterurlaub fährt die Familie Ski, im Sommer geht sie schwimmen im Meer. Doch Nevio hört auch mal gern einer Geschichte zu, etwa wenn sein Vater ihm vom Herrn der Ringe erzählt. Ab und zu sieht er auch ein bisschen fern. Meist läuft dann ein Fußballspiel. Denn Fußballfan ist der sportbegeisterte Nevio auch: *»Für Bayern und für Deutschland.«*

Liona, 8 Jahre

»Ich kann bestimmen, weil ich' hab so viele Spiele.«

Franziska Eisenhuth

Die 8-jährige Liona lebt mit ihren Eltern und fünf Geschwistern in einer Kleinstadt im Raum Bielefeld. Die Familie bewohnt ein Haus in einer ruhigen Wohnsiedlung. Hier darf ich sie an einem Nachmittag im Winter besuchen und werde sehr herzlich von Lionas Mutter und ihren älteren Schwestern begrüßt. Liona selbst wirkt etwas schüchtern, folgt mir aber neugierig.

Sofort wird mir angeboten, das Interview im Wohnzimmer zu führen. Da dies über keine Tür verfügt, entscheiden Liona und ich uns dann aber doch, in dem Zimmer zu sprechen, das Liona mit ihrer kleinen Schwester Drita teilt. Als ich die Decke mit den Bausteinen auf dem Fußboden ausbreite wird Liona neugierig, was es damit auf sich hat. Nachdem ich ihr noch einmal erzählt habe, worum es in der Studie geht, ist sie wie verwandelt, legt ihre Schüchternheit ab und redet sofort los. Sprudelnd vor Energie und selbstbewusst erzählt sie aus ihrem Leben und baut nebenbei die relevanten Orte auf.

Lionas Familie: »Richtig nette Familie hab ich«

Gleich zu Beginn des Interviews erzählt Liona von ihren fünf Geschwistern. Die älteste Schwester Egzona heißt *»so ähnlich wie mein kleiner Bruder, der heißt nämlich nur Egzon«*. Egzona ist 17 Jahre alt, die zweitälteste Schwester Adelina 16 Jahre, Arlinda ist 14 Jahre alt. Nach Liona selbst sind die heute 4-jährige Drita und der 2-jährige Egzon geboren worden. Bis auf eine einzige Ausnahme versteht sich Liona sehr gut mit ihren Geschwistern:

L: Richtig nette Familie hab ich.
I: *Ja, die sind alle total nett, ne?*
L: Mmh. Eigentlich sind wir alle nett außer mein kleiner Bruder.

Denn Egzon, so erzählt Liona, schlägt sie und Drita, zieht an den Haaren und hat Liona auch einmal fest in die Hand gebissen.

Als er klein war, hat er sowieso häufig gebissen, *»aber jetzt hat er aufgehört, jetzt schlägt er nur«*. Doch zum Glück gibt es ein paar Tricks, mit deren Hilfe Egzon zum Aufhören zu bewegen ist:

L: Manchmal sage ich: »Hör auf.« Dann so richtig laut, dass der Angst kriegt und aufhört. Aber manchmal sag ich so richtig leise so traurig: »Hör auf«, auf Albanisch und er sofort küsst mich.

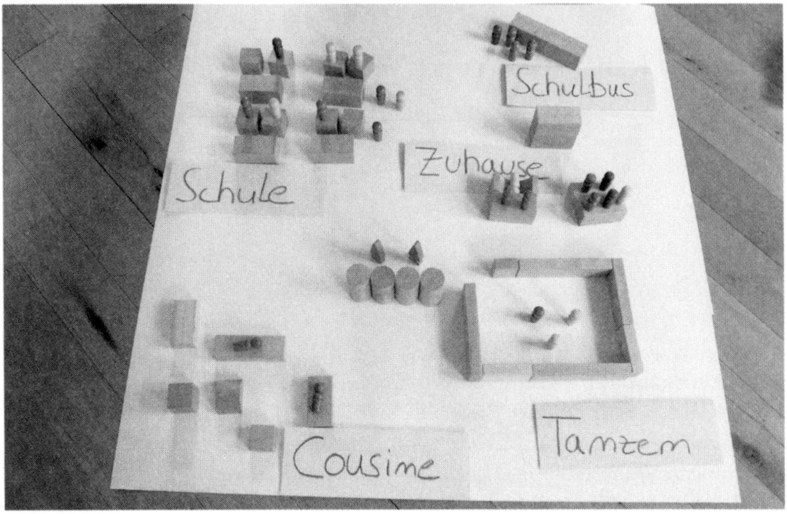

Die 4-jährige Drita kommt während des Interviews nach kurzer Zeit ins Zimmer und Liona entscheidet, dass sie zuhören darf. Das Kinderzimmer gehört den beiden Mädchen gemeinsam. Auch Egzona und Adelina teilen sich einen Raum. Der kleine Egzon schläft noch bei der Mutter, weil nicht genug Zimmer vorhanden sind. Nur Arlinda besitzt ein eigenes Zimmer:

I: *Mmh, die hat ein Zimmer alleine?*
L: Ja, eigentlich müsste die älteste machen, aber … Am meisten streiten sich die zweitälteste und die drittälteste zusammen.
I: *Ach und deshalb hat die drittälteste ein Zimmer?*
L: Ja, ein eigenen.
I: *Und die älteste und die zweitälteste verstehen sich ganz gut?*
L: Manchmal machen die richtig einen Stress über Kleider und so, wie auch immer. Aber sonst sind die richtig zusammen nett.

Liona fühlt sich wohl in ihrem Zimmer mit Drita, nur ab und zu fürchtet sie sich:

L: Ich hab manchmal Angst, weil … manchmal regnet's hier und blitzt nachts. Manchmal in der Nacht stehe ich auf, weil das so richtig laut ist, da hab ich immer Angst, dass das zu mir kommt.
I: *Oje, und was machst du dann? Dann stehst du auf?*
L: Nein, ich nehme manchmal diese ganzen vielen Kuscheltiere, die ich hab, in Arm und manchmal geh ich zu meiner Mutter und schlaf da, dann ist das okay.

Neben Dritas und Lionas Betten und einer langen Kommode mit Spielzeug steht noch ein niedriger Kindertisch in dem kleinen Zimmer. Hier macht Liona vorerst ihre Hausaufgaben, wenn sie einfach sind. Wenn die Hausaufgaben schwerer sind, macht sie sie in der Küche, wo ihre Mutter ihr dann hilft.

Die Hausaufgaben werden anschließend von Lionas älteren Schwestern kontrolliert. Doch dabei kann es auch zu Unstimmigkeiten kommen:

L: Ich streite mich manchmal auch mit denen, habe ich manchmal keinen Respekt.
I: *(lacht) Keinen Respekt?*
L: Ja, weil die … ich hab die Hausaufgaben richtig, alle die Antworten und so sind richtig. Aber sie kapieren's manchmal nicht, dann werde ich richtig sauer, dass ich fast keinen Respekt habe.
I: *Ja?*
L: Dann will ich sagen: (mit hoher und leicht erhobener Stimme) »Hau ab! Geh weg! Mach deine Hausaufgaben!« So welche Wörter.
I: *Oje.*
L: Aber sonst verstehen wir uns alle gut.

Wenn sie tausendmal sagen müsse, dass alles richtig sei, werde sie richtig rot, erklärt Liona – rot vor Wut. Der grundsätzlichen Harmonie zwischen den Schwestern tun diese Zankereien aber aus Lionas Sicht keinen Abbruch.

Den Mittelpunkt des Familienlebens bildet das Wohnzimmer, und hier v. a. die beiden Sofas, auf denen die Familie sitzt und gemeinsam fernsieht. Deshalb baut Liona auch als Erstes den Fernseher mit den Bauklötzen auf und versammelt ihre Familie als Holzfiguren auf den Couchen drum herum. Die Familie schaut unterschiedliche Sendungen an, z. B. Serien. Lionas Eltern aber sehen sich v. a. den Wetterbericht auf Albanisch an.

»Albanisch albanisch!«

Albanisch ist neben Deutsch auch Familiensprache. Manchmal kommt es allerdings zu Verständigungsschwierigkeiten mit Lionas Eltern:

L: Ja, weil Eltern sagen ganze Zeit immer: »Albanisch albanisch!«, aber manchmal weiß nicht, wie das auf Albanisch heißt, dann sag ich das einfach auf Deutsch.
I: *Mmh, und verstehen die das dann auch?*
L: Manchmal schon, manchmal nicht. Dann zeige ich ihnen das, wie das aussieht, und so mach ich das. Und dann kapieren sie das.
I: *(lacht) Ist das manchmal schwierig?*
L: Manchmal richtig. Zum Beispiel Schaukeln auf Albanisch, da geht's nicht, weiß ich nicht, wie ich das machen muss. Muss ich ein Seil nehmen und immer so hier halten (deutet an, dass sie zwei Seile hält), wie soll ich das machen? (beide lachen)

Liona erklärt, dass ihre Eltern aus dem Kosovo kommen, aber dass sie selbst besser deutsch sprechen kann, weil sie in Deutschland geboren wurde und auch ihr Schulunterricht auf Deutsch ist: *»weil ich lerne ja mit deutsch alles, zum Beispiel plus und so …«*

Aber grundsätzlich gefällt es Liona im Kosovo besser, u. a. weil ihre Oma dort lebt. In den Ferien verbringt die Familie viel Zeit dort.

I: *Aha. Und? Wie ist das dann im Urlaub?*

L: Im Urlaub ist es richtig warm immer. Dass ich fast keine Luft kriege.

I: *Ja? So warm?*

L: Ja, dann werde ich schön braun. Aber jetzt bin ich weiß, weil's ja Winter ist.

Wer bestimmt?

Zu Hause in Deutschland fällt viel Arbeit im Haushalt an, die v. a. Lionas Mutter erledigt. Sie putzt immer die Küche und muss auch sonst viel putzen und aufräumen, denn *»sie hat ja auch ganz viele Kinder«*. Liona erzählt, dass ihr eigenes Zimmer immer am schlimmsten aussehe, aber wenn man so viel spiele, passiere das halt. Lionas Mutter räumt dann meist auf. Doch manchmal unterstützt Liona sie auch:

L: Aber … sonst geht's meiner Mutter gut, weil manchmal sagt sie, sag ich immer: »Leg dich hin mit Kindern, mach, was du willst, aber sonst keine Arbeit, ich mach schon alles für dich.«

Insgesamt vermittelt Liona den Eindruck, dass sie ein sehr partnerschaftliches Verhältnis zu ihrer Mutter hat. Manchmal sagen sie oder die älteste Schwester Egzona zwar auch, ob die anderen Kinder etwas putzen, ihre Hausaufgaben machen oder schlafen sollen. Aber das fällt für Liona nicht so stark ins Gewicht. Lionas Vater ist meist bei der Arbeit und verteilt keine Aufgaben in der Familie.

Lionas Alltag

Der Morgen

Morgens wird Liona von ihrer Mutter geweckt. Wenn es ein schöner Tag ist, beginnt er so:

L: *Meine Mutter weckt mich so richtig schön und dann stehe ich auf und ich lass meine Sachen dann hier an der Heizung, damit die warm werden.*

Liona zieht ihre angewärmte Kleidung an und startet positiv in den Tag: *»Dann fühlt sich immer richtig schön, so als würde ich tanzen, an.«* Sie frühstückt, manchmal Müsli, meistens aber eine Banane.

Dann geht Liona zu Fuß zur Bushaltestelle: *»Das ist nicht ganz weit, aber ein paar Meter sind es schon.«* Dort trifft sie ihre zwei besten Freundinnen Lisa und Dilara, die in der Nachbarschaft wohnen. Lisa ist jünger als Liona, sie ist gerade in die erste Klasse gekommen. Dilara besucht Lionas Parallelklasse und nimmt immer ganz viele Süßigkeiten mit in den Bus. Zu dritt sitzen die Mädchen dann zusammen und fahren gemeinsam in die Schule.

Die Schule: »Ich bin eigentlich die Beste aus der Klasse«

Liona erzählt viel aus der Schule. Sie hat bereits berichtet, dass ihre älteren Schwestern ihre Hausaufgaben kontrollieren. Auch, wenn es dabei manchmal zu Streitereien kommt, findet Liona dies grundsätzlich gut:

L: Weil ich will ja erst mal in der Dritten gehen, ich bin ja wieder sitzen geblieben.

I: *Ah, okay.*

L: Das war auch gut, weil 2012 war ein schwieriger … ich konnte nichts hören, weil ein Mädchen, die ist die Schlechte aus dieser Klasse, die blieb auch jetzt sitzen. Weil die war erst mal in der Ersten, die hat immer geredet, geredet, dass ich fast nichts verstanden hab … Bis sie ist wieder sitzen geblieben, aber jetzt ist sie ja schon … auch immer noch in der Klasse, aber sie sitzt nicht neben mir, sie sitzt neben jemand anderes.

I: *Ah, okay. Du sagst, du bist wieder sitzen geblieben? Bist du zweimal sitzen geblieben?*

L: Nein, nur einmal.

I: *Einmal. Okay. Dann warst du in der ersten Klasse, dann in der zweiten und jetzt noch mal in der zweiten.*

L: Ja, es ist jetzt besser, weil das jetzt ist es einfacher geworden für mich.

I: *Mmh ja. Aber du möchtest dann in die dritte Klasse gehen?*

L: Mmh unbedingt.

I: *Ja? War das blöd für dich, dass du sitzen geblieben bist?*

L: Nein, es ist eigentlich für mich gut, weil ich konnte ja nicht verstehen.

Liona muss die zweite Klasse wiederholen. Diesen Umstand führt sie darauf zurück, dass im letzten Schuljahr ein Mädchen den Unterricht sehr gestört hat und Liona deshalb nichts verstehen konnte. Auch dieses Mädchen wiederholt die zweite Klasse nun gemeinsam mit Liona und muss, wie Liona später erzählt, als Einzige an einem Einzeltisch sitzen, weil sie noch immer so viel redet: »*Die also die ist schon fast ganz vorne, weil die quasselt ja so.*« Aktuell schätzt Liona ihre eigenen Leistungen sehr positiv ein:

L: *Und ich bin eigentlich die Beste aus der Klasse, ich bin leiser, ruhig, arbeite richtig schön … Egal, was die sagen, die sagen so was wie »Hilf mir«, ich helfe die manchmal, manchmal nicht, weil ich muss ja auch selber was machen. Ich muss ja nicht in jeder Stunde alles für die machen.*

Vor allem hat Liona nun also ihr eigenes Fortkommen vor Augen. Ab und zu unterstützt sie aber auch die schwächeren Mitschülerinnen und Mitschüler. Mit drei Jungen in der Klasse schimpft sie öfter:

L: Es gibt ja auch ein paar, es gibt drei Jungs, die sind auch Albaner, aber die sind in der zweiten Klasse. Die sind auch die Schlechten von der Klasse.

I: *Oh, wie kommt denn das?*

L: Ja, die stören jedes Mal in der Stunde, die quatschen zusammen, und wenn Frau Müller sagt: »Macht diese Hausaufgaben zu Hause«, sagen sie: »Oh Mama, ich habe in der Schule meine Hausaufgaben gemacht«, und dann glaubt die Mutter das und dann spielen sie jedes Mal und machen keine Hausaufgaben.

I: *Okay, das ist ja doof.*

L: Ich schrei sie jedes Mal an und sag: »Ihr müsst das arbeiten in der

Stunde!« Frau Müller muss sich ja nicht immer um die Kinder kümmern, ich kann das ja auch machen, ich bin ja eh auch die Älteste aus dieser Klasse.

Liona hat also, so findet sie selbst, als Beste und Älteste in der Klasse eine besondere Position und kann durchaus auch etwas nach dem Rechten sehen und die Klassenlehrerin Frau Müller so unterstützen.

Insgesamt gefällt es ihr in der Schule »*richtig gut*« und den Unterricht findet sie »*eigentlich richtig einfach für mich*«, obwohl auch die Mitschülerinnen und Mitschüler in der neuen Klasse zu viel reden und sie stören. Dann ist es »*manchmal richtig anstrengend, dass ich nichts verstehe, und dann vergiss ich, was ich machen muss, oder ich weiß nicht, was ich machen muss*«. Grundsätzlich sagt Liona: »*Ich find's ja auch gut, dass ich in der Schule bin, dass ich irgendwas lerne.*«

Lionas Freundinnen in der Klasse: »Das sind so die Besten, die mir so helfen.«

In Lionas Klasse sind 24 Kinder. Für die wichtigsten Kinder, ihre Freundinnen, stellt Liona Holzfiguren auf. Dabei umfasst ihr Konzept von Freundinnen diejenigen Kinder, »*die mir manchmal helfen und so*«.

Zunächst einmal ist da ihre Freundin Cheyenne, die neben Liona sitzt und die Zweitälteste in der Klasse ist. Cheyenne hat zurzeit große Sorgen:

L: Ihre Mutter hat so tut ihre Brust weh und Cheyenne denkt, sie hat Brustkrebs.
I: *Oje, das ist ja schrecklich.*
L: Und die hat Angst, dass ihre Mutter stirbt.
I: *Oje.*
L: Aber ich tröste die jedes Mal, sie fängt fast an zu heulen und redet. Und dann fängt sie an zu heulen.

Liona kümmert sich um Cheyenne, aber die beiden haben auch Spaß zusammen: »*Aber sonst sind wir richtig gute Freunde, manchmal erzähle ich richtige Witze, dass sie schon anfängt zu lachen.*«

Außerdem zählt Liona noch ihre Freundinnen Laura, Hannah, Selma, Violeta und Odeta auf, die alle in die gleiche Klasse wie sie gehen. Zwischendurch muss sie überlegen: »*Wie viele Freunde habe ich überhaupt?*« »*Und hab ich noch eine? Wie hieß die noch mal?*« Schließlich resümiert sie: »*Ich denk, das sind so die Besten, die mir so helfen.*«

In ihrer alten Klasse hat Liona auch noch Freunde, aber da sie jetzt nicht mehr in dieselbe Klasse gehen, benennt sie sie nicht.

Lionas Klub und »Erzfeind« Katharina

In den Schulpausen geht Liona einer besonderen Beschäftigung nach. Dann ist sie mit ihrem Klub unterwegs, in dem sie und Cheyenne die Chefinnen sind. Der Klub war Lionas Idee und mittlerweile sind zwölf Kinder Mitglieder. Nicht alle kann Liona mit Namen benennen. Es sind überwiegend Kinder aus anderen Klassen, die mit Cheyenne befreundet sind.

Die Hauptbeschäftigung innerhalb des Klubs beschreibt Liona so: »*Ja, wir reden dann über das andere Klub. Also, unseren Erzfeind.*« Dieser Erzfeind ist

»diese Zicke, die immer so nicht hört«: Katharina, das Mädchen, das mit Liona zusammen die zweite Klasse wiederholt und das Liona dafür verantwortlich macht, dass sie selbst sitzen geblieben ist. Katharina lache sie immer sofort aus, wenn sie etwas Witziges sage oder Liona einen Fehler mache. Sie sage auch ganz schlimme Worte zu Liona und ihrem Klub, behaupte dann aber vor ihrer Mutter und der Klassenlehrerin, die anderen hätten diese Worte gesagt. Deshalb ignoriert Liona Katharina oft und hat sie nicht in ihren Klub aufgenommen, *»weil die so zickig ist zu mir«*. Stattdessen habe Katharina ihren eigenen Klub: *»Da hat sie immer die Zicken dabei.«*

Liona beschreibt ihren Klub vorrangig als Bündnis gegen Katharina, der man nur gemeinschaftlich Herr werden könne. Dazu sei auch eine systematische Beobachtung Katharinas nötig, um zu verhindern, dass diese Unwahrheiten über Liona und ihren Klub in die Welt setze:

L: *Und dann sage ich denen ein paar Hausaufgaben, und die Hausaufgaben waren: Jedes Mal müsst ihr zu Hause, sie wissen ja, wo Katharina wohnt, gucken, was sie macht, was sie redet oder petzt und dann sagen sie mir Bescheid, rufen mich an. Und dann kriegen die eine richtig gute Umarmung von mir.*

Mit dem so erworbenen Wissen konfrontiert Liona ihre Erzfeindin dann direkt:

L: Dann gehe ich zu ihr und sag: »Ich hab das nicht gemacht, wir machen das nicht.« Dann sag ich irgendwas, was wir nicht gemacht haben, weil die sagt einfach irgendwas, das wir nicht gemacht haben, und dann kriegen wir Ärger von ihrer Mutter und Frau Müller.

I: *Aha, okay.*

L: Das hasse ich immer. Deswegen haben wir auch einen Klub gemacht.

Dass es sich aber nicht um reine Verteidigung handelt, wird an folgenden Aussagen deutlich:

L: [bevor wir spielen:] Aber als Erstes singen wir ein Lied.

I: *Ihr singt ein Lied?*

L: Ja, das heißt so (beginnt zu singen) kling Glöckchen, klingelingeling, kling Glöckchen kling, alle Menschen wissen, Katharina ist beschissen, alle Kinder zum Meister, Katharina Hosenscheißer.

I: *Ohhh okay … (gedehnt)*

L: Das hat sie auch manchmal über uns gesungen, sie hat das als Erstes gesungen, da haben wir das auch gemacht.

An dieser und anderer Stelle rechtfertigt Liona ihre – aus der Außenperspektive sozial unerwünschten – Verhaltensweisen damit, dass Katharina den ganzen Streit begonnen habe und nun immer wieder neu vom Zaun breche, indem sie Unwahrheiten über Liona verbreite. Doch auch aus Lionas Mund klingt es nicht so, als gebe es ernsthafte Schwierigkeiten, Katharinas Unterstellungen zu widerlegen:

L: Aber als in der Klasse, hab ich das Frau Müller gesagt, ich hab manchmal Kamera dabei und ich nehme das so mit und zeig's dann Frau Müller. Frau Müller sieht das und weiß die Wahrheit. Und dann kriegt sie … hat sie Ärger.

I: *Wer kriegt denn mehr Ärger? Kann man das sagen?*

L: Katharina. Weil sie ist ja eh die Schlechte aus dieser Klasse.

In ihrem Klub ist Liona die unangefochtene Bestimmerin. Sie erklärt dies damit, dass es ihre Idee war, ihn zu gründen. Liona ist offenbar auch diejenige, die die Verantwortung hat, mit Katharina und der Lehrerin zu sprechen. Ihren eigenen Führungsstil beschreibt Liona dabei als freundlich, etwa weil sie Umarmungen verteilt. Wenn sie mal ein Versprechen breche, fänden ihre Klubmitglieder das nicht schlimm: *»Die sind zu mir nett, weil ich bin ja auch bei ihnen nett.«*

Insgesamt vermittelt Liona den Eindruck, im Reinen mit den Aktivitäten ihres Klubs zu sein und sich im Streit mit Katharina im Recht zu fühlen.

Nicht das gesamte Pausenleben ist durch den Klub geprägt. Es kommt schon vor, dass die Freundinnen den Klub ausfallen lassen. Dann verbringt Liona die Pausen mit ihren besten Freundinnen Dilara und Lisa, die andere Klassen besuchen. Auch wenn sie mit Lisa und Dilara spielt, ist Liona in der Regel die Bestimmerin. Manchmal lässt sie aber auch Lisa bestimmen, was gespielt wird, um nicht gemein zu sein. Grundsätzlich finden es die anderen Kinder aber gut, wenn Liona bestimmt: *»Weil manchmal haben die nicht so viele Idees, dann sag ich: ›Weißt du was? Ich kann jetzt bestimmen, weil ich hab so viele Spiele.‹«*

Der Schulbus

Ein Aspekt, der Hektik in Lionas Schulalltag bringt, ist der Schulbus. Ständig muss sie Angst haben, dass sie ihn nach der Schule verpasst, weil ihre Lehrerin die Kinder zu spät aus dem Unterricht entlässt. Liona hat das *»schon tausendmal erlebt«*. Dann muss sie zur Rektorin gehen, die einmal sehr mit ihr geschimpft und ihr einfach nicht geglaubt hat, dass Liona schon die ganze Zeit angezogen war und losgehen wollte, aber nicht durfte. Anschließend wird sie dann von ihrer Mutter mit dem Auto abgeholt und bekommt von dieser auch noch einmal Ärger.

I: *Und deine Mutter hat mit dir geschimpft, weil sie dich abholen musste.*

L: Ja, da hat sie gesagt: »Noch einmal verpasst du den Bus, dann kriegst du aber so richtig mit mir.« Und dann ich geh immer richtig schnell, und ich sag: »Wartet, wartet!« Manchmal fährt er los, dann renn ich hinter ihm, dann sieht er mich.

I: *Oje, das ist ja ein richtiger Stress.*

L: Ja, ich krieg auch fast keine Luft mehr, weil mein Tonni, ich hab zu viele Bücher, das sind meine ganzen Hausaufgaben.

I: *Ja. Oje, das klingt ja ganz schön anstrengend.*

L: Ja, als würde ich joggen gehen und dann krieg ich immer ein paar Kilos weg.

Auch den Schulbus baut Liona mit Bauklötzen auf und stellt ein paar Kinder davor, die in einer Schlange warten.

Der Nachmittag

Wenn Liona zu Hause angekommen ist, gibt es Mittagessen. Am liebsten isst sie Waffeln und Muffins. Sie backt auch gern zusammen mit ihrer Mutter: »*Und manchmal, wenn wir backen, an einem schönen Tag, da machen wir Musik an und tanzen und backen und hmhmhm (summt).*« Meist passt sie aber auf ihre kleineren Geschwister auf, während die Mutter Essen zubereitet.

Lionas Cousine

Am Nachmittag wird Liona dann manchmal von ihren Eltern mit dem Auto zu ihrer Cousine Anita gefahren und spielt mit ihr. Die Wohnung, in der Anita mit ihrem Bruder und ihren Eltern wohnt, baut Liona als wichtigen Ort ihrer Lebenswelt auf. Ungefähr einmal pro Woche oder alle zwei Wochen ist sie hier zu Besuch. Anders als in ihrem Klub und mit Dilara und Lisa ist Liona hier nicht die Bestimmerin, sondern Anita hat das Sagen: »*Da bestimmt sie, weil das ist ja ihr Zimmer.*«

Tanzen

Ihre Cousine Anita trifft Liona auch jeden Mittwoch beim Tanzen: »*Ich kann ja richtig gut tanzen und Mittwoch habe ich ja ein Tanzunterricht.*« In der Turnhalle ihrer Schule bringt eine Lehrerin einer Gruppe Mädchen unterschiedliche Tänze bei, etwa Bauchtanz oder Steppen. Neben Anita trifft Liona dort auch zwei Mädchen aus ihrer alten Klasse. Zum Tanzen wird sie von ihrer Mutter gebracht, welche dann mit den beiden kleinen Geschwistern zuschaut.

Wenn Liona aber keine festen Termine hat:

L: Ich guck halt Fernsehen.
I: *Guckst du Fernsehen mit deiner Familie?*
L: Ja, aber manchmal lese ich einfach ein Buch, wenn das mir zu langweilig ist, Fernsehen zu gucken. Damit ich auch ein bisschen was im Kopf habe mit Lesen.

Abschluss

Manchmal schläft Liona auch einfach ein bisschen. Von Langeweile spricht sie nicht. Im Gegenteil, Zeit, ihre Freundinnen am Nachmittag zu treffen, hat Liona nicht: »*Ich hab ja auch so nicht so viel Zeit, ich muss ja auch ein paar Sachen erledigen, zu Hause, dass ich fast keine Zeit hab, deswegen.*« Das ist für sie in Ordnung, da sie ihre Freundinnen ja sowieso in der Schule sieht.

Fast zwei Stunden unterhalten Liona und ich uns und beinahe unermüdlich erzählt Liona aus ihrem Leben. Am Schluss setzen wir uns dann noch einmal mit der ganzen Familie zusammen und ich lerne nun auch Lionas Vater kennen, der zwischenzeitlich von der Arbeit nach Hause gekommen ist. Alle wollen wissen, wie das Interview gelaufen ist, und sind stolz auf Liona, als ich berichte, dass sie ganz viel erzählt hat. Auch Liona sagt, dass ihr das Interview Spaß gemacht hat und es schön war, so viel von sich zu erzählen. Am Anfang sei es ihr zwar peinlich gewesen, mit mir zu reden, weil sie mich nicht kannte: »*Ich hab mich so richtig aufgeregt. Aber dann hast du alles gesagt, was du so machst und so. Und dann hab ich dich richtig gut kennengelernt.*«

Und ich wiederum habe ein selbstbewusstes und ideenreiches Mädchen kennengelernt, das, nachdem es einmal sitzen geblieben ist, die Schule gern und erfolgreich besucht, dort seine Klassenlehrerin unterstützen möchte und auch Verantwortung für schwächere Mitschüler übernimmt. Gleichzeitig kann sich Liona auch sehr entschieden für ihre eigenen Interessen und die Interessen ihrer Freundinnen einsetzen. Sie ist die Anführerin eines gut organisierten Klubs, der in seinen Aktivitäten gegen eine andere Mitschülerin gerichtet ist. Zu Hause fühlt sie sich in ihrer Familie mit vielen Geschwistern aufgehoben und ist zufrieden mit relativ wenigen Freizeitaktivitäten: Tanzen, Fernsehen und Lesen.

Fabian, 7 Jahre

»Weil ich das kann!«

Amelie Jung

Der 7-jährige Fabian wohnt zusammen mit seiner Mutter, seinem Vater und seiner drei Jahre jüngeren Schwester Luisa in einer sehr ruhigen und gepflegten Wohngegend am Rande einer Großstadt des Ruhrgebiets.

In der großen Wohnung hat Fabian ein eigenes sehr gemütliches Zimmer mit Blick auf den Garten. Fabian strahlt, wenn er über sein Zuhause berichtet. Besonders gefällt ihm, *»dass wir hier so ein großes Wohnzimmer haben. Und der Garten. Und am besten gefällt mir … [zeigt aus dem Fenster], hinter dieser Ecke da hinten, da haben wir Stachelbeeren und Johannisbeeren«*.

Neben seinem Zuhause gibt es in Fabians Lebenswelt noch die Schule, den Fußballplatz und die Kirche. Über Fabians Kontakte an diesen drei Orten, seine Freunde oder Bekannte, erzählt er kaum etwas. Dagegen sind jedoch Fabians Eltern sehr präsent in seinen Schilderungen. Seine Mutter ist es, die ihn von der Schule abholt oder zum Fußball fährt, die er fragt, wenn er Wii spielen oder fernsehen möchte. Sein Vater trainiert Fabians Fußballmannschaft und spielt gemeinsam mit ihm und seiner Schwester Wii. Auch in den Schulferien unternimmt Fabians Vater etwas mit den Kindern: *»Gestern bin ich mit meinem Papa mit dem Fahrrad gefahren, ins Freibad.«*

Alles, was mit Sport und Bewegung zu tun hat, weckt Fabians Begeisterung. Zweimal in der Woche hat er Fußballtraining. Bis vor Kurzem hatte Fabian noch jeden Dienstag Tennistraining. Das hat zwar Spaß gemacht, aber er wollte auch noch andere Sportarten ausprobieren. *»Ich wollte Bronze machen in Schwimmen. Und Tischtennis mal ausprobieren.«* In der Schule spielt er einmal wöchentlich Basketball. Aber auch den ruhigen Beschäftigungen ist Fabian nicht abgeneigt: *»Puzzeln tu ich gerne … Und malen … Und Kartenspielen … Und bauen. Manchmal, wenn ich irgendwie so Legosachen krieg, dann bau ich die zusammen. Weil ich das kann.«*

Fabian wirkt während des Interviews einerseits sehr konzentriert und zurückhaltend, andererseits aber überrascht er immer wieder mit pfiffigen Einfällen, über die er sich spitzbübisch freut. Von seinen Eltern wird Fabian ab und zu liebevoll »der Professor« genannt.

Samira, 11 Jahre

»Meine Freunde haben nie Zeit.«

Franziska Eisenhuth

Samiras Familie lebt seit zehn Jahren in Deutschland. Als Flüchtlinge kamen die Eltern mit damals zwei Kindern (Samira und ihrem älteren Bruder Sinan) aus dem Libanon und lebten lange als AsylbewerberInnen in einem Heim in einer Kleinstadt im Raum Bielefeld. Die drei jüngeren Geschwister Abdul, Nadia und Fatih wurden hier geboren. Nach einigen Jahren konnte die Familie in eine kostengünstige Wohnung umziehen, die ganz in der Nähe des Heims liegt. Nachdem Samiras Vater lange Jahre über keine Arbeitserlaubnis verfügte und so keinen Job finden konnte, arbeitet er nun als Hausmeister in einem Betrieb in der nächstgrößeren Stadt und der Familie geht es finanziell besser als in den Anfangsjahren, in denen sie in großer Armut lebte.

An einem Freitagnachmittag im Februar besuche ich die Familie in ihrer Wohnung. Das Haus, in dem sich die Mietwohnung befindet, liegt außerhalb des Stadtzentrums, direkt an einer großen Umgehungsstraße. Als ich ankomme, erwartet die Familie mich schon und begrüßt mich freundlich. Samiras Mutter bereitet gerade gefüllte Weinblätter zu, der Vater ist soeben von der Arbeit nach Hause gekommen und auch Samiras vier Geschwister sind da. Die drei jüngeren Geschwister Abdul, Nadia und Fatih begrüßen mich neugierig; nur Samiras großer Bruder Sinan ist oben in seinem Zimmer und spielt am Computer.

Das Interview soll im Wohn- und Esszimmer der Familie, dem größten Raum der Wohnung, stattfinden – in dem Zimmer, das Samira mit ihrer Schwester teilt, ist es auch zu unordentlich, entscheidet Samiras Mutter lachend. Wir setzen uns auf den Fußboden, wo Samira die Bauklötze ungestört aufbauen kann. Bereitwillig und gut gelaunt lässt sie sich auf meine Bitte ein, die Orte, die für sie wichtig sind, aufzubauen, und aus ihrem Leben zu erzählen. Dabei macht sie immer wieder Witze und lacht viel, obwohl auch ernste Themen zur Sprache kommen.

Samiras Lebenswelt

Samira umfasst ihre Lebenswelt mit den folgenden Worten:

S: Ja, ich bin meistens bei meiner Freundin, zu Hause und in der Schule und … Manchmal bin ich auch mit meiner Familie im Schwimmbad oder so aber … ja.

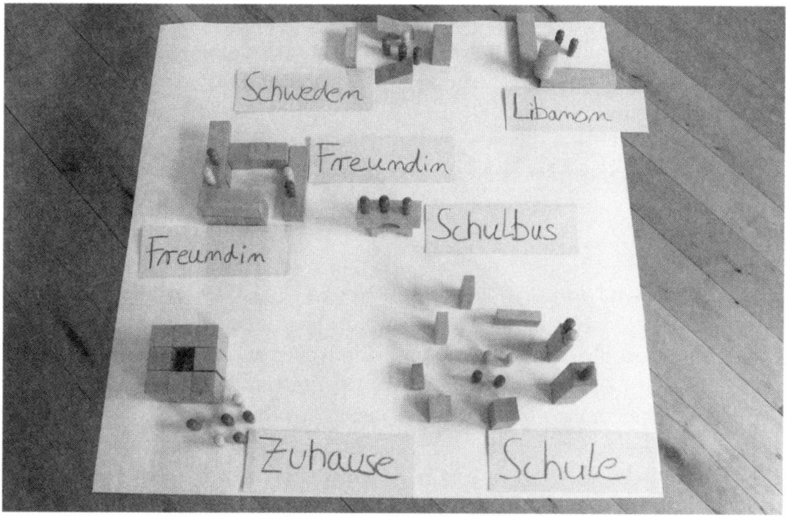

Ganz überwiegend verbringt Samira ihre Zeit zu Hause, wenn sie nicht in der Schule ist. Darüber hinaus besucht sie vor allem zwei Freundinnen. Ausflüge mit der Familie sind nicht so häufig, wie Samira es sich wünschen würde. Ins Schwimmbad z. B. geht die Familie *»ganz ganz selten«*, wie Samira berichtet.

Die Familie und das Leben zu Hause

Das Zuhause ist also Dreh- und Angelpunkt in Samiras Alltag. Sie lebt mit ihren Eltern und den Geschwistern Sinan, Abdul, Nadia und Fatih zusammen. Schnell bringt Samira zur Sprache, wie störend sie es empfindet, dass sie sich ein Zimmer mit ihrer 7-jährigen Schwester Nadia teilen muss. Denn zum einen sei das Zimmer mit ca. 12 qm viel zu klein für zwei Leute (ein *»Pupszimmer«*, wie Samira sagt): *»Ich bin ja schon groß, deswegen brauch' ich auch viel Platz.«* Stattdessen muss Samira sich mit der vier Jahre jüngeren Schwester abstimmen, was die Gestaltung der Einrichtung angeht, und es herrscht viel zu oft *»Zickenkrieg«*, wie sie es formuliert. Vor allem, wenn Freundinnen zu Besuch sind, stört es Samira, dass Nadia dabei ist.

S: Nur dass Nadia mitgespielt hat … das sind meine Freundinnen! (Mit hoher und gespielt empörter Stimme).
I: *Das ist dann manchmal bestimmt schwierig, ne? Wenn ihr nur ein Zimmer habt und deine Freundinnen da sind.*
S: Mmh … dann haben wir keine Privatsphäre, weil Nadia dann überallhin darf. Ist langweilig, wenn Nadia mitspielt. Also, ich finde das doof, weil wir sind ja älter als sie.

Umgekehrt spielt Samira dann manchmal auch einfach mit, wenn Nadias Freundinnen zu Besuch sind.

Vor diesem Hintergrund bedauert es Samira, dass ihr Bruder Sinan, der mit 12 Jahren ein Jahr älter ist als sie selbst, ein eigenes Zimmer besitzt:

I: *Genau, und Sinan hat sein eigenes Zimmer, ne?*
S: Ja. Leider.
I: *Ja?*
S: Ja. Na ja, es ist (ironisch) ein bisschen schade, dass ich kein eigenes Zimmer hab, obwohl er hat genau ein eigenes Zimmer bekommen in dem Alter, wo ich bin. Und sogar noch jünger war er da.
I: *Mmh, und das findest du ungerecht?*
S: Viel zu ungerecht.

Leider verfügt die Wohnung insgesamt über sechs überwiegend kleine Räume, sodass nicht jedes der Kinder ein eigenes Zimmer haben kann. Dass Sinan als einziges Kind ein eigenes Zimmer hat, liegt Samira zufolge daran, dass er der Älteste ist. Offensichtlich wurmt es sie, dass er in den Vorzug eines eigenen Zimmers gekommen ist und sie keine Möglichkeit hat, dasselbe zu bekommen, obwohl sie schon alt genug dazu wäre.

Zu Sinan hat Samira sowieso kein ungetrübtes Verhältnis. Sie erzählt auch, dass er ihr ihren Schreibtischstuhl geklaut hat, sodass sie jetzt keinen mehr hat und ihre Hausaufgaben am Esszimmertisch im Wohnzimmer macht. Sein Verhalten ärgert sie, macht sie wütend und manchmal auch traurig. Dabei würde sie manchmal sogar gern mit ihm spielen, wie deutlich wird:

S: Und der spielt auch immer nur mit Nadia und nicht … Der spielt nur ganz selten mit mir.
I: *Woran liegt denn das?*
S: Keine Ahnung, weil er zu sehr mit seinem Laptop beschäftigt ist. Und weil er Nadia einfach zu knuffig findet (lacht). Und mit mir spielt er nur manchmal, wenn er nach unten kommt und sein PC ausgegangen ist (guckt traurig).

Samira beschäftigt sich zu Hause deshalb eher mit Nadia oder mit ihren Eltern. Ab und zu hilft sie ihrer Mutter beim Kochen, ganz selten lernt sie auch zusammen mit ihrer Mutter für die Schule. Manchmal reden sie, aber sonst machen sie, wie Samira sagt, *»eigentlich gar nichts, außer wenn wir Ausflüge machen«*.

Ausflüge mit der Familie

Ausflüge unternimmt die Familie hin und wieder am Wochenende. Dann besuchen sie z. B. ein Schwimmbad oder einen Park. Manchmal gehen sie auch in einer größeren Stadt in der Umgebung shoppen, wie Samira erzählt, und kaufen Anziehsachen, Spiele oder Essen. Sonntags gehen sie ab und zu auf Flohmärkte. Öfter *»als alle andere Orte«* besucht die Familie jedoch ein Fast-Food-Restaurant:

S: Weil meine Geschwister lieben Burger. Ja, und ich liebe Burger persönlich auch.

Doch diese Ausflüge sind, so Samira, *»nur ganz selten. Leider.«* In der letzten Zeit würden sie gar keine unternehmen.

I: *Mmh, wie kommt das, dass ihr das in letzter Zeit nicht macht?*

S: Weil meine Eltern einfach zu faul sind.

I: *Zu faul?*

S: Ja, und weil wir immer nur ausschlafen wollen am Wochenende, das ist so.

Die Familie sucht sich zzt. also lieber Entspannung am Wochenende, anstatt Ausflüge zu machen. Eventuell hängt das mit dem neuen, anstrengenden Job des Vaters zusammen. Samira findet das schade, aber ausschlafen möchte sie auch gern.

Wer bestimmt?

Samira findet eigentlich nicht, dass jemand in ihrer Familie bestimmt. Manchmal sagt ihr Vater, dass sie ihrer Mutter helfen solle. Wenn die Mutter Samira bittet, aufzuräumen, macht sie es aber nur manchmal, wie sie erzählt. Denn sie sei sehr faul und Aufräumen sei nicht so ihr Ding:

S: Wenn du eine Putzhilfe brauchst, stell jeden ein, außer mir (beide lachen).

Samiras Alltag

Ihren normalen Tagesablauf schildert Samira so: Morgens wird sie von ihrer Mutter geweckt. Ihre Schulsachen hat sie schon am Abend zuvor gepackt, sodass sie sich nur noch umziehen und ihre Zähne putzen muss. Samira isst morgens meist nichts, denn, wie sie sagt, *»jeden Morgen habe ich Bauchschmerzen«*. Sie geht im Gespräch darüber hinweg und versichert, es seien auch nur ganz leichte Bauchschmerzen, die verschwinden, sobald sie das Haus verlässt. Ihre Schwester Nadia hat dasselbe Problem. Woran es liegt, wissen beide nicht.

Um 7:15 Uhr muss Samira zur Bushaltestelle, die direkt vor dem Haus ist, und auf den Schulbus warten. Im Bus trifft sie dann schon einige Freundinnen, mit denen sie redet. Oder alle *»spielen mit ihren Handys rum«*, wie Samira es formuliert.

Die Schule: »Ich find Schule dämlich«

Samira besucht die fünfte Klasse einer Realschule. Wenn sie mit dem Schulbus dort angekommen ist, beginnt für sie der normale Schulalltag mit Pausen im Zwei-Stunden-Rhythmus.

In den Pausen spielt Samira ab und zu Fangen mit ihren Freundinnen. Manchmal besucht sie auch die Bibliothek und liest oder hört den Geschichten zu, die dort in der ersten großen Pause vorgelesen werden. Meist redet sie aber mit ihren Freundinnen *»über dämliche Sachen«* – wie die Schule selbst, denn *»es gibt viel, was in der Schule nicht gut ist«*. Tatsächlich fällt ihr zur Schule kaum Gutes ein:

S: Ich hasse die Schule (…) Und das meiste, was ich daran hasse, sind die <u>Fächer</u>! (…) Wozu braucht man (…). Man braucht nur Plus und Minus. Man braucht nur »he, she, it, das s muss mit«. Man braucht nur Rechtschreibkorrektur, also nur so zum Schreiben. Und wozu sonst was? Wozu brauch ich Quadratwurzeln und so was? (wird laut) Das ist doch voll dämlich.

Besonders verhasst ist ihr *»Mathe. Ist dämlich! Weil ich's nicht kapier'! ... Plus und Minus verstehe ich ja schon, aber zur Quadratwurzel ... Bruchrechnung und ... Mal, geteilt und so was.«*

Denn in Mathe sei sie eine *»Niete«*, wie Samira auch erzählt, sie hat eine Vier auf dem Zeugnis. Ansonsten hat sie *»drei, vier Zweien und drei, vier Dreien«* auf dem Zeugnis und in Englisch eine Eins. Als ich andeute, dass das doch aber eigentlich ein ganz gutes Zeugnis sei, widerspricht Samira vehement. Sie begreift sich keineswegs als gute Schülerin. Auch Englisch, das Fach, in dem sie so gut ist, macht ihr keine Freude.

Ein Fach bildet eine Ausnahme: Weil sie den Religionsunterricht nicht besucht, muss Samira Gemeinschaftskunde belegen, ein Fach, in dem keine Noten vergeben werden. Diesen Unterricht findet sie cool, da würden sie nur *»labern labern labern«:*

I: *Worüber redet ihr denn da so?*
S: Fußball, Krankheiten, über alle Dinge. Egal, was wir ... Sogar um Mord kümmern wir uns, also wenn jetzt in der Zeitung zum Beispiel stand, dass da irgendjemand gemordet wurde, dann haben wir das gemacht.

Samira interessiert sich für die vielseitigen Diskussionen in Gemeinschaftskunde. Dass ihr das Fach so viel Spaß macht, liegt auch am Lehrer, den sie *»richtig witzig«* findet.

Auch den Mathelehrer, der sie im letzten Schulhalbjahr unterrichtet hat, fand Samira witzig und sie war traurig, als er die Schule verlassen hat. Obwohl ihr also die meisten Fächer keinen Spaß machen, gibt es einige Lehrer, die für Samira den Schulalltag erträglicher machen.

In diesem Schulhalbjahr hat Samira jeden Tag sechs Stunden. Um 13:10 Uhr ist die Schule zu Ende und Samira kommt gegen 13:20 Uhr mit dem Schulbus wieder zu Hause an.

Der Nachmittag: »Ich langweile mich hier immer, zu Hause.«

Den Ablauf eines normalen Nachmittags fasst Samira so zusammen:

S: Also entweder spiele ich erstens mit meinem Handy rum oder ich mach erst mal meine Hausaufgaben. Und danach esse ich was. Und danach verabrede ich mich entweder oder langweile mich (beide lachen).

Dass Samira sich zu Hause langweilt, sagt sie zwar in einem scherzenden Ton, aber es ist offenbar durchaus ernst gemeint und sie wiederholt es mehrmals. Feste Termine hat sie zurzeit nicht. Wenn sie nicht ihre Freundinnen besucht, ist sie ganz überwiegend zu Hause und versucht, die Langeweile irgendwie zu bekämpfen.

Ihr Handy, das durch einen extra Bauklotz in ihrem Zimmer symbolisiert wird, spielt dabei eine große Rolle für Samira. Sie spielt darauf Actionspiele, in denen Schnelligkeit und Geschicklichkeit gefordert sind.

Seit ein paar Monaten besitzt die Familie auch eine Playstation, auf der die Kinder ebenfalls Spiele spielen. Hier teilen sich wiederum die beiden jüngeren Brüder Abdul und Fathi sowie die Schwestern Nadia und Samira jeweils ein Spiel. Aber leider findet

Samira das Spiel, das sie und Nadia spielen können, total langweilig.

Über interessantere Spiele informiert Samira sich über »Lets play«-Videos bei Youtube:

S: »Let's play«. Das ist … Da sind so Menschen halt die … am Computer spielen die Spiele … Und berichten halt über ihr Spiel oder sie machen manchmal … oder die spielen einfach nur und sprechen über Themen. Und ja. Und die zeichnen das dann auf und stellen das dann auf YouTube.

Manchmal hört Samira auch Musik. Ansonsten schaut sie aber auch häufig fern. Es sind unterschiedliche Dinge, die sie guckt, aber gefallen tut ihr beileibe nicht alles:

I: *Was guckst du denn gerne im Fernsehen?*
S: Ah, ist verschieden. Also Werbung schon mal nicht. Werbung ist totaler Schwachsinn.
I: *Ja? (lacht)*
S: Ja, was bringt Werbung? Wir werden euch die Sachen niemals abkaufen, egal wie oft ihr sie im Fernsehen zeigt (beide lachen).

Medien sind wichtig für Samira und begleiten sie in ihrem Alltag, aber sie sieht auch Aspekte kritisch, wie sie hier deutlich macht. Von den Macher/innen der Fernsehwerbung will sie sich zumindest keine Konsumgüter aufdrängen lassen. Manche Sendungen wiederum können gleichzeitig abstoßend und reizvoll sein, wie etwa das Dschungelcamp:

S: […] da haben wir halt Dschungelcamp geguckt und das fand ich dann irgendwie ein bisschen eklig, aber irgendwie auch ein bisschen cool.
I: *Ja?*
S: Ja, was die da essen mussten, bäh! Zum Beispiel Würmer.
I: *Igitt. Ja, ich hab das auch mal gesehen, das ist echt eklig.*
S: Ja, dieses Jahr hab ich das auch geguckt, also bis jetzt nur zweimal.
I: *Mmh, aber du guckst es gerne?*
S: Ja.
I: *Was findest du daran cool?*
S: Dass das da Stars sind, die sich sozusagen blamieren (beide lachen).

»*Ganz ganz selten*« geht Samira auch raus, doch die unmittelbare Umgebung vor dem Mietshaus ist für sie nicht besonders attraktiv:

S: Ja, da haben wir so einen Parkplatz. Manchmal kann man darauf spielen, aber das ist nicht gerade das Tollste auf der Welt (beide lachen).
I: *Was wäre denn toller?*
S: Ein riesengroßer Garten mit Schaukel, Swimmingpool, Whirlpool … äh …
I: *Whirlpool?*
S: Ja, Whirlpool. Und ja und halt ein großes Haus mit 'nem eigenen Zimmer (jubelnd) Oah und 'nem (mit Betonung) eigenen Fernseher! (beide lachen)

Schließlich erzählt Samira noch von den Wellensittichen, die in ihrem und Nadias Zimmer wohnen. Doch über die Tiere muss sie sich ärgern:

S: Ich spiel mit denen da oben und es klappt einfach nicht. Es klappt nicht. Die sind zu scheu!
I: *Komisch, wie kommt das?*
S: Frag nicht mich, frag die da.

Leider bietet also auch das Spiel mit den Haustieren keine wirkliche Zerstreuung. So beschäftigt sich Samira den Nachmittag über meist mit unterschiedlichen technischen Geräten (ihrem Handy, dem Fernseher und auch dem Computer und der Playstation), langweilt sich aber im Grunde. Gegen acht oder neun Uhr geht Samira dann schlafen.

Samiras Freundschaften: »Meine Freunde haben nie Zeit«

Freundinnen sind sehr wichtig für Samira. Ihre Erzählungen über ihre Freundschaften haben allerdings zwei Seiten. Zum einen berichtet Samira sehr positiv von ihrem Freundeskreis:

S: Ja, ich hab viele Freunde in der Klasse und … ja in der Schule.
I: *Ja? Schön.*
S: Ja, und manche, die kenne ich schon von der Grundschule.

Zu Beginn des Interviews erzählt Samira auch, dass sie die meiste Zeit bei ihren Freunden verbringt. Im letzten Schulhalbjahr hat sie eine Musik-AG besucht, sodass sie jeden Tag acht Stunden in der Schule war. Das hat sie nun aber aufgegeben, damit sie sich häufiger mit ihren Freundinnen treffen kann. Auch dem Umstand, dass die Familie nur sehr selten Ausflüge macht, was sie ja eigentlich schade findet, kann Samira vor diesem Hintergrund letztlich einen positiven Aspekt abgewinnen:

S: Aber dann hab' ich mehr Zeit für meine Freundinnen, ist besser so (beide lachen).

Samira macht also deutlich, wie wichtig es für sie ist, viel Zeit mit einem großen Freundeskreis zu verbringen. Auf der anderen Seite zeigt sich, dass sich dieser Wunsch leider nur eingeschränkt verwirklichen lässt:

S: Und Denise, da hab ich mich noch kein Mal mit der verabredet. Ich hab's schon öfters versucht, aber die hat nie Zeit.
I: *Ach so (beide lachen).*
S: Meine anderen Freunde haben auch nie Zeit. Deswegen langweile ich mich hier immer, zu Hause.

Es gibt mehrere Freundinnen wie Denise, mit denen Samira sich schon oft verabreden wollte, doch es hat noch nie geklappt. Auch bei ihren Freundinnen Charly und Vivien war sie noch nie zu Hause.

I: *Warum haben die keine Zeit?*
S: Entweder machen die was mit ihrer Familie oder die haben sich schon verabredet oder so was …

Deshalb kann Samira sich nicht so oft mit ihren Freundinnen treffen, wie sie es gern tun würde. So verabredet sie sich in der Woche zwei-, dreimal oder *»im schlimmsten Fall gar nicht«*, wie sie sagt.

Ein weiteres Problem besteht darin, dass die Wohnung von Samiras

Familie außerhalb des Stadtkerns liegt und nicht an den Nahverkehr angebunden ist. An der Bushaltestelle vorm Haus verkehrt nur der Schulbus. Da Samiras Vater in der Regel erst nach fünf Uhr von der Arbeit mit dem Auto der Familie nach Hause kommt, kann er Samira nicht zu ihren Freundinnen fahren. Sie ist deshalb darauf angewiesen, dass sie zu ihr kommen oder sie von den Familien der Freundinnen abgeholt wird.

Doch wenn Samira eine Freundin besucht, ist dies häufig ihre beste Freundin Leonie, deren Wohnung Samira auch als wichtigen Ort für ihre Lebenswelt aufbaut. Leonie lebt mit ihrer Mutter und der Oma zusammen und hat *»einen riesengroßen Garten«*, in dem die Freundinnen manchmal Verstecken spielen. Samira übernachtet auch bei Leonie, wenn auch nur *»ganz selten«*, wie sie erzählt. Dann bleiben die beiden so lange auf, wie sie wollen. Generell gibt Leonie bei den gemeinsamen Spielen den Ton an, denn sie hat schon immer etwas vorgeplant, wenn Samira sie besucht. Aber manchmal könne Samira auch sagen, was die beiden spielen können.

I: *Was plant sie denn so dann?*
L.: Entweder malen, oder wir gucken 'nen Film oder wir gönnen uns einfach mal was. Oder wir spielen mit ihren Wellensittichen.

Mit Leonies Wellensittichen kann Samira nämlich besser umgehen als mit ihren eigenen scheuen Vögeln, wie sie erzählt.

Leonie ist mit 10 Jahren etwas jünger als Samira. Seit Samira deshalb auf die Realschule geht, während Leonie weiter die Grundschule besucht, sehen sich die Freundinnen nicht mehr so häufig wie zuvor, sondern nur noch etwa jede zweite Woche.

Eine weitere Wohnung, die Samira aufbaut, ist die Wohnung, in der ihre Freundin Lena mit ihrer Mutter und dem Freund der Mutter zusammenlebt. Bei Lena treffe es immer der Zufall, was sie spielen, wie Samira sagt. Auch diesen Ort empfindet sie als wichtig für ihre Lebenswelt, er hat aber im Vergleich zu Leonies Wohnung offenbar einen untergeordneten Stellenwert.

Weitere wichtige Orte für Samira

Schweden

Für Samira sind jedoch keineswegs nur die Orte und Menschen wichtig, die sie unter der Woche regelmäßig aufsucht. Bereits nachdem sie ihr Zuhause aufgebaut hat, nennt sie als zweiten wichtigen Ort Schweden. Dort wohnen ihre Tante und ihr Onkel mit ihren beiden Cousins und Samira verbindet diesen Ort mit Urlauben bei diesem Teil der Familie, in denen schöne Dinge unternommen werden:

S: Und in der Nähe gibt's so 'nen See, der ist so richtig schön und richtig weit.
I: *Ja? Ein See? Einen See haben wir leider nicht.*
S: Ja. Leider. Da ... als wir da waren, da hat Abdul so 'nen Boot gekriegt mit Fernsteuerung und da haben wir das da immer steigen lassen am Meer.

Diese Urlaube sind jedoch leider so selten, dass Samira sich gar nicht mehr erinnert, wann sie das letzte Mal in Schweden war. Sie glaubt, dass es im letzten Sommer war, aber sicher ist sie sich nicht. Schließlich sei sie noch jung, wie sie anmerkt, und deutet dadurch augenzwinkernd an, dass sie sich lange Zeitabstände nicht genau merken könne:

I: *Da wart ihr schon mehrmals im Urlaub?*
S: Ja, mehrmals.
I: *Aber das ist auch schon wieder ein bisschen länger her? Also letztes Jahr nicht, oder?*
S: Ich weiß nicht genau, ist so lange her (mit bedauernder Stimme)

Auch der letzte Besuch von Tante, Onkel und Cousins in Deutschland liegt mindestens ein halbes Jahr zurück. Eine weitere Fahrt nach Schweden ist zunächst nicht geplant, *»weil Papa muss ja arbeiten«*. Jetzt, da Samiras Vater einen Job hat, nachdem er lange über keine Arbeitserlaubnis verfügte, erschwert es diese neue Arbeitsstelle der Familie offenbar, nach Schweden zu fahren.

Libanon: »Da ist nur Wasser.«

Ein weiterer Ort, der *»ganz weit weg«*, aber wichtig für Samira ist, ist der Libanon. Dort wohnen ihre Großeltern.

S: Also ich bin da noch nie persönlich gewesen bei Oma und Opa. Aber Oma und Opa waren schon hier bei uns.

Auch wenn sie ihre Großeltern noch nie besucht hat, ist es Samira wichtig, ihr Haus aufzubauen und die Großeltern, die Eltern ihrer Mutter, als Figuren dazuzustellen. Dabei kommt das Gespräch auch auf die Eltern ihres Vaters:

S: Oma und Opa … und jetzt hab ich nur noch zwei Omas und einen Opa.
I: *Dein Opa ist gestorben, ne? Der Vater von deinem Vater.*
S: Ja.
I: *Ja … Und war das der Opa, der euch auch besucht hat, oder war das der andere Opa?*
S: Nee. Nee, die Mutter von Mama und der Vater von Mama sind uns immer besuchen. Also nicht immer, aber zweimal sozusagen, glaub ich. Und die sind uns dann besuchen gekommen. Und meinen anderen Opa, den kannte ich nicht persönlich.
I: *Mmh, den hast du noch nie gesehen.*
L.: Und meine andere Oma auch nicht.

Bewusst hat Samira die Eltern ihrer Mutter also zweimal, die Eltern ihres Vaters noch nie gesehen. Sie wurde zwar im Libanon geboren, war jedoch erst ein Jahr alt, als die damals noch vierköpfige Familie das Land verlassen hat.

Hierzu haben mir die Eltern erzählt, dass sie aus dem Libanon geflüchtet sind, weil ihr Leben durch eine radikal-christliche Gruppe bedroht wurde. In Deutschland wurde im Rahmen eines Asylverfahrens anerkannt, dass die Familie im Libanon akut gefährdet ist. Doch Samira entwirft eine ganz andere Sicht auf den Libanon:

I: *Plant ihr denn, irgendwann mal wieder in den Libanon zu fliegen?*
S: Wir Kinder nicht, wir dürfen da nicht hin.
I: *Warum?*
S: Weil … Weil Libanon ist am Meer und Mama hat gesagt, dass der Meer, dass der überflutet das Land und deswegen … deswegen gehen auch manchmal Häuser kaputt und so was.
I: *Und das ist zu gefährlich dann?*
S: Ja.
I: *Mmh, o.k.*
S: Früher dachte ich, das wäre Krieg.
I: *Im Libanon? Und heute denkst du, da ist kein Krieg?*
S: Nö. Da ist nur Wasser (beide lachen).
I: *Nur Wasser. O.K. … Und weißt du, warum ihr aus dem Libanon nach Deutschland gekommen seid?*
S: Na, wegen dem Wasser, nehme ich an.

Die Fluchtgeschichte scheinen die Eltern vor den Kindern zu verschweigen. So geht Samira einfach davon aus, dass das Leben im Libanon aufgrund von Überflutungen gefährlich ist. Vielleicht hat sie in der Vergangenheit einmal ein genaueres Bild gehabt, da sie dachte, es gebe Krieg im Libanon, aber darüber lassen sich nur Mutmaßungen anstellen. Aktuell jedenfalls stellt ihr Geburtsland für Samira offenbar einen Ort dar, der wegen ihrer Großeltern wichtig für sie ist, aber für ihr eigenes Leben hat er keinerlei Bedeutung.

Abschluss

Auch zum Ende des Gesprächs ist Samira noch gut gelaunt und entspannt und macht Witze. Anstrengend findet sie das Interview nicht:

I: *Ist das zu anstrengend für dich?*
S: Nö, wieso sollte es. Nur bauen und sonst nix (beide lachen).
I: *Und 'nen bisschen quatschen, ne?*
S:. Ja. Wie Gemeinschaftskunde! Nur ohne das Bauen und ohne welche Fragen (beide lachen).

Das Interview hat Samira Spaß gemacht, wie sie am Ende sagt. Sie hat es als willkommene Abwechslung in ihrem Alltag empfunden, in dem sie sich viel zu oft langweilt, weil sie so viel zu Hause ist. Es wird sehr deutlich, dass sie sich isoliert und eingeengt fühlt, weil ihre Mobilität sehr eingeschränkt ist und weil ihre Freundinnen so wenig Zeit haben. Dabei wirkt sie so unternehmungslustig.

Umso beeindruckender finde ich es, wie witzig und aufgeschlossen Samira mir im Interview begegnet und wie gerne, aufschlussreich und auch kritisch sie aus ihrem Leben erzählt. Für das Geld, das ich Samira als Dankeschön gebe, hat sie sofort Verwendung: Sie möchte, dass wir davon zusammen ins Kino gehen. Nachdem wir also noch mit Samiras Familie ein bisschen gemütlich zusammensitzen und über das Interview reden, verabrede ich mich gerne mit ihr und freue mich schon auf das nächste Treffen.

Elias, 10 Jahre

»Ich bin eher der Unterwegs-Typ.«

Monika Pupeter

Elias lebt mit seiner Familie am Rand einer süddeutschen Großstadt in einem Haus mit großem Garten. Zur Familie gehören neben Elias selbst seine Eltern, seine zwei kleinen Brüder Benjamin (5) und Jonathan (6) sowie Lea, seine 17-jährige Halbschwester. Sein Halbbruder Max (15), lebt schon seit ein paar Jahren bei seinem Vater in Berlin und kommt nur noch in den Ferien zu Besuch. Trotzdem hat er einen festen Platz in Elias' Zuhause bekommen und steht gemeinsam mit seiner Schwester und seinen Halbgeschwistern unterm Dach von Elias Bauklötze-Zuhause.

Elias Vater arbeitet in der IT-Branche und ist viel unterwegs. Seine Mutter ist Architektin und arbeitet Teilzeit. Nachdem sie die »*Kleinen*« aus dem Kindergarten abgeholt hat, ist sie ab 16 Uhr zu Hause. Falls mal beide Eltern unterwegs sind, kümmert sich Lea oder eine Babysitterin um die drei Brüder.

Den Aufbau seiner Lebenswelt hat Elias mit der Schule begonnen, die er »*eigentlich nicht mag*«. Doch stimmt das? Das Wichtige in der Schule sind die Menschen, die er vom Hausmeister über die Direktorin bis zum Religionslehrer und seinen Freunden mit Namen benennt. Elias hat viele Freunde, und einige davon trifft er nach der Schule auch im Hort wieder, wo er meist gerne hingeht. Neben Schule und Hort baut Elias noch drei weitere Orte auf: sein Zuhause, den Fußballplatz und das Haus von Leon, seinem besten Freund. Da keine rechteckige grüne Fläche zum Bauen zur Verfügung stand, hätte Elias beinahe auf den Fußballplatz verzichtet,– dabei sagt er selbst: *»... ist Fußball doch der Sinn meines Lebens.«*

Zweimal die Woche hat Elias Fußballtraining, ansonsten verabredet er sich mit Leon oder spielt mit seinen kleinen Brüdern. Elias organisiert seine Freizeit weitgehend selbstständig und kann auch alle Orte gut zu Fuß oder mit dem Fahrrad erreichen. Nur zu Cousin und Cousine geht es mit dem Familienauto.

Elias wirkt sehr selbstständig und überlegt. Das Interview hat etwas von einer Rückschau auf Elias' Grundschulzeit, denn nach den Ferien wird Elias von der Grundschule auf das Gymnasium wechseln und sagt stolz: *»Ich hatte das Zeug dazu.«*

Adriana, 11 Jahre

»Kinder müssen ja auch die eigene Meinung sagen.«

Amelie Jung

Knapp 10.000 Einwohner hat die Gemeinde im ländlich geprägten Münsterland, in der die 11-jährige Adriana mit ihrer Familie lebt. Das frei stehende Einfamilienhaus der Familie liegt direkt an einer der beiden großen Durchgangsstraßen und ist daher gut zu finden. Hier wohnt Adriana mit ihren zwei älteren Brüdern (19 und 20) und ihren Eltern, die beide als Gärtner arbeiten. Die älteste Schwester (21) ist schon verheiratet und lebt mit Mann und Kind in einer Wohnung ganz in der Nähe.

Dienstag um 15 Uhr, diesen Termin habe ich mit der Mutter am Telefon für ein Interview mit Adriana vereinbart. Auf der Fahrt zu dem Wohnort der Familie bin ich etwas nervös, ob tatsächlich alles wie geplant stattfinden kann. Der Kontakt zu Adriana kam über ihre Klassenlehrerin von der Hauptschule zustande. Adriana hatte sich freiwillig für ein Interview gemeldet, ihre Mutter jedoch war etwas skeptisch und äußerte am Telefon einige Bedenken. Zwar stimmte Adrianas Mutter einem Interview letztendlich zu, aber ein gewisser Vorbehalt blieb. Als ich pünktlich vor dem Haus von Adrianas Eltern ankomme, steht Adrianas Mutter in der Einfahrt und raucht eine Zigarette. Sie begrüßt mich sehr höflich und bittet mich ins Haus. Dort taucht auch gleich Adriana auf, ein hübsches und großes Mädchen. Sie hat sich kurz zuvor den Fuß verstaucht und humpelt mir mithilfe von zwei Krücken entgegen. Durch den Hausflur folge ich den beiden ins Wohnzimmer.

Bevor wir mit dem Interview loslegen können, müssen Mutter und Tochter noch kurz etwas klären: Adrianas Mutter möchte bei dem Interview dabei sein, denn sie sieht die ganze Sache immer noch etwas skeptisch. Adriana reagiert genervt auf die Bedenken der Mutter, denn sie hat sich sehr auf das Interview gefreut. Allerdings ist sie schon geübt im Umgang mit »schwierigen« Eltern. Sie bittet ihre Mutter ganz selbstbewusst, uns nun alleine das Interview machen zu lassen. Kurz darauf sitzen wir zu zweit am Wohnzimmertisch und legen los, lassen allerdings die Wohnzimmertür leicht geöffnet, sodass die Mutter uns weiter hören kann. Adriana ist schon gespannt auf das Interview und freut sich über die Abwechslung. Sie hat seit einer knappen Woche Schulferien und gesteht, dass sie sich während der Ferien manchmal ein bisschen langweilt, weil viele Freunde verreist sind.

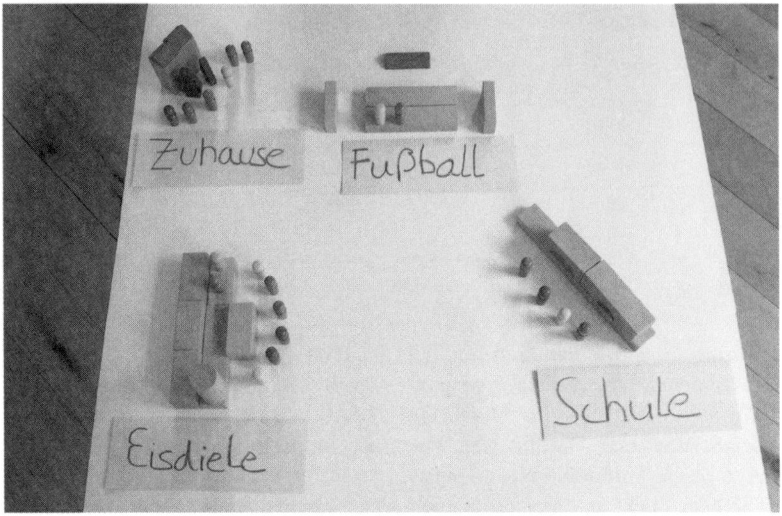

Adrianas Lebenswelt

Wir beginnen mit dem Aufbau und Adriana lässt sich ganz unbefangen auf die Aufgabe ein. Sie geht dabei sehr spontan und improvisationsfreudig vor. Für Adriana sind die systematische Auswahl der Orte und ihre genaue Gestaltung durch die Bauklötze eher zweitrangig. Im Vordergrund stehen ihre Erlebnisse und Eindrücke, die sie mit den einzelnen Orten verbindet und die ihren Alltag für den Zuhörer schnell sehr lebendig werden lassen.

Als wir über die Schule sprechen, berichtet Adriana zum Beispiel, dass sie zwar morgens immer pünktlich im Schulgebäude ist, zum Unterricht aber trotzdem regelmäßig ein paar Minuten zu spät erscheint: »*Weil ich manchmal nicht von einer Umarmung loskomme. Also wenn es klingelt, meine Freundin ist unten und wir [die Klasse] sind nach oben umgezogen jetzt, und dann lässt sie mich nicht mehr los. Und dann komme ich immer fünfzehn Minuten oder so zu spät. […] Und das jeden Tag!*« Die Lehrer kennen ihre Pappenheimer und reagieren daher gelassen auf das regelmäßige Zuspätkommen von Adriana. Es wird nur noch gefragt: »*War das wieder die Aaliyah? Sag ich: Jaa (lacht). Dann wissen wieder alle Bescheid.*« Ärger bekommt Adriana deswegen nicht: »*Nein. Nur wenn ich die zweite Stunde zu spät komme, dann schon. Aber das ist noch nie passiert.*«

In einem anderen Zusammenhang erzählt Adriana, dass sie zwar das jüngste Kind in der Familie ist, trotzdem ist sie nicht das kleinste Familienmitglied: »*Aber ich bin natürlich größer als meine Schwester [21 Jahre]! Meine Schwester ist pummelig und klein, und dann [sagen die Leute] immer: die Größere, und dann sag ich: Nein, nicht die Größere, sie ist nur älter. Also ist sie die Kleinste (lacht).*« Adriana ist für ihr Alter tatsächlich recht groß und macht insgesamt auch schon einen sehr jugendlichen Eindruck.

Daher verwundert es nicht, dass sie häufig älter geschätzt wird: »*Ja, alle fragen mich: Wie alt bist du? Und dann sag ich: Ja, ratet doch. Und dann sagen die immer 14/15. Aber ich mag das nicht (lacht) […] Ich fühl mich immer noch so wie 8 oder so. Ja, weil ich so viel Fun mache und so. Keine Ahnung. Zum Beispiel [gucke ich gerne] meine Serie Sponge Bob und so. Ja, ist voll cool (beide lachen).*« Und so geht es mit der Aufstellung der Lebenswelt ganz locker und spielerisch weiter.

Frauenquote mal ganz anders

Adriana stellt als ersten Ort den Fußballplatz auf. Sie spielt gemeinsam mit ihrem Cousin für den Sportverein ihres Wohnortes. »*Ja, (lacht) jetzt weiß ich nicht, wie ich das erzählen soll, aber ich bin im Verein, und da gibt's so zwei Mädchen, also mich und noch eine andere, und dann spielen wir halt mit den Jungs in einem Team.*«

Schon seit drei Jahren spielt Adriana Fußball. »*Ich bin da dreimal in der Woche.*« Montag und Freitag ist immer Training, am Samstag finden Turniere statt. Die Jungen in der Mannschaft freuen sich über die weiblichen Teammitglieder: »*Die finden das natürlich gut, weil bei den Mädchen, wenn die Tore schießen, gilt das als zwei […] Wir haben schon mal 10:0 gewonnen, nur wegen der Mädchen! Deswegen wollen mich und die andere alle im Team.*« Auch in den gegnerischen Mannschaften sind ab und zu mal Mädchen mit dabei, aber nie mehr als ein oder zwei. »*Sind nicht viele Mädchen, die Fußball spielen. Manche haben ein anderes Hobby, zum Beispiel Pferde oder Reiten oder so.*«

Adriana ordnet dem Fußballplatz nur zwei Personen zu: Ihre Mannschaftskollegin und ihren Cousin. »*Die anderen zählen nicht.*« Das kann vielleicht auch daran liegen, dass Adriana gerade ein kleines Motivationstief in Sachen Fußball durchmacht. Auf die Frage, was ihr am Fußball besonders gefällt, antwortet sie mit Nachdruck:

A: Nichts!
I: *Nichts?*
A: Nichts, nur die Spiele [Turniere].
I: *Das Training nicht?*
A: Nein. Weil zum Beispiel, wenn es regnet, dann müssen wir Liegestütze machen.
I: *Oh … also das macht dir eigentlich nicht so viel Spaß?*
A: Nee, also mein Cousin hat mich schon mal um 10 hier abgeholt, da hat meine Mutter gesagt: Wohin? Da haben wir gesagt, zum Fußball. Und dann war es da richtig kalt und dann mussten wir Liegestütze machen. Das war so im Winter.

So richtig beantworten kann Adriana die Frage nicht, warum ihr das Training im Moment so wenig Spaß macht. Sind es nur die Liegestütze oder hat sie grundsätzlich das Interesse an dem Mannschaftssport verloren? Möglicherweise ist es nur eine momentane Laune und Adriana hadert noch mit sich: »*Ich weiß noch nicht so recht, ob ich jetzt aufgeben soll. Weil ich hab eigentlich kein Bock mehr drauf.*« Im Moment kann sie sich besser vorstellen, ihre Zeit zu Hause und mit ihren Geschwistern verbringen. »*Zu Hause ist es viel besser, finde ich.*« Zumindest wird deutlich, dass Adrianas Ehrgeiz in Sachen Fußball nicht so groß ist. Für sie steht der Spaß eindeutig im Vordergrund und ist der nicht mehr da, muss man sich eventuell anders orientieren.

Auf die Idee, Fußball zu spielen, kam Adriana durch einen ihrer beiden Brüder. *»Mein Bruder ist halt so sportlich, der ist Basketballtrainer, auch für kleine Kinder, ja und dann bin ich darauf gekommen, mach ich ein anderes Hobby, also Fußball. Aber Basketball kann ich auch ganz gut.«* Adriana ist Sport wichtig, das ist keine Frage. Wenn sie nicht zum Fußball geht, gibt es auch noch Alternativen: *»Auch beim Kickboxen [bin ich] manchmal.«* Fußball, Basketball oder Kickboxen, für Adriana dürfen es ruhig etwas härtere Sportarten sein. Typischer Mädchensport wie z. B. Reiten ist nichts für sie. Hier macht sich der Einfluss der älteren Brüder bemerkbar, die in Adrianas Leben eine große Rolle spielen. *»[Wegen meines Bruders] bin ich auch zum Fußball gekommen und nicht zum Reiten.«*

Ein kleiner Superstar

Beim Sport folgt Adriana dem Vorbild ihrer Brüder. Wie für ihre Brüder ist es auch für Adriana selbstverständlich, Sport regelmäßig und aktiv auszuüben. Allerdings hat Adriana über den Sport hinaus auch noch weitere Interessen und Begabungen. Musik ist ihre ganz große Leidenschaft. Adriana singt gerne und ihr Talent wurde bereits von ihrem Musiklehrer erkannt:

A: Bei dem hab ich immer eine Eins. Und der hat gesagt, er will mich zu einem kleinen Superstar machen. Dann kommt der immer zu mir mit Liedern oder so und dann muss ich ihm immer vorsingen …

I: *Weil der findet, dass du so ein Gesangstalent bist?*

A: Ja, sagen auch alle im Unterricht, dann sing ich immer [und sie sagen]: Sing lauter! Wir hatten schon mal ein Musical, da musste ich vor allen Titanic singen. […] Ja, (lacht) alle sagen: Ja du hast voll die gute Stimme! Und dann einmal bei Tina Turner, mein Spitzname ist ja Tina, und dann sagen die: Ja, Tina Turner, komm sing. Und dann war dieses Playback von The Best und dann musste ich nach vorne mit Natalie, also das ist eine Schulkameradin, und dann habe ich ganz laut geschrien, was die auch machen, und dann haben alle mich angeguckt (lacht). Das ist voll witzig.

Vor einiger Zeit hat sich Adriana noch für das Tanzen interessiert. *»Also ich und meine Cousine, wir wollten schon mal eine Tanzgruppe aufmachen. Aber das haben wir dann nicht geschafft. Weil, die [Mitarbeiter vom Jugendzentrum, bei denen die Mädchen nachgefragt haben] wollten das irgendwie nicht.«* Die beiden Mädchen haben sich richtig für ihr Vorhaben eingesetzt: *»Wir waren erst nur zu zweit und dann haben wir anderen auch Briefe geschickt, ob die mitmachen wollen, weil alle haben Ja gesagt, und dann haben wir die von HOT [Jugendzentrum] gefragt und dann meinten die, das geht nicht. Weil wir zu jung dafür sind. Da waren wir 9 oder 10 oder so.«* Heutzutage wünscht sich Adriana nicht mehr unbedingt eine Tanzgruppe, sondern: *»irgendetwas zum Singen oder so. Karaoke, irgendwie so einen Laden oder so.«*

Adriana findet für ihre Musikbegeisterung ganz unterschiedliche Ausdrucksmöglichkeiten: *»Ich hab auch eine eigene Gitarre.«* Adriana hat zwar keinen Unterricht, spielt aber *»hobbymäßig«* und bringt sich selbst die ersten Grundkenntnisse bei.

Adriana ist auf dem musikalischen Gebiet Autodidaktin. Richtig gefördert wird ihr Talent im Moment nur von ihrem Musiklehrer in der Schule, der ihr neue Lieder mitbringt und sie auffordert, vor der Klasse zu singen. Es scheint in der Familie bislang kein Thema gewesen zu sein, Adrianas musikalische Fähigkeiten noch anderweitig, z. B. über die Musikschule, zu fördern. Adriana äußert allerdings in dieser Hinsicht auch keinen konkreten Bedarf. Sie wünscht sich eher so etwas wie eine Möglichkeit, ganz zwanglos mit anderen Musik zu machen. Eine Art Jamsession zum Ausprobieren, Spaß haben und Improvisieren. In diese Idee steckt sie viel Engagement, wie es z. B. ihr Versuch zeigt, eine eigene kleine Tanzgruppe ins Leben zu rufen.

Das Nesthäkchen und die großen Geschwister

Adrianas Brüder wohnen gemeinsam mit Adriana bei den Eltern. Beide Brüder gehen vormittags aus dem Haus. *»Also, mein Vater und mein Bruder, der Älteste, gehen um sechs. Und mein anderer Bruder geht um 10 oder um 12. Mein Bruder hat vor Kurzem die Ausbildung bestanden.«*

Trotz des großen Altersabstands versteht sich Adriana sehr gut mit den beiden: *»Ja klar. Immer!«* Für Adriana ist es daher selbstverständlich, viel Zeit mit den beiden Brüdern zu verbringen. So erzählt sie z. B., wie ein normaler Tag bei ihr während der Schulferien abläuft: *»Um sieben, acht Uhr [stehe ich immer auf], immer, auch wenn Ferien sind. Ich bin Frühaufsteher. Und dann erst mal frühstücken, dann aufräumen, dann hoch, Zähne putzen, dann nach unten, dann gucken, ob hier irgendetwas staubig ist oder so, Staub saugen … und dann, wenn schönes Wetter ist, umziehen, dann meine Mama fragen, ob ich zu meiner Schwester darf … und wenn sie dann Nein sagt, dann leg ich mich hin in diese Sitzkissen oder so, und dann telefonier ich oder guck Fernseher, bis meine Brüder kommen, und dann gehen wir eh weg. Wenn meine Brüder kommen, sind wir eh immer alle weg. Dann gehen wir halt raus zu Edeka oder so, weil ich hab das meiste Geld von meinen Brüdern, weil die haben nicht so viel Geld, außer ich, ich spar immer. Und dann gehen wir entweder zu meiner Schwester oder zu McDonalds oder zu Freunden, schwimmen, ja.«*

In der Schule hat es Adriana auch etwas einfacher, da beide Brüder schon vor ihr auf der selben Schule waren. *»Und ich bin die Einzige aus unserer Klasse, die alle mit Namen kennt.«* Woher kommt das? *»Ja, meine Brüder halt.«* Ihre Brüder sind Vorreiter, Vorbilder, aber auch Freunde für Adriana. Sie verbringen Zeit im Alltag miteinander, die Brüder akzeptieren ihre jüngere Schwester, nehmen sie mit zu verschiedenen Aktivitäten, ihre Anwesenheit wird von den beiden geschätzt.

Über Adrianas Schwester, das älteste Geschwisterkind, erfahre ich nicht so viel von Adriana. Das liegt vielleicht daran, dass die Schwester ihr eigenes Leben führt: »*Aber meine Schwester, die hat eine eigene Wohnung, hat ein Kind, einen Mann …*« So kommt es z. B., dass Adriana ihre Schwester zunächst nicht mit in ihrer Lebenswelt aufstellt. Erst ganz am Ende fällt ihr ein: »*Meine Schwester habe ich noch komplett vergessen!*« Zwar sieht sie die ältere Schwester auch häufig: »*Gestern waren die auch hier, also die wollte sehen, wie ich mit meinem Bein klarkomme und so, weil meine Eltern waren ja dann im Hotel in Bremen, da waren die gar nicht da. Ja, und dann hat sie sich natürlich Sorgen gemacht.*« Adrianas Brüder scheinen aber momentan den wesentlich größeren Einfluss auf ihr Leben und ihr Lebensgefühl zu haben.

Zu Hause ist alles cool!

Der nächste Ort, den Adriana aufbaut, ist ihr Zuhause. Dazu gehören »*Papa, Mama, Geschwister und ich*«. Sie stellt ihre beiden Eltern auf – die Mutter kommt aus dem Kosovo, der Vater ist in Bosnien aufgewachsen. Über ihre Großeltern berichtet Adriana: »*Also meine Oma, die lebt nicht mehr und mein Opa schon, aber die wohnen in Bosnien. Und meine andere Oma, keine Ahnung, die ist verschwunden oder so, ich weiß nicht, aber ich habe eine Stiefoma, die kommt uns mal besuchen mit meinem Opa, die wohnen zusammen in einer Wohnung in Osnabrück, das ist natürlich weit von hier.*«

Adrianas Eltern leben schon seit ca. 23 Jahren in Deutschland und arbeiten beide als Gärtner. Die Eltern sprechen miteinander meistens: »*bosnisch. Ja, auch manchmal deutsch.*« Adriana und ihre Geschwister sprechen in der Regel deutsch miteinander und mit den Eltern, obwohl sie auch alle Bosnisch verstehen und sprechen können. »*Also Bosnisch kann ich auch richtig gut, aber Albanisch kann ich nicht so gut. Weil wir haben nur wenige, die albanisch sprechen.*« Im Freundes- und Verwandtenkreis überwiegt der bosnische Hintergrund.

Auf die Frage, was ihr zu Hause besonders gut gefällt, antwortet Adriana ganz entschieden: »*Alles! Die Küche, Wohnzimmer, Familie, Geschwister, Eltern. Ja … das war's eigentlich, also, ich find alles cool. … Was ich nicht mag, ist Streit. … Aber passiert selten.*«

Als Bestimmer zu Hause wählt Adriana zunächst ihre Mutter aus.

I: *Zu Hause ist das deine Mama?*
A: Ja!
I: *Ganz eindeutig?*
A: Ja!
I: *Wie äußert sich das oder woran merkt man das?*
A: Ja, weil meine Mama halt, die putzt das Ganze hier, auch wenn wir nach Hause kommen [sagt sie]: Ja, jetzt geht erst mal duschen. … Ja, die sind ja Gärtner und deswegen sind die recht dreckig … Ja. Und, ja. Mein Vater [ist] auch [Bestimmer], ja, mein Vater auch. Bei Sachen … Verträge, ähm, Geld, Arbeit, Urlaub … halt so was.

Obwohl Adriana spontan ihrer Mutter die Bestimmerrolle zuteilt, stellt sich heraus, dass die Zuständigkeiten doch geteilt sind. Im Alltag zu Hause bestimmt die Mutter. Sie putzt, sie macht das Essen, sie legt die Umgangsformen fest. Grundsätzliche Entscheidungen *»Verträge, Geld, Arbeit«* werden aber eher vom Vater getroffen. Die Regeln für die Kinder machen *»alle beide«*.

»In der Schule macht's auch manchmal Spaß …«

Nachdem der Fußballplatz und das Zuhause von Adriana aufgebaut sind, ist sie etwas ratlos: *»Ja … also eigentlich hab ich … nichts mehr.«* Gemeinsam kommen wir darauf, dass es vielleicht noch einen anderen Ort gibt, an dem sie sich ab und zu aufhält: *»Hmm … Schule? (beide lachen). Jaaa … in der Schule macht's auch manchmal Spaß so, … warum nicht [die Schule aufbauen]?«* Ihre Schule ist eine Verbundschule, also Realschule und Hauptschule zusammen. Adriana besucht den Hauptschulzweig und geht jetzt in die *»Fünfte [Klasse]. … Ich wurde einmal zurückgesetzt. Ich glaub in der Vierten … In der Vierten wurde ich zurückgesetzt«*.

Zur Schule stellt Adriana ihren Cousin (ein anderer Cousin als der, mit dem sie Fußball spielt), ihre Cousine und den Musiklehrer. Außerdem verweist sie auf die sieben Freundinnen, die beim nächsten Ort, der Eisdiele, relevant sind. Der Bestimmer in der Schule ist *»unser Musiklehrer. Der bestimmt alles!«* Seine Bestimmer-Autorität gewinnt er hauptsächlich durch seine große Beliebtheit. *»Der ist eigentlich auch voll cool. Den mögen wir am meisten, find ich. Auch wenn wir im Unterricht Quatsch bauen oder nicht leise sind, dann sagt der: ›Ruhig!‹, und dann hören wir alle.«*

Musik spielt an Adrianas Schule eine große Rolle. In den Pausen gibt es für die Schüler die Möglichkeit, sich im Musikraum aufzuhalten, selber Musik zu machen oder einfach Musik über die Anlage zu hören. Dementsprechend antwortet Adriana auf die Frage, was sie in der Schule besonders gerne mag:

A: Erstens in den Pausen die Musik, dann Musikunterricht, Sport, ähm ja, das war's eigentlich. Sonst mag da nichts mehr (lacht).

I: *Hmm, und gibt es auch Sachen, die dir da nicht so gut gefallen an der Schule?*

A: Mathe! Matheunterricht auf gar keinen Fall! Ich kann das nicht halt, ich kann das nicht so gut. Mir fällt das irgendwie schwer. Und deswegen sitze ich immer ganz weit hinten und mache ganz viel Quatsch im Matheunterricht. … Aber in den Arbeiten bin ich ganz gut. Letzte Arbeit habe ich eine Zwei geschrieben. […] Und dann noch … ähm … in der Schule gefallen mir auch nicht die ganzen Schlägereien […].

I: *Wie oft passiert so etwas, dass da eine Schlägerei ist?*

A: Sehr oft. Fast jede Pause.

I: *Worum geht es denn da meistens?*

A: Ja, pfff … dass einer jemanden beleidigt oder so. Immer Beleidigung. Oder das Aussehen, wenn es richtig warm ist und jemand Hotpants anhat oder so, und dann kommen so manche und machen die blöd von der Seite an. Also, ist mir noch nie passiert.

Auch Adrianas Freunde sind manchmal von den Auseinandersetzungen betroffen: »*Also … meine Freundin wurde auch schon mal geschlagen und dann bin ich einfach dahin gegangen und hab gesagt: Was ist los? Und dann haben die mich aufgeklärt und so, und dann hab ich gesagt: Ja, warum streitet ihr euch? Das war wegen eines Haarreifs oder so, keine Ahnung. Und dann haben sie sich gestritten und dann hab ich einfach einen Lehrer gerufen und dann war es wieder geklärt. Sind jetzt wieder beste Freunde geworden.*« Adriana hat trotz der häufig stattfindenden Schlägereien keine Angst, zur Schule zu gehen. Sie selber war noch nie in eine Schlägerei involviert, häufiger ist es sogar so, dass sie zu Hilfe gerufen wird: »*Aber manche holen mich auch zu Hilfe, weil ich kenn die ganze Schule fast.*« Für Adriana sind die Schlägereien daher zwar eine störende, aber keine bedrohliche Angelegenheit. Mit etwas Distanz betrachtet, gehören sie sogar zu dem Gesamtpaket »Action an der Schule«. Das wird deutlich, als Adriana erzählt, aus welchen Gründen sie gerne in die Schule geht: »*Wegen der Musik draußen und so. Weil in den Pausen gibt es dann immer Musik. Und manchmal gibt es auch Action, zum Beispiel eine Schlägerei oder so. […] Und dann gibt's auch … ich weiß nicht wie das heißt … also da verkleiden sich die Zehntklässler dann zum Beispiel nach einem Motto, zum Beispiel 80er-Jahre, dann müssen die sich 80er-Jahre umziehen oder Mädchen zu Jungs und Jungs zu Mädchen, haben die auch schon mal gemacht. Jetzt sind die 10er weg, da macht's keinen Spaß mehr.*«

»Action« ist also für Adriana grundsätzlich erst mal positiv belegt. Es passiert etwas, da kommen Abwechslung, Spannung und Spaß ins Spiel. Das Leben an der Schule wird lebendig. Hier nennt Adriana die Schlägereien in einem Rutsch mit den Dingen, die den Schulalltag spannend machen. Trotz der grundsätzlichen Ablehnung dieser Art von Auseinandersetzung: »*in der Schule gefallen mir auch nicht die ganzen Schlägereien*«, bleibt also auch eine gewisse Faszination.

Adrianas Erfahrungen mit der Schule sind also recht ambivalent. Adriana macht den Eindruck, als ob sie sich durchaus an der Schule wohlfühlt. Sie kennt jede Menge Leute und eine gute Freundin umarmt sie gleich jeden Morgen zur Begrüßung. Adrianas Leidenschaft, die Musik, wird an der Schule ganz großgeschrieben und der Musiklehrer ist begeistert von ihrem Talent. Die Schule ist für Adriana ein Ort, an dem man Leute trifft, Spaß hat und im Unterricht lieber quatscht als zuhört. Zu ihren Erfahrungen an der Schule gehört aber auch schon das Sitzenbleiben, d.h. schlechte Noten und die Frustration mit dem Lernstoff. Trotzdem klappt es im zweiten Anlauf nun ganz gut mit den Noten. Selbst in Mathe, dem Problemfach, kommt Adriana gut durch.

Die Eisdiele – Zicken on Tour

Neben dem Fußballplatz, dem Zuhause und der Schule gibt es noch einen weiteren wichtigen Ort für Adriana. Da gerade Sommerzeit ist, trifft sich Adriana drei- bis viermal in der Woche mit ihren Freundinnen bei der Eisdiele. Wenn es zu kalt wird, um sich an der Eisdiele zu treffen, weichen die Freunde auf andere Orte aus: »*Im Winter gehen wir meistens in so eine Halle, da spiele ich mit meinen Geschwistern halt Basketball. Und da haben wir mit meinen ganzen Freunden Basketball gespielt.«* Die Namen von sieben Mädchen kommen bei der Frage nach den Personen, die Adriana der Eisdiele zuordnen möchte, wie aus der Pistole geschossen. Eine richtige Mädchenclique, und wie läuft das so?

A: Ja, eigentlich ganz gut. Wir hatten noch nie Stress. Unsere Clique nennt sich Zicken on Tour (beide lachen) und, ja.
I: *Aber ihr seid nicht so zickig.*
A: Nö. Gar nicht. Die [anderen Leute] sagen: Hallo, dann sagen wir auch: Hallo … alle im Chor …

Die Schilderungen über die Mädchenclique sind zwiespältig. Zunächst erscheint die Gruppe der acht Freundinnen ganz homogen und friedlich, dann aber bekommt man doch auch wieder den Eindruck, dass es nicht ganz so arglos vor sich geht: *»Also diese Aaliyah, das ist eigentlich die einzige [der sieben Mädchen], die ich richtig mag, und Leoni. Die sind halt so nett und hilfsbereit. Die anderen nicht so. Wenn einer mal hinfällt, dann lachen die die aus oder so … Ich find das gar nicht witzig, wenn einer hinfällt …«*

Konflikte zwischen Freunden tauchen in Adrianas Erzählungen immer wieder auf. So schwanken ihre Erlebnisse zwischen Beliebtheit auf der einen Seite und Missverständnissen und Eifersüchteleien auf der anderen Seite. Deutlich wird dies zum Beispiel, als wir über die Bestimmer in der Clique sprechen:

I: *Die beiden (Aaliyah und Maja) sind die Bestimmer?*
A: Ja! Ja ähm, die sagen uns: Komm, lass uns da langgehen, gehen wir alle da lang, zum Beispiel. Ja, wir gehen jetzt alle Shoppen, dann gehen wir auch alle Shoppen. Und wenn wir was nicht mögen, dann sagen die: Ja, dann bleibt doch hier. Deswegen machen wir immer mit. Aber die, … die stellen mich immer hier in die Mitte, weil die mich mögen und alle wollen neben mir oder so, … dann geh ich erst mal ganz weg.
I: *Ach so, die wollen dich so …*
A: Für sich alleine so. Jede Einzelne von denen. Aber ich find Aaliyah ist einfach … die Beste sozusagen. Ich mag die auch voll, weil wir … ein bisschen breiter als die anderen sind und größer, schätzen uns alle auf 14 oder so, ja. Und wir hatten schon mal, also ich hatte schon mal Streit mit der Maja und Sibel, und da hat sie mir halt geholfen, dass ich nicht alleine in der Pause bin, bin ich eh nicht, aber … ja, und dann ist sie halt mit mir gekommen. Deswegen.
I: *Mmh … worüber hattet ihr euch da gestritten?*
A: Äh, hab ich wieder vergessen. Äh … weiß ich jetzt auch nicht mehr … Ach so, ja, weil die Sibel mich nicht mag, weil sie eifersüchtig ist, weil ich mit Maja und so abhänge. Ja, weil die denkt, dass ich jetzt ihre ganzen Freunde wegnehme, obwohl ich das gar nicht mache. Wir reden jetzt immer noch nicht [miteinander].

Erst also erzählt Adriana über die Mädchenclique: *»Wir hatten noch* *nie Stress.«* Im weiteren Verlauf erfährt man, dass ein Mädchen aus der Clique, Sibel, *»eifersüchtig«* auf Adriana ist, sie *»nicht mag«* und die beiden momentan nicht miteinander sprechen. Dieser Aspekt in Adrianas Schilderungen ist besonders interessant, denn beide Perspektiven scheinen für Adriana gültig zu sein. Auf der Ebene der konkreten Beziehungen gibt es durchaus Konflikte, manche Mädchen mögen sich, manche nicht, manchmal gibt es Streit, zeitweilig wird man sogar ausgeschlossen und muss die Pausen alleine verbringen. Auf der Gruppenebene allerdings, also im Großen und Ganzen betrachtet, spielen diese Konflikte wiederum für Adriana keine so große Rolle. Ihre Mädchengruppe nimmt sie, auf dieser Ebene betrachtet, als harmonisch wahr.

Trotz der Konflikte bleiben die Schilderungen von Adriana im Grundton selbstbewusst und gelassen. Daher entsteht der Eindruck, dass Adriana tatsächlich eine ganz angenehme Position in der Clique und in der Schule einnimmt. Immer wieder wird sie als Vermittlerin oder als Streitschlichterin eingesetzt, die verschiedenen »Grüppchen« und Cliquen wollen sie für sich gewinnen. Dies war allerdings nicht immer so:

A: Ja, aber in der Grundschule war ich irgendwie voll Außenseiter, da hatte ich keine Freunde, und jetzt hab ich tausend Freunde (lacht), die ganze Schule.

I: *Wie kam denn diese Wende dann zustande?*

A: Ja, ich weiß nicht. Vielleicht weil ich dünner geworden bin oder so … und, ja. Weiß ich nicht.

I: *Meinst du, das macht viel aus so, ob man kräftig ist oder eher dünn?*

A: Ja. Auf jeden Fall. Weil die Dickeren werden dann gemobbt oder so und die Dünneren, also die ganz dünn sind, werden als magersüchtig bezeichnet. Ja, und, also sollten die etwas Dickeren und die etwas Dünneren sollten dann zusammenhalten. Ja …

Die Vermittlerrolle ist Adriana also nicht einfach nur zugeschoben, sie hat aufgrund der eigenen Erfahrung aus der Grundschule viel Verständnis für Außenseiter und Kinder, die nicht per se beliebt sind.

Darüber hinaus hat Adriana das Glück, über einen »persönlichen Magneten« zu verfügen:

I: *Ihr seid ja eine große Mädchenclique. Kennst du so etwas, dass da mehr Mädchen das eine machen wollen und ein paar wenige das andere?*

A: Äh, ja, ich kenn das. Also, wenn einer zum Beispiel bei der Musik bleiben will und die anderen dann auf einer Bank sitzen, dann geh ich halt zu der anderen, also zu der, die bei der Musik bleiben will. Und dann kommen alle wieder zu mir. Und deswegen. Und dann sag ich immer: Hab ich irgendwie einen Magnet bei mir? (Lacht)

Soziale Verantwortung

In Adrianas Erzählungen und Argumentationen taucht immer wieder ein sehr markantes Grundmotiv auf, das in dieser Ausprägung eher ungewöhnlich für Kinder ihres Alters ist. Adriana denkt durch und durch sozial, d.h. ihr sind die Interessen und das Wohl ihrer Mitschüler und Mitmenschen außerordentlich wichtig. Adriana ist es wichtig, innerhalb der Gemeinschaft Verantwortung zu übernehmen und sich umeinander zu kümmern. So ist es für sie zum Beispiel selbstverständlich, der Mutter im Haushalt zu helfen, den Cousin bei Schulaufgaben zu unterstützen, viele Leute zu kennen und mit allen gut auszukommen. Sie vermittelt bei Konflikten und ist besonders darauf bedacht, Außenseiter zu integrieren. Ihr reicht eine sehr entfernte soziale Verbindung, um sich mitverantwortlich für die Integration eines Menschen zu fühlen. Als Begründung, weshalb sie einem Mädchen aus der Patsche half, zog sie etwa heran, dass es schließlich die Tochter einer ehemaligen Arbeitskollegin der Mutter gewesen sei.

Darüber hinaus gibt es bei Adriana auch die Tendenz, das Wohl der Gruppe als wichtiger zu bewerten als Einzelinteressen und Konflikte. Das zeigt z. B. die Beschreibung ihrer Mädchenclique. Auf individueller Ebene gibt es durchaus Unterschiede und Probleme, dies stört aber nicht den Gesamtzusammenhalt der Gruppe.

Adrianas Mutter ergänzt …

Mittlerweile sind wir nicht mehr alleine im Wohnzimmer. Adrianas Mutter hat sich vor einigen Minuten ganz leise mit einer großen Schüssel Gemüse auf das Sofa am anderen Ende des Zimmers gesetzt und gleichzeitig gelauscht und geschnibbelt. Nun klinkt sie sich kurz in unser Gespräch ein, wobei sie sichtlich gelöster und entspannter wirkt als zu unserer Begrüßung. Vielleicht hat sie mittlerweile doch den Eindruck gewonnen, dass die Sache mit dem Interview ganz harmlos ist?

Adrianas Mutter bestätigt, dass Adriana zu ihren beiden großen Brüdern ein sehr enges und freundschaftliches Verhältnis hat. Gerne provoziert Adriana die beiden Brüder aber auch, weil sie weiß, dass sie nichts zu befürchten hat: Mutter: *»Aber die ärgern die nicht so richtig, weißt du? Nur so zum Spaß.«* Da scheint es auch manchmal viel Action zu geben: *»Da ist es so laut, wenn die alle zu Hause sind, sonst sind es nur wir zwei [Mutter und Tochter] …«*

Trotzdem ist die Mutter glücklich und stolz auf ihre Familie, vor allen Dingen, weil fast alle eine feste Anstellung haben. Nur mit dem Werdegang der älteren Tochter ist die Mutter nicht ganz zufrieden. Sie hätte gerne gehabt, dass sie Apothekenhelferin geworden wäre. Aber aufgrund der Schwangerschaft hat die Tochter die Ausbildung unterbrochen und widmet sich nun zunächst ihrer kleinen Familie. Nun bleibt die Hoffnung, dass Adriana vielleicht einen der Traumberufe der Mutter erwirbt: Apothekenhelferin oder Arzthelferin. Und was will Adriana? *»Weiß ich nicht. … Ich wollte eigentlich Kellnerin werden, aber dann doch nicht. Und dann wollte ich in einer Arztpraxis arbeiten, aber dann doch nicht.«* In einer Apotheke zu arbeiten, kann sie sich durchaus vorstellen, *»Apotheke auf jeden Fall«* oder auch *»als Sekretärin oder so«*. Auf jeden Fall ist es ihr Ziel, wie einer ihrer beiden älteren Brüder den Realschulabschluss zu schaffen. *»Der hat ja Realabschluss. Mein anderer Bruder,*

der hat den Hauptschulabschluss, meine Schwester auch, und [mein Ziel ist der] Realschulabschluss!«

Im weiteren Verlauf des Interviews hält sich Adrianas Mutter immer mal kurz im Wohnzimmer auf, lauscht und beteiligt sich an unserem Gespräch mit kleinen Kommentaren, verlässt uns daraufhin aber auch wieder, um in der Küche weiterzuarbeiten.

Abschluss

Unmittelbar nachdem wir alle Interviewthemen besprochen haben, kommt Adrianas Opa aus Osnabrück überraschend zu Besuch. Er bringt seine Freundin mit. Sofort werden Tee, Kaffee und Kekse serviert. Die Mutter von Adriana und die Freundin des Großvaters sind sofort in ein Gespräch auf Bosnisch vertieft, der Opa hält derweil auf dem Sofa ein kleines Schläfchen im Sitzen. Adriana und ich nutzen die Zeit, um uns die Fotogalerie der Familie im Hausflur anzuschauen. Dort sind unter anderem Hochzeitsfotos von der Schwester und Fotos von den Brüdern zu sehen. Adriana erzählt mir, dass die Familie immer Weihnachten gemeinsam feiert, obwohl die Eltern muslimisch sind. Sie sagt, einige muslimische Rituale habe die Familie übernommen, selber aber wisse sie nicht viel über den muslimischen Glauben.

Eine Frage an Adriana während des Interviews lautete: Was würdest du sagen, an welchem Ort bist du am liebsten? *»Zu Hause!«*, war ihre nachdrückliche Antwort. Die Art und Weise, wie Adriana über ihre Familie berichtet bzw. auch wie die Mutter über ihre jüngste Tochter spricht, lassen an dieser Antwort keine Zweifel. Ihre Position als Nesthäkchen der Familie weiß Adriana durchaus zu schätzen. Sie erzählt, dass ihre Schwester zum Beispiel früher viel mehr im Haushalt mithelfen musste, als sie selbst das heute tut. Während des Interviews kommentierte die Mutter von Adriana das mit einem Augenzwinkern so: *»Aber so nett ist sie und alles, sie prügelt sich nicht mit anderen Kindern oder zankt. Oder in der Schule, die Lehrerin hat mich nie gerufen. Keine Probleme. Geh ich zum Elternsprechtag, redet die Lehrerin sehr gut. Nur will sie der Mama nicht helfen. Das ist das Problem!«*

Das gute Verhältnis zu ihren Geschwistern und Eltern sorgt bei Adriana – trotz manch schwieriger Schulerfahrung – also insgesamt für ein sehr positives und zufriedenes Lebensgefühl. Nur einen Konflikt gibt es zurzeit: *»Also ich würd mir … ich wollte mir mal, also meine Geschwister haben ja Tattoos und dann hab ich gesagt, ich will auch ein Tattoo!«* Aber hier ist auch für die geduldserprobten Eltern eine Grenze, die sagen: *»Nee! Darfst du nicht.«*

Milad, 11 Jahre

»Und Samstag treffen wir uns auch manchmal zum Fliegen.«

Amelie Jung

Der 11-jährige Milad und seine 8-jährige Schwester Sofia wohnen mit ihren Eltern, die beide aus dem Iran kommen, in einer Kleinstadt in der Nähe von Gütersloh. Milads Vater lebt schon seit ca. 25 Jahren in Deutschland und hat den Iran damals aus politischen Gründen verlassen. Milads Mutter ist ca. 10 Jahre später nach Deutschland gekommen.

Milads Vater betreibt eine eigene Autowerkstatt. Vormittags, wenn die Kinder in der Schule sind, hilft Milads Mutter bei den Büroarbeiten in der Werkstatt. Milads Vater arbeitet sehr viel: *»Also, ich telefonier jeden Tag mit ihm, weil er kommt immer so nachts nach Hause um zehn Uhr oder so, da bin ich schon am Schlafen. Am Samstag auch manchmal, aber am Sonntag ist er dann immer da. [Dann machen wir eine] Fahrradtour oder so.«* Mindestens einmal in der Woche besucht Milad seinen Vater in der Werkstatt, hilft ein bisschen mit oder spielt am Bürocomputer.

Die Werkstatt ist einer von insgesamt 11 Orten, die Milads Lebenswelt ausmachen. Da Milad ein beachtliches Netzwerk an guten Freunden hat, besteht die Hälfte seiner Lebenswelt aus kleinen Häusern, die den einzelnen Freunden zugeordnet sind. Die meisten Freunde hat er in der Grundschule bzw. im Gymnasium kennengelernt. Mit vier Schulfreunden besucht Milad einmal wöchentlich eine AG für Modellflugzeugbau und die fertigen Flugzeuge werden hin und wieder am Wochenende gemeinsam im Freien getestet. Mit einem anderen Freund trainiert Milad zweimal wöchentlich Tae Kwon Do.

Neben den Schulfreunden hat Milad noch einen besten Freund, der einige Kilometer entfernt wohnt. Über die Freundschaft erzählt Milad: *»Da fühle ich mich wie zu Hause. Weil da muss man nicht so zurückhaltend sein. Weil bei meinen anderen Freunden bin ich eher ruhig und so ja und bei Raphael, da bin ich so, wie ich zu Hause bin.«*

Sein Zuhause ist für Milad vor allem Rückzugsort. Hier ist er gerne in seinem Zimmer und spielt mit Lego oder er entspannt sich vor dem Fernseher: *»Eine Stunde am Tag.«* Manchmal hat er Glück und seine Mutter passt nicht richtig auf: *»Dann überziehe ich manchmal, weil meine Mutter merkt das dann fast gar nicht.«*

Malena, 10 Jahre

»Ich bin eigentlich nur draußen«

Amelie Jung

Die 10-jährige Malena wohnt mit ihrer Mutter, ihrem 14-jährigen Bruder und ihrer 16-jährigen Schwester in einer Plattenbausiedlung im Osten Berlins. Malenas Mutter kommt aus Deutschland, trotzdem ist die Familie ganz multikulturell: *»Meine Schwester hat einen indischen Vater, mein Bruder hat einen türkischen und ich habe einen kubanischen.«* Malenas Vater hat mit Malena sechs Kinder, die zum Teil in Kuba wohnen. Zu diesen hat Malena kaum Kontakt.

Malenas Mutter arbeitet in einer Bibliothek und kommt innerhalb der Woche am frühen Nachmittag nach Hause. Malenas Vater wohnt ganz in der Nähe, sodass Malena ihn zu Fuß oder mit dem Fahrrad besuchen kann. *»Das ist aber nicht so oft. Der muss ja auch arbeiten. Frühs um fünf bis abends um sechs. [Der geht] putzen in irgend so einem Gebäude.«*

Vier wichtige Orte gibt es in Malenas Lebenswelt: ihre Schule, den Spielplatz im Innenhof, ihr Zuhause und die Wohnung des Vaters. Die vier Orte liegen so nah beieinander, dass Malena sich überwiegend innerhalb ihres Wohnblocks aufhält.

Malenas Schulfreunde sind gleichzeitig auch die Freunde, mit denen sie ihre freie Zeit verbringt. In ihrer Klasse gibt es eine feste Clique von sechs Kindern, die sich am Nachmittag im Hof trifft. Zu der Clique gehört auch die beste Freundin von Malena. Malena hat keine regelmäßigen Hobbys, sie gestaltet ihre Freizeit völlig selbstständig gemeinsam mit ihren Freunden. Am liebsten spielen die Kinder Klettergerüstfangen im Innenhof, wobei Malena häufig die Bestimmerrolle übernimmt.

Fernsehen dient Malena einerseits als Überbrückung von »Leerzeiten«, z. B. der Zeit zwischen der Schule und dem Treffen mit Freunden. Andererseits ist das gemeinsame Fernsehen auch eine Art Abendritual in der Familie. *»Also von 19 Uhr bis 20 Uhr gucken wir Berlin Tag und Nacht, und wenn das zu Ende ist, gucken wir GZSZ bis 20:15 Uhr.«* Dann ist für Malena Schlafenszeit.

Malena genießt ihre Selbstständigkeit sehr, allerdings erkennt sie auch einen Nachteil, der mit so viel Freiheit verbunden ist. Mit ihren schulischen Leistungen ist sie nicht zufrieden. Malena hat daher einen Wunsch für das nächste Schuljahr: *»Dass ich schlauer werde und dass ich auch besser zuhöre und mehr lerne zu Hause, anstatt immer rauszugehen.«*

Ole, 11 Jahre

»Warum sind die Guten gut? Warum sind die Bösen böse?«

Amelie Jung

Der 11-jährige Ole wohnt mit seiner Familie nahe dem Zentrum einer Großstadt im Ruhrgebiet. Mit öffentlichen Verkehrsmitteln ist die Wohnung der Familie schnell zu erreichen. In Fußnähe eines zentralen S-Bahnhofes zweigen ruhige Wohnstraßen von der belebten Hauptstraße ab. Altbauten prägen das Straßenbild. Heute ist Freitag, der Interviewtermin fällt auf den Nachmittag des letzten Schultages vor den Sommerferien – ein warmer und sonniger Tag. Ich bin etwas zu früh dran und die Familie ist noch nicht zu Hause, da sie heute mit den Großeltern zum Mittagessen verabredet ist. Eine gute Gelegenheit, Oles Wohnort noch etwas genauer zu erkunden. Direkt neben dem Haus, in dem Ole mit seiner Mutter (Biologin), seinem Vater (Sozialpädagoge) und seiner drei Jahre älteren Schwester Laura wohnt, entdecke ich einige interessante Aushänge. Die Gegend scheint auch für die alternative Szene interessant zu sein. In einem der Hinterhöfe bietet eine Hofwerkstatt Kurse von Kunst bis Yoga an. Im gleichen Hof befindet sich noch eine Heilpraktikerschule.

Pünktlich auf die Minute hält das Auto der Familie neben mir und ich werde sofort als »Interviewerin« erkannt. Nach einer kurzen und freundlichen Begrüßung führt mich die Familie, Mutter und Vater, Ole und seine Schwester Laura, durch den schmalen Hausflur eines Altbaus in ihre Wohnung im ersten Stock. Durch den Parkettboden und die schönen alten Türen macht die Wohnung gleich einen großzügigen und gemütlichen Eindruck. Ole wirkt zwar zurückhaltend, aber nicht schüchtern, sondern eher aufmerksam und ausgeglichen. Er scheint gespannt zu sein, was es mit dem Interview auf sich hat. Ole, seine Mutter und ich gehen durch das Wohnzimmer in die geräumige Wohnküche, die sich optimal als Interviewort eignet. Hier ist es hell und ruhig, und ein großer Esstisch steht für den Aufbau der Lebenswelt zur Verfügung. Oles Mutter ist sofort einverstanden mit unserer Wahl und bietet uns noch zu trinken und etwas zum Knabbern an. Da keine weiteren Fragen bestehen, legen Ole und ich gleich los.

Oles Lebenswelt

Die Aufgabe, wichtige Orte und Kontakte aufzustellen, fällt Ole leicht.

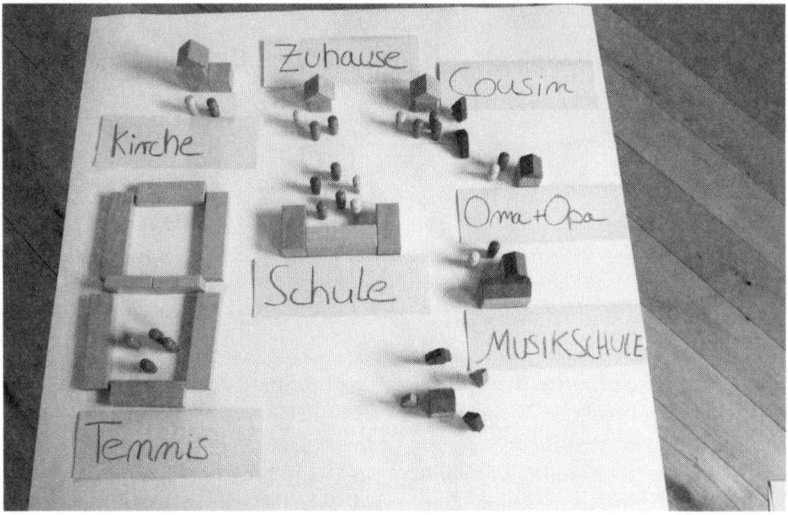

Sofort fasziniert ihn die Idee, seinen eigenen Alltag auf dem Küchentisch nachzubilden: »*Hmm, wo geh ich noch hin? … Man denkt sonst so gar nicht darüber nach.*« So wird der Aufbau eine spannende Gelegenheit für Ole, sich mit seinem Lebensraum gezielt zu beschäftigen.

Fällt Ole ein Ort ein, entscheidet er schnell, wo und wie dieser aufgebaut wird, sodass nach kurzer Zeit eine übersichtliche »Stadt« entsteht. Ole hat eine gut durchorganisierte Woche und viele regelmäßige Nachmittagstermine. Er überlegt zwischendurch sehr genau, damit seine Lebenswelt auch alle tatsächlichen Orte enthält. Gerne gibt er zu jedem Ort auch die gefragten Informationen, z. B. wie die Orte für ihn erreichbar sind und wen er dort trifft. Durch Oles zugängliche Art entsteht immer wieder ganz mühelos ein Gespräch, durch das ich mehr und mehr über Oles Hobbys, die Schule und seinen Alltag zu Hause erfahre.

Von Tennis bis Tenorhorn

Ole spielt leidenschaftlich gerne Tennis, daher ist seine Entscheidung für den ersten Ort schnell gefallen: »*Ich kann ja den Tennisplatz machen … (fängt an, den Platz aufzubauen). Ein Netz fehlt noch … hm, man kann die Linie jetzt schlecht machen, ne? Weil das sind ja so dünne Bauklötze …*« Ole baut ein richtiges Spielfeld nach, mit Grund- und Seitenlinien und dem Netz.

»*Also, [Tennis spiele ich] mindestens einmal in der Woche eigentlich. Und da mache ich dann mit ein paar Freunden Training. Also die vier Leute, die mit mir in der Mannschaft spielen, sind Benjamin, Luis, Emil und Daniel. Also, Benjamin, Luis und Emil waren in meiner Klasse und Benjamin ist jetzt immer noch in meiner Klasse. Und Daniel ist dazugekommen, den kennen wir nicht von der Schule.*«

Jeden Montag hat Ole mit den vier anderen Jungen zusammen Tennistraining. Die Tennishalle ist nicht weit von seinem Zuhause entfernt: »*Da fahr ich mit dem Fahrrad hin.*« Als wichtige Kontakte am Tennisplatz stellt Ole den Trainer und die vier Mannschaftskameraden auf. Die vier Jungen verstehen sich untereinander »*eigentlich ganz gut. Nur Luis und Emil meckern sich eigentlich immer an. Wenn wir so ein Doppel machen und die zusammenspielen, dann kann keiner einen Fehler machen, ohne angemeckert zu werden*«. Ole kann so viel ungeduldigen Ehrgeiz nicht ganz nachvollziehen: »*Ich meine, das ist ja eigentlich nur ein Spiel!*«

Da Ole, ohne zu zögern, als ersten Ort den Tennisplatz aufgebaut hat, interessiert mich, welche Bedeutung dieses Hobby für ihn hat. »*Es macht einfach Spaß, weil man läuft viel … und beim Training machen wir so viele Spiele.*« Auch die Turniere sind spannend, »*auch wenn wir fast immer verlieren (lacht). Macht trotzdem Spaß*«. Tennisprofi will Ole allerdings nicht werden: »*Weil, hmm, (Pause) ich habe eigentlich nicht so richtig viel Lust, so Sport so jeden Tag zu machen …*«

Ole erzählt auch, wie er zum Tennisspielen gekommen ist: »*Also, ich habe mit Schwimmen aufgehört … weil man durfte nur so lange bleiben, bis man Silber hat. Ja, und dann habe ich eben mit Benjamin zusammen etwas Neues gesucht.*«

Tennis ist aber nicht Oles einzige Freizeitbeschäftigung. Ich staune nicht schlecht, als Ole über sein nächstes Hobby berichtet, das ganz anderer Art ist: »*In der Kirche bin ich immer. Jetzt nicht nur zum Gottesdienst, sondern auch, weil ich da Tenorunterricht habe. Seit, ich glaube, vielleicht einem Jahr oder so. Ich spiele jetzt Tenorhorn. Davor habe ich Trompete gespielt, davor habe ich auch schon, in der dritten Klasse glaube ich, Waldhorn gespielt. Tenorhorn ist eben ein bisschen größer als ein Horn. Die sind ja alle so gebogen, damit die nicht so riesig sein müssen. Weil bei einer Posaune ist das Rohr schon zwei Meter lang. Wenn man so ein großes Rohr in der Hand hat, könnte man schlecht spielen. Also einmal [in der Woche habe ich Unterricht] mit meinem Freund Jona, der spielt auch Tenorhorn. Und dann manchmal spielen wir auch noch in der Kirche im Gottesdienst mit meiner Mutter und ein paar anderen Leuten. Die spielen dann Trompete, Tuba, alles … [Da spielen wir] so Kirchenlieder eben.*«

Man könnte vermuten, dass ein 11-jähriges Kind mit Tennistraining und Tenorhornunterricht schon gut ausgelastet ist. Aber Ole hat noch mehr zu bieten: Einmal wöchentlich erhält er gemeinsam mit seinem Cousin Benjamin Flötenunterricht in der Musikschule. »*Ich spiele jetzt auch F-Flöte, nee, ja doch F-Flöte, vorher habe ich C-Flöte gespielt. Ich glaube, das mache ich jetzt schon seit der zweiten Klasse, könnte gut sein. Demnächst wollen wir dann mit Tenorflöte noch anfangen.*«

Oles Erzählungen über seine verschiedenen Hobbys wirken lebendig und unbeschwert. Seine ausgefüllten Nachmittage scheinen ihm keineswegs zu viel oder lästig zu sein. In jedem der Bereiche ist er ausdauernd seit mehreren Jahren dabei. Er macht große Fortschritte und hat auch keine Hemmungen, anderen sein Können vorzuführen, z. B. bei Tennisturnieren oder Kirchenkonzerten. Es fällt Ole leicht, sich auf seine verschiedenen Hobbys einzulassen, sie ernst zu nehmen und sich einzubringen. Für ihn ist durchweg die Freude an der Sache wichtiger, als ehrgeizige Ziele zu erreichen. Seine Hobbys sollen ein Ausgleich sein, ihm Spaß bereiten, er möchte etwas lernen. Er kann sich offensichtlich für sehr unterschiedliche Aktivitäten begeistern und lässt sich leicht motivieren. Oles Interessen und Talente können glücklicherweise gut gedeihen, da sie auf die Bereitschaft seiner Eltern treffen, diese in einem festen Rahmen zu fördern und zu unterstützen.

Eine Zwei plus plus plus für Religion

Als zweiter Ort fällt Ole sofort die Schule ein. Ole hat gerade die fünfte Klasse am Gymnasium beendet. Zur Schule läuft Ole: *»Also, das ist eigentlich direkt da hinten. Der Weg dauert vielleicht eine viertel Stunde. Das ist jetzt nicht so der Aufwand.«* Oft trifft er sich mit einer Klassenkameradin, die in der gleichen Straße wohnt: *»Mit Clara, die ist auch in meiner Klasse und die wohnt in Nr. 5 glaube ich.«* Dreimal wöchentlich hat Ole auch nachmittags Unterricht: *»… Aber da kann sich sowieso keiner mehr richtig konzentrieren, und da werden die Lehrer auch nicht so schnell böse, weil in der achten Stunde haben die auch keine richtige Lust mehr auf Unterricht …«* Wenn die Kinder nachmittags Unterricht haben, gibt es vorher eine lange Mittagspause. *»55 Minuten. Da können wir auch drin sein … eigentlich alles machen, was wir wollen. Nur, wir dürfen nicht vom Schulgelände gehen. Außer eben, man wird zur Mensa geführt. … wir haben eine Mensa, da gehe ich aber nicht hin. Ich kaufe mir dann irgendetwas in der Schule am Kiosk, ein Brötchen oder ein Hotdog.«*

Ole erzählt, dass ihm die Schule prinzipiell gut gefällt. Auch wenn er nicht auf alle Fächer immer Lust hat und manche Lehrer nerven, Ole ist ein ambitionierter Schüler. Er schreibt gute Noten, beteiligt sich im Unterricht und interessiert sich für viele Fächer und Themen.

»Also, eigentlich gehe ich schon gerne zur Schule. Aber auf manche Fächer habe ich auch nicht richtig Lust. Zum Beispiel Mathe, also die Lehrerin, die wir da haben, mag, glaube ich, keiner aus der Klasse. Also, die macht dann … manchmal haben wir eine Dreiviertelstunde Zeit und die gibt uns zwei Seiten im Buch auf und das sollen wir dann schaffen. Und wenn wir es nicht schaffen, sollen wir es als Hausaufgabe machen. Und das KANN man nicht schaffen.«

»Also ich mache gerne Biologie, Musik und Religion. Weil meine Mutter Biologin ist, bin ich in Biologie recht gut. Und in Musik bin ich eigentlich auch recht gut … und in Religion auch! In diesen drei Fächern hatte ich immer eine Eins. Also außer in Religion, da hatte ich im ersten Halbjahreszeugnis eine Zwei und da hat der Lehrer gesagt, also du hast eine Zwei plus plus plus, also total viele Plusse, das lag nur daran, dass ich mich am Anfang zu wenig beteiligt habe. Das lag nur daran, dass ich den am Anfang noch nicht so kannte …«

Oles Freundschaften

Durch die vielen Hobbys und Aktivitäten hat Ole grundsätzlich Kontakt zu einer Vielzahl von verschiedenen Menschen. Hierzu gehören sowohl

Kinder aus seiner Altersgruppe (z. B. beim Tennis) als auch Menschen mit ganz anderen Hintergründen (Kirchenorchester). Freundschaft ist für Ole ein wichtiges Thema. Neben einer Handvoll sehr enger Freunde hat Ole noch weitere Bekanntschaften, die an den verschiedenen Orten Spielkameraden sind.

Eine besondere Rolle spielt Oles Cousin Benjamin. Er ist mit Abstand Oles engster und bester Freund: »*Also er kennt mich seit meiner Geburt und ich kenne ihn seit seiner Geburt.*« Seit der Grundschule besuchen sie dieselbe Klasse, sie nehmen gemeinsam Tennistraining und Flötenunterricht. Obwohl sich die beiden täglich sehen, ist für Ole klar, dass er sich nachmittags am liebsten mit Benjamin verabredet. Die Freundschaft zu Benjamin hebt sich von allen anderen Kontakten ab. »*Wir verlassen uns beide sehr gut auf den anderen*«, sagt er.

Ole erzählt, was und wie die beiden miteinander spielen. »*Also [Ideen hat] erst mal immer keiner (lacht). Und dann eigentlich immer unterschiedlich. Also wir fragen immer so … was sollen wir jetzt machen? Ja, du bist der Gast, du musst entscheiden (lacht). [Am meisten Spaß macht mir] Drei-Fragezeichen-CDs hören und dabei Lego aufbauen und spielen. […] Lego Star Wars spielen wir eigentlich. Ich habe so eine ganze Schublade voll und das bauen wir dann immer auf.*« Ole erzählt, was die beiden Jungen an Lego Star Wars so fasziniert: »*[Bei Lego Star Wars] find ich gut, wie das alles so funktioniert. Manche Sachen sind ja auch …, wie die so Raketen schießen können und wie sich manche Sachen automatisch auslösen. Das finde ich auch gut … die Technik daran. […] Manchmal spielen wir auch so ein bisschen unlogisch … und … da ist irgendwie so ein Druide, der eigentlich gar kein Gehirn hat, und der gewinnt dann irgendwie gegen einen Jedi (lacht), also manchmal ist es schon ziemlich unlogisch.*«

Die Freundschaft zwischen Ole und Benjamin ist für beide Kinder ein großer Gewinn. Man kann sich leicht vorstellen, dass die Hobbys, der Urlaub im Ferienhaus der Familie und auch der tägliche Schulbesuch viel mehr Spaß machen, wenn der beste Freund immer mit dabei ist.

»Mittwoch gibt es bei uns immer Pfannkuchen« – Ole und die Familie

In einem Schwung baut Ole sein eigenes Zuhause und daneben das Haus seines Cousins und besten Freundes Benjamin auf und ordnet folgende Figuren zu: »*Ja, bei mir zu Hause natürlich meine Eltern … meine Schwester … mich. Ja, und bei meinem Freund … sein Vater, seine Mutter, sein Bruder und er. Also der Vater von Benjamin ist der Bruder von meiner Mutter.*«

Auch für die Großeltern stellt Ole ein eigenes kleines Häuschen auf. Allerdings trifft er seine Oma und seinen Opa häufiger bei seinem Cousin an, denn »*Mittwoch gibt es bei uns immer Pfannkuchen. Also, ich bin dann nicht bei Oma. Ich bin dann bei Benjamin, meinem Freund, also die Oma kommt dann zu Benjamin, weil Benjamin hat ein Haus, und das ist immer praktischer, weil wir sind dann manchmal zehn Leute, die da sind, und das ist in so einer kleinen Wohnung manchmal nicht ganz so praktisch. [Aber häufig] sind da nur Benjamin, Jakob [B.'s Bruder], Marina*

[B.'s Mutter], Laura und Mama. Manchmal ist [auch der Opa] da«.

Während Ole über die Großeltern spricht, fällt ihm noch ein weiterer wichtiger Ort ein: Für die gesamte Familie steht knappe 100 km vom Wohnort entfernt ein kleines Ferienhaus zur Verfügung. »*Also, das ist ein Haus mit so zwei Etagen, nee, eine Etage ..., da haben wir einen Garten rundum ...*« Ole antwortet auf die Frage, wie oft sie dort sind: »*Ziemlich oft, eigentlich in jeden Ferien immer. Also, wenn wir nicht wissen, wo wir anderes hinfahren können ... da feiern wir auch immer Ostern.*«

Nicht nur in dem gemeinsamen Ferienhaus verbringt Ole häufig seine Schulferien, auch in der Schweiz ist er regelmäßig mit seiner Familie: »*Ja in den Sommerferien bin ich ja immer in der Schweiz, auf einem Berg. Ja, also meine Mutter war da als Sängerin mal, und dann hatte sie sich mit der Familie da angefreundet, und da sind wir jetzt jeden Sommer, mit Kühen und Ziegen. Also morgens und abends melken [wir] die Kühe natürlich. Käse machen [wir] über den ganzen Tag eigentlich. Sonst gehen wir manchmal in der Nähe an den Bach und grillen da Würstchen ... oder so was ... In diesen Sommerferien fahren wir also die ersten drei Wochen in die Schweiz, danach gehe ich in so ein Feriencamp, irgendwo so Survival, dass man da irgendwie so draußen ist, mit so Zelten und so was, und die letzten zwei Wochen bin ich dann im Ferienhaus [der Familie].*

In Oles Lebenswelt spielt nicht nur die Kleinfamilie, sondern auch die nahen Verwandten eine große Rolle. Die Familie des Onkels und die Großeltern wohnen in unmittelbarer Nähe und die Familien haben einen engen und regelmäßigen Kontakt. Sogar ein gemeinsames Ferienhaus steht zur Verfügung, das von allen gleichermaßen genutzt und auch gepflegt wird. Das wöchentliche Pfannkuchenessen lässt das Bild einer harmonischen Großfamilie entstehen. Großeltern, Kinder und Enkelkinder treffen zusammen, tauschen sich aus, gehen sehr vertraut miteinander um. Und aus Oles Sicht ist es nicht nur Familie, die zusammentrifft, auch der beste Freund ist mit dabei. Dieser Hintergrund gibt Stabilität und Sicherheit. Mindestens einmal wöchentlich, aber auch regelmäßig in den Ferien ist die Verwandtschaft von Ole ein wichtiger Programmpunkt. Oles Ferienplanung zeigt aber, dass neben vertrauten Orten auch neue Räume erobert werden. Dieses Jahr probiert sich Ole in einem Survival Camp.

Tagesablauf

Ole hat einen gut durchorganisierten Wochenablauf, den er recht präzise schildert. Zusammengefasst sieht seine Woche folgendermaßen aus: »*Also, ich werde immer um kurz vor sieben geweckt, und um Viertel vor acht muss ich dann in der Schule sein. Meine Mutter steht eigentlich als Erstes auf, und die weckt mich dann und manchmal schläft mein Vater noch, manchmal ist er aber auch schon wach.*

Montag, Mittwoch und Donnerstag habe ich bis fünf vor halb vier Unterricht ... und sonst bis zehn nach eins. Ich komme [am Montag] dann erst noch mal hier vorbei und esse dann hier was und dann fahr ich eigentlich direkt los zum Tennis. Dienstag habe ich, glaube ich, sogar nichts. Mittwoch habe ich Tenor in der Kirche. Da ist es immer ganz gut. Ja, also ich gehe dann erst mal aus der Schule zu mir, leg dann hier meinen Tornister hin, nehm dann noch das Tenorhorn mit, geh dann zu meinem Freund, da gibt es dann Pfannkuchen und danach gehe ich zur Kirche. Also, ich habe bis sechs, glaube ich, Tenorhorn, bin dann um halb sieben erst zu Hause. Dann ist meine Schwester da, weil meine Mutter hat dann noch Chor oder Trompete. Und donnerstags habe ich Flöten nach der Schule. Und freitags habe ich wieder nichts. Das ist praktisch eigentlich, an den kurzen Tagen hat man nichts, da hat man dann mehr Zeit.«

Obwohl Ole in der Kirche Musik macht, besucht er den regulären Gottesdienst am Sonntag nur ab und zu mal, denn Sonntag ist eigentlich der einzige Tag, an dem Ole wirklich ausschlafen kann. Samstags hat er noch den Schulrhythmus im Blut: *»[…] das ist dann total komisch, da schlaf ich auch manchmal nur bis sieben oder so. […] Und sonntags schlaf ich manchmal bis elf, also das ist irgendwie … ein bisschen komisch.«*

An den kurzen Schultagen hat Ole Zeit für sich. An den anderen drei Tagen in der Woche ist er auf Achse. Ole hat einen guten Überblick über seinen Wochenablauf. Die einzelnen Termine nimmt er ganz selbstständig wahr, was für ihn kein Problem darstellt. Auch hier entsteht wieder der Eindruck: Ole hat viel zu tun, macht die Dinge aber gern und nimmt es daher gelassen. Das Wochenende dagegen hat er ganz für sich. Hier kann er sich mit Freunden verabreden und entspannen. Ole darf selbst entscheiden, ob er mit zum Gottesdienst geht oder nicht.

Herr der Ringe anstatt Nintendo DS

Am Wochenende und wenn Ole nachmittags keine Termine hat, dann ist er auch gerne einfach mal zu Hause. In seinem schönen großen Kinderzimmer kann er sich auch gut alleine beschäftigen. *»Wenn ich alleine bin, lese ich eigentlich am meisten.«* Am meisten Kontakt hat er zu Hause *»eigentlich mit meiner Mutter, weil mein Vater arbeitet auch viel. [Meine Schwester Laura] ist zwar oft da, ist dann aber auch oft in ihrem Zimmer und macht da was«.*

Es gibt viele Dinge, die Ole zu Hause gut gefallen: *»Also eigentlich, dass ich, immer wenn ich nach Hause komme, erst mal direkt machen darf, was ich will, und dann erst die Pflichten machen muss. Also Tenorhorn üben, Flöte üben und so etwas. … Und dann, dass ich hier auch so viel Spielzeug habe, also dass ich jetzt nicht sagen muss, ja, jetzt spiele ich und dann habe ich nur dieses eine Spiel, sondern … da hab ich eine große Auswahl.«*

Pflichten hat Ole natürlich auch. Zunächst einmal das Üben der Instrumente, wobei *»eigentlich [übe ich] nicht so viel. Vielleicht 'ne halbe Stunde beides. Weil das ist auch schon blöd, wenn man dann …, um fünf nach halb vier hat man Schule aus und dann kommt man nach Hause und dann muss man noch das machen und das machen, und das ist dann sehr viel. … Ja, und mehr [Pflichten] eigentlich nicht. Also ich helfe auch bei Sachen,* *aber das ist nicht irgendwie regelmäßig, dass ich jeden Mittwoch den Flur putze oder so, sondern das ist immer so, wie es sich gerade ergibt. Also dann sagt meine Mutter, jetzt soll das und das gemacht werden, und dann rede ich mit Laura darüber, wer was macht.«*

Das Einzige, was Ole am Mithelfen stört, ist: »*Manchmal, wenn ich hier gerade Sachen mache, also lese oder so, dann finde ich es immer blöd, wenn ich irgendwelche Haushaltssachen machen muss. Weil dann würde man ja lieber weiterlesen.«*

Natürlich interessiert mich sehr, was Ole gerade liest. *»Ich lese gerade Herr der Ringe. Das ist natürlich … da das sehr genau beschrieben ist mit, ja, dann gingen sie 10 Meilen nach Norden … da muss man schon mal überlegen, ja wo sind die jetzt eigentlich? Ich find's auch gut, dass es so genau beschrieben ist, weil dann kann man sich das auch so gut eigentlich vorstellen. Und … aber ich finde die Geschichte auch gut mit dem Sauron.«*

Um in einem spannenden Buch wie *Herr der Ringe* weiterzulesen, legt Ole sogar seinen Nintendo DS zur Seite. Den Nintendo hat er sich zum Geburtstag gewünscht. Feste Spielzeiten gibt es allerdings nicht: *»Nicht ganz genau, aber ich hör dann eben auf, wenn … also ich spiele dann nicht irgendwie fünf Stunden durch, sondern hör dann nach einer Stunde oder so auf. Also eine Stunde am Tag ist eigentlich so normal.«*

»Warum sind die Guten gut?«

Nintendo, Lesen, Lego – das sind einige Dinge, die Oles freie Zeit, die ihm sein Wochenplan lässt, erfüllen. Und manchmal kommt man von diesen kleinen Dingen plötzlich auf große Themen. Am Ende des Interviews geht es um Lego-Star-Wars, als sich folgendes Gespräch entwickelt:

I: *Mmh, und spielt ihr das [die Star-Wars-Geschichte] dann auch mit dem Lego richtig nach?*

O: So ein bisschen. Nur, bei uns gewinnen eigentlich ziemlich oft die Bösen, weil wir einfach zu viele Böse haben und zu wenig Liebe (lacht).

I: *Ach so (lacht), echt? Weil ihr alle immer die Bösen spielen wollt?*

O: Nee, wir haben einfach mehrere. Und es kann ja nicht der eine kleine Jedi gegen die … ja.

I: *Das stimmt. Das ist ja blöd, wa? Dann verlieren immer die Guten. Weil in den Filmen gewinnen ja eigentlich immer am Ende die Guten, oder?*

O: Wobei, eigentlich ist es ja unlogisch. Warum sind die Guten gut? Warum sind die Bösen böse? Und warum nennt man die Guten gut? Die wollen … die wollen nur etwas anderes. Und warum sind die dann gut?

I: *Ich weiß nicht. Was glaubst du? Warum nennt man die gut?*

O: Ja, vielleicht weil, hmm, … die wollen etwas anderes. Vielleicht weil das andere mehr Leute besser finden …

I: *Das kann sein. Ich weiß gar nicht, was wollen denn die Guten?*

O: Die wollen Frieden!

I: *Und die anderen?*

O: Die wollen Frieden!

I: *Die Bösen auch?*

O: Ja, nur die meinen ihren Frieden anders (beide lachen).

I: *Hmm … wie meinen denn die Bösen den Frieden?*

O: Die meinen den Frieden so, dass sie erst die anderen töten wollen, damit sie dann Frieden haben!

I: *Und glaubst du, man könnte es auch einfach andersherum machen, dass man die Bösen die Guten nennt und die Guten böse?*

O: Ja, denke ich schon … also … warum nicht?

I: *Ja. Wer entscheidet das, ne?*

Darauf finden wir keine Antwort.

Sabine Andresen, Klaus Hurrelmann, Ulrich Schneekloth

9 Herausforderungen an eine »Politik für Kinder«

Im Anschluss an die Darstellung und Diskussion der Ergebnisse dieser 3. World Vision Kinderstudie sollen hier die Herausforderungen an die »Politik für Kinder« benannt werden, die wir als Forschungsteam aus den Untersuchungsergebnissen ableiten. Dabei können wir an die Überlegungen anknüpfen, die in dem entsprechenden Kapitel der vorigen World Vision Kinderstudie vorgestellt wurden. Einige davon werden hier wiederholt. Weil wir in die 3. World Vision Kinderstudie den Aspekt des Gerechtigkeitsempfindens der Kinder neu aufgenommen haben, werfen wir auch die Frage auf, was Gerechtigkeit als Maßstab einer Kinder- und Familienpolitik heißen kann und welche Weichen dafür gestellt werden sollten. Im ersten Schritt konzentrieren wir uns auf mehr Rechte für Kinder und unterbreiten Vorschläge für Beteiligung in und Teilhabe an den Lebensbereichen, die für Kinder relevant sind. Daran anschließend unterbreiten wir Vorschläge für eine Verzahnung der Kinderpolitik mit der Familien-, Bildungs- und Gemeinwohlpolitik.

9.1 Kindern mehr Rechte einräumen

Die UN-Kinderrechtskonvention unterscheidet zwischen Schutzrechten, Entwicklungsrechten und Partizipationsrechten für Kinder. Sie gehören zusammen und sollen ein gutes Aufwachsen gewährleisten. In Kapitel 1 haben wir unseren gerechtigkeitstheoretischen Zugang dargelegt. Dabei wurde deutlich, dass Gerechtigkeit auf transparente und an der Möglichkeit zur Mitwirkung orientierte Verfahren angewiesen ist. Verfahren aber erfordern eine für alle gültige und verbindliche rechtliche Grundlage. Darum sind die Formulierung und Ratifizierung von Grundrechten ein wichtiger Schritt gerade auch für diejenigen, die wie Kinder aufgrund ihrer elementaren Angewiesenheit auf Schutz und Fürsorge, mit weniger Machtbefugnissen im Vergleich zu Erwachsenen ausgestattet sind.

Die Kinderrechtskonvention der Vereinten Nationen strikt anwenden

1992 wurde die Kinderrechtskonvention der Vereinten Nationen (UN) ratifiziert. Seither gibt es eine Diskussion nicht nur in Deutschland, ob und, wenn ja, in welchen Bereichen es weiteren Anpassungs- und Handlungsbedarf gibt und durch welche Maßnahmen die Kinderrechte weiter gestützt werden können. Eine wichtige Diskussion in Deutschland bezieht sich auf die Frage, ob die Kinderrechte ins Grundgesetz aufgenommen werden sollen oder nicht. Dabei wird oft kritisch eingewendet, dass die Kinderrechte vor die Elternrechte gestellt werden sollten und beide nicht miteinander vereinbar seien. Diese Sorge teilen wir nicht. Schon die UN-Konvention behandelt sensibel auch das Recht der Eltern. In der deutschen Rechtsprechung ist das Elternrecht auf die Interessen und das Wohl des Kindes ausgerichtet, steht also dem Kinderrecht ausdrücklich nicht entgegen.

Unabhängig von der Position in dieser Frage, ob Kinderrechte ins Grundgesetz sollen oder nicht, ist zu klären, was unter den Kinderrechten tatsächlich verstanden wird, denn teilweise werden in verschiedenen Handlungsfeldern unterschiedliche Ziele verfolgt. Hier sehen wir gerade mit Blick auf die Interessen der von uns befragten Kinder eine Verantwortung aufseiten der Politik. Sie muss zusammen mit Fachleuten, aber auch mit Kindern klären, worauf Kinderrechte genau zielen, mit welchen Pflichten sie für welche Gruppen einhergehen und welche Verfahren auch mit Blick auf die unterschiedlichen Altersgruppen denkbar sind.

Momentan zeigen sich unterschiedliche Akzentuierungen, die jüngst der 14. Kinder- und Jugendbericht herausgearbeitet hat (Deutscher Bundestag 2013, S. 264): Mit den Kinderrechten wird die Wahrnehmung legitimer Interessen von Kindern und Jugendlichen im Sinne ihrer Angewiesenheit auf Schutz und Fürsorge verbunden, sodann geht es um die Etablierung von Verfahren, durch die garantiert ist, dass die Jüngsten sich einbringen können und ihr Willen berücksichtigt wird. Doch solche Verfahren, die den Willen des Kindes berücksichtigen, bedeuten in der Familie etwas anderes als in öffentlichen Einrichtungen. Geklärt werden muss deshalb, an wen genau sich welche Forderungen zur Etablierung der Kinderrechte richten: an den Staat, an die einzelnen Institutionen oder/und an die Familie. Schließlich muss man sich darüber verständigen, wer die Rechte für das Kind wahrnimmt, wenn es selbst nicht in der Lage ist, diese zu vertreten. Die wenigen Bemerkungen zeigen, dass es gerade unter dem Gedanken der Gerechtigkeit noch Klärungsbedarf gibt, wie die Kinderrechte gesichert und in kluge Verfahren übersetzt werden können.

Das Recht auf Partizipation umsetzen

Insgesamt zeigt sich, dass besonders das Recht auf Partizipation in den Fokus der Aufmerksamkeit rückt. Partizipation ist ein zentrales Kinderrecht, und unsere Ergebnisse in Kapitel 7 weisen auf, in welchem Maße Kinder an Entscheidungen in der Familie partizipieren. Mittlerweile wird vermutlich kaum jemand in verantwortlichen Positionen bestreiten, wie wichtig es für Kinder ist, beteiligt und angehört zu werden. Schon Piaget hatte, wie in Kapitel 1 ausgeführt, dazu aufgerufen, Kinder so früh wie möglich auch an Entscheidungen in der Grundschule zu beteiligen, weil dies nicht zuletzt ihr Gerechtigkeitsempfinden schärfen würde. Doch in nahezu allen Bereichen zeigt sich, wie schwer es ist, diesen Anspruch im Alltag auch Wirklichkeit werden zu lassen. Aber die Kinderrechtskonvention verlangt eine Umsetzung in die gesetzliche Praxis aller Rechtsbereiche. Exemplarisch sei auf das Kinder- und Jugendhilferecht verwiesen. Das Sozialgesetzbuch SGB VIII formuliert in seinem § 8: »Kinder und Jugendliche sind entsprechend ihrem Entwicklungsstand an allen sie betreffenden Entscheidungen der öffentlichen Jugendhilfe zu beteiligen« (AGJ 2012, S. 35). Dies ist ein richtiger und unverzichtbarer Schritt, der dadurch ergänzt wird, dass Kinder sich auch an das Jugendamt wenden können.

Ein solcher Transfer sollte in allen Bereichen des öffentlichen Lebens vorgenommen werden, auch ins Schulrecht oder ins Gesundheitsrecht. Menschenrechtsexperten wie der Jurist Hendrik Cremer (2012) plädieren dafür, Artikel 12 der Kinderrechtskonvention so auszulegen, dass ein Kind an allen relevanten Entscheidungen zu beteiligen ist, die sein Leben bestimmen. Um das Kindeswohl ermitteln zu können, müsse in jedem Einzelfall das Kind selbst angehört werden, weil es wichtige Informationen, Sichtweisen und Erfahrungen beisteuern könne. Kinder selber finden dies angemessen und fair, wie die Ergebnisse unserer Studie zeigen. Sie verstehen unter Gerechtigkeit Gleichbehandlung, sie wollen bei allen Entscheidungen gefragt werden und erwarten, dass die Dinge, die sie selber betreffen, ihnen in für sie nachvollziehbarer Weise dargelegt und zur Diskussion gestellt werden. In Kapitel 2 können wir zeigen, wie Kinder in ihrem Alltag Interaktionsgerechtigkeit im Sinne einer *Gleichbehandlung* im persönlichen Umgang, Verfahrensgerechtigkeit mit Blick auf *gleiches Recht* und *gleicher Zugang* für alle, Bedarfsgerechtigkeit als *Ausgleich* und Wohlergehen sowie egalitäre Gerechtigkeit, also *Gleichverteilung* reflektieren.

Kinderrechte in der Familie sichern

Die 3. World Vision Kinderstudie zeigt ebenso wie die beiden Vorgängerstudien, dass die Elternhäuser bereits einen ganz wesentlichen Beitrag zum Gelingen der Beteiligung leisten. Die Kinder machen in ihren Elternhäusern die Erfahrung der Wertschätzung, der Einbeziehung ihrer Auffassungen und der gemeinsamen Beratung von alltäglichen Fragen. Dies zeigen unsere Ergebnisse in Kapitel 7. Viele Entscheidungen des Alltags, wofür das Taschengeld ausgegeben wird, was man morgens anziehen möchte und welche Freunde man hat, treffen die befragten Kinder zwischen 6 und 11 Jahren selbst. Dabei haben sie aber zugleich die – schützenden und letztlich doch über die Entscheidungen wachenden – Eltern im Rücken. So bietet sich den Kindern in vielen Familien ein Spielraum, in dem sie Selbstwertgefühl und Selbstwirksamkeit entwickeln können und der es ermöglicht, auch durchaus falsche Entscheidungen zu treffen, die später korrigiert werden können.

Nach diesem Befund unserer Studie leisten Eltern heute einen wichtigen Beitrag zur konkreten Umsetzung der Kinderrechte, und sie machen somit die Familie zu einem lebendigen Verhandlungshaushalt. Dabei dürfen diese Bereitschaft und Fähigkeit der Eltern nicht als »fehlender Mut zur Erziehung« missverstanden werden. Kinder zu beteiligen und in Entscheidungen, die sie überblicken können, einzubeziehen heißt nicht, ihnen immer recht zu geben oder Konflikte zu vermeiden. Wichtig ist es, eine Position zu beziehen und diese zu begründen, um damit das Kind und seine eigene Wahrnehmung ernst zu nehmen. Fair ist aus der Sicht der Kinder, wenn sich alle an die Regeln halten müssen und dabei gleich behandelt werden. Gefragt ist Berechenbarkeit und nicht, möglichst oft nachzugeben oder über Probleme hinwegzusehen.

Auch wenn sich in unserer Studie die große Mehrheit mit ihren familiären Verhältnissen sehr zufrieden zeigt, darf im Zusammenhang mit den Kinderrechten nicht vergessen werden, dass die Familie nicht immer ein Hort des liebevollen und von Respekt geprägten Umgangs ist. Es gibt Familien in allen Schichten der Bevölkerung, in denen das Recht des Kindes auf körperliche und seelische Unversehrtheit und sein Recht auf Beteiligung und Respekt nicht realisiert werden. So sind in den vergangenen Jahren die Themen Vernachlässigung von Kindern und sexuelle Gewalt in der Kindheit in der Öffentlichkeit so ausführlich wie nie zuvor diskutiert und wahrgenommen worden. Lange war gerade sexuelle Gewalt ein Tabuthema, sehr zum Schaden der betroffenen Kinder. Auch wenn nach wie vor die Dunkelziffer bei diesen Taten hoch ist und man nicht genau weiß, wie das Ausmaß der Betroffenheit ist, scheint eines klar zu sein: In den meisten Fällen sind Kinder von sexueller Gewalt im nahen Umfeld, also in der Familie, betroffen. Ist dies der Fall, so sind Kinder darauf angewiesen, dass sie in der Kindertagesstätte, der Schule, dem Verein, der Nachbarschaft auf aufmerksame und achtsame Erwachsene stoßen und ein Umfeld erleben, in dem sie den Mut aufbringen, sich jemandem anzuvertrauen. Die Untersuchung des Deutschen Jugendinstituts (DJI 2011) zur sexuellen Gewalt gegen Mädchen und Jungen in Institutionen konnte verdeutlichen, wie häufig sich betroffene Kinder an ihnen vertraute Pädagoginnen und Pädagogen richten und sie ins Vertrauen ziehen. Dieses Potenzial gilt es zu stärken.

Im Sozialgesetzbuch VIII wird nach einer langen Debatte zum Bundeskinderschutzgesetz festgelegt (§ 8 Absatz 3), dass Kinder und Jugendliche ein Recht auf Beratung unabhängig von ihren Eltern haben, allerdings nur, wenn eine Beratung aufgrund einer Konflikt- oder Notlage notwendig ist. Gerade vor dem Hintergrund unseres Wissens, dass Eltern nicht immer zum Wohl des Kindes handeln, ist der hier festgelegte Anspruch auf Beratung ein wichtiger und richtiger Schritt. Gleichwohl ist zu fragen, warum dieses Recht des Kindes nur in

Konflikt- und Notlagen zur Geltung kommt. Es wäre sinnvoll, dass sich eine Kultur etabliert – ohne Eltern unter Generalverdacht zu stellen –, in der Kinder auch dann, wenn kein Notfall vorliegt, einen Anspruch auf direkte Beratung haben.

Kinderrechte in den Bildungsinstitutionen ausweiten

Das Recht auf Beratung ist, wie eben gesehen, eine wichtige Facette der Beteiligung von Kindern überall dort, wo sie sich aufhalten. Auch in Institutionen, in Kindertageseinrichtungen, in Schulen, Internaten, in der Heimerziehung oder in Sportvereinen, sollten sich die Verantwortlichen Gedanken darüber machen, welche Möglichkeiten und Verfahren sie etablieren können, um Kinder umfassend zu beteiligen. Hier sehen wir noch großen Handlungsbedarf, denn nur etwa 30 % der von uns befragten Kinder geben seit unserer ersten Kinderstudie 2007 unverändert an, dass sie den Eindruck haben, ihre Meinung würde in Schule und Ganztagsbetreuung wertgeschätzt. Dieser Anteil ist relativ unabhängig vom Alter. Während Eltern ihre Kinder mit steigendem Alter immer häufiger in Entscheidungen mit einbeziehen, gibt es einen solchen Trend aufseiten der Professionellen nur ansatzweise.

Aus unserer Sicht sollten Aus- und Weiterbildung hier ansetzen: Die Wertschätzung dessen, was Kinder denken und wie sie über etwas denken, ist eine Grundvoraussetzung zur Beteiligung und damit ein Aspekt der professionellen Haltung. Auch hier sei darauf verwiesen, dass diese Haltung nicht als lascher und konfliktscheuer Umgang mit Kindern diffamiert werden darf. Kinder ernst zu nehmen heißt auch, mit ihnen um den richtigen Weg zu streiten. Davon ausgehend lassen sich in den einzelnen Institutionen Verfahrenswege entwickeln, in denen die Rechte der Kinder umfassend zum Tragen kommen. Die Bundesarbeitsgemeinschaft der Landesjugendämter (2013) hat jüngst die Etablierung der Kinderrechte als Qualitätsmerkmal in Kindertageseinrichtungen bezeichnet und einen Leitfaden für die konkrete Arbeit vorgestellt. Neben der Tatsache, dass es ein pädagogisches Qualitätsmerkmal ist, sind Einrichtungen auch gesetzlich zur Umsetzung verpflichtet. Dabei verstehen die Verantwortlichen hier die Kinderrechte als zentrale Strategie zur Umsetzung des Kinderschutzes. Dahinter steht die Annahme einer engen Verzahnung von Rechten und Schutzansprüchen.

Alle Einrichtungen, Schulen ebenso wie Kindertageseinrichtungen oder Vereine, sind aufgefordert, ein Schutzkonzept möglichst zusammen mit allen Akteuren, also auch den Kindern und Eltern, zu entwickeln. Diese Strategie geht in Kenntnis der dunklen Seiten der Familie auf das vorliegende Wissen über (insbesondere sexuelle) Gewalt zurück (Andresen, Heitmeyer 2012). Aus unserer Sicht ist ein Element besonders wichtig, nämlich die aktive Einbeziehung auch der Kinder und Eltern bei der Entwicklung von sogenannten Schutzkonzepten. Damit sind auch wichtige Bildungsprozesse verbunden, was auch in dem Beschluss der Landesjugendämter deutlich markiert wird. Dort heißt es: »Kinder sind als Ideen- und Beschwerdeführer aktiv mit einzubeziehen. Sie sollen im Alltag der Kindertageseinrichtungen erleben, dass sie bei Unzufriedenheit auch über Ausdrucksformen wie Weinen, Zurückziehen, Aggressivität ernst und wahrgenommen werden. Beim Erwerb für angemessene Formen der Beschwerdeführung sind die Kinder im Rahmen der Bildungsprozesse aktiv zu unterstützen, wobei wirksame Bildungsprozesse selbst eine Beteiligung der Kinder voraussetzen« (Bundesarbeitsgemeinschaft Landesjugendämter 2013, S. 4).

In dieser Handlungsaufforderung, die Unzufriedenheit der Kinder ernst zu nehmen, sie zu Beschwerden zu befähigen und zu ermuntern und darin auch einen Bildungsauftrag zu sehen, liegt ein wichtiger Schritt bei der Herstellung von Gerechtigkeit aus Sicht der Kinder. Gerade das intransparente, zuweilen ungerecht wirkende Handeln von Erwachsenen verletzt das Gerechtigkeitsempfinden der Kinder. Diesem Empfinden einen Raum zu geben und ihm zum Ausdruck zu verhelfen ist ein unverzichtbares Anliegen einer fortschrittlichen Kinderpolitik. Dem kommt eine wichtige Ausweitung seit 2012 zur Hilfe, weil in zwei Paragrafen des SGB VIII (§ 8b und 45) festgelegt ist, dass Einrichtungen Beschwerdeverfahren für Kinder und Jugendliche in persönlichen Angelegenheiten gewährleisten müssen. Kinder können in Situationen geraten, in denen sie auf eine unabhängige Beschwerde- oder Ombudsstelle angewiesen sind. Auch hier ist zu prüfen, wie Schulen, in denen alle Kinder sehr viel Zeit verbringen, diese Ansprüche zu realisieren gedenken und ob auch sie sich auf den Weg machen, die Kinderrechte stärker als bisher zu realisieren. Im schulischen Kontext könnte durchaus an die Theorie des guten Unterrichts (Klieme et al. 2010) angeschlossen werden, denn diese fordert drei Elemente, die mit den Kinderrechten durchaus kompatibel sind: möglichst hohe Eigenaktivierung der Kinder einschließlich der kognitiven Aktivierung, ein gutes Klassenklima und ein verantwortungsvolles und vorausschauendes Klassenmanagement. In Kapitel 4 zeigen wir auf, wie bedeutsam die Schule für den Alltag der Kinder ist. Darum möchten wir gerade Lehrerinnen und Lehrer ermuntern, das Potenzial der Schule als Erfahrungsraum der Beteiligung und der Stärkung der Selbstwirksamkeit stärker als bislang auszuschöpfen (Hurrelmann, Timm 2011).

9.2 Kinderarmut bekämpfen

Die 3. World Vision Kinderstudie bestätigt den Trend der vorangegangenen beiden Studien: Deutschlands Kinder leben in einer »Vier-Fünftel-Gesellschaft«. Während die große Mehrheit der Kinder angibt, die Grundbedürfnisse für ihre Entwicklung seien sichergestellt, berichtet eine Minderheit von etwa einem Fünftel von finanziellen, kulturellen und sozialen Mängeln in ihren Elternhäusern, die in den außerfamiliären Lebensbereichen nicht ausgeglichen werden. In der vorigen World Vision Kinderstudie beschrieben wir die Lage dieses einen Fünftels der Kinder mit den Worten: »Sie leben nicht in absoluter Armut, sie haben das Nötigste zum Leben, aber ihr Wohlbefinden ist trotzdem in wichtigen Bereichen deutlich eingeschränkt. Gerade weil sie in einer saturierten Gesellschaft aufwachsen, erfahren sie schmerzlich, was es in unserer Zeit bedeutet, am relativen Wohlstand kaum teilzuhaben und im Vergleich zu anderen benachteiligt zu sein« (Hurrelmann et al. 2010, S. 359).

Die soziale Spaltung der Gesellschaft aufhalten

Kindheit in Deutschland, einem der wohlhabendsten und politisch stabilsten Länder der Welt, findet auch im Jahr 2013 unter ungleichen Bedingungen statt. Unsere Studie spiegelt eine ökonomische und soziale Spaltung der Gesellschaft, die durch sozio-ökonomische Analysen bestätigt wird, aus der persönlichen Sicht der Angehörigen der jüngsten Generation. Durch die Befragung der 6- bis 11-Jährigen können wir nachzeichnen, wie sich die Kluft zwischen der großen Mehrheit der relativ reichen und der (glücklicherweise seit der letzten Befragung 2010 etwas geschrumpften) Minderheit der relativ armen Bevölkerungsgruppen im Bewusstsein der 6- bis 11-Jährigen niederschlägt. Armut wirkt sich, wie wir in allen Kapiteln detailliert aufzeigen, auf sämtliche Lebensbereiche aus.

In der aktuellen Studie steht das Gerechtigkeitsempfinden der Kinder im Vordergrund. Das Ergebnis ist eindeutig: Die Angehörigen der jungen Generation halten die ungleichen Verteilungen von Ressourcen und die Spaltung der Lebenswelten in Arm und Reich für ungerecht. Nach ihrer Auffassung müssen alle eine Chance haben, dabei sein zu können. Sie bekräftigen damit die Wertung, die wir aus unserer Sicht als Wissenschaftler in der vorigen Studie abgegeben hatten: »Ungleichheiten in der Kindheit sind per Definition ungerecht, denn sie sind einzig und allein auf Lebensbedingungen zurückzuführen, auf die Kinder keinen Einfluss haben. Eine Gesellschaft, in der die Jüngsten schlechtere Lebensperspektiven haben, weil sie in eine benachteiligte Familie hinein geboren werden, ist der Inbegriff einer ungerechten Gesellschaft« (Hurrelmann et al. 2010, S. 351).

Damit sind die Herausforderungen, die sich aus der 3. World Vision Kinderstudie für Politik und Pädagogik ergeben, klar benannt: Es geht um die Überwindung der Kluft zwischen den Vier Fünfteln der wohlhabenden und teilweise sogar privilegierten Kinder und der Gruppe der benachteiligten Kinder. Der Abbau der finanziellen, kulturellen und sozialen Ungleichheiten sollte im Vordergrund einer »Politik für Kinder« stehen. Diese Forderung ergibt sich aus dem in der Verfassung der Bundesrepublik garantierten Recht auf ein würdiges Leben für alle Gesellschaftsmitglieder ohne Ansehen ihres Alters, ihrer Herkunft oder ihres Geschlechts.

Die dringendste Aufgabe ist die Zurückdrängung der finanziellen Armut. In Deutschland dienen die Leistungen nach SGB II, in der Umgangssprache auch »Hartz IV« genannt, diesem Ziel. Der Paritätische

Wohlfahrtsverband hat hierzu eine Bilanz erstellt und legt in seinem Bericht »Arme Kinder – arme Eltern« (Deutscher Paritätischer Wohlfahrtsverband 2012) einen detaillierten Überblick über statistische Befunde und Zusammenhangsanalysen vor. Diese zeigen zum einen, dass Familien mit Hartz-IV-Leistungen zum Teil dennoch unter dem 60-%-Einkommens-Median liegen, also armutsgefährdet sind. Zum anderen zeigen sie, dass Kinder aus diesen Haushalten in vielfacher Hinsicht in ihrem Lebensstandard eingeschränkt und in gesundheitlicher, sozialer und kultureller Hinsicht unterversorgt sind. Sie leben häufiger in Familien, in denen nicht ausreichend Winterkleidung vorhanden ist, und in Wohnungen mit feuchten Wänden, sie haben häufiger kein eigenes Zimmer zur Verfügung und seltener einen Computer mit Internetanschluss. In über der Hälfte ihrer Familien wird auf den Besuch von Kino, Theater und Konzerten verzichtet und 78 % ihrer Familien können sich keinen einwöchigen Urlaub leisten (siehe hierzu auch Hurrelmann, Timm 2011, S. 9). Im Jahr 2012 lebten in Deutschland 1,6 Mio. Kinder unter 15 Jahren von diesen staatlichen Transferleistungen. Das entspricht einer Quote von mindestens 15 %, die damit drei bis vier Prozentpunkte über der Quote der Gesamtbevölkerung liegt (Vierter Armuts- und Reichtumsbericht, BMAS 2013a, S. 110).

Unsere Ergebnisse zeigen auf, dass wie in den Vorgängerstudien die Bildungsaspirationen von Kindern in Armutslagen signifikant niedriger sind im Vergleich zum Durchschnitt, doch ein Weiteres kommt hinzu: Im Vergleich zu 2010 ist der Anteil an Kindern in Armut, die in Vereinen oder der Musikschule aktiv sind, weiter zurückgegangen. Nach wie vor sind Kinder aus prekären Verhältnissen in ihren Freizeitaktivitäten, im Vereinsleben oder im musisch-kulturellen Bereich von der Teilhabe eher ausgeschlossen.

Das Bildungs- und Teilhabepaket umgestalten

Die Bundesregierung hat zur Ergänzung der Hartz-IV-Regelsätze ein »Bildungs- und Teilhabepaket« initiiert. Der Anlass war ein Urteil des Bundesverfassungsgerichts zu der Berechnungsgrundlage für Kinder in sozialer Sicherung. Sosehr diese Initiative zu begrüßen ist – sie ist dringend nachbesserungsbedürftig.

Hilfreich kann hierzu eine Studie des Diakonischen Werkes der Evangelisch-lutherischen Landeskirche e.V. und der Stiftung Braunschweiger Kulturbesitz sein (Handlungsorientierte Sozialberichterstattung für das Braunschweiger Land 2011). Sie will den verantwortlichen Akteuren für die Bewältigung der Armutslagen in Familien vor Ort einen Leitfaden an die Hand geben und auch für die handlungsorientierte Sozialberichterstattung des Landes Hinweise geben. Die Verfasser der Studie haben sich nicht auf eine reine Datenanalyse beschränkt, sondern eine Befragung von Haushalten durchgeführt, die über ein geringes Einkommen verfügen und in denen minderjährige Kinder leben. Dabei gaben die Befragten in mehr als 300 Interviews Auskunft über ihre Erfahrungen,

Wünsche und größten Probleme, wie sie damit umgehen und in welchen Bereichen sie sich Unterstützung gewünscht hätten.

Nach dieser Studie sparen die wenigsten Eltern nach eigenen Angaben bei Geldmangel am Bedarf ihrer Kinder. Sie benennen gesundheitliche Probleme neben ihrer prekären Lebenssituation als stärksten Belastungsfaktor. Obwohl diese Familien angeben, viel dafür zu tun, um ihre Lebenssituation zu verbessern, fehlt ihnen für ein auskömmliches sozialversicherungspflichtiges Arbeitsverhältnis häufig die Mobilität, die sie beispielsweise durch einen Führerschein hätten. Die Autoren des Berichts betonen, dass Eltern mit geringem Einkommen und einem geringeren Ausmaß an gesellschaftlicher Teilhabe ihre Defizite erkennen und auch den Wunsch nach Unterstützungen formulieren. Sie würden lieber mehr arbeiten als auf SGB-II-Leistungen und Kinderzuschläge angewiesen zu sein. Das Verhalten und die Einstellungen von Haushalten mit und ohne Migrationshintergrund mit minderjährigen Kindern und geringem Einkommen weisen nur sehr geringe Unterschiede in ihrer Haltung und Lebenssituation auf.

Auf der Grundlage dieser und anderer Untersuchungen ist es wichtig, das Bildungs- und Teilhabepaket so auszugestalten, dass Eltern in Armutslagen nicht aufgrund ihrer sozio-ökonomischen Lage öffentlich – sei es durch die mediale Berichterstattung, sei es aufgrund politischer Interessen – beschämt werden. Bisher erreichen die Leistungen des Bildungs- und Teilhabepakets nur einen Teil der Anspruchsberechtigten, während große Summen in den Verwaltungswegen stecken bleiben. Das Paket ist in seiner heutigen Form eine äußerst bürokratische Maßnahme, die ihren Zweck nur zum Teil erfüllt. Dass ein sehr hoher Anteil der zur Verfügung stehenden Mittel nicht bei den Eltern und ihren Kindern ankommt, sondern zweckentfremdet in der öffentlichen Verwaltung verbleibt, ist auf keinen Fall im Sinne einer gerechten Politik für Kinder.

Es liegt inzwischen eine Studie des Arbeits- und Sozialministeriums vor, die sich mit der Wirkung des Bildungs- und Teilhabepakets befasst: Ausgeführt vom Institut für Sozialforschung und Gesellschaftspolitik (ISG 2012) wurde 2012 der Abschlussbericht mit äußerst positiven Ergebnissen zu den Einschätzungen aufseiten der Nutzerinnen und Nutzer vorgelegt. Betont wird unter anderem der nicht eingetretene Effekt der Stigmatisierung. Eine ebenfalls neue Studie des Instituts für Demoskopie, Allensbach (BMFSFJ 2013b) hebt zusätzlich auf die Zufriedenheit der Leistungsbezieher ab, die vorgesehene Zusatzleistungen inzwischen nutzen und zu schätzen wissen. Diese Ergebnisse scheinen uns nicht die ganze Realität wiederzugeben. In der Praxis hängt es vor allem davon ab, ob geeignete Angebote vor Ort überhaupt verfügbar sind oder wie zum Beispiel eine Kommune das Mittagessen in einer Kindertagesstätte organisiert und ob sie dabei einen sichtbaren Unterschied zwischen dem Bezugsberechtigten und anderen Kindern macht oder nicht. Darüber hinaus lässt sich nach wie vor nicht erkennen, dass die gewählte Form der Umsetzung mit nachhaltigen Impulsen zur Förderung einer verstärkten Nutzung von

Bildungs- und Teilhabeangeboten verbunden ist.

Neben den positiven Einschätzungen der Studien im Auftrag der Ministerien gibt es deshalb sehr viele kritische Stimmen. Die Kinderkommission des Deutschen Bundestags äußerte am 13. Juni 2012 in einem öffentlichen Expertengespräch verfassungsrechtliche Bedenken hinsichtlich der Umsetzung des Bildungs- und Teilhabepakets. Kritik formulierten ebenfalls der Deutsche Gewerkschaftsbund (2012) und der Deutsche Paritätische Wohlfahrtsverband (2012). Eine Frage, die sich hier systematisch und grundlegend stellt, ist letztlich die nach der Festlegung des Existenzminimums eines Kindes in Deutschland.

Der Versuch, das Bildungs- und Teilhabepaket »verwaltungsgängig« zu machen und die positive Intention einer stärkeren Bildungsbeteiligung armer Kinder umzusetzen, bedeutet gleichermaßen, die großen Reibungs- und Effektivitätsverluste in der Verwaltung zu beseitigen (Deutscher Gewerkschaftsbund 2012). Problematisch ist, dass die Leistungen des Bildungs- und Teilhabepakets nur für gut die Hälfte der leistungsberechtigten Kinder und Jugendlichen abgerufen werden. Verfassungsrechtlich bedenklich wird von Sozialverbänden die Tatsache beurteilt, dass Teilhabebedarfe wie beispielsweise die vorgesehenen 10 Euro nur dort ausgezahlt werden, wo Angebote vorhanden sind. Das durch die UN-Kinderrechtskonvention abgesicherte Recht auf Teilhabe am kulturellen Leben kann der Staat mit seiner gesetzlichen Leistungspflicht somit gegenwärtig nicht dort gewähren, wo im Umfeld der Leistungsberechtigten keine entsprechenden Angebote vorhanden sind. Daher wird zu Recht gefordert, dass Schule zur »stigmafreien« Zone umgestaltet werden muss und im Ganztagsschulkontext von Geld- oder Sachleistungen unabhängige kulturelle und bildungsfördernde Angebote zur Verfügung gestellt werden müssen, die allen Kindern gleichermaßen Teilhabe ermöglichen.

9.3 Die Familienpolitik mit der Kinderpolitik verzahnen

Die aktuelle World Vision Kinderstudie zeigt wieder sehr deutlich: In den Elternhäusern wird der Schlüssel dazu gelegt, ob und wie Kinder sich entwickeln können. Eltern sind in den Augen der Kinder die wichtigsten Vermittler von Wissen, Werten und Kompetenzen und sie sind durch ihr eigenes Verhalten Vorbild und bieten Orientierung. Aber sie können ihrer zentralen Rolle nur dann gerecht werden, wenn sie eng in weitere soziale Netze eingebunden sind und gezielte Unterstützung für ihre Aufgaben erfahren. Wie unsere Studie zeigt, schätzen Kinder die Anregungen und Unterstützungen aus dem gesamten Umfeld, allen voran die von Bildungs- und Freizeiteinrichtungen. Sie wünschen sich Eltern, die ihnen Schutz und Hilfe zum Verstehen der außerfamiliären Welt geben, sie aber auch gleichzeitig auf diese Welt vorbereiten und ihnen die Erfahrung ermöglichen, diese Welt selbstständig zu erkunden. Die Mehrheit der Kinder wünscht sich Familien, die den Knotenpunkt in einem großen und vielfältigen Netzwerk von Beziehungen und Anregungen bilden und diesen Impulsen gegenüber offen sind.

Familien haben sich in den letzten drei Jahrzehnten in allen hoch entwickelten Ländern stark verändert. Dafür sind die im Vergleich zu früheren Dekaden vergleichsweise niedrige Fertilitätsrate und das Altern der Bevölkerung, die mit größeren Wanderungen verbundenen Herausforderungen in den Einwanderungsländern und die damit verbundenen hohen Kosten für eine fragil bleibende Integration Jugendlicher und junger Erwachsener mit niedrigen Qualifikationen in die Gesellschaft von enormer Bedeutung.

Die Förderung für Familien neu justieren

In dem OECD-Report »Doing better for Families« von 2011 werden für die OECD-Staaten zentrale Perspektiven und Leitlinien familienpolitischer Steuerung formuliert. Die sich weltweit auswirkende Wirtschaftskrise hat in den nationalen Kontexten auch die Familienpolitik erheblich beeinträchtigt. »Doing better for Families« (2011) hebt hervor, dass sich unterschiedliche nationale Reaktionen beobachten lassen. Nicht wenige Länder hatten im Vorfeld der Krise ihre familienpolitischen Leistungen intensiviert, nämlich bezogen auf Familien mit Säuglingen und Kleinkindern und deren Betreuung. Die OECD befürchtet nun, dass durch die Krise insbesondere die Familienpolitik von Kürzungen und Einbußen bedroht ist. In einigen Ländern z. B. in Frankreich deutet einiges darauf hin.

Ausgehend vom finanziellen Druck betont der Bericht, wie wichtig eine Prüfung der nationalen Politiken sei, reflektiert kritisch das sogenannte »Gießkannenprinzip« und die Pfadabhängigkeit nationaler Strategien und betont die Bedeutung einer gezielten Akzentuierung familienpolitischer Maßnahmen im Zuge der Krisenjahre. Übergreifende Empfehlungen für familienpolitische Entscheidungs- und Handlungsstrategien beziehen sich 1. auf die Investition in die Gruppe der jüngsten Kinder, verbunden mit einer Konzentration auf besonders vulnerable Gruppen, 2. auf die Bekämpfung von Familienarmut und Vermeidung von Kinderarmut in einem frühen Alter und 3. auf eine Konzentration auf ältere Kinder, wenn sie als Kinder »at risk« diagnostiziert sind und in früher Kindheit nicht gezielt unterstützt wurden.

Hieran könnte die deutsche Familienpolitik ansetzen. Ein wesentlicher Ausgangspunkt für nationale Familienpolitiken, so die OECD, sind die Veränderungen innerhalb des Familiensystems und die damit verbundenen gesellschaftlichen Auswirkungen. So wird neben der Fertilitätsrate insbesondere darauf verwiesen, dass es in zahlreichen Ländern zwei Dynamiken gebe, nämlich sinkende Heirats- und steigende Scheidungsraten. Diese Dynamiken, verbunden mit der Geburtenrate, wirken sich erheblich auf die Formen der Haushalte aus. Drei dominante Haushaltstypen zeigen sich überall: eine steigende Zahl von Einpersonenhaushalten, Haushalte von Alleinerziehenden und Haushalte ohne Kinder. Insbesondere

Alleinerziehende und Haushalte mit arbeitslosen Erwachsenen seien im OECD-Durchschnitt im besonderen Maße von Armut betroffen.

Die Vereinbarkeit von Familie und Beruf wird als besondere Herausforderung der Familienpolitik beschrieben. Im OECD-Durchschnitt sind sechs von zehn Müttern mit abhängigen Kindern bis 16 Jahren erwerbstätig. Eine Gruppe von Ländern, zu der Deutschland, Großbritannien und auch Australien zählen, hat hohe Quoten von Teilzeiterwerbstätigkeit bei Frauen, verbunden mit den sozialen Risiken der niedrigen Bezahlung, Befristung, mangelnder Aufstiegschancen und Armutsrisiken im Alter. Eine für Kinder gerechte Politik sollte demnach hierzu Überlegungen anstellen.

Ausgehend von den beschriebenen Leitlinien und den familienpolitischen und gesamtgesellschaftlichen Herausforderungen in den OECD-Ländern fordert der Bericht eine ausgewogene und teilweise neu balancierte Modellierung der familienpolitischen Instrumente. Im historischen Rückblick habe sich gezeigt, dass die Ausgaben für Bildung und Investitionen für ältere Kinder und Jugendliche in etwa stabil geblieben seien, es aber vor allem vor der Wirtschaftskrise erhöhte Investitionen im Bereich der frühen Bildung und Betreuung gegeben habe. Bei den familienpolitischen Instrumenten wird grundsätzlich zwischen »Cash Benefit« und »In-Kind Service Provision« unterschieden. Im OECD-Durchschnitt machen Cash Benefits, also direkter Geldtransfer an Familien, nicht mehr als 40 % der Unterstützung aus. Es zeigt sich eine deutliche Entwicklung hin zu einem immer stärkeren Ausbau der Leistungen direkt an Kinder, insbesondere in Form von steuerlichen Erleichterungen und erweiterten öffentlichen, infrastrukturellen Angeboten für eine außerfamiliäre Kinderbetreuung.

Das Betreuungsgeld kritisch überprüfen

Sinnvoll wäre es, diese Ansätze und Strukturen auch in Deutschland weiter auszubauen und regelmäßig in ihrer Wirksamkeit zu überprüfen. Jüngst hat die Bundesregierung eine neue Förderung eingeleitet, die parallel zum Recht auf einen Betreuungsplatz 2013 in Kraft tritt, das »Betreuungsgeld«. Es soll Eltern unter der Bedingung gezahlt werden, dass sie ihre Kinder nicht in eine öffentliche Bildungseinrichtung geben, sondern zu Hause betreuen. Damit wird die Idee, finanzielle Anreize für bestimmte Betreuungshandlungen zu gewähren, die einem Kind zugutekommen, auf den Kopf gestellt und es werden Fehlanreize geschaffen. Das Betreuungsgeld fällt in das alte Muster der Familienpolitik in Deutschland zurück. Es folgt der Logik des Cash Benefit. Die vielen Millionen Euro, die Jahr für Jahr für das Betreuungsgeld ausgegeben werden sollen, wären dringend nötig, um die öffentlichen Bildungs- und Betreuungsinstitutionen um die Familie herum endlich auf ein hohes Niveau zu bringen.

Dieses Ergebnis zeichnet sich auch in einem Gutachten ab, das vom Bundesfamilien- und Bundesfinanzministerium zur Analyse Wirksamkeit der Ausgaben für die Familienpolitik in Auftrag gegeben wurde. Von den Gutachtern wird geschätzt, dass alle Beträge zusammen, die als »Familienförderung« deklariert werden, einen Betrag von 200 Milliarden Euro pro Jahr erreichen (Dettmer et al. 2013). Das neu eingeführte Betreuungsgeld ist darin noch nicht enthalten. Das Kindergeld bildet den größten Einzelposten, es wird flankiert von den alternativ wählbaren Kinderfreibeträgen, vom Kinderzuschlag, vom Elterngeld, von Steuererleichterungen bei überdurchschnittlich hohen Kosten der Kinderbetreuung, Kinderzuschlägen bei der Riester-Rente, Ausbildungsfreibeträgen, von der Mitversicherung der Kinder in der Krankenversicherung, Beitragsreduktionen für Eltern bei der Pflegeversicherung und vielen anderen Programmen mehr.

Alle diese Geldzuwendungen haben die gleiche Verteilungslogik: Familien, also ein oder zwei Eltern mit einem oder mehreren Kindern, sollen finanzielle Erleichterungen erfahren. Die Familie als zentrale Institution der Kinderbetreuung und Kindererziehung soll gestärkt werden. Dieser Logik folgend gibt Deutschland deutlich mehr Geld aus als der OECD-Durchschnitt, aber dieses Geld hat nicht die gewünschte durchschlagende Wirkung für das Wohl der Kinder. Außerdem sind trotz der in Aussicht gestellten Gelder relativ wenige Paare bereit, zu einer Familie zu werden, also ein Kind zu bekommen. Die Geburtenziffer ist in Deutschland so niedrig wie in kaum einem anderen reichen Land. Die Entscheidung für oder gegen ein Kind ist ganz offensichtlich nicht nur eine Finanzfrage, sondern hängt von der gesamten Lebenssituation, der erlebten Unterstützung ab. Deutschland hat, wie wir oben bereits ausgeführt haben, trotz der hohen Transfersummen eine erschreckend hohe Zahl von Familien mit Kindern, die in relativer Armut leben, also trotz der Geldförderung nicht das materielle Lebensniveau erreichen, das bei uns durchschnittlicher Standard ist.

Die Vielfalt der Familienformen fördern

Unsere Studie bildet die Vielfalt von Familienformen ab, die sich aus dem kulturellen und ökonomischen Wandel der letzten Jahrzehnte ergeben hat. In Kapitel 3 werden die Familienformen ebenso wie die Gestaltung von Familie aus der Sicht der Kinder ausführlich beschrieben. Sie zeigt aus dem Blickwinkel der Kinder, wie sich mit jeder Veränderung der Gesellschaft auch die Struktur der Familie wandelt. Viele der früher einmal als selbstverständlich erachteten Merkmale sind betroffen: Die Ehe als Lebensform der Eltern ist nicht mehr selbstverständlich. Die Kinder müssen nicht unbedingt leibliche sein. Die Arbeitsteilung der Eltern kann verschiedenste Formen annehmen, weil immer mehr Ehefrauen auch als Mütter nach der Geburt ihrer Kinder berufstätig sind. Gleichgeschlechtliche Paare können heiraten und durch Adoption oder Samenspende eine Familie gründen. Schließlich ist die Trennung von Eltern viel häufiger geworden. Gehen Mutter oder Vater neue Beziehungen ein, was immer häufiger geschieht, bilden sich »patchwork families« (»Flickenteppich-Familien«).

Kinder akzeptieren ihre Familie meist so, wie sie ist – sie haben aber durchaus feste Vorstellungen davon, was das Familienleben für sie bereithalten soll. Sie wünschen sich sichere Kontakte und zuverlässige Zuwendungen, klare Umgangsformen und liebevolle Anerkennung. Sie würden wahrscheinlich der These zustimmen, die Forscher schon im vorigen Jahrhundert aufstellten: Die Familie ist so etwas wie die »sozial Keimzelle« der Gesellschaft. Die Kinder sehen ihre Familie als eine eigenständige kleine Welt des Zusammenlebens, die sie schätzen und lieben. Aber sie wünschen sich ihre Familie nicht als eine gesellschaftlich isolierte Institution.

In der 1. World Vision Kinderstudie 2007 haben wir das afrikanische Sprichwort »Es braucht ein Dorf, ein Kind zu erziehen« auf unsere Thesen bezogen. Wir haben es erweitert in die Sentenz: »Es braucht ein ganzes Dorf, um ein Kind in seiner Entwicklung zu unterstützen und stark zu machen.« Für die Kinderpolitik eines Landes bedeutet das Bild des »ganzen Dorfes«, die Verantwortung der gesamten Gesellschaft für die Entwicklung der neuen Gesellschaftsmitglieder sicherzustellen. Dazu gehören die finanzielle Unterstützung von Eltern und die soziale Stärkung ihrer Erziehungs- und Beziehungsfähigkeit. Dazu gehört auch, dass die Ansprüche eines jeden einzelnen Kindes im Sinne einer kindgerechten Gestaltung aller Lebensräume und der Anerkennung der elementaren Menschenrechte gesichert sein müssen (Hurrelmann et al. 2010, S. 358).

Kooperation der unterstützenden Dienste intensivieren

Ebenfalls in der vorigen Studie hatten wir darauf hingewiesen, dass Kinder einen guten »Wohlfahrtsmix« benötigen, also eine sorgfältig komponierte Mischung aus staatlicher, privater und zivilgesellschaftlicher Unterstützung, die in ihrer Lebenswelt sozial fest verankert und vor allem auch dauerhaft finanziell gesichert sind. Ziel sollte es sein, die Verantwortung der gesamten sozialen Gemeinschaft für das Wohlergehen ihres Nachwuchses zu aktivieren. Für das besagte benachteiligte Fünftel der elterlichen Haushalte sollte das ganz konkret bedeuten: Erziehungshilfe und Beratung durch den Besuch von dafür geschulten Fachkräften (Hebammen, Pädagogen, Psychologen), ebenso nahe und niedrigschwellige Beratungsangebote für unterschiedliche Alltagsprobleme. Auch Anreize für den Besuch von Bibliotheken, Schwimmbädern, Kinderarztpraxen (etwa für die Vorsorgeuntersuchungen), Freizeiteinrichtungen und nicht zuletzt natürlich Kinderbetreuungseinrichtungen und Ganztagsschulen können Wirkungen erzielen.

Ein Problem bei der Umsetzung ist die starke Fragmentierung der verschiedenen sozialen, pädagogischen, medizinischen und anderen versorgungsorientierten Dienste. Jeder einzelne dieser Dienste hat seine eigene Ausbildungstradition und die damit verbundenen beruflichen Urteile und Vorurteile. Jedes einzelne Segment des Unterstützungssystems für Kinder arbeitet in relativer Isolation vor sich selbst her. Die Beziehungen zum jeweils anderen Sektor sind schwach. Eine der dringendsten Herausforderungen liegt deshalb darin, die verschiedenen Professionen und die Institutionen, in denen sie tätig sind, miteinander zu verbinden. Die verschiedenen Berufsgruppen und ihre Institutionen sind geneigt, ihre jeweilige Zuständigkeit zu betonen und sich deutlich von der angrenzenden Institution abzugrenzen. Das kann zu ungünstigen Abschottungen führen und den hilfsbedürftigen Kindern, mehr schaden als nutzen. Insbesondere wenn man auf die Bedeutung der Erwerbstätigkeit von Männern und Frauen für das heutige Familienleben blickt, zeigt sich, wie in Kapitel 3 dargestellt, die Dringlichkeit dieser Maßnahmen.

Verschärft wird die Problematik der mangelnden Vernetzung durch die bereits angesprochene Komm-Struktur sozialer Dienste: Wir haben viel zu viele aufsuchende Strukturen. Die Kinder, meist zusammen mit ihren Eltern, müssen sich auf die Beine machen und im Bedarfsfalle auf die psychologische, sozialpädagogische oder ergotherapeutische Beratung und Hilfe zugehen. Dazu müssen sie viele Barrieren und Hemmnisse überwinden. Viel effizienter sind zugehende Strukturen. Bei denen kommen die professionellen Helfer zum Kind. Am besten gelingt das, wenn die Hilfs- und Unterstützungsdienste in die Einrichtungen im Vorschulbereich, also die Kinderkrippen, Horte und Kindergärten oder in die schulischen Einrichtungen, vor allem die Grundschulen, integriert sind.

In einigen Regionen wurde durch die Etablierung von »Familienzentren« in Vorschuleinrichtungen ein zentraler Schritt in diese Richtung gemacht. Diese Struktur könnte auf die Schulen ausgeweitet werden. Es gibt kaum noch ein anderes Land der Welt, in dem sich in den Schulen nur Lehrerinnen und Lehrer aufhalten. Fast überall sonst finden sich die anderen Berufsgruppen aus den pädagogischen, psychologischen, gesundheitlichen und beratenden Berufen direkt in den Bildungsinstitutionen. Diese Einbindung in die Institutionen ist auch in Deutschland anzustreben. Je früher im Leben eines Kindes ein gutes Angebot von Betreuung, Erziehung und Bildung gemacht wird, je besser es mit den Eltern abgestimmt und mit ihren Interessen verzahnt ist, desto günstiger ist es für die Entwicklung des Kindes.

Seit August 2013 greift in Deutschland der Rechtsanspruch der Eltern auf einen Betreuungsplatz für einjährige Kinder. Zunächst geht es in den Kommunen und Kreisen darum, die Zahl der Plätze in diesem Bereich auszubauen. Ein gutes Drittel der Jüngsten soll dann in den Vorschuleinrichtungen untergebracht werden können. Dieses Ziel scheint, trotz einiger Engpässe, erreicht worden zu sein. Als nächstes sollte es darum gehen, möglichst viele Familienzentren einzurichten und die Qualität der frühkindlichen Betreuung schrittweise zu verbessern.

Das Bildungssystem gehört zum »ganzen Dorf« dazu. Bei den kleinen Kindern sind es die Krippen, Kindertagesstätten, Kindertagespflege und Kindergärten, die für Betreuung und Erziehung zuständig sind. Vom sechsten Lebensjahr an sind es die Grundschulen oder die Förderschulen und nach in der Regel vier Grundschuljahren die weiterführenden Schulen. Diese Einrichtungen sollten »Politik für Kinder« so gestalten, dass neben wissenschaftlichen und fachlichen Erkenntnissen auch die ganz subjektiven Wünsche und Einschätzungen der

Kinder selbst als maßgebliche Kriterien einbezogen werden.

Hier setzt moderne Kinderpolitik an. Sie ist gezielte Förderpolitik für Kinder und eben nicht nur Finanzausgleich für den Elternhaushalt mit Kindern. Kinderpolitik heißt, programmatische und finanzielle Schritte einzuleiten, die unmittelbar den Kindern als jungen Staatsbürgern und als Persönlichkeiten mit besonderem Bedarf zugutekommen. Eine solche Politik ist nicht gegen Eltern und nicht gegen Familien gerichtet. Sie stellt die Rolle von Eltern als Dreh- und Angelpunkt für die Entwicklung des Nachwuchses nicht infrage. Kinderpolitik und Familienpolitik gehören folglich eng zusammen. Wir brauchen die materielle Basisabsicherung des Elternhaushaltes und zugleich die vorschulische Betreuung und Erziehung in Kinderkrippen und Kindertagesstätten und die Angebote von Kindergärten und Grundschulen auch am Nachmittag, weil sie die Förderimpulse der Eltern ergänzen.

Je besser die öffentliche mit der privaten Erziehung abgestimmt ist, desto mehr profitieren die Kinder: sowohl diejenigen, die in einer wertschätzenden und fördernden Umwelt aufwachsen, als auch diejenigen, die in ihren Familien nicht die Anregungen und Unterstützungen bekommen, die sie für ihre körperliche, psychische, sprachliche, emotionale und intellektuelle Entwicklung unbedingt benötigen. Gerade für sie sind die öffentlichen Einrichtungen überlebenswichtig. Ohne diese Unterstützung fallen sie zurück und es werden ihnen die Chancen vorenthalten, die auch ihnen für ein selbstbestimmtes und erfüllendes Leben geboten werden müssen.

10 Anhang

A1: Die Methodik der 3. World Vision Kinderstudie 311

A2: Dokumentation des Herkunftsschicht-Index 317

A3: Pretest – Offene Nennungen 319

A4: Erhebungsinstrument: Kinderfragebogen 324

A5: Erhebungsinstrument: Elternfragebogen 344

A6: Fallvignetten 352

A7: Literatur 354

Ulrich Schneekloth und Monika Pupeter

Anhang I: Die Methodik der 3. World Vision Kinderstudie

Methodensteckbrief Kinderstudie 2013

Die 3. World Vision Kinderstudie 2013 orientiert sich in Design und Methodik an den beiden vorherigen Kinderstudien von 2007 und 2010. Durchgeführt wurde auch diesmal wieder eine quantitative Erhebung bei einer repräsentativen Auswahl von Kindern im Alter von 6 bis 11 Jahren (2007: 8 bis 11 Jahre). Ergänzt wurde diese standardisierte Befragung durch eine qualitative Erhebung mit zwölf Porträts von Kindern, die nach systematischen Gesichtspunkten ausgewählt wurden. Die quantitative Erhebung hat im Rahmen des Studiendesigns die Funktion, die Lebenslagen und Lebenswelten der Kinder in ihrer Breite darzustellen. Die qualitative Erhebung porträtiert ausgewählte Kinder und gibt auf diese Weise einen vertiefenden und lebendigen Eindruck von Kindern in ihren Lebenswelten. Die methodischen Erläuterungen zum qualitativen Teil finden sich in Kapitel 8.1.

Grundgesamtheit der quantitativen Erhebung sind Kinder in Deutschland im Alter von 6 bis 11 Jahren. Befragt wurden n = 2.535 Kinder. Um in den neuen Bundesländern genügend Fälle für Auswertungen zur Verfügung zu haben, wurde die Stichprobe disproportional angelegt. Auf die alten Bundesländer (inklusive Berlin) entfielen 1.729 und auf die neuen Bundesländer 806 Interviews. Diese bewusste Überrepräsentierung der Kinder aus den neuen Bundesländern wurde selbstverständlich bei der Datenauswertung berücksichtigt. Zu diesem Zweck wurde anhand der amtlichen Statistik ein Gewichtungsrahmen erstellt, mit dem die Stichprobe auf die Wohnbevölkerung im Alter von 6 bis 11 Jahren in ihrem tatsächlichen Ost-West-Verhältnis, differenziert nach Geschlecht, hochgerechnet wurde. Dabei wurde berücksichtigt, dass nicht alle 6-Jährigen zur Schule gehen. Die auf dieser Grundlage gewichtete Stichprobe entspricht in ihrer Struktur der tatsächlichen Verteilung der Schulkinder im Alter von 6 bis 11 Jahren, so wie sie im Rahmen der amtlichen Statistik ausgewiesen wird.

Erhebungsinstrumente

Die quantitative Erhebung stützt sich auf zwei unterschiedliche Instrumente. Das Interview mit den Kindern wurde als persönlich-mündliche Befragung von gut geschulten Interviewerinnen und Interviewern auf Basis eines fest vorgegebenen, standardisierten Erhebungsinstruments durchgeführt. Die Befragung selbst erfolgte computergestützt (Computer Assisted Personal Interviewing). Hierbei werden die Antworten der Befragten direkt in einen vom Interviewer mitgeführten Laptop eingegeben. Hinzu kam als zweites Instrument ein kurzer schriftlicher Elternfragebogen, den ein Elternteil möglichst parallel zur Befragung des Kindes ausfüllen sollte. In diesem Elternbogen wurden soziodemografische Basisinformationen zum Familienhintergrund des Kindes erhoben.

Bei der Entwicklung des Kinderfragebogens wurde einerseits auf die Vergleichbarkeit der Instrumente mit den Befragungen von 2007 und 2010 geachtet, andererseits wurden in jeder Kinderstudie Themenschwerpunkte – diesmal das Thema Gerechtigkeitsempfinden – aufgenommen. Bei den Einstufungen zum Gerechtigkeitsempfinden bekamen die Kinder eine visuelle Unterstützung in Form einer 4-stufigen Smiley-Skala. Die visuelle Unterstützung ermöglichte es den Kindern, sich schnell in dem vorgegebenen Kontinuum zu orientieren und einzustufen. Die Fragen zur Zufriedenheit bzw. zum Wohlbefinden wurden mithilfe der erprobten 5-stufigen Smiley-Skala erhoben. Auch bei anderen Antwortvorgaben wurden qualitative Einstufungen der Kinder durch Visualisierungen unterstützt (vgl. dazu den Fragebogen im Anhang).

In der Vorbereitungsphase wurden die Instrumente im Rahmen eines kognitiven Pretests mit Kindern auf ihre Eignung hin überprüft und gegebenenfalls überarbeitet. Hierbei wurden zusätzlich insbesondere in Bezug auf das Gerechtigkeitsempfinden die Ergebnisse der ersten bis dahin bereits durchgeführten qualitativen Interviews berücksichtigt. In dem anschließenden Feld-Pretest führten einige Interviewerinnen und Interviewer vorab 95 Interviews mit Kindern der Zielgruppe unter den gleichen Bedingungen wie bei der anschließenden Befragung durch. Hierbei wurden die Kinder ebenfalls gebeten, einige offene Fragen dazu, was sie unter Gerechtigkeit verstehen, zu beantworten.

Nach Einschätzung der Interviewer kann auch für die 3. World Vision Kinderstudie festgehalten werden, dass die Befragung die Kinder auch diesmal wieder angesprochen hat. So schätzten die Interviewer die Bereitschaft der Kinder, die Fragen zu beantworten, in der Haupterhebung bei 87 % der Fälle als gut und bei 12 % als mittelmäßig oder »mal so, mal so« ein. Nur bei 21 Kindern (<1 %) wurde die Antwortbereitschaft als schlecht eingestuft. Doch auch bei diesen Fällen bestand nach einer Einzelfallprüfung kein Anlass, diese aus dem Datensatz zu nehmen. Sowohl der Kinderfragebogen als auch der Elternbogen sind im Anhang dokumentiert.

Stichprobe

Die Erhebung wurde analog zu den vorherigen beiden Kinderstudien auf Grundlage einer Quotenstichprobe (Quota-Sample) realisiert. Im Rahmen einer Quotenstudie wird den eingesetzten Interviewern vorgegeben, eine exakt definierte Anzahl von Schulkindern ab 6 Jahren aus bestimmten Untergruppen zu befragen.

Vorgegeben wurden die folgenden Quotierungsmerkmale:

- Altersgruppen: 6 bis 7 Jahre, 8 bis 9 Jahre, 10 bis 11 Jahre, differenziert nach dem Geschlecht
- Bundesländer und regionale Siedlungsstrukturtypen (9 BIK-Siedlungsstrukturtypen)
- Migrationshintergrund: ja, nein

Bei der Quotenvorgabe wurde die Sollstruktur der 6- und 7-Jährigen um den Anteil der 6-Jährigen, welche noch keine Schule besuchen, reduziert (analog zu den letzten Kinderstudien wurde auch diesmal wieder vorgegeben, dass 62 % der 6-Jährigen eine Schule besuchen).

Bei der Realisierung der Quotenstichprobe wurde auf das bewährte zweistufige Verfahren zurückgegriffen: In einer ersten Phase wurden die Interviewer gebeten, anhand der Quotierungsmerkmale zu melden, in welchen Quotenzellen ihnen Zielpersonen zur Verfügung stehen. Diese Meldungen der Interviewer wurden in der Einsatzleitung von TNS Infratest gesammelt.

Im Rahmen der 3. World Vision Kinderstudie übertraf die Zahl der Meldungen die Zahl der benötigten Interviews deutlich, sodass es möglich war, anhand der Soll-Vorgaben aus der amtlichen Statistik eine Stichprobe aus den Interviewermeldungen zu ziehen, die somit den Soll-Vorgaben weitestgehend entsprach. Da die Stichprobe, wie bereits dargestellt, disproportional zwischen alten und neuen Bundesländern angelegt war, wurden mögliche Abweichungen in der Realisierung der Interviews bezüglich der Altersgruppen und des Geschlechts im Übrigen auch anhand der durchgeführten Gewichtung (Proportionalisierung) ausgeglichen.

In die Gewichtung sind folgende Randverteilungen der amtlichen Statistik eingegangen (Statistisches Bundesamt: Bevölkerungsfortschreibung, Statistik Allgemeinbildender Schulen sowie Sonderauswertungen aus dem Mikrozensus, jeweils zum Stand 2011): Altersgruppen (6–7, 8–9, 10–11: 6-jährige reduziert um den geschätzten Anteil an Kindern, die noch keine Schule besuchen) und Geschlecht, Bundesland und BIK-Siedlungsstrukturtypen, Schulform mit den Ausprägungen Grundschule, Gymnasium, sonstige Schulform und Förderschule, Familientyp (Alleinerziehend: ja/nein) sowie Staatsangehörigkeit. Die Auswirkungen auf die gewichteten Verteilungen waren alles in allem eher gering. Bei allen Gewichtungsvariablen wurden unterschiedliche West-Ost-Verteilungen berücksichtigt.

Die Grundverteilung der realisierten Stichprobe zur 3. World Vision Kinderstudie ist in Anhang 1.2 dargestellt. Die Abweichungen sind vergleichsweise geringfügig und tolerabel.

Bezüglich der realisierten Altersstruktur muss angemerkt werden, dass die Abgrenzung anhand der Altersangabe der Kinder gemacht wurde. Entgegen der in der empirischen Sozialforschung sonst üblichen Abfrage des Geburtsjahrgangs erwies sich die Frage nach dem Alter als die für Kinder einfacher zu beantwortende.

Die Verteilung der Stichprobe nach Bundesländern entspricht, genauso wie übrigens auch die Verteilung nach den BIK-Siedlungsstrukturtypen, ebenfalls relativ gut den Soll-Vorgaben. Aufge-

Anhang 1.1 **Methodensteckbrief der Kinderstudie 2013**

Grundgesamtheit	In Deutschland wohnende Kinder im Alter zwischen 6 und 11 Jahren (2007: 8 bis 11 Jahre), die zur Schule gehen
Stichprobe	Haushaltsbefragung. Quota-Sample, kontrolliert nach: – Alter und Geschlecht, – Schulform (Grundschule, Hauptschule, Realschule, Gymnasium, Sonstige Schulen, Förder-/Sonderschule) – Migrationshintergrund, – Bundesland und Siedlungsstrukturtyp (BIK-Typ)
Fallzahl	n = 2.535 Kinderinterviews (disproportionaler Ansatz), n = 1.729 in den alten Bundesländern (inkl. Berlin) und n = 806 in den neuen Bundesländern
Erhebungsmethode	Persönlich-mündliche Kinder-Befragung (CAPI: Computer Assisted Personal Interviews) Schriftlicher Elternfragebogen (Selbstausfüller). Deutsche und türkische Sprachvariante
Zeitraum	Anfang Januar bis Mitte Februar 2013
Gewichtung	Amtliche Statistik (Bevölkerungsfortschreibung 2011 und Mikrozensus 2011)

tretene Abweichungen wurden zusätzlich ex post per Gewichtung korrigiert.

Der Anteil ausländischer Kinder in der Stichprobe beträgt knapp 3 %. Im Rahmen der Gewichtung wurde auch dieser Anteil auf den Soll-Wert von etwa 6 % korrigiert. Weitere 23 % der deutschen Kinder in der Kinderstudie haben Eltern oder Elternteile, die nicht in Deutschland geboren wurden. Im Zuge der durchgeführten Gewichtung steigt auch dieser Anteil auf 28 % an, obgleich das Merkmal Migrationshintergrund nicht gesondert in die Gewichtung mit einbezogen wurde. Der Anteil der Kinder mit Migrationshintergrund beträgt demnach zusammengenommen vor Gewichtung 26 % und nach Gewichtung 34 %.

Feldarbeit

Die Erhebung zur 3. World Vision Kinderstudie wurde im Zeitraum von Anfang Januar bis Mitte Februar 2013 durchgeführt. Damit fand die Befragung, anders als bei der 2. World Vision Kinderstudie, die im Herbst 2009 zu Beginn des ersten Schulhalbjahres durchgeführt wurde, diesmal gegen Ende des ersten Schulhalbjahres statt. Zum Einsatz kamen 400 gut geschulte Infratest-Interviewerinnen und -Interviewer. Im Schnitt führte jeder

Anhang 1.2 **Grundauszählung der Stichprobe**

Fallzahlen	Ist		Soll	
	Mädchen	Jungen	Mädchen	Jungen
Alte Bundesländer[1]				
6 Jahre	82	84	83	91
7 Jahre	139	114	146	150
8 Jahre	164	147	144	151
9 Jahre	153	165	145	155
10 Jahre	172	182	150	160
11 Jahre	148	179	159	166
Summe	858	871	827	873
Neue Bundesländer[1]				
6 Jahre	39	32	46	50
7 Jahre	57	70	71	73
8 Jahre	87	66	70	75
9 Jahre	56	69	68	72
10 Jahre	73	74	67	71
11 Jahre	97	86	69	70
Summe	409	397	391	411

1 Disproportionaler Ansatz: West inklusive Berlin, Ost ohne Berlin

Interviewer und jede Interviewerin etwa sechs Befragungen durch. Bei 76 % der Befragungen war noch mindestens eine weitere Person anwesend. In 61 % aller Fälle war dies die Mutter, in 15 % aller Fälle der Vater.

Die konkrete Auswahl der nach den genannten Kriterien per Quotenvorgabe zu befragenden Zielpersonen wurde den Interviewerinnen und Interviewern überlassen. Sie konnten diese in ihrem persönlichen Bekanntenkreis, im Rahmen von Institutionen oder innerhalb von typischen Orten, an denen Kinder angetroffen werden, anwerben und dann zu Hause befragen. Bei dieser Altersgruppe muss hierbei vorab das Einverständnis der Eltern eingeholt werden.

Die durchschnittliche Dauer der durchgeführten Interviews betrug 37 Minuten. Die Befragungen bei den 6- bis 7-jährigen und auch bei den 8- bis 9-jährigen Zielpersonen waren mit 37 Minuten nur unwesentlich länger als bei den 10- bis 11-jährigen Kindern mit 36 Minuten. Bei der Bewertung der Dauer bei der jüngsten Altersgruppe ist zu berücksichtigen, dass für diese Altersgruppe solche Fragen, die sich auf eher allgemeine gesellschaftliche Themen bezogen, dann, wenn das Kind hierzu keine Antwort geben konnte, im Folgenden ebenfalls übersprungen wurden.

Im Rahmen der Infratest-Interviewerkontrolle werden alles in allem 10 % der befragten Zielpersonen, deren Adressen vom Interviewer notiert werden mussten, stichprobenartig überprüft. Hier wurde direkt bei den Eltern der Kinder entweder telefonisch oder mithilfe einer Postkarte nachgefragt, ob mit den Kindern tatsächlich ein Interview in entsprechender Länge und Thematik durchgeführt wurde. Weitere Qualitätskontrollen bezogen sich auf die realisierten Fragebögen, die auf interne Konsistenz und Widerspruchsfreiheit überprüft wurden. Hierbei wurden nur geringfügige nachträgliche Korrekturen vorgenommen. Offensichtliche fehlerhafte Angaben wurden ggf. auf »Keine Angabe« gesetzt.

Nach Abschluss der Feldarbeit und der Qualitätskontrolle stand ein analysefähiger Datensatz zur Verfügung, der mithilfe des statistischen Software-Pakets SPSS 19 differenziert ausgewertet wurde. Die Ergebnisse sind in diesem Buch detailliert dargestellt.

Anhang 2: Dokumentation des Herkunftsschicht-Index

Der Herkunftsschicht-Index der World Vision Kinderstudie ist eine Kombination aus dem Bildungshintergrund der Eltern und den materiellen Ressourcen im Haushalt. Beide Angaben stammen aus der Elternbefragung. Ergänzt wird dies durch die bei den Kindern erhobene Einschätzung zur Zahl der Bücher im Haushalt sowie durch die Wohnform (Elternbefragung). Die einzelnen Variablen erhalten jeweils je nach Ausprägung einen anderen Punktwert.

Anhang 2.1 **Herkunftsschicht-Index: Einbezogene Variablen mit den jeweiligen Punktwerten**

(Höchster) Schulabschluss von Mutter oder Vater	
Hauptschule (8.–9. Klasse)	2
Realschule/mittlere Reife (10. Klasse)	4
Fachhochschulreife	6
Abitur	6
Habe keinen Abschluss	2
Wie viel Bücher gibt es ungefähr bei Euch zu Hause?	
Nur sehr wenige (bis 10 Bücher)	0
Etwa ein Bücherbrett (11–24 Bücher)	1
Etwa ein Regal (25–100 Bücher)	2
Etwa zwei Regale (101–200 Bücher)	2
Drei oder mehr Regale (mehr als 200 Bücher)	3
Wohnform	
Miete	1
Eigentum	2

Fortsetzung nächste Seite

Wie kommen Sie in Ihrem Haushalt mit dem Geld zurecht, das Ihnen und Ihrer Familie monatlich zur Verfügung steht?	
Sehr gut	3
Gut	2
Mittelmäßig	2
Eher schlecht	1
Sehr schlecht	0

Die Punktwerte der Variablen werden zu einem Summenindex addiert. Bei der Variable »Bildungshintergrund« wird, wenn Angaben zu beiden Elternteilen vorliegen, der höhere Schulabschluss einbezogen. Der Summenindex kann Ausprägungen von 3 bis 14 Punkten erreichen.

Zur Bildung des Herkunftsschicht-Index wird der Summenindex in 5 Gruppen eingeteilt. Jede Gruppe entspricht einer Ausprägung des Herkunftsschichtindex. Dabei wird folgende Zuordnung vorgenommen:

Anhang 2.2 **Herkunftsschicht-Index: Einteilung des Summenindex**

Unterschicht	3 bis 6 Punkte
Untere Mittelschicht	7 bis 8 Punkte
Mittelschicht:	9 bis 10 Punkte
Obere Mittelschicht	11 bis 12 Punkte
Oberschicht:	13 bis 14 Punkte

Anhang 3: Pretest – Offene Nennungen

Anhang 3.1 Offene Nennungen zum Thema Gerechtigkeit

Basis: Kinder im Alter von 6 bis 11 Jahren in Deutschland (Pretest n = 95)

Zuordnung:
1 = Gleichbehandlung,
2 = Gleichberechtigung / Zugang
3 = Gleichstellung, Wohlergehen
4 = Gleichverteilung
9 = Weiß nicht / kA

Offene Nennung: Was verstehst du unter Gerechtigkeit?	Alter	1=Mädchen 2=Junge	Zuordnung
Dass wir auch mal das machen können, was wir wollen, dass alle genug zu essen und Spielzeug haben, dass keiner hungern muss. Dass alle Menschen gleich behandelt werden, egal wo sie herkommen, wie sie aussehen oder ob sie viel oder wenig Geld haben.	10	1	1, 2, 3
Wenn meine Mutti mich einmal rauslässt und mich spielen lässt mit meinen Freunden und dass nicht nur mein kleiner Bruder die Lernspiele spielen darf, ich eher weniger spielen darf.	9	2	1, 2, 4
Dass man keine Unterschiede macht.	11	2	1, 2
Jeder hat das gleiche Recht.	9	1	1, 2
Dass jeder gleich behandelt wird und jeder die gleichen Möglichkeiten hat	10	2	1, 2
Dass man mit allen Menschen gleich umgeht!	11	2	1,2
Alle Menschen sind auf der gleichen Wellenlänge, egal ob sie reich oder arm sind.	10	1	1, 2
Dass jeder frei seine Meinung sagen darf, dass die Religion frei ist.	10	1	1, 2
Alle haben die gleichen Rechte.	10	1	1, 2
Dass jeder gleichberechtigt wird.	11	1	1, 2
Dass die Menschen sagen dürfen, was sie wollen, dass die Leute nicht gleich Ärger bekommen, wenn sie mal etwas falsch machen, dass meine Kinder alle zusammen spielen dürfen, egal ob sie woandersher kommen oder arm sind.	6	1	1, 2

Offene Nennung: Was verstehst du unter Gerechtigkeit?	Alter	1=Mädchen 2=Junge	Zuordnung
Alle Menschen sollen gleich behandelt werden, ob sie eine weiße, gelbe oder schwarze Hautfarbe haben.	10	2	1, 2
Ungleiches ungleich, Gleiches gleich zu behandeln.	9	2	1, 2[1]
Ungerecht ist, wenn Arme bestohlen werden.	6	1	1, 3
Unter gerecht verstehe ich, dass man hilft, dass man sich nicht verletzt.	10	1	1, 3
Dass man anderen Leuten hilft und dass man versucht, so viel zu kriegen wie der andere auch.	8	2	1, 4
Dass wir gleich behandelt werden.	7	1	1
Wenn man einen respektiert.	11	1	1
Gerecht ist zum Beispiel, wenn man draußen mit Freunden spielen darf.	9	1	1
Draußen spielen lassen, nicht sehr viel schimpfen.	8	2	1
Wenn jeder gleich behandelt wird, also keiner wird bevorzugt.	11	2	1
Freiheit haben.	11	2	1
Gerechtigkeit ist, wenn jeder gleich behandelt wird.	6	2	1
Dass der recht bekommt, der recht hat.	9	1	1
Dann soll es so sein, dass alle dieselben Sachen dürfen.	7	2	1
Dass alle gleich gut behandelt werden.	7	2	1
Dass man zu jedem gleich nett ist.	7	2	1
Dass man zu allen gleich nett ist und niemanden bevorzugt.	9	1	1
Dass nicht geschummelt wird, keine Streitereien.	8	2	1
Jeder hat gleiche Rechte und Pflichten.	9	2	1
Wenn in der Schule immer alle Kinder rankommen, die sich melden …	9	2	1
Dass man höflich zueinander ist, anderen hilft.	9	1	1
Dass man alle gleich behandeln muss.	7	1	1
Gerechtigkeit, dass alle gleich behandelt werden	11	1	1
Jeder Mensch soll zu jedem nett sein, und die Erwachsenen sollen so gerecht sein wie zu sich selber.	8	1	1
Kein Streit in der Familie, mit Freunden, in der Schule, dass keiner geschlagen wird, dass auch Ausländer nicht beleidigt werden.	11	1	1

Offene Nennung: Was verstehst du unter Gerechtigkeit?	Alter	1=Mädchen 2=Junge	Zuordnung
Dass alle nett miteinander umgehen, keiner sich streitet, alle lieb sind.	6	1	1
Wenn man für etwas Verbotenes bestraft wird und das nicht wieder macht.	8	2	1
Ich kann mitbestimmen.	8	2	1
Dass alle die gleichen Sachen machen dürfen, die sie wollen.	7	2	1
Wenn man etwas Böses gemacht hat, eine Strafe bekommt!	9	2	1
Gerechtigkeit bedeutet für mich, wenn keine Unterschiede gemacht werden, jeder das Gleiche bekommt, jeder gleich behandelt wird, sei es finanziell oder auch im Berufsleben.	11	1	2, 3, 4
Dass man niemanden ausschließt und dass alle gleich viel bekommen.	10	1	2, 3, 4
Dass alle Menschen, ob arm oder reich, die gleichen Sachen bekommen, reisen können, Spielzeug bekommen und genug Essen haben.	6	2	2, 3, 4
Wenn alle Kinder in die Schule gehen können und essen haben.	7	2	2, 3
Wenn alle zu essen haben und sagen dürfen, was sie wollen.	11	2	2, 3
Alle gleich behandelt werden und genug zu essen haben.	9	1	2, 3
Dass alle genug zu essen haben, alle in Freiheit leben, alle in die Schule gehen können, keine Armut herrscht, dass es nicht so viele Reiche gibt, die nichts abgeben.	11	2	2, 3
Dass man miteinander teilt und nicht jemanden einfach so stehen lässt.	7	1	2, 3
Jeder hat gleich viel Geld und die gleichen Rechte und wird gleich gut behandelt.	11	2	2, 4
Wenn meine Schwester das Gleiche bekommt wie ich und wenn alle Menschen gleich behandelt werden.	9	1	2, 4
Dass es fair ist, etwas abzuwechseln, wenn es nur eins gibt.	10	2	2
Wenn alle das Gleiche machen können.	11	1	2
Dass alle Menschen in der Welt, egal welche Hautfarbe sie haben, gleich behandelt werden und Kinder in die Schule gehen können.	8	1	2
Dass alle Menschen gleich behandelt werden, egal ob sie arm oder reich sind oder eine andere Hautfarbe haben.	9	1	2

Offene Nennung: Was verstehst du unter Gerechtigkeit?	Alter	1=Mädchen 2=Junge	Zuordnung
Wenn man jemanden gut behandelt, der behindert oder arm ist, wenn man verletzten oder kranken Menschen hilft, das ist Gerechtigkeit für mich.	10	2	2
Das ist gerecht, wenn man für eine Sache belohnt wird oder ich bekomme was geschenkt und meine Geschwister bekommen auch was	7	1	3
Wenn alle bekommen, was sie möchten.	6	1	3
Dass jeder alles bekommt, was er braucht.	10	2	3
Wenn jeder das bekommt, was er möchte oder nicht möchte.	8	1	3
Dass man etwas teilt.	7	1	3
Alle haben eine Wohnung, niemand muss draußen schlafen, jeder hat was zu essen.	10	1	3
Wenn jeder Arbeit hat, eine Wohnung, genügend zu essen und noch Geld übrig hat, um sich etwas Schönes leisten zu können.	6	1	3
Wenn alle ein gutes Auskommen haben, nicht hungern müssen und eine eigene Wohnung haben.	11	2	3
Arme werden immer ärmer, Reiche immer reicher. Viele haben nicht viel zu essen und müssen hungern. Es wird zu wenig geholfen. Viele Leute besitzen nichts.	8	1	3
Dass man anderen Menschen etwas abgibt und teilt.	6	1	3
Dass es so viele Freunde gibt.	8	2	3
Wenn die Kinder in Afrika hungern müssen und die Kinder in Deutschland das Essen wegwerfen	10	1	3
Frieden	10	1	3
Gerechtigkeit ist, wenn ich mit meiner Freundin Süßigkeiten esse und meine Freundin bekommt mehr, ist das ungerecht. Besser wär es, wenn man genau aufteilt.	6	1	4
Bei Spielen in der Gruppe in der Schule war es ungerecht, weil in der einer Gruppe 4 waren und in der anderen Gruppe nur 3.	6	1	4
Gerechtigkeit heißt, wenn man 3 Lollis hat und es sind 4 Leute, dann holt man keinen Lolli, sondern Bonbons.	9	1	4
Wenn man das Gleiche kriegt wie mein Bruder.	9	2	4
Ich bekomme das Gleiche wie meine Freunde.	6	2	4
Wenn alle gleich viel haben.	10	2	
Alle bekommen das Gleiche.	7	1	4

Offene Nennung: Was verstehst du unter Gerechtigkeit?	Alter	1=Mädchen 2=Junge	Zuordnung
Gerecht ist, wenn alle Kinder das gleiche Geschenk bekommen, wenn der Nikolaus kommt.	8	1	4
Dass man Kindern, die gleich alt sind, auch gleich viel Taschengeld gibt.	9	2	4
Das weiß ich im Moment nicht.	8	2	9
Keine verwertbare Aussage.	8	1	9
Keine konkrete Antwort.	9	1	9
Kann ich nicht sagen.	10	2	9
Keine Angabe.	10	2	9
Keine Ahnung.	9	2	9
Keine Angabe.	7	1	9
Kann ich nicht genau sagen.	10	2	9
Weiß nicht.	7	1	9
Das weiß ich nicht.	6	1	9
Das weiß ich nicht.	6	2	9
Weiß keine Antwort.	9	2	9
Kind weiß keine direkte Antwort.	11	1	9
Luis kann mit sechs Jahren den Begriff »Gerechtigkeit« noch nicht zuordnen.	6	2	9
keine Angabe.	10	1	9
keine Angabe.	6	2	9

1 keine eindeutige Zuordnung

Anhang 4: Erhebungsinstrument: Kinderfragebogen (CAPI)

Vielen Dank für Deine Bereitschaft, bei unserer Umfrage mitzumachen. Ich werde Dir jetzt einige Fragen stellen, die sich auf Dich beziehen oder zu denen Du mir Deine persönliche Meinung sagen kannst.

Int.: Bitte eintragen

Fr. 1a Du bist die / der

Vornamen des Kindes ______________

Fr. 1b Kind ist

☐ Männlich
☐ Weiblich

Soziodemografie und Familie

Fr. 2 Zuerst einmal würde ich gerne wissen, wie alt Du bist

______ Alter des Kindes (2013: 6–11 Jahre)

Fr. 3 Wenn Du einmal alle zusammenzählst, wie viele Personen wohnen dann bei Euch zu Hause? Zähle dich bitte selbst mit.

Int.: Bitte sicherstellen, dass das Kind sich auch selbst mitzählt

Haushaltsgröße ______

Trifft nicht zu, ich wohne im Heim (falsche Zielgruppe, Ende)

Fr. 4 Und wer ist das? Bitte sage mir anhand dieser Liste, welche Personen bei Dir zu Hause wohnen. (*Fragentext für 6/7/8 Jährige*) Und wer ist das? Ich lese Dir jetzt diese Liste vor und du sagst welche Personen bei Dir zu Hause wohnen.

Int.: Liste 4 vorlegen, vorlesen und mit dem Kind durchgehen

☐ Ich selber
☐ Vater
☐ Mutter
☐ Stiefvater / Lebenspartner meiner Mutter
☐ Stiefmutter/ Lebenspartnerin meines Vaters
☐ Bruder oder Brüder (Int.: Auch Stiefgeschwister)
☐ Schwester oder Schwestern
☐ Opa
☐ Oma
☐ Andere Verwandte (Onkel oder Tante, Cousin oder Cousine …)
☐ Sonstige Bekannte meiner Eltern

Fr. 5 *Bei keiner Nennung von Geschwistern, lt. Frage 4*
Hast Du Geschwister, auch solche die vielleicht nicht mit dir zusammen wohnen?

☐ Ja
☐ Nein, ich habe keine Geschwister

Fr. 6 *Bei Nennung von Geschwistern laut Frage 4 oder 5*
Und wie viele jüngere oder ältere Brüder oder Schwestern hast Du genau?

Int.: Auch Zwillinge bitte entsprechend zuordnen
Gemeint sind damit ALLE Geschwister, die im Haushalt leben UND die NICHT (mehr) im Haushalt wohnen

__ jüngere(n) Bruder/Brüder Trifft nicht zu
__ jüngere Schwester/Schwestern Trifft nicht zu
__ ältere(r) Bruder/Brüder Trifft nicht zu
__ ältere Schwester/Schwestern Trifft nicht zu

Fr. 7 Sind Deine Eltern in Deutschland geboren oder kommt einer von ihnen oder beide aus einem anderen Land?

☐ Eltern sind in Deutschland geboren
☐ Ein Elternteil kommt aus einem anderen Land
☐ Beide kommen aus einem anderen Land

Fr. 8 *Falls ein Elternteil oder beide im Ausland geboren sind, sonst Frage 9*
In welcher Sprache redet Ihr hauptsächlich zu Hause?

☐ Eher Deutsch
☐ oder eher in der Muttersprache Deiner Eltern (deines nichtdeutschen Elternteils)?

Fr. 9 Findest Du, dass Deine *(falls neue Lebenspartnerin laut Frage 4: Text: leibliche)* Mutter ausreichend Zeit für Dich hat?

☐ Ja
☐ Mal so, mal so
☐ Nein
☐ Trifft nicht zu, Mutter nicht vorhanden

Fr. 10 *Falls Stiefmutter/neue Lebenspartnerin, laut Frage 4*
Und findest Du, dass deine Stiefmutter bzw. die neue Lebenspartnerin Deines Vaters ausreichend Zeit für Dich hat?

☐ Ja
☐ Mal so, mal so
☐ Nein

Fr. 11 Wie ist das bei Deinem *(falls neuer Lebenspartner, laut Frage 4: leiblichen)* Vater, hat der ausreichend Zeit für Dich?

- ☐ Ja
- ☐ Mal so, mal so
- ☐ Nein
- ☐ Trifft nicht zu, Vater nicht vorhanden

Fr. 12 *Falls Stiefvater/neuer Lebenspartner laut Frage 4*
Und dein Stiefvater bzw. der neue Lebenspartner Deiner Mutter, hat der ausreichend Zeit für Dich?

- ☐ Ja
- ☐ Mal so, mal so
- ☐ Nein

Fr. 13 Wie zufrieden bist du insgesamt damit, wie deine Eltern für dich da sind? Bitte schau dir die Gesichter auf dieser Liste an und zeige mir welches am besten passt. Zeige einfach mit dem Finger darauf oder nenne mir den zugehörigen Buchstaben.

Int.: Smiley-Skala vorlegen. (5er-Smiley-Skala am Ende des Listenheftes) Jüngere Kinder bitte darauf deuten lassen und dann zuordnen.

A B C D E

Fr. 14 Nun zu einem anderen Thema. Betet Ihr zu Hause?

- ☐ Nein
- ☐ Fast nie
- ☐ Manchmal
- ☐ Sehr oft

Fr. 15 Gehst Du regelmäßig in die Kirche oder eine Moschee?

Int.: Auch Gebetsraum oder andere Gotteshäuser z.B. Synagoge sind gemeint – unabhängig von der Religion.

- ☐ Ja, jede Woche

☐ Ja, ab und an im Monat
☐ Seltener
☐ Nie oder so gut wie nie

Fr. 16 Wie viele Bücher gibt es ungefähr bei Euch zu Hause? Du kannst Deine Antwort anhand der folgenden Vorgabe abstufen. *(Für 6/7/8 Jährige zusätzlich)* Ich lese sie Dir vor. (alle) Nenn mir einfach die zutreffende Zahl oder zeige mit dem Finger drauf.

Int.: Liste 16 vorlegen und die Antwortmöglichkeiten vorlesen und mit dem Finger mit zeigen um welche Antwort es sich gerade handelt. Ev. auch zweimal durchgehen.
Int.: Gemeint sind die Bücher im Haushalt nicht nur die eigenen Bücher des Kindes.

1	2	3	4	5
Nur sehr wenige (bis 10)	Etwa ein Bücherbrett (11–24)	Etwa ein Regal (25–100)	Etwa zwei Regale (25–200)	Drei oder mehr Regale (mehr als 200)

Fr. 17 Hast Du ein eigenes Kinderzimmer?

Int.: Wenn ein Kind sich mit anderen Kinder ein Zimmer teilt (z.B. Bruder, Schwester, Cousin), bei 2 – »mit Geschwistern zusammen« einordnen.

☐ Ja, für mich allein
☐ Ja, mit meinem(n) Geschwister(n) zusammen
☐ Nein, ich habe kein eigenes Zimmer

Fr. 18 *Falls laut Frage 17 eigenes Zimmer oder Zimmer mit Geschwister*
Hast Du in Deinem *(bzw. laut Frage 17: Habt Ihr in Eurem)* Kinderzimmer –

a) ja b) nein

__ einen eigenen Schreibtisch
__ ein Radio
__ einen CD- oder MP3-Player
__ einen eigenen Fernseher
__ einen eigenen DVD-Player oder Blue Ray
__ einen eigenen Computer (ggf. Laptop)
__ eine Spielekonsole / Playstation für Videospiele
__ einen Game-Boy (PSP / Nintendo)

Fr. 19 Welche der folgenden Aussagen, die ich dir jetzt vorlese, treffen bei euch zu Hause eher zu und welche davon treffen eher nicht zu?

a) Eher ja b) Eher nein c) Weiß nicht *(nicht vorlesen)*

__ Bei uns zu Hause gibt es normalerweise Frühstück, bevor ich in die Schule gehe.
__ In meiner Familie ist das Geld öfter knapp.
__ In der Regel esse ich mindestens eine warme Mahlzeit pro Tag.
__ Wir haben genügend Geld für alles was wir brauchen.

(Weitere Fragen nur dann stellen wenn Fr. 19.2 »eher ja« oder Fr. 19.4 »eher nein«)

__ Weil in meiner Familie das Geld nicht reicht, kann ich so gut wie nie ins Kino oder ins Freibad gehen.
__ Manchmal können wir es uns nicht leisten Sachen für die Schule zu kaufen, zum Beispiel Hefte oder Stifte.
__ Mitmachen in einem Verein oder ein Instrument lernen geht nicht, weil meine Familie das nicht bezahlen kann.
__ Kindergeburtstag feiern geht aus Geldgründen nur selten.
__ Ich muss öfter Kleidung tragen, die nicht angesagt ist.
__ Ab und zu bekommen wir Lebensmittel für umsonst, zum Beispiel von der »Tafel« (einem Stand, an dem man für umsonst Lebensmittel holen kann).
__ Im Winter friere ich manchmal, weil ich keine warme Kleidung habe.
__ Weil in meiner Familie das Geld nicht reicht, verdiene ich manchmal Geld dazu.
__ Im letzten Jahr haben meine Eltern Geld aus meiner Spardose gebraucht.
__ Wir machen pro Jahr mindestens eine Woche Urlaub woanders als zu Hause.

Fr. 20 Wie zufrieden bist Du insgesamt mit den Freiheiten, die Dir Deine Eltern im Alltag gewähren, also was sie Dir erlauben oder verbieten? Bitte sage mir einfach, welches Gesicht auf dieser Liste am besten passt oder nenne mir den zugehörigen Buchstaben.

Int.: Smiley-Skala vorlegen. (5er-Smiley-Skala am Ende des Listenheftes) Jüngere Kinder bitte darauf deuten lassen und dann zuordnen.

A B C D E

Gerechtigkeit

Fr. 21 Ich lese dir jetzt einige Aussagen vor. Sag mir bitte, findest du die Aussagen sehr gerecht, eher gerecht, eher ungerecht oder sehr ungerecht.

Int.: Liste 21 vorlegen! Jüngere Kinder bitte darauf deuten lassen und dann zuordnen.
Antwortkategorie einmal vorlesen, dann bei Bedarf

sehr gerecht	eher gerecht	eher ungerecht	sehr ungerecht

__ Eine Hortgruppe möchte verreisen. Hierfür sollen die reichen Eltern mehr Geld zahlen als die Eltern ärmerer Kinder. Findest du das … sehr gerecht / eher gerecht / eher ungerecht oder sehr ungerecht?
__ Manche Familien haben wenig Geld, manche haben sehr viel Geld. Findest du das …
__ Meistens entscheiden Erwachsene – und nicht die Kinder - über den Bau von Kinderspielplätzen, weil sie sagen, sie kennen sich am besten mit solchen Dingen aus. Findest du das …
__ Wie fändest du es, wenn in der Schule ausländische Kinder auch in den Pausen miteinander nur noch Deutsch sprechen dürften.

Fr. 22 Und wie siehst Du es insgesamt mit der Gerechtigkeit?

Int.: Liste liegt vor! Jüngere Kinder bitte darauf deuten lassen und dann zuordnen.
Antwortkategorie einmal vorlesen, dann bei Bedarf

sehr gerecht	eher gerecht	eher ungerecht	sehr ungerecht

__ Geht es in Deiner Familie sehr gerecht / eher gerecht / eher ungerecht oder sehr ungerecht zu?
__ Und in Deiner Schule? Geht es da sehr gerecht / eher gerecht / eher ungerecht oder sehr ungerecht zu?
__ Und mit deinen Freunden? *(Pause, wenn nichts kommt)* Geht es da … zu?
__ Und wenn Du nun mal an Deutschland denkst? *(Pause, wenn nichts kommt)* Geht es da … zu?

Für 6–7jährige: falls Fr. 22.4 = Weiß nicht/Keine Angabe, Fr. 22.5 überspringen

__ Und wie ist es auf der ganzen Welt? *(Pause, wenn nichts kommt)* Geht es da … zu?

Fr. 23 *Für 6–7jährige: falls weiß nicht/Keine Angabe in Fr. 22.4 oder Fr. 22.5, dann Fr. 23 überspringen*
Was meinst Du: Ist der Umgang in Deutschland mit folgenden Gruppen sehr gerecht, eher gerecht, eher ungerecht oder sehr ungerecht?

Int.: Liste liegt vor! Jüngere Kinder bitte darauf deuten lassen und dann zuordnen.
Antwortkategorie einmal vorlesen, dann bei Bedarf

sehr gerecht	eher gerecht	eher ungerecht	sehr ungerecht

____ Der Umgang mit Kindern oder Jugendlichen,
____ mit alten Menschen,
____ mit Ausländern,
____ mit Behinderten,
____ mit armen Menschen?

Fr. 24 Und wie ist es bei dir selber? Fühlst du dich aufgrund der folgenden Dinge benachteiligt?

Int: Liste 24 vorlegen

a) Oft b) Ab und zu c) so gut wie nie (Trifft nicht zu)

__ wegen deines Alters,
__ weil du ein »Junge / Mädchen« bist *(Text gemäß Fr. 1b)*
__ wegen deines Äußeren (also so wie du aussiehst)
__ weil deine Eltern nicht so viel Geld haben
__ weil deine Mutter oder dein Vater nicht aus Deutschland kommen

(wenn lt. Fr. 7 ein Elternteil oder beide nicht in Deutschland geboren)

Schule / Institutionen

Fr. 25 Nun geht es um die Schule. In welche Klasse gehst Du?

☐ ____ Klasse (1–7 Klasse)
☐ Ich gehe noch nicht zur Schule

Fr. 26 Wie gefällt es Dir in der Schule? Bitte zeige mir wieder den passenden Smiley oder nenne mir den entsprechenden Buchstaben.

Int.: Smiley-Skala vorlegen. Jüngere Kinder bitte darauf deuten lassen und dann zuordnen.

Fr. 27 Was würdest Du sagen, bist Du

Für Jungen:
☐ ein überhaupt nicht guter Schüler
☐ ein nicht so guter
☐ ein mittelguter
☐ ein guter
☐ oder ein sehr guter Schüler?

Für Mädchen:
☐ eine überhaupt nicht gute Schülerin
☐ eine nicht so gute
☐ eine mittelgute
☐ eine gute
☐ oder eine sehr gute Schülerin?

Fr. 28 Gehst Du auf eine Halbtagsschule, die normalerweise mittags zu Ende ist, oder besuchst Du eine Ganztagsschule mit regelmäßigem Unterricht und sonstigen Angeboten am Nachmittag.

Int.: Ein Hort, Mittagsbetreuung (MIB) oder sonstige nicht schulische Betreuungseinrichtungen sind nicht gemeint

☐ Halbtagsschule (→ Frage 30)
☐ Ganztagsschule (→ Frage 29)

Für die Filterführung: Weiß nicht/Keine Angabe (→ Frage 29 und 31)

Fr. 29 Wärst Du lieber auf einer Schule, die mittags zu Ende ist.

☐ Ja
☐ Nein

Fr. 30 Dürft Ihr in Eurer Schule –

Int.: Liste 30 vorlegen und Antwortkategorien vorlesen.

a) Oft b) Manchmal c) Fast nie

__ Mitbestimmen, wie Euer Klassenzimmer gestaltet ist?
__ Mitreden neben wem ihr sitzen dürft?
__ Und mitbestimmen wie die Tische aufgestellt werden?
__ *(Filter: 1. Klasse überspringen)* Mitreden, wohin die Schulausflüge gehen sollen (indem zum Beispiel verschiedene Ziele zur Auswahl gestellt werden)?
__ *(Filter: 1. Klasse überspringen)* Vorschläge machen, was für Themen bei Projekten im Unterricht besprochen werden sollen?
__ Mitreden, wie die Klassenregeln gestaltet werden, also wie ihr in der Klasse miteinander umgeht?
__ *(Filter: 1. Klasse überspringen)* Vorschläge machen, wie die Schulfeste gestaltet werden (was zum Beispiel an Programm stattfinden soll)?

Fr. 31 *Sofern Frage 28 = Halbtagsschule*
Besuchst Du nach der Schule regelmäßig eine der folgenden Betreuungsangebote?

Int.: Min. 2-mal pro Woche. Mehrfachnennungen möglich.
Bei mehreren Einrichtungen ist die gemeint, in der sich das Kind unterhalb der Woche am häufigsten aufhält.

☐ Eine Mittagsbetreuung an der Schule
☐ Einen Hort
☐ Eine sonstige Einrichtung oder Gruppe zur Nachmittagsbetreuung
☐ Nein, nichts davon / ich gehe in keine Einrichtung (→ Frage 33)

Fr. 32 *Falls laut Frage 31 in Einrichtung = 1,2,3*
Wie gefällt es Dir dort (Hort/Mittagsbetreuung)? Zeige mir einfach wieder den zutreffenden Smiley oder nenne mir den zutreffenden Buchstaben.

Int.: Smiley-Skala vorlegen. Jüngere Kinder bitte darauf deuten lassen und dann zuordnen. Bei mehreren Einrichtungen bitte die Einrichtung beurteilen lassen, in der sich das Kind unterhalb der Woche am häufigsten aufhält.

Fr. 33 Erhältst Du privaten Nachhilfeunterricht?

- ☐ Nein
- ☐ Ja, einmal in der Woche
- ☐ Ja, mehrmals in der Woche

Fr. 34 *Falls laut Frage 25: bis 4. Klasse*
Auf welche weiterführende Schule möchtest Du später gerne gehen?

Int.: Bei Unklarheiten zur Schulform (Bsp. Gesamtschule) bitte anhand des jeweiligen Abschlusses zuordnen

- ☐ auf die Hauptschule (Hauptschulabschluss),
- ☐ auf die Realschule (Realschulabschluss),
- ☐ oder auf das Gymnasium (Abitur)?
- ☐ Weiß nicht / egal

Fr. 35 *Falls laut Frage 25: ab 5. Klasse*
Welchen Schulabschluss möchtest du später erreichen?

- ☐ den Hauptschulabschluss,
- ☐ den Realschulabschluss,
- ☐ oder das Abitur
- ☐ Weiß nicht / egal

Freizeit, Mediennutzung und Freundschaften

Fr. 36 Nun zum Thema Freizeit und Freunde. Welche von den Dingen, die ich Dir jetzt gleich vorlese, machst Du in Deiner Freizeit nie oder fast nie, welche manchmal und welche sehr oft?

Int.: Liste 36 vorlegen und Antwortkategorien vorlesen.

a) Fast nie b) Manchmal c) Sehr Oft

___ Sport treiben (Schwimmen, Fußballspielen usw.)
___ Radfahren, Inlineskaten oder Skateboard fahren
___ Theatergruppe, Tanzen oder Ballett
___ Fernsehen
___ Mich mit Freundinnen oder Freunden treffen
___ Zu Hause mit meinem Spielzeug spielen
___ Ein Instrument spielen, Musik machen
___ Playstation, Nintendo, Wii, Computerspiele
___ Bücher oder Zeitschriften lesen (Text: 6–7 Jährige: »anschauen«)
___ Basteln, Malen oder Zeichnen
___ Etwas mit Werkzeug bauen
___ Musik hören
___ Mit Lego bauen, oder Playmobil spielen
___ Etwas mit der Familie unternehmen (Ausflüge machen)
___ Mich mit der Natur oder Tieren beschäftigen
___ Draußen auf der Straße spielen
___ Hörspiele und Geschichten hören

Fr. 37 Wie zufrieden bist du ganz allgemein mit deiner Freizeit?

Int.: Smiley-Skala vorlegen. (5er-Smiley-Skala am Ende des Listenheftes) Jüngere Kinder bitte darauf deuten lassen und dann zuordnen.

A B C D E

Fr. 38 *Text: 8–11-Jährige, laut Frage 2*
Wie häufig liest Du zu Hause länger in einem Buch (ohne Hausaufgaben)?

Fr. 38.1 *Text: 6–7-Jährige laut Frage 2*
Wie häufig schaust du dir zu Hause länger ein Buch an (ohne Hausaufgaben)?

Int.: Gemeint ist min. eine Viertelstunde

☐ So gut wie nie
☐ Eher selten
☐ Einmal pro Woche
☐ Mehrfach wöchentlich
☐ Täglich

Fr. 39 *Frage überspringen, wenn in Fr. 36 fast nie bei Fernsehen angegeben wurde*
Und wie lange schaust du normalerweise am Tag Fernsehen oder DVD?

Int.: Gemeint ist regelmäßiges Fernsehen unterhalb der Woche

☐ Höchstens eine halbe Stunde
☐ Eine halbe bis eine Stunde
☐ Ein bis zwei Stunden
☐ Zwei bis drei Stunden
☐ Drei Stunden und mehr
☐ Ich schaue so gut wie gar kein Fernsehen (→ Frage 40)

Fr. 40 *Frage überspringen, wenn in Fr. 36 fast nie bei Computerspielen angegeben wurde*
Wie ist es mit Computerspielen, Gameboy, Playstation und ähnlichem. Wie häufig machst du das?

☐ Eher selten
☐ Höchstens eine Stunde pro Woche
☐ Mehrmals pro Woche (→ Fr. 41)
☐ Jeden Tag (→ Fr. 41)
☐ Ich spiele so gut wie gar keine Computer-Spiele

Fr. 41 *(Frage 40 = 3, 4)* Und wie viel Stunden spielst du dann ungefähr *(bei Fr. 40 = 4)* pro Tag / *(bei Fr. 40 = 3)* an diesen Tagen?

Int.: Bitte Zeit genau erfragen. Eine Halbestunde sind 0,5 Stunden und eine Viertelstunde sind 0,25 Stunden.

☐ nicht mehr als eine halbe Stunde
☐ bis 1 Stunde

☐ *ab 1 Stunde Stundenzahl genau erfassen:* Stundenzahl ____,__ (1,25 – 24 Stunden)

Fr. 42 Hast Du ein eigenes Handy?

☐ Ja
☐ Nein, ich habe kein eigenes Handy

Fr. 43 Hast Du einen Zugang zum Internet (also die Möglichkeit, über einen Computer ins Internet zu gehen)? *(Filterführung bei KA/WN → Frage 47)*

☐ Ja (→ Frage 44)
☐ Nein (→ Frage 47)

Fr. 44 *Frage 43 = Ja*
Bist du selber regelmäßig in der Woche im Internet? *(Filterführung bei KA/WN → Frage 47)*

☐ Ja
☐ Nein, nur unregelmäßig oder nie (→ Frage 47)

Fr. 45 *Frage 44 = Ja*
Und wie lange bist Du ungefähr pro Woche im Internet?

☐ nicht mehr als eine halbe Stunde
☐ bis 1 Stunde
☐ bis 2 Stunden
☐ bis 3 Stunden
☐ bis 4 Stunden
☐ bis 5 Stunden
☐ mehr als 5 Stunden (→ Nachfrage: 5 bis 10 Stunden, 10 bis 20 Stunden oder 20 Stunden und mehr)

Fr. 46 *Frage 45: ab »bis 1 Stunde«*
Was machst Du hauptsächlich, wenn Du im Internet bist?

Int.: Liste vorlegen. Bei der Abfrage die Antwortmöglichkeiten noch einmal benennen. Bei jüngeren Kindern bitte die Antwortmöglichkeiten vorlesen und mit dem Finger mit zeigen um welche Antwort es sich gerade handelt.

a) Fast nie b) Manchmal c) Sehr oft

___ Emails verschicken …
___ Gezielt nach etwas suchen
___ Auf Facebook sein (oder andere soziale Netze wie z.B. Lokalisten)
___ Chatten (also mich im Internet mit anderen unterhalten)
___ Einfach drauflos surfen
___ Computerspiele
___ Videos anschauen oder herunterladen
___ Musik herunterladen
___ Twittern

Fr. 47 Jetzt mal grob geschätzt: Wie viel Freundinnen oder Freunde hast Du in etwa?

☐ 1
☐ 2 bis 3
☐ 4 bis 5
☐ 6 bis 9
☐ 10 oder mehr
☐ Gar keine (→ Frage 49)

Fr. 48 *Überspringen wenn in Fr. 47 »Gar keine« angegeben, bei KA und WN wird die Frage gestellt*
Und wie viele richtig gute Freunde hast du?

☐ 1
☐ 2
☐ 3
☐ 4
☐ 5
☐ 6 bis 9
☐ 10 oder mehr
☐ Gar keine

Prüfung: Fr. 48 darf nicht größer als Fr. 47 sein.

Fr. 49 Findest Du es eher leicht oder eher schwer, Freundschaften zu schließen?

☐ Eher leicht
☐ Eher schwer

Fr. 50 *Wenn »1 bis10 und mehr« in Fr. 47* ***oder*** *»1 bis 10 und mehr« in Fr. 48 Überspringen falls Fr. 48 = »Gar keine«*
Wie häufig triffst du dich mit deinen Freunden/deinem Freund

Int.: Liste vorlegen und Antwortkategorien vorlesen.

a) Nahezu täglich b) mehrmals die Woche c) selten/nie

___ In der Schule?
___ In der Mittagsbetreuung oder im Hort? *(Filter, sofern laut Fr. 31 angegeben)*
___ Draußen? (auf der Straße, oder dem Spielplatz, … Hof)
___ Bei dir zuhause?
___ Bei deinen Freunden/deinem Freund zuhause?
___ Im Verein?
___ *(Filter: wenn Fr. 44 = Ja)* Online?

Fr. 51 Und wie zufrieden bist du mit deinem Freundeskreis?

Int.: Smiley-Skala vorlegen. (5er-Smiley-Skala am Ende des Listenheftes) Jüngere Kinder bitte darauf deuten lassen und dann zuordnen.

A B C D E

Fr. 52 Man kann sich in der Gegend, in der man wohnt, ja unterschiedlich wohl fühlen. Welche der folgenden Aussagen treffen bei Dir eher zu und welche eher nicht zu?

a) Trifft (eher) zu b) Trifft (eher) nicht zu

___ In meiner Gegend gibt es nur wenige öffentliche Verkehrsmittel wie Bus und Straßenbahn
___ Unsere Nachbarn schimpfen ständig, weil sie uns zu laut finden.
___ In meiner Nachbarschaft wohnen genügend Spielfreundinnen oder -freunde
___ In meiner Straße gibt es zu viel Autoverkehr
___ Ich fürchte mich vor aggressiven Jugendlichen und Erwachsenen aus der Nachbarschaft
___ Einen Spielplatz oder eine freie Wiese zum Spielen kann ich jederzeit zu Fuß erreichen

Fr. 53 Nun noch einige Fragen zu dir selber. Und wie zufrieden bist Du mit Deinem Körpergewicht? Findest Du, dass Du …

- ☐ viel zu dünn bist,
- ☐ ein wenig zu dünn bist,
- ☐ genau das richtige Gewicht hast,
- ☐ ein wenig zu dick bist, oder
- ☐ viel zu dick bist?

Einstellung und Mitwirkung im Alltag

Fr. 54 Wenn du jetzt noch mal an deinen Alltag denkst, wo ist da deine Meinung gefragt: Darfst du selbst entscheiden …

a) Eher ja   b) Eher nein

___ mit welchen Freunden du dich triffst?
___ welche Kleidung du anziehst?
___ wofür du dein Taschengeld ausgibst?
___ was es zu essen gibt?
___ wie viel Freundinnen oder Freunde du nach Hause mitbringst?
___ was du in deiner Freizeit machst?
___ wann du deine Hausaufgaben machst?

Fr. 55 Und darfst du mitbestimmen was ihr als Familie in der Freizeit (zum Bsp. am Wochenende) macht?

- ☐ Eher ja
- ☐ Eher nein

Fr. 56 Was glaubst du, welche von den folgenden Personen legen eher viel und welche eher wenig Wert auf Deine eigene Meinung?

Int.: »mal so mal so« bitte nicht vorlesen. Wenn Kind zögerlich ist als Antwortkategorie anbieten.

a) Eher viel   b) Eher wenig   c) Mal so, mal so

___ Deine Mutter (legt die eher viel oder eher wenig Wert auf Deine eigene Meinung?)

___ Dein Vater
___ Deine Freundinnen und Freunde
___ Deine Klassenlehrerin / dein Klassenlehrer
___ *(sofern in einer Einrichtung laut Fr. 31)* Die Betreuerinnen und Betreuer der Einrichtung, in der Du nach der Schule bist

Fr. 57 Machen Dir folgende Dinge Angst?

Int.: Liste liegt vor. Bei der Abfrage die Antwortmöglichkeiten noch einmal benennen. Bei jüngeren Kindern die Antwortmöglichkeiten vorlesen und mit dem Finger mit zeigen um welche Antwort es sich gerade handelt.

a) Fast nie b) Manchmal c) Sehr oft

___ schlechte Noten und dass ich in der Schule nicht mehr mitkomme
___ dass meine Eltern arbeitslos werden oder keine Arbeit finden
___ dass ich bedroht oder geschlagen werden könnte
___ die wachsende Umweltverschmutzung
___ dass es bei uns immer mehr arme Menschen gibt
___ dass bei uns plötzlich ein Krieg ausbricht
___ dass immer mehr Ausländer nach Deutschland kommen

Fr. 58 Interessierst Du Dich für Politik? Würdest Du sagen Du bist

Int.: Wenn Kind mit Politik nichts anfangen kann, bitte erst mal erläutern: »Gemeint ist, was Politiker (z.B. Frau Merkel) machen oder was Parteien tun«

☐ gar nicht interessiert
☐ wenig interessiert
☐ interessiert
☐ stark interessiert
☐ Kind weiß nichts zu antworten, kann nichts mit dem Begriff Politik anfangen (→ Frage 60)

Fr. 59 *Filter: Überspringen wenn Fr. 58 = 5*
Glaubst Du, dass Politiker auch viel an Kinder denken, also daran, was sie tun müssen, damit es Kindern gut geht, oder glaubst Du das eher nicht?

☐ Glaube ich
☐ Glaube ich eher nicht
☐ Unentschieden, kann ich nicht sagen

Fr. 60 **Und zum Abschluss: Wie zufrieden bist du insgesamt mit deinem Leben?**

Int.: Smiley-Skala vorlegen. (5er-Smiley-Skala am Ende des Listenheftes) Jüngere Kinder bitte darauf deuten lassen und dann zuordnen.

A B C D E

Vielen Dank für Deine Mitarbeit

Vom Interviewer auszufüllen

Fr. 61 Wie war die Bereitschaft des Kindes, die Fragen zu beantworten?

- ☐ Gut
- ☐ Mittelmäßig
- ☐ Schlecht
- ☐ Mal so, mal so

Fr. 62 Wurde das Interview im Beisein weiterer Personen durchgeführt?

- ☐ Nein
- ☐ Ja

Fr. 63 *Falls Frage 62 = Ja*
Welche Personen waren anwesend?

Int.: Mehrfachnennungen möglich!

- ☐ Die Mutter
- ☐ Der Vater
- ☐ Großeltern
- ☐ Geschwister
- ☐ Sonstige Verwandte
- ☐ Andere Kinder
- ☐ Andere Erwachsene

Fr. 64 *Falls Frage 62 = Ja*
Haben irgendwelche Personen in den Interviewverlauf eingegriffen *(zum Beispiel Fragen umformuliert, Hinweise gegeben oder die Antwortrichtung beeinflusst)*?

- ☐ Ja, sehr häufig
- ☐ Ja, ab und an
- ☐ Nein eher nicht
- ☐ Nein, überhaupt nicht

Anhang 5: Erhebungsinstrument: Elternfragebogen

Liebe Eltern,
vielen Dank für Ihre Zustimmung, dass sich Ihr Kind an der 3. World Vision Kinderstudie beteiligt und von uns befragt werden darf. Wir möchten Sie mit dem folgenden Fragebogen noch um einige wenige Hintergrundinformationen zu Ihnen und zu Ihrer Familie bitten.
Selbstverständlich werden auch diese Angaben ausschließlich anonym ausgewertet und an keine sonstigen Dritten weitergegeben.

Achtung Interviewer: Bitte vorab eintragen

Vorname des befragten Kindes: ______________________

Was trifft auf Sie zu?

E01 Ich bin

☐ die Mutter des Kindes
☐ der Vater des Kindes

E02 Ich bin

☐ verheiratet
☐ nicht verheiratet, betreue das Kind aber zusammen mit meinem Partner/meiner Partnerin
☐ alleinerziehend

E03a Mein gegenwärtiges Alter

____ Jahre

E03b *Sofern Verheiratet oder mit Partner/in lebend*
Gegenwärtiges Alter meines Partners/meiner Partnerin

____ Jahre

E04a Mein (höchster) Schulabschluss

☐ Hauptschule (8.–9. Klasse)
☐ Realschule/mittlere Reife (10. Klasse)
☐ Fachhochschulreife
☐ Abitur
☐ Habe keinen Abschluss
☐ Gehe noch zur Schule

E04b *Sofern Verheiratet oder mit Partner/in lebend*
Der (höchste) Schulabschluss meines Partners/meiner Partnerin

☐ Hauptschule (8.–9. Klasse)
☐ Realschule/mittlere Reife (10. Klasse)
☐ Fachhochschulreife
☐ Abitur
☐ Hat keinen Abschluss
☐ Geht noch zur Schule

E05a Ich bin derzeit

- ☐ Vollzeit erwerbstätig (35 Stunden und mehr)
- ☐ Teilzeit erwerbstätig (15 bis unter 35 Stunden)
- ☐ Geringfügig beschäftigt (unter 15 Stunden)
- ☐ Arbeitslos
- ☐ In Erziehungsurlaub oder in sonstiger Beurlaubung
- ☐ In Ausbildung
- ☐ Schüler oder Student
- ☐ Hausfrau oder Hausmann oder aus sonstigen Gründen nicht erwerbstätig

E05b *Sofern Verheiratet oder mit Partner(in) lebend*
Mein Partner/meine Partnerin ist derzeit

- ☐ Vollzeit erwerbstätig (35 Stunden und mehr)
- ☐ Teilzeit erwerbstätig (15 bis unter 35 Stunden)
- ☐ Geringfügig beschäftigt (unter 15 Stunden)
- ☐ Arbeitslos
- ☐ In Erziehungsurlaub oder in sonstiger Beurlaubung
- ☐ In Ausbildung
- ☐ Schüler oder Student
- ☐ Hausfrau oder Hausmann oder aus sonstigen Gründen nicht erwerbstätig

E06a (Sofern erwerbstätig) Ich bin beschäftigt als

- ☐ Arbeiter(in)
- ☐ Angestellte(r)
- ☐ Beamter/Beamtin
- ☐ Freiberufliche(r) Akademiker(in) (z.B. Rechtsanwalt, Arzt ...)
- ☐ Selbständige(r)

E06b *Sofern Verheiratet oder mit Partner(in) lebend und sofern Partner(in) erwerbstätig*
Mein Partner/meine Partnerin ist beschäftigt als

- ☐ Arbeiter(in)
- ☐ Angestellte(r)
- ☐ Beamter/Beamtin
- ☐ Freiberufliche(r) Akademiker(in) (z.B. Rechtsanwalt, Arzt ...)
- ☐ Selbständige(r)

E07a Sind Sie in den letzten zwei Jahren für 3 Monate oder länger arbeitslos gewesen?

- ☐ Ja
- ☐ Nein
- ☐ Trifft nicht zu, bin nicht erwerbstätig und habe keine Arbeit gesucht

E07b *Sofern Verheiratet oder mit Partner(in) lebend*
Ist Ihr Partner/ihre Partnerin in den letzten zwei Jahren für 3 Monate oder länger arbeitslos gewesen?

- ☐ Ja
- ☐ Nein
- ☐ Trifft nicht zu, er/sie ist nicht erwerbstätig und hat keine Arbeit gesucht

E07c Sofern Sie erwerbstätig sind: Würden Sie gerne mehr arbeiten oder weniger arbeiten?

- ☐ Mehr arbeiten
- ☐ Weniger arbeiten
- ☐ Es ist gut so wie es ist.

E07d Sofern Sie NICHT erwerbstätig sind: Würden Sie gerne arbeiten?

- ☐ Ja, Vollzeit
- ☐ Ja, Teilzeit
- ☐ Nein, es ist gut so wie es ist

E08a Ich bin geboren

- ☐ in Deutschland
- ☐ in der Türkei
- ☐ in Griechenland
- ☐ in Italien
- ☐ im ehemaligen Jugoslawien
- ☐ in der ehemaligen Sowjetunion
- ☐ in sonstigem westeuropäischen Land
- ☐ in sonstigem osteuropäischen Land
- ☐ in einem arabisches Land
- ☐ in Afrika
- ☐ in einem sonstigen Land

E08b *Sofern Verheiratet oder mit Partner lebend*
Mein Partner/meine Partnerin ist geboren

- ☐ in Deutschland
- ☐ in der Türkei
- ☐ in Griechenland
- ☐ in Italien
- ☐ im ehemaligen Jugoslawien
- ☐ in der ehemaligen Sowjetunion
- ☐ in sonstigem westeuropäischen Land
- ☐ in sonstigem osteuropäischen Land
- ☐ in einem arabisches Land
- ☐ in Afrika
- ☐ in einem sonstigen Land

E09a Meine gegenwärtige Staatsangehörigkeit

- ☐ Deutsch
- ☐ Türkisch
- ☐ Griechisch
- ☐ Italienisch
- ☐ Ehemaliges Jugoslawien
- ☐ Ehemalige Sowjetunion
- ☐ Sonstiges westeuropäisches Land
- ☐ Sonstiges osteuropäisches Land
- ☐ Arabisches Land
- ☐ Afrikanisches Land
- ☐ Sonstiges Land

E09b *Sofern Verheiratet oder mit Partner lebend*
Gegenwärtige Staatsangehörigkeit meines Partners/meiner Partnerin

- ☐ Deutsch
- ☐ Türkisch
- ☐ Griechisch
- ☐ Italienisch
- ☐ Ehemaliges Jugoslawien
- ☐ Ehemalige Sowjetunion
- ☐ Sonstiges westeuropäisches Land
- ☐ Sonstiges osteuropäisches Land
- ☐ Arabisches Land

☐ Afrikanisches Land
☐ Sonstiges Land

E10a Meine Religionsgemeinschaft

☐ Katholisch
☐ Evangelisch
☐ Andere christliche Religion
☐ Islam
☐ Andere nicht-christliche Religion
☐ Keine Kirche oder Religionsgemeinschaft

E10b *Sofern Verheiratet oder mit Partner lebend*
Religionsgemeinschaft meines Partners/meiner Partnerin

☐ Katholisch
☐ Evangelisch
☐ Andere christliche Religion
☐ Islam
☐ Andere nicht-christliche Religion
☐ Keine Kirche oder Religionsgemeinschaft

E11 Welche Staatsangehörigkeit hat Ihr Kind?

☐ Deutsch
☐ Nicht-Deutsch
☐ Doppelte Staatsangehörigkeit

E12 Welche Schulform besucht Ihr Kind gegenwärtig?

☐ Grundschule
☐ Hauptschule
☐ Realschule
☐ Gymnasium
☐ Schule mit mehreren Bildungsgängen (Orientierungsstufe, Gesamtschule …)
☐ Förderschule (Sonderschule)

E13 Macht Ihr Kind außerhalb von Familie oder Schule irgendwo mit, in einem Verein, z.B. einem Sportverein, in einer Kindergruppe, in einer Musikgruppe, in der Kirche, beim Natur- oder Tierschutz oder Ähnlichem?

- ☐ Sportverein (Fußball, Schwimmverein, Reitverein, Tennis ...)
- ☐ Musikgruppe / Musikschule
- ☐ Tanzclub / Ballett
- ☐ Malgruppe / Zeichnen
- ☐ Theater- oder Kinogruppe
- ☐ Kirchengruppe
- ☐ Pfadfinder
- ☐ Natur- oder Tierschutz
- ☐ Feste Gruppe in einem Kinder- oder Jugendtreff
- ☐ Trachtenverein / Brauchtumspflege
- ☐ Sonstige Gruppe oder Verein (bitte eintragen) ______________________
- ☐ Nein, mein Kind ist in keiner festen Gruppe und in keinem Verein

E14 Und als Ihr Kind jünger war. Hat Ihr Kind eine Kinderkrippe besucht?

- ☐ Nein, mein Kind hat keine Krippe besucht (Weiter mit Frage E15)
- ☐ Ja, mein Kind hat eine Krippe besucht (Weiter mit Frage E14a)

E14a Ab welchem Alter hat Ihr Kind eine Kinderkrippe besucht?

Alter meines Kindes beim erstmaligen Besuch einer Krippe:

- ☐ Jünger als 1 Jahr
- ☐ 1 Jahr
- ☐ 2 Jahre
- ☐ Älter als 2 Jahre

E15 Hat Ihr Kind einen Kindergarten besucht?

- ☐ Nein, mein Kind hat keinen Kindergarten besucht (Weiter mit Frage E16)
- ☐ Ja, mein Kind hat einen Kindergarten besucht (Weiter mit Frage E15a)

E15a Ab welchem Alter hat Ihr Kind einen Kindergarten besucht?

Alter meines Kindes beim erstmaligen Besuch eines Kindergartens

- ☐ Jünger als 3 Jahre
- ☐ 3 Jahre
- ☐ 4 Jahre

☐ 5 Jahre
☐ Älter als 5 Jahre

E16 Wir wohnen

☐ in einem Einfamilien-Haus (Reihenhaus oder freistehend)
☐ in einem kleineren Haus mit mehreren Wohnungen (bis zu 12 Wohnungen)
☐ in einem größeren Haus oder einem Wohnblock (mehr als 12 Wohnungen)

E17 Wohnform

☐ Miete
☐ Eigentum

E18 Wie kommen Sie in Ihrem Haushalt mit dem Geld zurecht, dass Ihnen und Ihrer Familie monatlich zur Verfügung steht?

☐ Sehr gut
☐ Gut
☐ Mittelmäßig
☐ Eher schlecht
☐ Sehr schlecht

E19 Es wird ja heute viel über die Vereinbarkeit von Familie und Beruf geredet. Wie ist das bei Ihnen? Wie bekommen Sie »Familie und Erwerbstätigkeit« in Ihrer Familie unter einen Hut?

☐ Sehr gut
☐ Gut
☐ Mittelmäßig
☐ Eher schlecht
☐ Sehr schlecht

Vielen Dank für Ihre Mitarbeit!

Anhang 6: **Fallvignetten**

»Zirkusgeschichte«

»Nächsten Monat kommt ein berühmter Zirkus in die Stadt. Die Kinder einer Grundschulklasse möchten sehr gerne eine Zirkusvorstellung besuchen. Da in der Klassenkasse nicht genug Geld vorhanden ist, um den Eintritt zu zahlen, überlegt die Klasse, was man tun kann. Die Kinder kommen auf die Idee, einen Flohmarkt zu veranstalten. Alle Kinder sollen Sachen von zu Hause mitbringen, die sie nicht mehr brauchen, damit sie verkauft werden können.

Am Flohmarkt-Tag bringen alle Kinder Sachen mit, die verkauft werden können. Nur Jana und Emil kommen mit leeren Händen. Dafür haben Anton und Luise besonders viel mitgebracht. Was denkst du? Sollten alle Kinder zum Zirkus mitkommen?«

Wenn die Erörterungen zu den Fragen abgeschlossen sind, folgt eine Vertiefung der Fragestellung:

»Im Zirkus hat die Klasse einen kleinen Bereich für sich reserviert. Die Hälfte der Kinder kann in der ersten Reihe sitzen, die andere Hälfte muss dahinter Platz nehmen. Wie sollen die Kinder entscheiden, wer in der ersten Reihe sitzen darf? Warum?«

Sollte das Thema von den Kindern nicht von allein angeschnitten werden, wird nochmals nachgehakt, ob es je nach Version unterschiedlich urteilen würde:

Version A: Jana war durch Krankheit verhindert und Emil hatte einfach nichts zu Hause.

Version B: Jana und Emil hatten keine Lust/etwas anderes vor am Tag der Vorbereitung.

»Flötengeschichte«

»Stell dir vor, du müsstest entscheiden, welches der drei Kinder Anne, Bob und Carla die Flöte haben soll, um die sie sich streiten. Anne verlangt das Instrument für sich, da sie als Einzige von den dreien Flöte spielen kann. Bob führt ins Feld, dass er im Unterschied zu den beiden anderen nichts besitze, womit er spielen könne, denn Bob ist arm. Carla hingegen beansprucht die Flöte für sich, weil sie die Flöte in monatelanger Fleißarbeit hergestellt habe. Wer sollte die Flöte bekommen und warum?«

»Geld für Noten«

»Lukas und Philipp sind Zwillingsbrüder. Seit es Noten in der Schule gibt, haben die Eltern von Lukas und Philipp nun eingeführt, dass es für jede ›Eins‹ zwei Euro Belohnung und für jede ›Zwei‹ einen Euro Belohnung gibt. Für eine ›Drei‹ gibt es kein Geld. Philipp

freut sich, denn er braucht noch nicht einmal am Tag vor der Klassenarbeit zu üben und schreibt trotzdem immer eine Eins oder eine Zwei. Für Lukas ist das anders. Er möchte auch gerne gute Noten schreiben und strengt sich sehr an. Er übt manchmal schon ein paar Tage vorher und lernt fleißig. Trotzdem schafft er oft nur eine Drei, wenn er ganz viel Glück hat, vielleicht auch mal eine Zwei.

Lukas geht zu seinen Eltern und sagt ihnen, dass er die Regelung unfair findet, weil er fast nie eine Belohnung bekommt. Dabei arbeitet er doch viel mehr als Philipp! Was denkst du?«

»Provokation und Strafe«

»Jakob und Carsten können sich nicht so gut leiden, gehen sich aber meistens aus dem Weg. Während einer Hofpause fängt Carsten auf einmal an, Jakob blöde Sachen zuzurufen. Jakob versucht, nicht darauf zu hören, aber Carsten lässt nicht nach. Er provoziert immer mehr. Irgendwann wird Jakob doch sehr wütend und schubst Carsten heftig. Dieser fällt hin und schürft sich das Knie ab. Das hat die Lehrerin gesehen und geht sofort zwischen die beiden. Jakob muss nachsitzen und bekommt eine Strafarbeit auf. Wie findest du das?«

»Mehrheit vs. Minderheit«

»Eine Klasse macht bei einem bestimmten Punktestand immer einen Ausflug. Die Kinder dürfen darüber abstimmen, wohin es gehen soll. Jedes Mal stimmen 12 Kinder für einen Ausflug ins Schwimmbad, 8 Kinder wollen in den Zoo. Zweimal war die Klasse schon schwimmen. Beim dritten Mal protestieren die Kinder, die gerne in den Zoo wollen. Sie finden es nicht gerecht, wenn der Ausflug schon wieder ins Schwimmbad geht. Was denkst du?«

Ist die Exploration zu den Fragen abgeschlossen, wird folgende Frage noch einmal nachgeschoben:

»Udo hat sich als Einziger immer einen Besuch im Museum gewünscht. Von den anderen Kindern hat kaum jemand Lust dazu – sollte die Klasse trotzdem mal ins Museum?«

Partizipation

»In einer kleinen Stadt gibt es einen Spielplatz, wo die jüngeren Kinder gerne zum Spielen hingehen. Der Bürgermeister glaubt, dass es in der Stadt noch zu wenige Plätze für Jugendliche gibt, an denen sie sich treffen können. Er will gemeinsam mit den Bürgern der Stadt darüber sprechen, ob der Spielplatz durch ein Jugendzentrum ersetzt werden soll. Hierzu werden an einem Abend alle erwachsenen Bewohner der Stadt ins Rathaus eingeladen. Sie sollen darüber abstimmen, ob der Spielplatz bleibt oder stattdessen ein Jugendzentrum gebaut werden soll. Die Kinder sind nicht eingeladen. Wie findest du das?«

Anhang 7: Literatur

AGJ – Arbeitsgemeinschaft für Kinder- und Jugendhilfe (Hrsg.) (2012): Sozialgesetzbuch VIII auf dem Stand des Bundeskinderschutzgesetzes. Gesamttext und Begründungen. Berlin.

Allbus: Datenreport (2011): Ein Sozialbericht für die Bundesrepublik Deutschland. Bundeszentrale für politische Bildung, Bonn.

Allensbacher Institut für Demoskopie (2013): Was ist gerecht? Gerechtigkeitsbegriff und -wahrnehmung der Bürger. Allensbacher Archiv, IfD-Umfrage 11001, Allensbach.

Andresen, S., Hurrelmann, K., Schneekloth, U. (2012): Care and freedom. Theoretical and empirical aspects of children's well-being. In: Child Indicators Research, Vol. 5: 437–448.

Andresen, S., Hurrelmann, K. (2007): Was bedeutet es, heute ein Kind zu sein? Die World Vision Kinderstudie als Beitrag zur Kinder- und Kindheitsforschung. In: World Vision Deutschland (Hrsg.): Kinder in Deutschland 2007. 1. World Vision Kinderstudie. Frankfurt a. M.: Fischer, S. 35–64.

Andresen, S., Heitmeyer, W. (Hrsg.) (2012): Zerstörerische Vorgänge. Missachtung und sexuelle Gewalt gegen Kinder und Jugendliche in Institutionen. Weinheim und Basel: Beltz Juventa.

Andresen, S., Hurrelmann, K., Fegter, S. (2010): Wie geht es unseren Kindern? Wohlbefinden und Lebensbedingungen der Kinder in Deutschland. In: World Vision Deutschland (Hrsg.) (2010): Kinder in Deutschland 2010. 2. World Vision Kinderstudie. Frankfurt a. M.: Fischer, S. 35–59.

Andresen, S., Mailand, S., Milanovic, D., Blume, J. (2013): Erfahrungen und Erleben von Armut aus der Sicht von Kindern: »Ich würde meiner Familie was schenken und dafür sorgen, dass sie nicht so viel in Schwierigkeiten sind.« In: Unsere Jugend 65. Jg., S. 123–129.

Autorengruppe Bildungsberichterstattung (2012): Bildung in Deutschland 2012. Ein indikatorengestützter Bericht mit einer Analyse zu Perspektiven des Bildungswesens im demografischen Wandel. Bielefeld: W. Bertelsmann Verlag.

AWO-ISS (2012): »Lebenssituation und Zukunftschancen von (armen) Kindern und Jugendlichen«. AWO-Verlag.

Bacher, J., Winkelhofer, U., Teubner, M. (2007): Partizipation von Kindern in der Grundschule. In: Alt, C. (Hrsg.): Kinderleben – Start in die Grundschule. Band 3: Ergebnisse aus der zweiten Welle. Wiesbaden: Verlag für Sozialwissenschaften, S. 137–163.

Baumert, J., Stanat, P., Watermann, R. (Hrsg.) (2006): Herkunftsbedingte Disparitäten im Bildungswesen. Wiesbaden: Verlag für Sozialwissenschaften.

Baumrind, D. (1991): The influence of parenting style on adolescent competence and substance use. In: Journal of early adolescence. Band 11, Heft 1, 1991, S. 56–95.

Ben-Arieh, A. (2010): Measuring and monitoring children's well-being: The policy process. In: Ben-Arieh, A., Goerge, R. (Eds.): Indicators of Children's Well Being: Understanding their Role, Usage and Policy Influence. Social Indicators Research Series, vol. 27. Dordrecht: Springer, pp. 21–32.

Bertram, H. (2000): Die verborgenen familiären Beziehungen in Deutschland: Die multilokale Mehrgenerationenfamilie. In: Kohli, M., Szydlik, M. (Hrsg.): Generationen in Familie und Gesellschaft, Opladen: Leske + Budrich, S. 97–121.

Bos, W., Klieme, E., Köller, O. (Hrsg.) (2010): Schulische Lerngelegenheiten und Kompetenzentwicklung. Münster: Waxmann.

Bremm, N. (2013): Schulen mit ganztägigem Angebot. Vorbereitung einer Typologie. In: Diskurs Kindheits- und Jugendforschung 12, S. 23–38.

Büchner, P. (2002): Kindheit und Familie. In: Krüger, H., Grunert, C. (Hrsg.): Handbuch Kindheits- und Jugendforschung. Wiesbaden: Verlag für Sozialwissenschaften. S. 475–496.

Bertelsmann Ländermonitor Frühkindliche Bildungssysteme (o. J.): Tabelle 6, Tabelle 7, Tabelle 8 (Stand ab 2007). http://www.laendermonitor.de/downloads-presse/index.nc.html?no_cache=1 (Stand: 19.06.2013).

Bradshaw, J., Martorano, B., Natali, L., de Neubourg, C. (2013): Children's Subjective Well-being in Rich Countries, Working Paper, UNICEF Office of Research, Florence, Italy.

Bradshaw, J., Chzhen, Y., de Neubourg, C., Main, G., Martorano, B., Menchini, L. (2012): Relative Income Poverty among Children in Rich Countries. Innocenti Working Paper 2012-01, UNICEF Innocenti Research Centre, Florence. http://www.unicefirc.org/publications/pdf/iwp_2012_01.pdf (Stand: 20.08.2013).

Bundesarbeitsgemeinschaft der Landesjugendämter (2013): Sicherung der Rechte von Kindern als Qualitätsmerkmal von Kindertageseinrichtungen. http://www.bagljae.de/downloads/114_sicherung-der-rechte-von-kindern-in-kitas.pdf. (Stand: 24.06.2013).

BMAS (2013a): Lebenslagen in Deutschland. Der vierte Armuts- und Reichtumsbericht der Bundesregierung. (Endfassung: 06.03.2013). Verfügbar unter http://www.bmas.de/.

BMAS (Bundesministerium für Arbeit und Soziales) (2013b): Das Bildungspaket. Das ist drin im Bildungspaket. Verfügbar unter www.bildungspaket.bmas.de.

BMFSFJ (Bundesministerium für Familie, Senioren, Frauen und Jugend) (2013a): 4. Zwischenbericht zur Evaluation des Kinderförderungsgesetzes. Berlin: BMFSFJ.

BMFSFJ (Hrsg.) (2013b): Das Bildungs- und Teilhabepaket: Chancen für Kinder aus Familien mit Kinderzuschlag. Monitor Familienforschung 30. Berlin: BMFSFJ.

BMFSFJ (2005): 12. Kinder- und Jugendbericht. Berlin: BT. Drs. 15/6014.

BMFSFJ (2006): Familie zwischen Flexibilität und Verlässlichkeit. Perspektiven für eine lebenslaufbezogene Familienpolitik. 7. Familienbericht. Berlin: BT. Drs. 16/1360.

Coleman, J. (1988): Social capital and the creating of human capital. In: American Journal of Sociology, 94, p. 95–120.

Cremer, H. (2012): Kinderrechte und der Vorrang des Kindeswohls. Die UN-Kinderrechtskonvention bietet ein weites Anwendungsfeld. In: Anwaltspraxis 4, S. 327–329.

Dalbert, C. (1983): Die Gerechte-Welt-Skala (GWS). In: Preiser, S. (Hrsg.): Soziales Handeln im Kindes- und Jugendalter. Dokumentation von Forschungs- und Diagnoseinstrumenten. Weinheim: Beltz, S. 139.

Dalbert, C., Montada, L., Schmitt, M. (1987): Glaube an eine gerechte Welt als Motiv: Validierungskorrelate zweier Skalen. In: Psychologische Beiträge, 29, S. 596–615.

Dettmer, M., Hülsen, I., Müller, P., Neubacher, A., Sauga, M., Tietz, J. (2013): Der 200-Milliarden-Irrtum. In: Der Spiegel 6/2013, S. 22–29.

Deutscher Gewerkschaftsbund (2012): Das Bildungs- und Teilhabepaket: Viel Verpackung, wenig Inhalt, 4/2012. Arbeitsmarkt aktuell. http://www.

dgb.de/themen/++co++34ee6b-da-7755-11e1-7846-00188b4dc422 (Stand: 24.06.2013).
Deutscher Bundestag (2013): Der 14. Kinder- und Jugendbericht. Bericht über die Lebenssituation junger Menschen und die Leistungen und Bestrebungen der Kinder- und Jugendhilfe Iin Deutschland. Deutscher Bundestag, Drucksache 17/12200. http://dip21.bundestag.de/dip21/btd/17/122/1712200.pdf. (Stand: 24.06.2013).
Deutscher paritätischer Wohlfahrtsverband (2012): Arme Kinder – arme Eltern. Zahlen, Daten, Fakten. http://www.der-paritaetische.de/uploads/tx_pdforder/Kinderarmut_web.pdf. (Stand: 24.7.2013).
DJI (Deutsches Jugendinstitut e.V.) (Hrsg.) (2011): Sexuelle Gewalt gegen Kinder. Missbrauch in Institutionen. Forschungsergebnisse und Empfehlungen für einen besseren Kinderschutz. München: DJI.
Handlungsorientierte Sozialberichterstattung für das Braunschweiger Land (2011): Wirksame Wege für Familien mit geringem Einkommen im Braunschweiger Land gestalten. Diakonisches Werk der Ev.-luth. Landeskirche in Braunschweig e.V. und Stiftung Braunschweigischer Kulturbesitz. Online unter: http://www.harald-thome.de/media/files/Diakonisches_WerK_Wirksame_Wege_Broschre.pdf (Stand: 24.06.2013).
Essau, C.A. (2003): Angst bei Kindern und Jugendlichen. Stuttgart: UTB.
Fattore, T., Mason, J., Watson, E. (2012): Locating the Child Centrally as Subject in Research: Towards a Child Interpretation of Well-Being. In: Child Indicators Research, vol. 5: 3, S. 423–435.
Fegter, S., Richter, M. (2013): The capability approach as a framework for research on children's well-being. In: Ben-Arieh, A., Casas, F., Frones, I., Korbin, J. (Eds.): Handbook of child wellbeing: theory, indicators, measures and policies. Dordrecht, Heidelberg, London, New York: Springer, Chapter No. 151.
Fehr, E., Bernhard, H., Rockenbach, B. (2008): Egalitarianism in young children. In: Nature, 454, pp. 1079–1083.
Fischer, N., Holtappels, H. G., Rauschenbach, T., Stecher, L., Zürchner, I. (Hrsg.) (2011): Ganztagsschule; Entwicklung, Qualität, Wirkungen. Weinheim: Beltz Juventa.
Fuhrer, U., Uslucan, H.-H. (Hrsg.) (2005): Familie, Akkulturation und Erziehung: Migration zwischen Eigen- und Fremdkultur. Stuttgart: Kohlhammer.
Gauze, C., Bukowski, W. M., Aquan Assee, J., Sippola, L. K. (1996): Interactions between family environment and friendship and associations with self perceived well-being during adolescence. In: Child Development, 67, pp. 2201–2216.
Gifford-Smith, M. E., Brownell, C. A. (2002): Childhood peer relationships: social acceptance, friendships, and peer networks. In: Journal of School Psychology, 41, pp. 235–284.
Glatzer, W. (2009): Gefühlte (Un)Gerechtigkeit. In: Aus Politik und Zeitgeschichte, 47/2009, S. 15–20.
Hadjar, A., Becker, R. (Hrsg.) (2006): Die Bildungsexpansion. Wiesbaden: Verlag für Sozialwissenschaften.
Hamann, K., Warneken, F., Greenberg, J. R., Tomasello, M. (2011): Collaboration encourages equal sharing in children but not chimpanzees. In: Nature, doi: 10.1038/nature10278. http://wkprc.eva.mpg.de/pdf/2011/Hamann_Warneken_Greenberg_Tomasello_2011.pdf (Stand: 20.08.2013).
HBSC-Team Deutschland (2011): Studie Health Behaviour in School-aged Children – Faktenblatt »Lebenszufriedenheit von Kindern und Jugendlichen". Bielefeld: WHO Collaborating Centre for Child and Adolescent Health Promotion.
Hernandez, D. J., Marotz, K. G. (2012): Disparities in child well-being across

income groups: Trends in the U.S. from 1985 to 2008. In: Child Indicators Research, 5: 1, S. 93–121.

Hinsch, W. (2002a): Gerechtfertigte Ungleichheiten: Grundsätze sozialer Gerechtigkeit. Berlin: Walter de Gruyter.

Hinsch, W. (2002b): Realistische Utopie des Liberalismus. Zum Tod des Philosophen John Rawls. In: NZZ vom 26.11.2002.

Höpflinger, F. (2009): Beziehungen zwischen Großeltern und Enkelkindern – aus der Perspektive beider Generationen. In: Lenz, K., Nestmann, F. (Hrsg.): Handbuch persönliche Beziehungen. Weinheim und München: Beltz Juventa, S. 311–336.

Hopf, W. (2010): Freiheit-Leistung-Ungleichheit. Bildung und soziale Herkunft in Deutschland. Weinheim: Beltz.

Holst, E., Seifert, H., (2012): Arbeitszeitpolitische Kontroversen im Spiegel der Arbeitszeitwünsche. In: WSI-Mitteilungen 2/2012, S. 141–149.

Hunner-Kreisel, C., Stephan, M. (Hrsg.) (2013): Neue Zeiten, neue Räume: Kindheit und Familie im Kontext von (Trans-)Migration und sozialem Wandel. Wiesbaden: Verlag für Sozialwissenschaften.

Hurrelmann K., Andresen, S., Schneekloth,, U. (2010): Ungleiche Kindheiten in Deutschland – politische Herausforderungen. In: World Vision Deutschland (Hrsg.): Kinder in Deutschland 2010. 2. World Vision Kinderstudie. Frankfurt a. M.: Fischer, S. 349–373.

Hurrelmann, K., Quenzel, G., Rathmann, K. (2011): Bildungspolitik als Bestandteil moderner Wohlfahrtspolitik. In: Zeitschrift für Soziologie der Erziehung und Sozialisation, 31, S. 313–328.

Hurrelmann, K., Schultz, T., (Hrsg.) (2012): Jungen als Bildungsverlierer. Weinheim: Beltz Juventa.

Hurrelmann, K., Timm, A. (2011): Kinder, Bildung, Zukunft. Drei Wege aus der Krise. Stuttgart: Klett.

ISG (Institut für Sozialforschung und Gesellschaftspolitik) (2012): Bildung und Teilhabe von Kindern und Jugendlichen im unteren Einkommensbereich. Untersuchung der Implementationsphase des Bildungs- und Teilhabepakets im Auftrag des Bundesministeriums für Arbeit und Soziales. http://www.bmas.de/SharedDocs/Downloads/DE/PDF-Publikationen/Forschungsberichte/a-410-forschungsprojekt.pdf?__blob=publicationFile. (Stand: 24.06.2013).

Ittel, A., Scheithauer, H. (2007): Geschlecht als »Stärke« oder »Risiko«? Überlegungen zur geschlechterspezifischen Resilienz. In: Opp, G., Fingerle, M. (Hrsg.): Was Kinder stärkt. Erziehung zwischen Risiko und Resilienz. München/Basel: Reinhardt, S. 98–115.

Jampert, K., Zehnbauer, A., Sens, A., Leuckefeld, K., Laier, M. (Hrsg.) (2009): Kinder-Sprache stärken. Aufwachsen mit mehreren Sprachen. Praxismaterial. Weimar, Berlin: Das Netz.

Kinder-Migrationsreport des Deutschen Jugendinstituts (2013): Ein Daten- und Forschungsüberblick zu Lebenslagen und Lebenswelten von Kindern mit Migrationshintergrund. München: Deutsches Jugendinstitut.

Klieme, E., Artelt, C., Hartig, J., Jude, N., Köller, O., Prenze, M., Schneider, W., Stanat, P. (Hrsg.) (2010): PISA 2009. Bilanz nach einem Jahrzehnt. Münster, New York, München, Berlin: Waxmann.

KMK Sekretariat (2012): Allgemein bildende Schulen in Ganztagsform in Ländern der Bundesrepublik Deutschland. Bonn und Berlin: KMK.

Kohlberg, L., (1964): The development of moral character and ideology. In: Hoffmann, M. L. (Ed.): Review of child development research. New York: Wiley.

Kohlberg, L., (1974): Zur kognitiven Entwicklung des Kindes. Frankfurt: Suhrkamp.

LBS-Kinderbarometer (2011): Stimmungen, Trends und Meinungen von Kindern aus Deutschland. Recklinghausen: RDN Verlag.

Leven, I., Schneekloth, U. (2010): Die Schule: Frühe Vergabe von Lebenschancen. In: World Vision Deutschland (Hrsg.) Kinder in Deutschland 2010. Frankfurt a. M.: Fischer, S. 161–185.

Leven, I., Schneekloth, U. (2007): Die Freizeit. Anregen lassen oder fernsehen. In: World Vision Deutschland (Hrsg.): Kinder in Deutschland 2007. 1. World Vision Kinderstudie. Frankfurt a. M.: Fischer, S. 165–200.

Liebig, S., Lengfeld, H. (Hrsg.) (2002): Interdisziplinäre Gerechtigkeitsforschung. Zur Verknüpfung empirischer und normativer Perspektiven. Hamburg: Campus.

Liebig, S., May, M. (2009): Dimensionen sozialer Gerechtigkeit. In: Aus Politik und Zeitgeschichte, 47/2009, S. 3–8

Luthar, S. S. (1999): Poverty and children's adjustment. Thousand Oaks, CA: Sage.

Maaz, K., Baumert, J., Gresch, C., McElvany, N. (Hrsg.) (2010): Der Übergang von der Grundschule in die weiterführenden Schulen. Berlin und Bonn: BMBF

Medienpädagogischer Forschungsverbund Südwest (Hrsg.) (2013): KIM-Studie (2012): Kinder + Medien, Computer + Internet, Basisuntersuchung zum Medienumgang 6- bis 13-Jähriger in Deutschland. Stuttgart: Medienpädagogischer Forschungsverbund Südwest: LFK, LMK.

Medienpädagogischer Forschungsverbund Südwest (Hrsg.) (2012): FIM-Studie (2011): Familie, Interaktion & Medien. Untersuchung zur Kommunikation und Mediennutzung in Familien. Stuttgart: Medienpädagogischer Forschungsverbund Südwest: LFK.

Meiland, S., Andresen, S., Milanovic, D., Blume, J. (2013): Denkst du, die Kinder sind hier arm? Sichtweisen und Erfahrungen von Kindern in prekären Lebenslagen. In: Fisher, D., Gathen, J., Höhmann, K., Klaffke, T., Rademacker, H. (Hrsg.): Friedrich Jahresheft XXXI 2013, Schule und Armut. Oldenburg: Friedrich Verlag, S. 16–18.

Meiland, S., Andresen, S., Milanovic, D., Blume, J. (2013): Erfahrungen und Erleben von Armut aus der Sicht von Kindern: »Ich würde meiner Familie was schenken und dafür sorgen, dass sie nicht so viel in Schwierigkeiten sind.« In: Unsere Jugend 65. Jg., S. 123–129.

Minkkinen, J. (2013): The structural model of child well-being. In: Child Indicators Research, 6: 3, pp. 547–558.

Morschitzky, H. (2009): Angststörungen. Diagnostik, Konzepte, Theorie, Selbsthilfe (4. Auflage). Heidelberg: Springer.

Nave-Herz, R. (2012): Familie heute. Wandel der Familienstrukturen und Folgen für die Erziehung. Darmstadt: Primus Verlag.

OECD (2011): Doing better for Families. http://www.oecd.org/els/family/47849499.pdf. (Stand: 24.06.2013).

Oerter, R., Montada, L. (Hrsg.) (2002): Entwicklungspsychologie (5. vollständig überarbeitete Auflage). Weinheim: Beltz.

O'Hare, W. P., Gutierrez, F. (2012): The use of domains in constructing a comprehensive composite index of child well-being. In: Child Indicators Research 5, pp. 609–629.

Olk, T., Roth, R. (2007): Mehr Partizipation wagen. Gütersloh: Bertelsmann Stiftung.

Parker, J. G., Gottman, J. M. (1989): Social and emotional development in a relational context; Friendship interaction from early childhood to adolescence. In: Berndt, T. J., Ladd, G. W. (Hrsg.): Peer relationships in child development. Zitiert nach: Oerter, R., Montada, L. (1998): Entwicklungspsychologie. Ein Lehrbuch. Weinheim: Beltz.

Piaget, J. (1999): Über Pädagogik. Weinheim: Beltz.

Piaget J. (1932/1983): Das moralische Urteil beim Kinde. Stuttgart: Klett.

Piaget J. (1937/1975): Der Aufbau der Wirklichkeit beim Kinde. Stuttgart: Klett.

Picot, S., Schroeder, D. (2007): Kinderpersönlichkeiten: Porträts von 12 Mädchen und Jungen. In: World Vision Deutschland (Hrsg.): Kinder in Deutschland 2007. 1. World Vision Kinderstudie. Frankfurt a. M.: Fischer, S. 227–360.

Prazen, A., Wolfinger, N. H., Cahill, C., Kowaleski-Jones, L. (2011): Joint Physical Custody and Neighborhood Friendships in Middle Childhood. In: Sociological Inquiry, 81: 2, pp. 247–259.

Pupeter, M., Schneekloth, U. (2010): Die Gleichaltrigen: Gemeinsame – getrennte Welten?. In: World Vision Deutschland (Hrsg.): Kinder in Deutschland 2010. 2. World Vision Kinderstudie. Frankfurt a. M.: Fischer, S. 141–160.

Quenzel, G., Hurrelmann, K. (Hrsg.) (2010): Bildungsverlierer. Wiesbaden: Verlag für Sozialwissenschaften.

Rawls, J. (1971): A Theory of Justice. Harvard University Press.

Richter, A. (2000): Wie erleben und bewältigen Kinder Armut? Eine qualitative Studie über die Belastungen aus Unterversorgungslagen und ihre Bewältigung aus subjektiver Sicht von Grundschulkindern einer ländlichen Region. Aachen: Shaker Verlag.

Robert Bosch Stiftung (2012): Starke Kinder – starke Familie. Wohlbefinden von Kindern in Städten und Gemeinden. Stuttgart: Robert Bosch Stiftung.

Salvas, M.-C., Vitaro, F., Brendgen, M., Lacourse, E., Boivin, M., Tremblay, R. E. (2011): Interplay between Friends' Aggression and Friendship Quality in the Development of Child Aggression during the Early School Years. In: Social Development, 20: 4 pp. 645–663.

Schmidt-Denter, U. (1993): Eltern-Kind und Geschwister-Beziehungen. In: Markefka, M., Nauck, B., (Hrsg.): Handbuch der Kindheitsforschung. Berlin: Luchterhand, S. 337–352.

Schneekloth, U. (2010): Jugend und Politik: Aktuelle Entwicklungstrends und Perspektiven. In: Shell Deutschland Holding (Hrsg.) (2010): Jugend 2010. Eine pragmatische Generation behauptet sich. 16. Shell Jugendstudie. Frankfurt a. M.: Fischer, S. 129–164.

Schneekloth, U., Leven, I. (2007): Familie als Zentrum: nicht für alle gleich verlässlich. In: World Vision Deutschland (Hrsg.): Kinder in Deutschland 2007. 1. World Vision Kinderstudie. Frankfurt a. M.: Fischer, S. 65–109.

Schneekloth, U., Pupeter, M. (2010a): Familie als Zentrum: Bunt und vielfältig, aber nicht für alle Kinder gleich verlässlich. In: World Vision Deutschland (Hrsg.): Kinder in Deutschland 2010. 2. World Vision Kinderstudie. Frankfurt a. M.: Fischer, S. 61–94.

Schneekloth, U., Pupeter, M. (2010b): Wohlbefinden, Wertschätzung, Selbstwirksamkeit: Was Kinder für ein gutes Leben brauchen. In: World Vision Deutschland (Hrsg.): Kinder in Deutschland 2010. 2. World Vision Kinderstudie. Frankfurt a. M: Fischer, S. 187–221.

Schneewind, K. A. (2008): Sozialisation in der Familie. In: Hurrelmann, K., Grundmann, M., Walper, S. (Hrsg.): Handbuch Sozialisationsforschung (7. vollst. überarbeitete Auflage). Weinheim: Beltz, S. 256–273.

Schroeder, D., Picot, S., Andresen, S. (2010): Die qualitative Studie: 12 Porträts von Kinderpersönlichkeiten. In: World Vision Deutschland (Hrsg.): Kinder in Deutschland 2010. 2. World Vision Kinderstudie. Frankfurt a. M.: Fischer, S. 223–240.

Sen, A. (2010): Die Idee der Gerechtigkeit. München: C. H. Beck Verlag.

Seils, E., Meyer, D. (2012): Kinderarmut in Deutschland und den Bundesländern. Hans-Böckler-Stiftung, WSI Wirtschafts- und Sozialwissenschaftliches

Institut. Online: http://www.boeckler.de/pdf/p_wsi_kinderarmut_2012_12.pdf. (Stand: 19.12.2012).

Sikorski, U., Kuchler, B. (2011): Wer muss worauf verzichten? Einschätzungen zur Wohn- und Lebenssituation der privaten Haushalte. In: Wirtschaft und Statistik 5/2011, S. 484–492.

Stange, W., Meinhold-Henschel, S., Schack, S. (2009): Mitwirkung (er)leben. Handbuch zur Durchführung von Beteiligungsprojekten mit Kindern und Jugendlichen. Gütersloh: Bertelsmann Stiftung.

Statistisches Bundesamt (2009): Bevölkerung und Erwerbstätigkeit-Einbürgerung 2008. Fachserie 1 Reihe 2.1. Wiesbaden.

Statistisches Bundesamt (2011a): Bevölkerung und Erwerbstätigkeit. Bevölkerung mit Migrationshintergrund-Ergebnisse des Mikrozensus 2010. Fachserie 1 Reihe 2.2. Wiesbaden.

Statistisches Bundesamt (2011b): Pressemitteilung Nr. 345 vom 20. September 2011: Knapp die Hälfte der Großstadtkinder aus Familien mit Migrationshintergrund. Wiesbaden.

Stecher, L., Krüger, H. H., Rauschenbach, T., (Hrsg.) (2011): Ganztagsschule – neue Schule? Wiesbaden: Verlag für Sozialwissenschaften.

Stubbe, T. (2009): Bildungsentscheidungen und sekundäre Herkunftseffekte. Münster: Waxmann.

Tracy, R. (2007): Wie Kinder Sprachen lernen. Und wie wir sie dabei unterstützen können. Tübingen: Francke.

Trautner, H. M. (1991): Lehrbuch der Entwicklungspsychologie, Bd. 2: Theorien und Befunde. Göttingen: Hogrefe.

UNICEF (2012): Measuring Child Poverty. New league tables of child poverty in the world's rich countries. Report Card 10, Innocenti Research Centre, online unter www.unicef-irc.org/publications/pdf/rc10_eng.pdf. (Stand: 14.07.2013).

UNICEF (2013a): The State of the World's Children 2013: Children with Disabilities, online: http://www.unicef.org/sowc2013/files/SWCR2013_ENG_Lo_res_24_Apr_2013.pdf (Stand: 14.07.2013).

UNICEF (2013b): Child well-being in rich countries. A comparative overview. Innocenti Report Card 11 (UNICEF).

Uslucan, H. H. (2008): Männlichkeitsbilder, Familie und Erziehung in den Communities von Zuwanderern. In: Berliner Forum Gewaltprävention, BFG Nr. 34.

World Vision Deutschland (Hrsg.) (2007): Kinder in Deutschland 2007. 1. World Vision Kinderstudie. Frankfurt a. M.: Fischer.

World Vision Deutschland (Hrsg.) (2010): Kinder in Deutschland 2010. 2. World Vision Kinderstudie. Frankfurt a. M.: Fischer.

Woodward, L. J., Fergusson, D. M. (2001): Life course of young people with anxiety disorders in adolescence. In: Journal of the American Academy of Child and Adolescent Psychiatry, 40, pp. 1086–1093.

Zander, M. (2013): Resilienz – Gender – Prekäre Lebenslagen. Wie kann eine gendersensible Resilienzförderung aussehen? In: Betrifft Mädchen 3/2013.